U0794575

加油加气站设计与技术管理

樊宝德　朱焕勤　主编

中国石化出版社

内 容 提 要

本书详尽论述了汽车加油加气站的站址选择、平面布置、工艺流程、储油(气)容器、输油(气)管道、加油(气)设备、安全设备(施)等方面的知识，并对汽车用油品、燃气的产品性能特点、选用方法以及加油加气站的钢管、钢罐的防腐作了深入浅出的介绍。

本书内容丰富、资料翔实、通俗易懂、切合实际，是广大汽车加油加气站的设计、管理和从业人员的日常业务工作的好帮手；同时，也可作为石油储运相关专业师生的参考书。

图书在版编目(CIP)数据

加油加气站设计与技术管理/樊宝德,朱焕勤主编.
—北京:中国石化出版社,2008(2024.8 重印)
ISBN 978-7-80229-734-0

Ⅰ. 加… Ⅱ. ①樊…②朱… Ⅲ. ①加油站-设计②燃料气-供应站-设计③加油站-技术管理④燃料气-代应站-技术管理 Ⅳ. U491.8

中国版本图书馆 CIP 数据核字(2008)第 146079 号

未经本社书面授权,本书任何部分不得被复制、抄袭,或者以任何形式或任何方式传播。版权所有,侵权必究。

中国石化出版社出版发行

地址:北京市东城区安定门外大街 58 号
邮编:100011 电话:(010)57512500
发行部电话:(010)57512575
http://www.sinopec-press.com
E-mail:press@sinopec.com
北京科信印刷有限公司印刷
全国各地新华书店经销

*

787 毫米×1092 毫米 16 开本 18.75 印张 1 插页 462 千字
2024 年 8 月第 1 版第 6 次印刷
定价:46.00 元

《加油加气站设计与技术管理》

编审人员

主　编：樊宝德　朱焕勤

副主编：李钦华　柴业森　杨　艺　杨晓婕

编　者：樊宝德　朱焕勤　李钦华　柴业森

杨　艺　杨晓婕　耿光辉　于佰俭

孙元宝　秦　勇　宋生奎　郝敬团

祝　超　吴　超

审　定：石永春　张永国　刘广龙

前　言

我国改革开放三十年来，国民经济获得了飞速发展，人民生活得到了极大改善，轿车已相当普遍地进入了普通工薪家庭，全国石油年消耗量已增至3亿多吨。早在2001年全国各类加油站就已突破了十万座大关。跨入21世纪以后，由于世界石油资源紧缺和环境保护意识的进一步增强，传统的汽车燃料(汽油和柴油)受到了严峻的挑战，液化石油气(LPG)和压缩天然气(CNG)越来越受到人们的青睐。因此，近些年我国主要的石油产品零售企业的发展不仅仅是传统意义上的单一加油功能的加油站数量的增加，而是向多功能的既加油又加气并为汽车提供综合型服务转变。同时，由于IC卡技术、网络技术、检测技术、控制技术的发展，使得新材料、新工艺、新设备迅速地在加油加气站中得到广泛应用。总之，加油加气站的设计、建设、使用和管理等方面不仅任务更加繁重，而且其难度也愈来愈大。为使加油加气站的建设和经营管理能更好地为国家经济高速发展服务，能更好地为广大私家车服务，能更好地为我国石油产品零售企业的发展服务，迫切需要编纂一本关于加油加气站设计与管理方面的书籍，以满足广大加油加气站的设计者、建设者、管理者、经营从业者的需要。

从事石油天然气储运专业教学和科研多年，将其对加油加气站设计理论、使用操作经验，以及管理理念和实践认识体会一并展现给读者，希望本书能够在继承和创新设计理念、安全管理科学知识、促进加油加气站建设、生产经营、安全管理等方面发挥一定作用。

本书内容涉及：汽车燃油燃气的基本知识，用以指导客户正确使用加油加气站所销售的各类产品；加油加气站的站址选择、平面布局、工艺流程方面的设计理论；加油加气站常用储油(气)容器、加油(气)机、压缩机、输油(气)管道、安全设备(施)等的选型、安装、操作使用、故障排除和维护保养；金属管道和储罐的防腐；加油加气站的安全管理等，涵盖了加油加气站设计与技术管理的方方面面。引用资料翔实、紧贴实际，语言叙述通俗易懂，使用方便。

该书由樊宝德、朱焕勤任主编，李钦华、柴业森、杨艺、杨晓婕任副主编。

由石永春、张永国、刘广龙负责审定。参加编写的人员还有于佰俭、孙元宝、耿光辉、宋生奎、秦勇、郝敬团、祝超、吴超。全书由樊宝德同志总纂。

在编写过程中，得到了中国石化出版社的大力帮助，还提供了不少宝贵资料。本书还参考了大量公开发表和内部出版发行的资料，在此一并致以最诚挚的谢意。

加油加气站的设计与技术管理涉及面广，技术性强，且日新月异、发展迅速，由于我们的水平所限，虽然经过编者多方努力，但不足之处在所难免，敬请广大读者斧正。

编　者

目　录

第一章　车用油料及燃气知识

第一节　车用油料

加油加气站所经营的油品主要有车辆用的燃油和车辆用的附属油品两大类。车辆用的燃油主要有两种，一是车用汽油，二是轻柴油；车用附属油品主要有三类，一是内燃机润滑油，二是润滑脂，三是特种液。下面对加油加气站经营的油品作些简单介绍，供设计者和管理者参考。

一、车用汽油

1. 无铅车用汽油

自2000年1月1日起，为改善环境，减少发动机有害气体的排放量，我国所有炼油厂都停止生产车用含铅汽油。并且，于2000年7月1日起，停止了车用含铅汽油的生产，实现了车用汽油无铅化。所谓的无铅汽油并非汽油中一点都不含铅，而是其含铅量比含铅汽油少得多。按GB 17930—1999的技术要求，无铅汽油的质量指标，其含铅量不大于0.005g/L。无铅汽油与含铅汽油的最大区别在于含铅汽油中所加的抗爆剂是四乙基铅，而无铅汽油中加入的是含MTBE等醚类化合物。

无铅汽油不加任何着色剂，呈水白色颜色。具有易燃、易爆、易挥发、辛烷值高、稳定性好、抗爆性及蒸发性好、硫含量低等特点。无铅车用汽油的组分为 $C_5 \sim C_{12}$，按GB 17930—1999研究法辛烷值划分为90号、93号、95号三个牌号，含义为90号表示研究法辛烷值不低于90。无铅车用汽油质量标准见表1-1-1所示。牌号越高，抗爆性越好，可适合于更高压缩比的汽油机使用。

2. 清洁汽油

所谓的清洁汽油是指符合国家技术监督局1999年12月28日颁布的《车用无铅汽油标准》的加有汽油清净剂的汽油。清洁汽油与一般汽油和无铅汽油的主要区别，一是新标准汽油的成分和原来的汽油不同。按照新标准规定，汽油中构成尾气污染的主要指标，如硫含量由原来的不大于1200μg/g降为不能大于1000μg/g，烯烃含量体积比由原来的不大于55%降为不能大于35%，铅的含量由原来的不大于0.013g/L降为不能大于0.005g/L等；二是在新标准汽油中加入了一定量的汽油清净剂。

汽油清净剂，是一种具有清净、分散、抗氧和防锈性能的复合汽油添加剂，加入车用汽油中既能抑制燃油系统内部沉积物的生成，又能将已生成的氧化沉积物(如积炭)迅速分散、清除，进而确保汽车发动机动力性能正常发挥。汽油清净剂本身燃烧不会产生任何灰分，对汽车零部件也无任何腐蚀、溶胀等不良影响。汽油清净剂可直接加入油罐、油罐车或油箱中，加入的质量比一般为1∶2000~1∶2500。实际应用证明，使用这种清净剂，可使汽车尾气中一氧化碳下降67.7%，碳氢化合物下降71.2%，氮氧化合物成分下降22.8%，发动机平均节油率为2.2%，功率平均提高1.0%。同时，由于使用了低硫和无铅汽油，尾气中的铅污染和硫化物污染减少，可以防止三元催化转化器的铅中毒和硫中毒。通俗地说，一辆出租车每天耗油约25L，若使用清洁汽油，既满足了环保要求，每天还可节油0.5L左右。

表1-1-1　车用无铅汽油标准(GB 17930—1999)

项　　目		质量指标			试验方法
		90号	93号	95号	
抗爆性					
研究法辛烷值(RON)	不小于	90	93	95	GB/T 5487
抗爆指数(RON+MON)	不小于	85	88	90	GB/T 503 GB/T 5487
铅含量①/(g/L)	不大于		0.005		GB/T 8020
馏程					GB/T 6536
10%蒸发温度/℃	不高于		70		
50%蒸发温度/℃	不高于		120		
90%蒸发温度/℃	不高于		190		
终馏点/℃	不高于		205		
残留量/%(体)	不大于		2		
蒸气压/kPa					GB/T 8017
从9月16日至3月15日	不大于		88		
从3月16日至9月15日	不大于		74		
实际胶质②/(mg/100mL)	不大于		5		GB/T 8019
诱导期③/min	不小于		480		GB/T 8018
硫含量④/%(质)	不大于		0.1⑤		GB/T 380
硫醇(需满足下列要求之一)					
博士试验			通过		SH/T 0174
硫醇硫含量/%(质)	不大于		0.001		GB/T 1792
铜片腐蚀(50℃，3h)/级	不大于		1		GB/T 5096
水溶性酸或碱			无		GB/T 259
机械杂质及水分			无		目测⑤
苯含量/%(体)	不大于		2.5		附录A
芳烃含量/%(体)	不大于		40		GB/T 11132
烯烃含量/%(体)	不大于		35⑦		GB/T 11132

注：1. 如加入有机含氧化合物，其氧含量不得大于2.7%，试验方法采用SH/T 0663。

2. 锰含量，其检出限量为不大于0.018g/L，试验方法采用附录B。

3. 铁不得人为加入，考虑到在炼油过程和运输、储存产品时铁的污染，其检出限量为不大于0.01g/L，试验方法采用附录C/1000。

4. 从2000年7月1日起，在北京、上海和广州销售的车用无铅汽油中应加入有效的汽油清净剂。

① 本标准规定了铅含量最大限度值，但不允许故障加铅。为了便于与加铅汽油区分，车用无铅汽油不添加着色染料。考虑到2000年1月1日全国停止生产含铅汽油，2000年7月1日全国停止销售和使用含铅汽油，加油站在2001年7月1日允许车用无铅汽油铅含量不大于0.013g/L。

② 实际胶质允许用GB/T 509方法测定，仲裁试验以GB/T 8019方法测定结果为准。

③ 诱导期允许用GB/T 256方法测定，仲裁试验以GB/T 8018方法测定结果为准。

④ 硫含量允许用GB/T 1704方法测定，仲裁试验以GB/T 380方法测定结果为准。

⑤ 为适应大城市环保的需要，本标准规定从2000年7月1日起，在北京、上海和广州执行硫含量不大于0.08%；从2003年1月1日起，在全国执行硫含量不大于0.08%。

⑥ 将试样注入100mL玻璃量筒中观察，应当透明，没有悬浮和沉降的机械杂质及水分。在有异议时，GB/T 511和GB/T 260方法测定结果为准。

⑦ 从2000年7月1日起，在北京、上海和广州实施；从2003年1月1日起，在全国范围内实施。

中国石化集团公司企业标准W/SHR 007—2000(2003年实施)，城市车用汽油按研究法辛烷值划为90号、93号、95号和97号四个牌号，其技术指标见表1-1-2。

表 1-1-2　中国石油化工集团公司企业标准城市车用汽油技术要求（Q/SHR 007—2000）

项　目		质量指标				试验方法
		90 号	93 号	95 号	97 号	
抗爆性						
研究法辛烷值（RON）	不小于	90	93	95	97	GB/T 5487
抗爆指数（RON+MON）	不小于	85	88	90	91	GB/T 503 GB/T 5487
铅含量①/（g/L）	不大于	未检测出				GB/T 8020
馏程						GB/T 6536
10%蒸发温度/℃	不高于	70				
50%蒸发温度/℃	不高于	120				
90%蒸发温度/℃	不高于	190				
终馏点/℃	不高于	205				
残留量/%（体）	不大于	2				
蒸气压/kPa						GB/T 8017
从 9 月 16 日至 3 月 15 日	不大于	82				
从 3 月 16 日至 9 月 15 日	不大于	68				
实际胶质/（mg/100mL）	不大于	5				GB/T 8019
诱导期②/min	不小于	480				GB/T 8018
硫含量③/%	不大于	0.02				GB/T 380 GB/T 11140 SH/T 0253
硫醇（需满足下列要求之一）						
博士试验		通过				SH/T 0174
硫醇硫含量/%	不大于	0.001				GB/T 1792
铜片腐蚀（50℃，3h）/级	不大于	1				GB/T 5096
水溶性酸或碱		无				GB/T 259
机械杂质及水分		无				目测④
苯含量/%（体）	不大于	2.5				附录 A
烯烃含量/%（体）	不大于	30				GB/T 11132
烯烃和芳烃总含量/%（体）	不大于	60				GB/T 11132

注：1. 如加入有机含氧化合物，其氧含量不得大于 2.7%（质），试验方法采用 SH/T 0663。

2. 铁不得人为加入，考虑到在炼油过程和运输、储存产品时铁的污染，其检出限量为不大于 0.01g/L，试验方法采用附录 C。

3. 附录 A、C 均采用 GB 17930 的相同附录。

4. 城市车用汽油中应加入有效的汽油清净剂。

① 铅未检测出，即达到或低于试验方法的检测界限。为了便于与加铅汽油的区分，城市车用汽油不添加着色染料。

② 诱导期允许用 GB/T 256 方法测定，仲裁试验以 GB/T 8018 方法测定结果为准。

③ 硫含量允许用 GB/T 1140、SH/T 0253 方法测定，仲裁试验以 GB/T 380 方法测定结果为准。

④ 将试样注入 100mL 玻璃量筒中观察，应当透明，没有悬浮和沉降的机械杂质及水分。在有异议时，GB/T 511 和 GB/T 260 方法测定结果为准。

⑤ 芳烃含量不得超过 GB/T 17930《车用无铅汽油》规定的指标，即不大于 40%（体）。

3. 车用乙醇汽油

将一定量的变性燃料乙醇（一般为 10%，称为 EIO）加入不添加含氧化合物的汽油组分中，同时加入改善其使用性能的添加剂，便成了车用乙醇汽油了。国家强制性标准 GB 18351—2004《车用乙醇汽油》已于 2004 年 4 月 30 日起实施。该标准规定乙醇加入量为 10.0%±2.0%（体），水含量≯0.20%，含氧化合物≯0.1%（体），不得人为加入甲醇，其他指标与车用无铅汽油一致。

车用乙醇汽油的牌号共有 4 个，即 90 号、93 号、95 号和 97 号，与车用无铅汽油一样，其牌号是按研究法辛烷值大小划分的。

4. 车用汽油的性能要求

(1) 适当的蒸发性

汽油的蒸发性系指汽油由液体状态转化为气体状态的性能。汽油中应有足够的轻质馏分，保证发动机在各种使用温度下均能顺利启动，加速及时，燃烧完全，在夏季和在高原地区又不产生气阻。

(2) 良好的抗爆性

汽油的抗爆性系指汽油燃烧时不发生爆震现象的性能。汽油应具有良好的抗爆性，应具有与发动机压缩比相适应的辛烷值，以保证发动机运转正常，不发生爆震，使效率得到充分发挥。评定抗爆性的指标是辛烷值和抗爆指数。

(3) 良好的安定性

汽油的安定性即为汽油的抗氧化安定性，系指汽油在常温和液相条件下抵抗氧化的能力。安定性好的汽油，长期储存也不变质。安定性差的汽油，在储存和使用过程中，常常出现颜色变深，生成黏稠胶状沉淀物。使用安定性差的汽油，会在油箱、输油管和过滤器中形成胶状物，堵塞油路，甚至中断供油。

汽油的安定性用实际胶质和诱导期两个指标来评定。

(4) 耐腐蚀性

汽油的腐蚀性系指在储运和使用过程中，汽油中的不良成分对与之接触的金属产生腐蚀的性质。汽油中的不良成分有硫及硫化物、水溶性酸或碱和有机酸性物质等。

评定汽油腐蚀的指标是硫含量、腐蚀试验、水溶性酸或碱和酸度。

5. 车用汽油的选用

(1) 根据发动机压缩比，合理选用不同牌号的汽油

按压缩比选择汽油牌号的基本分法见表 1-1-3。

表 1-1-3　按压缩比选择汽油牌号

压缩比	汽油牌号	压缩比	汽油牌号
8.0 以下	90 号	8.5~9.5	93 号、95 号
8.0~8.5	93 号	9.5~10.5	97 号、98 号

2003 年中国汽车工程学会和中国环境保护产业协会推荐的《国内外汽车轿车用油标号推荐表》见表 1-1-4 所示。

表 1-1-4　国内外汽油轿车用油标号推荐表

车　　型	发动机压缩比	汽油标号
一汽红旗明仕 1.8	9.0	93
红旗世纪星 2.0/2.4	9.5	不低于 93
一汽马自达 2.3	10.6	93~97
夏利 7101/7131/2000	9.3~9.5	不低于 93
一汽威姿 1.0/1.3	10.0/9.3	不低于 93
捷达，普通/CI/CT/AT	8.5~9.0	93
宝来 1.6/1.8/1.8T	9.3~10.3	93~97
高尔夫 1.6/2.0	10.5	93~97
奥迪 A4/A6	10.0/10.5	93~97

续表

车　　型	发动机压缩比	汽油标号
桑塔纳(普)/2000	9.0/9.5	不低于93
帕萨特1.8/1.8T	10/9.3	93~97
POLO1.4/1.6	10.4/10.3	93~97
别克赛欧1.6	9.4	不低于93
别克君威2.0/2.5/3.0	9.5	不低于93
蓝鸟2.0/阳光2.0	9.5/9.8	不低于93
毕加索1.6/2.0	10.5	93~97
爱丽舍1.6	9.6/10.5	93~97
东风塞纳2.0	10.8	93~97
东风千里马1.6	9.8	不低于93
神龙富康1.4/1.6	9.3/9.6	93
上汽奇瑞1.6	9.5	不低于93
天津丰田威驰1.3/1.5	9.3/9.8	不低于93
现代索娜塔2.0/2.7	10.1/10.0	93~97
嘉年华1.3/1.6	10.2/9.3	93~97
派力奥1.316V/1.5	10.6/10.0	不低于93
98款雅阁2.0/2.3/3.0	9.1/8.9/10.0	93
03款雅阁2.0/2.4/3.0	9.8/9.7/10.0	不低于93
广州本田奥德赛2.3	9.5	不低于93
美日1.3优利欧1.3	9.3	93
奥拓0.8羚羊1.0/1.3	9.4/9.0/9.0	93
华晨中华2.0/2.4	9.5/9.5	不低于93
哈飞赛马1.3	9.5	不低于93
普利马/323/福美来	9.1/9.3/9.1	不低于93
宝马3.5.7系列	10.8/10.8/10.5	97
日产风度2.0/3.0	9.5/10.0	93~97
凌志IS200/GS300/LS430	10.0/10.5/10.5	97
花冠1.6/佳美2.2GL/2.4	10.0/10.5/10.5	93~97
奔驰E280E320	10.0	97
欧宝1.8	10.5	97

(2)牌号稍高和稍低的汽油的选用

特殊情况下若无合适牌号的汽油时，也可以用较高或轻低辛烷值的汽油代用。为防止爆震和有效发挥汽油潜力，可根据不同情况适当调整发动机的点火提前角。如车辆改用低牌号汽油时，将点火提前角适当减小，以减小爆震倾向；若车辆改用高牌号汽油时，则将点火提前角适当增大。

(3) 高原地区汽油使用中的注意事项

高原空气稀薄，大气压力低，发动机进气量下降，使用低标号汽油也不易产生爆震。实践证明，每升高或降低1000m高程，点火提前角可增大或减小2°~3°左右。

(4) 车用乙醇汽油的选用

车用乙醇汽油的选用与车用无铅汽油的选用一样。

二、柴油

柴油机汽车使用的燃料是柴油。柴油分为轻柴油、重柴油和农用柴油。轻柴油是

1000r/min 以上的高速柴油机的燃料，汽车用的柴油主要是轻柴油。轻柴油分为轻柴油、车用柴油和军用柴油三种。

1. 轻柴油的技术要求和牌号

轻柴油为淡黄色液体，十六烷值适当，黏度和低温流动性、雾化性好、点火迅速、功率足，燃烧性能好。轻柴油质量标准，按 GB 252—2000 国家标准执行。轻柴沚按凝点分为 10 号、5 号、0 号、-10 号、-20 号、-35 号和-50 号 7 个牌号。0 号柴油表示其凝点不高于 0℃，技术要求见表 1-1-5 所示。

表 1-1-5　轻柴油技术要求(GB 252—2000)

项目		质量指标							试验方法
牌号		10	5	0	-10	-20	-35	-50	
色度/号	不大于	3.5							GB/T 6540
氧化安定性①(总不溶物)/(mg/100mL)	不大于	2.5							SH/T 0175
硫含量②/%	不大于	0.2							GB/T 380
酸度/(mgKOH/100mL)	不大于	7							GB/T 258
10%蒸余物残炭③/%	不大于	0.3							GB/T 268
灰分/%	不大于	0.01							GB/T 508
铜片腐蚀(50℃，3h)/级	不大于	1							GB/T 5096
水分③/%(体)		痕迹							GB/T 260
机械杂质④		无							GB/T 511
运动黏度(20℃)/(mm^2/s)		3.0~8.0				2.5~8.0	1.8~7.0		GB/T 265
凝点/℃	不高于	10	5	0	-10	-20	-35	-50	GB/T 510
冷滤点/℃	不高于	12	8	4	-5	-14	-29	-44	SH/T 0248
闪点(闭口)/℃	不低于	55					45		GB/T 261
十六烷值⑤	不小于	45⑤							GB/T 386
馏程									GB/T 6536
50%回收温度/℃	不高于	300							
90%回收温度/℃	不高于	355							
95%回收温度/℃	不高于	365							
密度(20℃)/(kg/m^3)		实测							GB/T 1884 GB/T 1885

注：① 为出厂保证项目，每月必须检测一次。在原油性质变化、加工艺条件改变、调和比例变化及检修开工等情况下应及时检验。

② 可用 GB/T 11131、GB/T 11140 和 GB/T 17040 方法测定。结果有争议时，以 GB/T 380 方法为准。

③ 若柴油中含有硝酸酯型十六烷值改进剂，10%蒸余物残炭的测定，必须用不加硝酸酯的基础燃料进行。柴油中是否含有硝酸酯型十六烷值改进剂的检验方法见附录 A。GB/T 17144 方法测定。结果有争议时，以 GB/T 268 方法为准。

④ 可用目测法，即将试样注入 100mL 量筒中，在室温(20℃±5℃)下观察，应当透明，没有悬浮和沉降的水分及机械杂质。结果有争议时，按 GB/T 260 或 GB/T 511 方法为准。

⑤ 由中间基或环烷基原油生产的各种轻柴油十六烷值允许不小于 40。可用 GB/T 11139 或 SH/T 0694 方法计算。结果有争议时，以 GB/T 386 方法为准。

2. 车用柴油的技术要求和牌号

GB/T 19147—2003《车用柴油》标准是采用欧盟标准 EN 590—1998《车用柴油》而制定的。产品按凝点不同分为 10 号、5 号、0 号、-10 号、-20 号、-35 号、-50 号七个牌号，其技术要求见表 1-1-6。

表 1-1-6　车用柴油技术要求(GB/T 19147—2003)

项　　目		10 号	5 号	0 号	-10 号	-20 号	-35 号	-50 号	试验方法
氧化安定性									
总不溶物①/(mg/100mL)	不大于	2.5							SH/T 0175
硫②/%	不大于	0.05							GB/T 380
10%蒸余物残炭③/%	不大于	0.3							GB/T 268
灰分/%	不大于	0.01							GB/T 508
铜片腐蚀(50℃，3h)/级	不大于	1							GB/T 5096
水分④/%	不大于	痕迹							GB/T 260
机械杂质④		无							GB/T 511
润滑性									
磨痕直径(60 ℃)⑤/μm	不大于	460							ISO 12156-1
运动黏度(20 ℃)/(mm^2/s)		3.0~8.0				2.5~8.0	1.8~7.0		GB/T 265
凝点/℃	不高于	10	5	0	-10	-20	-35	-50	GB/T 510
冷滤点/℃	不高于	12	8	4	-5	-14	-29	-44	SH/T 0248
闪点(闭口)/℃	不低于	55				50	45		GB/T 261
着火性(需满足下列要求之一)									
十六烷值	不小于	49				46	45		GB/T 386
或十六烷指数	不小于	46				46	43		GB/T 11139 SH/T 0694
馏程									GB/T 6536
50%回收温度/℃	不高于	300							
90%回收温度/℃	不高于	355							
95%回收温度/℃	不高于	365							
密度(20 ℃)/(kg/m^3)		820~860					800~840		GB/T 1884 GB/T 1885

注：① 为出厂保证项目，每月应检测一次。在原油性质变化，加工工艺条件改变，调和比例变化及检修开工后等情况下应及时检验。对特殊要求用户，按双方合同要求进行检验。

② 可用 GB/T 11131、GB/T 11140、GB/T 12700、GB/T 17040 和 SH/T 0689 方法测定。结果有争议时，以 GB/T 380 方法仲裁。

③ 可用 GB/T 17144 方法测定。结果有争议时，以 GB/T 268 方法为准。若柴油中含有硝酸酯型十六烷值改进剂及其他性能添加剂时，10%蒸余物残炭的测定，必须用不加硝酸酯和其他性能添加剂的基础燃料进行。柴油中是否含有硝酸酯型十六烷值改进剂的检验方法见附录 A。

④ 可用目测法，即将试样注入 100 mL 玻璃量筒中，在室温(20 ℃±5 ℃)下观察，应当透明，没有悬浮和沉降的水分及机械杂质。结果有争议时，按 GB/T 260 或 GB/T 511 测定。

⑤ 为出厂保证项目，对特殊要求用户，按双方合同要求进行检验。

3. 军用柴油的技术要求和牌号

军用柴油从 1980 年开始生产，代替直馏轻柴油、专用柴油和通用柴油。军用柴油按凝点不同划分为-10 号、-35 号、-50 号三个牌号，产品执行标准 GJB 3075—1997(国防科工委[97]计基字第 3043 号，自 1998 年 5 月 1 日起实施)，技术要求见表 1-1-7。军用柴油和普通轻柴油比较有以下特点：

① 军用柴油系石油直馏轻质馏分，或直馏馏分经脱蜡、精制，或加氢裂化馏分，不含烯烃，性质安定。

② 军用柴油的馏分较窄，轻质组分较多。从技术要求可以看出，军用柴油要求 50%馏出温度比普通轻柴油低，目的是保证燃料有较好的启动性能，90%馏出温度也较普通轻柴油

低，因而燃烧完全度高，耗油率降低，积炭少。

③ 军用柴油三种牌号的凝点都较低，闪点较同牌号的轻柴油高，这都有利于保证部队战斗和技术装备在寒区的使用。

表 1-1-7　军用柴油技术要求(GJB 3075—1997)

项　目		质量指标			试验方法
		-10 号	-35 号	-50 号	
外观		清澈透明	清澈透明	清澈透明	目测
十六烷值	不小于	45	40	40	GB/T 386、GB/T 11139
馏程					GB/T 6536
10%馏出温度/℃	不低于	—	200	200	
50%馏出温度/℃	不高于	280	275	275	
90%馏出温度/℃	不高于	335	335	335	
破乳化值/min	不大于	10	—	—	GB/T 7305
闪点(闭口)/℃	不低于	65	50	50	GB/T 261
凝点/℃	不高于	-10	-35	-50	GB/T 510
浊点/℃		报告	报告	报告	SH/T 0179
倾点/℃		报告	报告	报告	GB/T 3535
运动黏度/(mm^2/s)					GB/T 265
20 ℃	不小于	3.5	3.5	3.0	
40 ℃		报告	报告	报告	
10%残留物残炭/%	不大于	0.20	0.20	0.20	GB/T 268
灰分/%	不大于	0.005	0.005	0.005	GB/T 508
硫含量/%	不大于	0.20	0.20	0.20	GB/T 380 或 GB/T 6324.4
铜片腐蚀(50℃，3h)/级	不大于	1	1	1	GB/T 5096
酸度/(mgKOH/100mL)	不大于	5	5	5	GB/T 258
水溶性酸或碱		无	无	无	GB/T 259
色度/号	不大于	3	3	3	GB/T 6540
固体颗粒污染物/(mg/L)	不大于	10	10	10	SH/T 0093
加速安定性总不溶物/(mg/100mL)		报告	报告	报告	SH/T 0175
密度(20 ℃)/(kg/m^3)		报告	报告	报告	GB/T 1884、GB/T 1885
水分		无	无	无	目测
机械杂质		无	无	无	目测
实际胶质/(mg/100mL)	不大于	10	10	10	GB/T 8019、GB/T 509

4. 柴油的性能要求

(1) 良好的流动性

柴油应具有适当低的凝点、浊点和冷凝点，黏度应适当，在低温下能流动，并雾化良好，以保证发动机燃料的不间断供油，工作可靠。

(2) 良好的发火性

柴油应具有适当高的十六烷值和良好的蒸发性，喷入燃烧室后能迅速着火，燃烧完全、稳定，不产生粗暴工作现象，不冒黑烟，使发动机发出最大功率，且耗油量又不致过大。

(3) 良好的安定性

柴油燃烧过程中在喷嘴上不应生成积炭，堵塞喷孔，影响供油。

(4) 良好的清洁性

柴油应不含机械杂质和水分，以免影响供油和增大磨损。

(5) 耐腐蚀性

燃料本身及燃烧产物不应对发动机零部件或储运设备产生腐蚀。

(6) 良好的安全性

柴油应具有较高的闪点，以保证储运和使用中的安全。

5. 柴油的选用

柴油发动机应根据其构造性能、工作状态和周围气温的高低，选用不同牌号的柴油。柴油机燃料的选用首先取决于发动机转速的高低，转速愈高就要求选用十六烷值较高而馏分较轻的柴油。转速在1000r/min以上的高速柴油机以及500~1000r/min的中速柴油机一般均应使用轻柴油，转速在500 r/min以下的可使用重柴油。其次，柴油的选用要考虑使用地区气温变化的情况。选用柴油通常用浊点和凝点作为依据，如规定柴油的浊点必须低于气温3~5℃，才可以避免析出结晶和造成堵塞油路的不良影响。对于在凝点前不发生混浊的柴油，则柴油的凝点必须比使用周围气温低7 ℃左右，以保证发动机正常工作。表1-1-8列出了使用柴油的车辆的发动机压缩比、油箱容量和耗油率。

表1-1-8　使用柴油的车辆

装备型号	发动机		油箱容量		燃油耗量/(L/100km)
	功率/kW	压缩比	燃油/L	润滑油/L	
东风 EQ1141G 型 8t	118	17	150	45	25
斯达-斯太尔 ZZ1192L4610J 型 10t	191	16	400	32	26
东方红 LT2140F(LT665)型 3.5t	129	16.5	200+60	25	40
延安 SX2150K/SX2150KS 型 5t	191/175	16	280+70	19	38
延安 SX2190 型 7t	206	16	400	32	40
黄河/延安 2300 型 15t	309	16.5	400	32	40~50
红岩 CQ261 型 6t	147	19	200+200	28.5	50
吉比西(GBC)8MT 4t	110	16.6	200	18	35
奔驰 BENZ 2026A 型 7t	188	17.5	300	15.5~21.0	35~38
黄河 JN2182 型 5t	161.7	16.5	300	32	55
黄河 JN151 型 8t	118	17.5	—		22
60式中型履带牵引车	220	14~15	280×2	65	50 L/h
跃进 NJ2046 1.5t	76	18.5	70+20	7.8	12.5
东风 EQ2102/2102G 型 3.5t	118	17.5	145+50	16.4	26.5
东风 EQ1118GA 型 6t	118	17.5	145+50	16.4	18
东风 EQ1168GA 型 10t	157	17.3	280+50	23.8	24
解放 CA1121J 型 6t	125	17	300	15	17.5
五十铃 TDJ-72L 型	—	16.5	200	25	38
解放 CA1171J 型 10t	155	17	300	15	23.1
北方奔驰 ND1190 型 10t	188	16.5	400	18~21	25
南京依维柯 40.10 型 17 座	76	18.5	70	7.6	9(50 km/h)
太湖 XQ6990Y2 型 46 座	117	17	150	17	22
骊山 LS6102A 型 42 座	118		160	22	22
衡山 HSZ6100DR 型 42 座	118	17.5	160	22	22

摘自：车辆性能手册，总装备部陆军装备科研订购部2003年12月；车辆性能手册，总后军交运输部1996年9月。

轻柴油的选用，以保证在最低气温下不致凝固为原则，一般可按照下列情况分别选用：

10号轻柴油适用于有预热设备的高速柴油机上使用；

5号轻柴油适用于风险率为10%的最低气温在8 ℃以上的地区使用；

0号轻柴油适用于风险率为10%的最低气温在4 ℃以上的地区使用；

-10 号轻柴油适用于风险率为 10%的最低气温在-5 ℃以上的地区使用；

-20 号轻柴油适用于风险率为 10%的最低气温在-14 ℃以上的地区使用；

-35 号轻柴油适用于风险率为 10%的最低气温在-29 ℃以上的地区使用；

-50 号轻柴油适用于风险率为 10%的最低气温在-44 ℃以上的地区使用。

某月风险率为 10%的最低气温值，表示该月中最低气温低于该值的概率为 0.1，或者说该月中最低气温高于该值的概率为 0.9。推荐风险率为 10%的最低气温用来估计使用地区的最低操作温度，对柴油机在低温操作时的正常设备防寒、燃油系统的设计、柴油的生产、供销以及使用提供可靠的气温数据。各地区风险率为 10%的最低气温见表 1-1-9。

表 1-1-9　各地区风险率为 10%的最低气温表　　℃

省份	一月	二月	三月	四月	五月	六月	七月	八月	九月	十月	十一月	十二月
河北	-14	-13	-5	1	8	14	19	17	9	1	-6	-12
山西	-17	-16	-8	1	5	11	15	13	6	-2	-9	-16
内蒙古	-43	-42	-35	-21	-7	-1	4	1	-8	-19	-32	-41
黑龙江	-44	-42	-35	-20	-6	1	7	4	-6	-20	-35	-43
吉林	-29	-27	-17	-6	1	8	14	12	2	-6	-17	-26
辽宁	-23	-21	-12	-1	6	12	18	15	6	-2	-12	-20
山东	-12	-12	-5	2	8	14	19	18	11	4	-4	-10
江苏	-10	-9	-3	3	11	15	20	20	12	5	-2	-8
安徽	-7	-7	-1	5	12	18	20	20	14	5	0	-6
浙江	-4	-3	1	6	13	17	22	21	15	8	2	-3
江西	-2	-2	3	9	15	20	23	23	18	12	4	0
福建	-4	-2	3	8	14	18	21	20	15	8	1	-3
台湾①	3	0	2	8	10	16	19	19	13	10	1	2
广东	1	2	7	12	18	21	23	23	20	13	7	2
海南	9	10	15	19	22	24	24	23	23	19	15	12
广西	3	3	8	12	18	21	23	23	19	15	9	4
湖南	-2	-2	3	9	14	18	22	21	16	10	4	-1
湖北	-6	-4	0	6	12	17	21	20	14	8	1	-4
河南	-10	-9	-2	4	10	15	20	18	11	4	-3	-8
四川	-21	-17	-11	-7	-2	1	2	1	0	-7	-14	-19
贵州	-6	-6	-1	3	7	9	12	11	8	4	-1	-4
云南	-9	-8	-6	-3	1	5	7	7	5	-1	-5	-8
西藏	-29	-25	-21	-15	-9	-3	-1	0	-6	-14	-22	-29
新疆	-40	-38	-28	-12	-5	-2	0	-2	-6	-14	-25	-34
青海	-33	-30	-25	-18	-10	-6	-3	-4	-6	-16	-28	-33
甘肃	-23	-23	-16	-9	-1	3	5	5	0	-8	-16	-22
陕西	-17	-15	-6	-1	5	10	15	12	6	-1	-9	-15
宁夏	-21	-20	-10	-4	2	6	9	8	3	-4	-12	-19

① 台湾所列的温度是绝对最低气温，即风险率为 0%的最低气温。

摘自：GB/T 19147—2003《车用柴油》附录 B。

军用柴油的使用也是按使用地区温度选用，最低气温>-5 ℃，可以全年选用-10 号军用柴油；最低气温低于-15 ℃，选用-35 号军用柴油，严寒地区冬季(<-30 ℃)，选用-50号军用柴油。

不同牌号的轻柴油，允许掺兑使用，可以根据当地气温情况适当调配，以充分利用低凝点柴油的潜力，掺兑时要测定轻柴油的凝点，并充分搅拌均匀。

6. 轻柴油在使用中的安全注意事项

① 在接卸、储存中，防止水分、机械杂质和汽油等其他油品混入，造成油品品质下降。

② 严禁曝晒及明火加热，尽量在较低温度下储存。当冬季使用高凝点柴油时，不能用明火加热，以免引起爆炸。

③ 严禁与汽油混合后用于照明或作煤油炉燃料。

④ 轻柴油在使用前须经过充分沉淀、过滤，除去杂质和水分，做好净化工作，以保证柴油机燃料供给系统的正常工作。

⑤ 同一级别牌号不同的柴油，由于它们的质量指标除凝点和冷滤点外基本相同，所以，当容器或资源不足时，可以在适当气温情况下混用。

三、车用润滑油

（一）内燃机油

内燃机油亦称机油，它包括汽油机油和柴油机油。

1. 内燃机油的性能要求

① 具有适宜的黏温性，使黏度受温度变化的影响较小；

② 具有良好的清净分散性，能及时把发动机零件上的胶状物和沉积物清洗下来；

③ 具有较好的抗氧化性、耐腐蚀性，能延缓或防止油品变质，有效保护金属表面，并对发动机起到冷却作用；

④ 具有良好的抗泡沫性，阻止气泡产生和使气泡破裂，防止出现干摩擦。

2. 内燃机润滑油的分类

① 以内燃机油黏度分类，见表1-1-10。

表1-1-10 内燃机油黏度等级（GB/T 14906—1994）

黏度等级	最高低温黏度（CCS）		最高边界泵送温度（60000mPa·s时）/℃（ASMD3829）	100℃运动黏度/（mm^2/s）（ASTMD445）	
	mPa·s	温度/℃		不小于	不大于
0W	3250	-30	-35	3.8	—
5W	3500	-25	-30	3.8	—
10W	3500	-20	-25	4.1	—
15W	3500	-15	-20	5.6	—
20W	4500	-10	-15	5.6	—
25W	6000	-5	-10	9.3	—
20	—	—	—	5.6	9.3
30	—	—	—	9.3	12.5
40	—	—	—	12.5	16.3
50	—	—		16.3	21.9
60	—	—		21.9	26.1

注：1. 表中20、30、40、50、60是油品100℃时的黏度等级。

2. 表中“W”前的数字，如5W、10W等，表示冬用，即低温黏度等级。

② 以质量等级分类。汽油机油按质量等级从低到高分级情况见表1-1-11。柴油机油按质量等级从低到高分级情况见表1-1-12。

表 1-1-11　汽油机润滑油的分级

代　号	特性和使用场合
SC	用于中等条件下工作的货车或客车和其他要求使用 API SC 级油的汽油机，可控制汽油机高低温沉积物及磨损、锈蚀、磨蚀
SD	用于货车、客车和某些轿车的汽油机，以及要求使用 API SD、SC 级油的汽油机。此种油品控制汽油机高低温沉积物、磨损和腐蚀的性能优于 SC，并可代替 SC
SE	用于轿车和某些货车的汽油机，以及要求使用 APISE、SD 级油的汽油机，此种油的抗氧化性能以及控制汽油机高低温沉积物、磨损和腐蚀的性能优于 SD 或 SC，并可代替 SD 或 SC
SF	用于轿车和某些货车的汽油机，以及要求使用 APISF、SE、SD 级油的汽油机，此油的抗氧化性能及抗磨损性能优于 SE，还可控制汽油机高低温沉积物、锈蚀和腐蚀的性能，并可代替 SE、SD、SC
SG	用于轿车、货车和轻型卡车的汽油机，以及要求使用 SPISG 级油的汽油机。SG 质量还包括 CC(或 CD)的使用性能。此油改进了 SF 级油控制发动机沉积物、磨损和抗氧化性能，并具有抗锈蚀和腐蚀的性能，可代替 SF、SF/CD、SE 或 SE/CC
SH	用于轿车和轻型卡车的汽油机，以及要求使用 APISH 级油的汽油机，SH 质量在汽油机磨损、锈蚀、腐蚀及沉积物的控制和油的氧化性能方面优于 SG，并可代替 SG

表 1-1-12　柴油机润滑油的分级

代　号	特性和使用场合
CC	用于中等负荷条件下工作的非增压、低增压或增压式柴油机，并包括一些重负荷汽油机，对于柴油机具有控制高低温沉积物和轴瓦腐蚀的性能，对于汽油机具有控制锈蚀、腐蚀和高温沉积物的性能，并可代替 CA、CB 级油
CD	用于需要控制磨损及沉积物或使用包括高硫燃料非增压、低增压及增压式柴油机及国外要求使用 APICD 级油的柴油机。具有控制轴承腐蚀和高硫沉积物的性能，并可代替 CC 级油
CD-Ⅱ	用于要求高负荷控制磨损和沉积物的重负荷二冲程柴油机，以及要求使用 APICD-Ⅱ级油的发动机，同时也满足 CD 级油的性能要求
CE	用于低速高负荷和高速高负荷条件下运行的低增压和增压式重负荷柴油机，以及要求使用 APICE 级油的发动机，同时也满足 CD 级油性能要求
CF-4	用于高速四冲程柴油机，以及要求使用 APICF-4 级油的柴油机，在油耗和活塞沉积物控制方面的性能优于 CE 油，并可代替 CE 油，此油特别适用于高速公路行驶的重负荷卡车
CG-4	用于高增压高效柴油机，适用于公路上重型柴油机

目前，我国使用最多的汽油机油等级为 SC、SD 级，柴油机油为 CC、CD 级。为减少因品种繁多造成的麻烦，方便生产、运输和使用，通用内燃机油的用量大幅上升。通用内燃机油是指既能用于汽油机，又能用于柴油机的机油，常用的质量等级有 SD/CC、SE/CC、SF/CD、SG/CD、SH/CD 等。

3. 内燃机油的牌号

内燃机润滑油的牌号由字母及数字组成，“S”代表汽油机油，“C”代表柴油机油，第二个字母代表质量等级，数字代表黏度等级。

例如 SG30 表示该润滑油为汽油机润滑油，质量等级为 SG 级，黏度等级符合 SAE30 黏度等级的黏度范围。

又如 CD15W/40 表示该润滑油为多级柴油机润滑油，质量等级为 CD 级，低温黏度等级符合 SAE15W 黏度等级的低温性要求，高温黏度等级符合 SAE40 黏度等级的黏度范围。

4. 内燃机油的使用

选用内燃机油时，首先应分柴油车还是汽油车，然后选用相应的汽油机油、柴油机油或通用机油。选用时主要是从质量等级和黏度牌号两方面进行。

(1) 质量等级的选用

质量等级的选用原则是：根据发动机制造商的推荐，内燃机的机械负荷和热负荷、工作条件的苛刻程度、燃料性质等因素确定。

① 汽油机油质量等级的选用。汽油机油主要是根据发动机的压缩比确定质量等级。发动机压缩比越大，热负荷和机械负荷越大，对润滑油的清净分散性、抗磨极压性和抗氧防腐性的要求越高，见表 1-1-13 所示。

表 1-1-13　汽油机压缩比与汽油机油质量等级的关系

压缩比	发动机附设装置	汽油机油质量等级
<7		SC
7~8	PVC 阀(曲轴箱强制换气)	SD
8~10	EGR 装置(废气循环)	SE
>10	EGR 装置、废气催化转化器	SF、SG
>10	涡轮增压装置、废气催化转化器	SF/CC、SG/CD、SH 以上

② 柴油机油质量等级的选用。柴油机影响润滑油质量变化的主要因素是其热负荷和机械负荷。负荷越大，工作温度越高，工作强度则越剧烈，要求使用的润滑油的质量也就越高。

选择柴油机油时，可按柴油机的强化系数(K_ϕ)确定。强化系数的数值是发动机的平均有效压力、活塞平均速度及冲程系数的乘积。选用关系见表 1-1-14。

表 1-1-14　强化系数与柴油机油质量等级的关系

柴油发动机的强化系数	选用柴油机油的质量等级
<50	CC
50~80	CD
>80	CE、CF-4

(2) 黏度等级的选用

低温性不好的润滑油，会导致发动机低温启动困难；黏度过大的内燃机润滑油不仅会导致发动机工作阻力增大，燃料消耗增加，而且还会使发动机低温启动困难；黏度过大时，又会引起发动机磨损增加、功率下降、燃料和润滑油的消耗增加。

选用润滑油黏度等级主要依据是使用地区的环境温度，寒冷地区冬季选用黏度小、倾点低的单级或多级润滑油。一般在寒区或严寒区为了保证冬季启动顺利，应选用多级油；夏季或全年气温高的地区应选用黏度适当高些的润滑油。内燃机油黏度等级选用见表 1-1-15。

表 1-1-15　内燃机油黏度等级选用表

黏度等级	适用环境气温/℃	黏度等级	适用环境气温/℃
5W	-30~-10	15W/40	-20~40
5W/20	-30~25	20/20W	-15~25
5W/30	-25~30	20	-10~30
10W	-25~-5	30	-5~30
10W/30	-25~30	40	10~50

（二）车用齿轮油

1. 车用齿轮油的种类

（1）质量等级分类

按 GB 7631. 7—1995《润滑剂和有关产品（L 类）的分类第 7 部分：C 组（齿轮）》的规定，依据其承载能力划分为三级，即 CLC 普通车辆齿轮油、CLD 中负荷车辆齿轮油和 CLE 重负荷车辆齿轮油，其特点和部位见表 1-1-16 所示。

表 1-1-16　车辆齿轮油的质量分类

名称及代号	组成、特点和使用说明	常用部位	相当 API 级别
普通车辆齿轮油 CLC	精制矿物油加抗氧剂、防锈剂、抗泡剂和少量极压剂等制成。适用于中等速度和负荷比较苛刻的手动变速器和螺旋锥齿轮的驱动桥	手动变速器、螺旋伞齿轮的驱动桥	GL-3
中负荷车辆齿轮油 CLD	精制矿物油加抗氧剂、防锈剂、抗泡剂和极压剂等制成。适应在低速高扭矩、高速低扭矩下操作的各种齿轮，特别是客车和其他各种车辆用的准双曲面齿轮	手动变速器、螺旋锥齿轮和使用条件不太苛刻的准双曲面齿轮的驱动桥	GL-4
重负荷车辆齿轮油 CLE	精制矿物油加抗氧剂、防锈剂、抗泡剂和极压剂等制成。适用于高速冲击负荷、低速高扭矩、高速低扭矩下操作的各种齿轮，特别是客车和其他各种车辆用的准双曲面齿轮	操作条件苛刻的准曲双曲面齿轮及其他各种齿轮的驱动桥。也可用于手动变速器	GL-5

（2）黏度等级分类

齿轮油的黏度等级分类，见表 1-1-17。

表 1-1-17　车辆齿轮油的黏度等级分类表

SAE 黏度等级	黏度为 150000mPa · s 的最高温度/℃	100℃运动黏度/（mm^2/s）	
		最小	最大
70W	-55	4. 1	—
75W	-40	4. 1	—
80W	-26	7. 0	—
85W	-12	11. 0	—
90	—	13. 5	<24. 0
140	—	24. 0	<41. 0
250	—	41. 0	—

2. 车用齿轮油的选用

车用齿轮油的选用原则与内燃机油类似，首先应根据车辆说明书或齿轮的类型、负荷大小、滑动速度选择合适的质量级别，然后根据使用地区的环境温度选择所需要的黏度等级。

（1）质量等级选用

根据汽车制造商推荐以及齿轮类型和负荷选用。可参考表 1-1-18 选择。

表 1-1-18　车用齿轮油质量等级的选用

齿轮形状	齿面载荷	车型及工况	质量等级
双曲线	压力<2000MPa，滑动速度 1. 5~8m/s	一般	GL-4
双曲线	压力<2000MPa，滑动速度 1. 5~8m/s	拖挂车，山区作业	GL-5
双曲线	压力>2000MPa，滑动速度 10m/s，油温 120~130℃	不论	GL-5
螺旋锥齿		国产车	GL-3
螺旋锥齿		进口车或重型车	GL-4

（2）黏度等级的选用

根据使用地区的最高和最低工作温度，确定齿轮油的黏度等级(牌号)，以满足高低温条件下使用要求。车用齿轮油与适用的环境温度的关系，见表 1-1-19 所示。

表 1-1-19　车用齿轮油黏度等级与适用的环境温度

黏度等级	75W	80W/90	85W/90	85W/140	90	140
适用温度/℃	-40~10	-25~50	-15~50	-15~50	-10~50	0~50

我国南方冬季气温不低于-10℃的地区，全年可选用 SAE90 车用齿轮油；冬季气温不低于-25℃的地区，全年可选用 SAE80W/90 车用齿轮油；冬季气温低于-25℃的地区，全年可选用 SAE75W/90；夏季最高气温达 40℃的南方地区，经常长途行驶或在山区行驶的重型车，夏季宜选用 SAE140 或全年使用 SAE85W/140 车用齿轮油。

四、车用润滑脂

（一）润滑脂的分类

1. 按使用性能分类

润滑脂按使用性能分类见表 1-1-20。

表 1-1-20　润滑脂使用性能分类表

操作温度范围				水污染	字母 4	负荷 EP	字母 5	稠度
最低温度/℃	字母 2	最高温度/℃	字母 3					
0	A	60	A	在水污染的条件下，润滑脂的润滑性能、抗水性和防锈性	A	A 表示非极压型脂，B 表示极压型脂	A	000
-20	B	90	B		B		B	00
-30	C	120	C		C			0
-40	D	140	D		D			1
<-40	E	160	E		E			2
		180	F		F			3
		>180	G		G			4
					H			5
					I			6

2. 按稠化剂类型分类

按稠化剂类型分类可分为皂基脂、烃基脂、无机脂和有基脂四大类，详见表 1-1-21。

① 同组的各种润滑脂按用途或使用条件分为工业、铁道、船用或高温、低温等若干等级，见表 1-1-22 所示。

② 同组同级的各种润滑脂按其锥入度范围(25℃)，用接近的锥入度系列号(牌号)区分，见表 1-1-23 所示。

③ 同组、同级、同牌号的各种润滑脂按其特殊属性加尾注区分之，见表 1-1-24 所示。

（二）常用汽车润滑脂及其使用

1. 汽车用主要润滑脂

汽车用主要润滑脂的品种牌号、组成、使用范围见表 1-1-25。

2. 润滑脂的选用

必须选择与其使用条件(温度、速度、负荷和环境等)相适应的润滑脂，这与润滑脂的基本特性有关。润滑脂的基本特性见表 1-1-26 所示。根据使用条件选用润滑脂的一般标准见表 1-1-27。

表 1-1-21　润滑脂分类分组表

组　别			符　号
皂基	单-皂基	钙基	G
		钠基	N
		锂基	L
		铝基	U
		钡基	B
		铅基	Q
		其他基	A
	混合皂基	钙-钠基	GN
		钙-铝基	GU
		铅-钡基	QB
		铝-钡基	UB
	复合皂基	复合钙基	FG
		复合铝基	FU
烃　基			J
无　机			W
有　机			Y

表 1-1-22　润滑脂分级表

名　称	级　号	名　称	级　号
高温	0	船用	43
低温	7	航空	45
密封	10	军械	46
工业	40	仪表	63
铁道	42		

表 1-1-23　润滑脂锥入度系列号(牌号)

牌号	0	1	2	3	4	5	6	7	8	9
锥入度/(1/10mm)	355~385	310~340	265~295	220~250	175~205	130~160	85~115	60~80	35~55	10~30

表 1-1-24　尾注和尾注号表

尾　注	尾注号(汉语拼音)	意　义
合成	H	合成脂肪酸
石墨	S	石墨
二硫化钼	E	二硫化钼

表 1-1-25　汽车用润滑脂一览表

品种牌号	组　成	使用范围	生产厂家
3 号钙基润滑脂 GB 491—1987	由动植物油脂的钙皂与凝点低于 -5 ℃的矿物油制成的浅黄色短纤维奶油状均匀油膏。具有良好的抗水性和润滑性、机械安定性和胶体安定性，但不耐热，在 100 ℃左右易失水分解	适用于工作温度在-10~60 ℃范围内的中、低负荷和中、低转速摩擦部位的润滑。主要用在汽车底盘轮毂轴承	汉沽石油化学厂、无锡炼油厂、兰炼化工总厂

续表

品种牌号	组　成	使用范围	生产厂家
石墨钙基润滑脂 SH/T 0369—1992	由鳞片石墨、动植物油钙皂稠化68号机械油制成的黑色均匀油膏，具有良好的抗磨极压性、抗水性和胶体安定性	适用于压力大，表面粗糙和工作温度不超过65 ℃的部位，适用于汽车钢板弹簧，起重齿轮转盘、矿山机、绞车、钢丝绳等粗糙机械。也可用于飞机发动机高温区螺杆、螺纹、钢索、导轨等等。由3号防锈石墨锂基脂代替。相应俄罗斯ГОСТ 3333-80《石墨润滑脂》	抚顺石化公司石油一厂等
工业凡士林 SH/T 0039—1990 (1998)	由高黏度润滑油馏分经脱蜡而得的蜡膏，掺和机械油再经白土精制后加入防腐蚀添加剂制成。呈淡褐色至深褐色均质无块软膏。防锈性较好，对金属有一定的防护性，不溶于水，不乳化，化学安定性好，黏附性、胶体安定性也好	适用于一般机械部件和各种合属制品的防止锈蚀，也可用于工作温度不高于45 ℃的轻负荷机械的减摩润滑。与JISK 2235-80《石油蜡》中的石油脂部分相当	中国石化金陵分公司、中国石油玉门油田分公司炼油化工总厂
寒区多效润滑脂YLB 1005A—1999	由烷基对苯二甲酸酰胺钠皂稠化合成烯烃油并添加适量的抗氧、防锈和抗磨等添加剂制成。滴点高，低温性能好，抗水性好，机械安定性好，并且具有良好的轴承润滑性和抗辐射性能	适用于工作温度在-45～120℃温度范围内车辆、装甲装备底盘和轮毂等主要用脂部位的润滑和防护	北京三家店油库
汽车通用锂基脂 GB/T 5671—1995	由脂肪酸锂皂稠化低凝点润滑油并加入抗氧剂、防锈剂制成。具有良好的机械安定性、胶体安定性、防锈性、氧化安定性和抗水性	使用温度范围-30～120 ℃，可用于各种车辆的轮毂轴承、钢板弹簧、水泵和发电机等摩擦部位的润滑。与壳牌公司Retinax A2、加德士公司Marfak multi purpose 3等产品可互换使用。相应JISK2220-84《汽车轮毂轴承用润滑脂1种之2号》	天津润滑油脂公司、无锡炼油厂
3号通用锂基润滑脂 GB 7324—1994	采用12-羟基硬脂酸锂或12-羟基硬脂酸锂与硬脂酸锂稠化中等黏度的矿物油，并加有抗氧剂、防锈剂制成的浅黄色至褐色光滑油膏。具有良好的抗水性、机械安定性、防锈性和氧化安定性	使用温度范围为-20～120 ℃，适用于各种机械设备的滚动轴承和滑动轴承及其他摩擦部位。由2号汽车通用锂基润滑脂代替。用于汽车轮毂轴承。相应日本JISK2220-84《汽车轮毂轴承用润滑脂1种》	高桥石化公司炼油厂、兰州炼油化工总厂等

3. 润滑脂的使用条件

选用润滑脂的原则是润滑部件的具体条件必须与润滑脂的特性相一致，那么，其具体工作条件又应如何考量呢？一般应考虑以下几方面因素：

① 要求润滑脂的功能，是润滑还是防护。

② 润滑部件的温度、负荷、速度和使用期限。

③ 集中泵送润滑、定期加脂还是长期不更换地使用。

④ 工作条件是间断还是周期性，有无冲击负荷和震动。

⑤ 环境温度、湿度，是否与腐蚀性介质接触。

表 1-1-26　润滑脂的基本特性

基础油	稠化剂	滴点/℃	热安定性	机械安定	耐水	防锈	泵送	耐低温	抗橡胶溶胀	最高使用温度/℃
石油基	Ca 牛油	90~100	差	可	可	–	良	良	–	70
	Ca 蓖麻油			良	良					100
	Na	150~180	可	良	差	–	良	良	–	120
	Ca-Na	130~150	可	良	可	可	良	良	–	80
	Al	70~90	差	差	良	良	优	可	–	80
	Li	170~190	良	良	良	良	优	良	–	牛油 130 蓖麻油 150
	Ba	130~150	可	可	良	良	良	可	良	130
	Pb	70~130	可	良	可	可	可	良		100
	复合 Ca	250 以上	可	良	良	良	优	良	–	130
	复合 Al	250 以上	良	优	优	良	优	良	–	150
	复合 Li	260 以上	良	良	优	良	优	良	–	200
	膨润土	无	良	良	可	差	良	良	–	200
	精制硅胶	无	良	可	差	可	良	良	–	200
	聚脲基	250 以上	优	优	优	优	良	优	–	200
	对酞酰胺钠	250 以上	优	优	优	良	优	优	良	200
酯油	Li	170~190	良	良	良	良	优	优	差	160
	膨润土	无	良	良	良	良	良	优	–	180
	有机物	250 以上	良	良	良	良	良	优	良	170
硅油	Li	170~200	良	良	良	良	优	优	–	180
	有机物	250 以上	良	良	良	良	良	优	良	200

其中，最主要的因素是工作环境条件、温度、运转速度和承受的负荷等四个方面，它们对润滑脂在使用中的影响较大。

(1) 温度

轴承或摩擦部位的温度条件及变化的幅度对润滑脂的润滑作用和使用寿命有明显影响。

表 1-1-27　选择润滑脂的一般标准

润滑条件			稠化剂种类 皂基 Ca	皂基 Na	皂基 Al	皂基 Ba	皂基 Li	皂基 Pb	非皂基 无机	非皂基 有机	基础油黏度/(mm²/s) 高	中	低	润滑脂稠度 硬	中	软	备注
轴承	滑动		○	○	○	○	○	○	○	○	—	—	—	—	—	—	—
轴承	滚动		○	○	×	○	○	○	○	○	—	—	—	—	—	—	
环境	水分接触		○	×	○	○	○	×	○	○	—	—	—	—	—	—	—
环境	化学品接触		×	×	×	×	×	×	○	△	—	—	—	—	—	—	有的可用
环境	温度	高	×	○	×	○	○	○	○	○	○	×	×	○	△	×	极高温专用脂
环境	温度	中	○	○	○	○	○	○	○	○	×	○	×	△	○	△	—
环境	温度	低	○	×	×	×	○	○	○	○	×	×	○	×	△	○	极低温专用脂
运转条件	转数	大	×	○	×	○	○	○	○	○	×	△	○	○	△	×	—
运转条件	转数	中	○	○	○	○	○	○	○	○	×	○	△	×	○	△	—
运转条件	转数	小	○	○	○	○	○	○	○	○	○	○	×	×	△	○	—
运转条件	负荷	重	×	○	○	○	○	○	×	△	○	△	×	○	△	×	加油性极压剂
运转条件	负荷	中	○	○	○	○	○	○	○	○	△	○	△	△	○	△	—
运转条件	负荷	轻	○	○	○	○	○	○	○	○	×	△	○	×	△	○	—
运转条件	负荷	冲击	×	○	○	○	○	○	○	△	○	△	×	○	△	×	加极压剂

续表

润滑条件		稠化剂种类								基础油黏度/（mm^2/s）			润滑脂稠度			备注
		皂基						非皂基								
		Ca	Na	Al	Ba	Li	Pb	无机	有机	高	中	低	硬	中	软	
润滑方式	手涂	○	○	○	○	○	○	○	○	○	○	○	○	○	○	—
	脂杯	○	○	○	○	○	○	○	○	○	○	○	○	○	○	—
	脂枪	○	○	○	○	○	○	○	○	×	○	○	×	○	○	—
	集中	○	×	○	○	○	○	○	○	×	○	○	×	○	○	极软、半流体
环境温度：高为大于 80 ℃；中为 40～80 ℃；低为小于 40 ℃ 转速因子（dn 值）：大为＞20 万；中为 10 万～20 万；低为小于 10 万		依所用油脂、脂肪酸、基础油、添加剂的种类、性质、数量以及生产工艺，润滑脂性能也有不同，但大体上符合使用情况 低温应用锂基合成油润滑脂						极高温、低温用，冲击负荷 MoS_2 或 PTFE，聚脲脂适用		40 ℃运动黏度：高为大于 100 mm^2/s；中为 32 mm^2/s、46 mm^2/s、68 mm^2/s；低为小于 22 mm^2/s			硬：锥入度小于 205（1/10mm） 中：锥入度 220～295（1/10mm） 软：锥入度大于 310（1/10mm）			符号 ○ 适用 △ 可用 × 不可用

摘编自：王先会编．新编润滑油品选用手册．北京：机械工业出版社，2001 年 7 月第 1 版第 1 次印刷 303～304 页。

润滑脂是一个胶体分散体系，它的可塑性和相似黏度都随温度而变化。当温度升高时，润滑脂的基础油会产生蒸发、氧化变质，润滑脂的胶体结构也会发生变化而加速分油。当温度达到润滑脂稠化剂的熔点或稠化剂纤维骨架维系基础油的临界点时，则胶体结构将完全破坏，润滑脂不能继续使用。如果温度变化幅度大且温度变化频繁，则凝胶萎缩分油现象将会更为严重。通常，润滑脂高温失效的主要原因都是由于凝胶萎缩和基础油的蒸发而造成的。当基础油损失达到 50%～60%时，润滑脂即丧失了润滑能力。

一般情况下，温度越高，润滑脂的使用寿命就越短。大部分润滑脂的使用温度与寿命的关系是：每当轴承温度升高 10～15 ℃，润滑脂的寿命下降 1/2。有人用经验公式推算了锂基润滑脂的寿命与温度的关系：

$$\log L = 5.5051 - 0.02007T$$

式中 L——寿命，h；

T——温度，℃。

在高温部位润滑时，要考虑选用抗氧化性能好、热蒸发损失小、滴点高的润滑脂。在低温下使用的润滑脂，要有低的启动阻力，相似黏度要小。这类润滑脂的基础油大多采用合成润滑油，如酯类油、硅油、合成烃油等，它们都有良好的低温性能。

（2）速度

润滑脂的相似黏度不仅随温度而且也随着剪切速度而改变。因此，润滑脂状态和润滑作用对润滑部件的运转速度较为敏感。运转速度越快，润滑脂所受的剪切应力就越大，稠化剂形成的润滑脂纤维骨架受到的破坏作用也越大，使用寿命大大缩短。同时，由于转速高，产生的热量也较多，而润滑脂的散热性又比较差，故更增加了摩擦点的温升，也导致润滑脂寿命缩短。在高剪切应力下，当工作部位的运转速度提高一倍时，润滑脂的使用寿命只相当原寿命的 1/10。

润滑脂所能适应的转速是有限的，这种限制通常用 dn 值来表示。所谓 dn 值就是转速与轴承内径的乘积。dn 值大于 300000 时，一般不宜采用润滑脂润滑。

(3) 负荷

负荷是指工作轴承上单位面积承受的压力，用 kPa 表示。在使用中，常把负荷超过 4.9×10^6 kPa时，称为重负荷；负荷在 2.9×10^6 ~ 4.9×10^6 kPa，称为中负荷；负荷在 2.9×10^6 kPa 以下时，称为轻负荷。对于重负荷机械在使用润滑脂时，应选用基础油黏度较大、稠化剂含量高的润滑脂。稠度大的润滑脂可以承受较高负荷，或选用有极压添加剂或填料(二硫化钼、石墨)的润滑脂。对中、低负荷的机械，应选用 1 号或 2 号润滑脂，基础油以中等黏度为宜。

(4) 环境条件

环境条件是指润滑部位的工作环境和所接触的介质，如空气的湿度、尘埃、是否有腐蚀性介质等。在潮湿环境或水接触的情况下，要选用抗水性好的润滑脂如钙基、锂基、复合钙基、复合锂基润滑脂等；条件苛刻时，应选用加有防锈剂的润滑脂；处于有强烈化学作用的介质环境的润滑部件，应选用抗化学介质的合成油润滑脂，如氟碳润滑脂等。

4. 润滑脂使用中的质量变化

润滑脂在使用中的变质可分为两方面，一是由于润滑脂本身发生的物理化学变化；二是由于异物混入引起。

(1) 物理化学变化

① 由于热和空气的影响，润滑脂发生氧化，在化学成分上发生改变，抗氧化剂被消耗及生成氧化产物(有机酸等)，结果使润滑脂的滴点下降、锥入度减小以及出现腐蚀；此外，由于蒸发和氧化使基础油量减少，黏度增加，也使润滑脂锥入度减小。

② 润滑脂在使用中由于受离心力的作用，促进分油，分出油后剩下的涯滑脂稠化剂含量增加，结果引起润滑脂锥入度减小。

③ 由于机械剪切作用，使润滑脂稠化剂胶体结构破坏，会引起锥入度的增大或减小。

(2) 混入异物

润滑脂在使用中由于异物混入而产生的变质分为内部因素和外部因素两和：内部因素是轴承磨损的金属粉混入润滑脂中；外部因素是混入机械杂质(尘埃、金属粉等)、水分，还可能混入空气。如果在化学工业设备中使用时，润滑脂还可能吸入有害气体。

润滑脂中混入机械杂质会增加摩擦部件的磨损，混入水分则使润滑脂乳化变稀，并加速润滑脂的氧化和腐蚀。

润滑脂使用中的变质程度，可测定稠度、滴点、游离有机酸或碱的变化，用红外光谱($1720cm^{-1}$)的羰基吸光度分析羧酸的生成，用原子吸收光谱测定由于轴承磨损或从外部混入的铁、铜，以及用电子显微镜观察稠化剂破坏的状态等。

5. 润滑脂使用中的注意事项

① 根据机械设备各部位的要求，使用合适的润滑脂。要按机械设备说明书上规定的润滑脂的种类、牌号使用，防止错用。在选用代用润滑脂时，要先经试验、试用、鉴定，并经上级有关部门批准方可使用，以保证装备处于良好的技术状态，安全可靠地运转。

② 注意防止不同种类、牌号及新、旧润滑脂的混合，避免装脂容器、工具及在润滑部位上随意混用。

a. 不同种类的润滑脂，由于组成、结构和性质不同，如果机械地混合在一起，许多性质便会发生变化，如滴点下降、锥入度增大、机械安定性下降，剪切强度极限、黏度等也可能改变。

b. 同一种类不同牌号的润滑脂，如果是不同生产厂家的产品，混合后也可能因原料、工艺不同而产生性质的变化。

c. 新润滑脂和废润滑脂无论是否同一种类，都不允许混合。因为废润滑脂中含有氧化产物和机械杂质，容易加速新润滑脂的氧化和对金属的腐蚀、磨损。在机械上更换新润滑脂时应先清除废润滑脂，将部件清洗干净，然后加入新润滑脂。在某些轴承上补加润滑脂时，应将废润滑脂挤出，在排脂口见到新润滑脂为止。

③ 领取和加注润滑脂前要严格注意容器和工具的清洁，机械设备上的供脂口也要事先擦拭干净，严防混入机械杂质，加注润滑脂时还要严防尘土沙粒混入。

④ 填充适量的润滑脂。润滑脂的填充量对轴承运转和润滑脂的消耗量影响很大，填充量过大，会使轴承摩擦转矩增大，引起轴承温升过高，并导致润滑脂的漏失；反之，填充量不足或过少会发生轴承干摩擦而损坏轴承。通常对密封轴承，润滑脂的填充量以轴承内部空腔的1/3~2/3为宜。

⑤ 根据使用情况或按期更换润滑脂。润滑脂发生变质后，会对润滑脂的使用性能产生很大的影响，应适时更换润滑脂。润滑脂使用寿命按实际装备的维护规定的换油期进行确定。

五、车用特种液

（一）汽车制动液

汽车制动液俗称刹车油。

1. 种类和牌号

由于醇型制动液易产生气阻影响行车安全，而矿油型制动液与天然橡胶的适应能力差，因而目前我国是以合成制动液为主。合成制动液是以醇醚型、醇醚硼酸脂型和硅油型三类合成液体为基础液，并在其中加入多种添加剂制成的。

合成制动液分为3个牌号，即HZY3、HZY4、HZY5。其数字越大，质量等级越高。

2. 选用

应按汽车制造商推荐的质量等级选用，以确保行车安全。若推荐的品牌无货时，应选用与汽车制造商推荐的制动液产品类型相一致的制动液产品；二要选用质量等级不能低于所推荐的产品等级。

3. 使用注意事项

① 不同厂家、不同质量等级的制动液不能混用。

② 制动液应适时更换。

（二）汽车防冻液

对于水冷发动机，为防止0℃及其以下时结冰胀裂水箱和缸体，同时为防止高温时沸腾，影响正常行驶，使用防冻液作冷却剂。

1. 牌号

我国汽车防冻液常用的是乙二醇-水防冻液，它是由软水和乙二醇加上防锈、防霉、pH调节剂、抗泡及着色等添加剂组成。产品按冰点分为-25号、-30号、-35号、-40号、-45号、-50号和浓缩液共七个牌号。按交通部制定的标准分为-25号、-35号、-45号三个牌号。

2. 选用

一般情况下，应选择其冰点比当地冬季最低气温低5℃左右，如当地冬季最低气温为-30℃，则防冻液应选-35号以下的。

3. 使用注意事项

① 加注防冻液前应对发动机冷却系统进行清洗。

② 禁止直接加注防冻液母液。

③ 不同厂家生产的防冻液不能混加。

（三）汽车自动传动液（ATF）

汽车自动传动液是一种多功能、多用途的工作液，不同于通常的齿轮油。它主要用于轿车和轻型卡车的自动变速系统，也用于大型装载车的变速传动箱、动力转向系统。

自动传动装置包括液力变矩器、齿轮机构、液压机械、湿式离合器和涡轮传动装置等。这些机构都用自动传动液润滑和传递能量。

1. 种类和牌号

美国将自动传动液分为PTF-1、PTF-2和PTF-3三类。

PTF-1自动传动液适用于轿车、轻型货车，其牌号有通用汽车公司的DexronⅡ、DexronⅡE、DexronⅢ，福特汽车公司的Mercon、New Mercon等。国产8号液力传动油与PTF-1质量相近。

PTF-2自动传动液适用于重负荷功率转换器、货车、负荷较大的汽车自动传动装置，多级变矩器和液力耦合器。国产6号液力传动油与PTF-2质量相近。

PTF-3自动传动液适用于农业及建筑机械的分动箱传动装置，液压、齿轮、刹车和发动机共用的润滑系统。国产拖拉机传动、液压两用油与PTF-3质量相近。

2. 选用

一般轿车的自动变速箱，都选用符合通用汽车公司Dexron规格的汽车自动传动液，常用的是DexronⅡD油，电动控制的要用低温性能优良的DexronⅡE油，最新规格的DexronⅢ油，也可用福特汽车公司的New Mercon规格的油。重负荷车辆的自动传动装置要用埃里逊公司AllisonC-3或AllisonC-4规格的油。

六、油品的危险性

加油站所经营的油品属于危险品，其特性主要有下述几种。

1. 挥发性

挥发性是指液体变为气体的性质。石油产品尤其是轻质石油产品，具有容易挥发的特性，常温常压下1kg汽油大约可以蒸发为0.4m^3的汽油蒸气，煤油和柴油在常温常压下蒸发得慢一点，润滑油蒸发得更慢。油料挥发性的大小，常用饱和蒸气压和馏分来表示，一般来说，饱和蒸气压大和馏分低的油料容易挥发，且挥发出来的油蒸气能迅速与空气混合，形成可燃气体，由于蒸发出来的油气相对密度较大，一般在1.59~4之间，其油蒸气常常在作业场所或露天油罐场所弥漫，任意飘散或在低洼处积聚，如接触火源就会立即引起燃烧或爆炸。

2. 易燃性

石油产品的燃烧速度极快，如果在直径为4.5m的立式油罐中的油面上引火，2~3s后，油面即全部被火焰覆盖。

由于油料中的烃类含有可燃性的碳较多，蒸气密度较大，这就决定了它的易燃性。衡量油料易燃性的指标有闪点、燃点和自燃点。其中闪点在防火工作中的意义最大，通常是以闪点来划分油料火灾的危险性。例如，灯用煤油的闪点是40℃，在室温下蒸发出来的油蒸气很少，只有将温度提高到40℃以上，再接触明火才可能闪火或燃烧。而汽油则不同，因为汽油的闪点很低(-58~10℃)，无论在冬天还是夏天，汽油无需加热见火就着。因此汽油的火灾危险性比煤油大，煤油则比柴油大，柴油又比润滑油大。总之，闪点越低，越容易燃烧，其火灾的危险性就越大。

3. 易爆性

石油产品在着火过程中，容器内气体空间的油蒸气浓度是随着燃烧状况而不断变化的，因此，燃烧和爆炸也往往是相互转变交替进行的。

当空气中油蒸气恰好达到爆炸极限时，一旦接触火源，则混合气就先爆炸后燃烧，即从爆炸转为燃烧，当空气中石油蒸气超过了爆炸极限时，石油蒸气不能继续补充，与火源接触就先燃烧，待石油蒸气下降达到爆炸极限时，即会发生爆炸，即从燃烧转变为爆炸。但是，如果石油蒸气能够不断地补充，创造了继续燃烧的条件，这时燃烧不能转变为爆炸。

石油产品的爆炸极限除用油品气体浓度表示外，也可以用油品的温度来表示，因为液体的蒸气浓度是在一定的温度下形成的。因此，液体的爆炸浓度极限就体现着一定的温度极限。我们把能形成与爆炸极限相应蒸气浓度的温度叫做爆炸温度极限。爆炸温度极限也有上限和下限，爆炸温度下限是指液体由于蒸发而形成最低的爆炸蒸气浓度时的温度；爆炸温度上限是指液体内部蒸发而生成最高的爆炸蒸气浓度时的温度。对部分石油产品的爆炸温度极限列于表1-1-28中。

爆炸温度下限与爆炸温度上限的范围愈大，发生爆炸的机会就愈多。从表1-1-28可以看出，汽油罐在冬天比夏天爆炸的危险性大，因为汽油爆炸温度上限为-8℃，下限为-38℃,这个爆炸温度范围在冬天是时常出现的。在夏天时，因气温高出爆炸温度上限很多，油蒸气在空气中的含量超过爆炸浓度，因此，在夏天易发生燃烧，而不易发生爆炸。

表1-1-28 几种主要油料蒸气爆炸温度极限

品名	爆炸温度极限/℃	
	下限	上限
车用汽油	-38	-8
航空汽油	-39	-4
灯用煤油	40	86
苯	-14	19

4. 油料的带电性

油料及其蒸气都是绝缘体，电阻率一般在$10^{12}\Omega\cdot cm$左右，在其收发、装卸和转运过程中，油料与管线、泵、容器等壁面以及油流与空气相摩擦或碰击均能产生静电。

静电的危害主要是静电放电。如果静电放电产生的电火花能量达到或大于油品蒸气的最小点火能量时，就会立即引起燃烧和爆炸。汽油的最低点火能量为0.1~0.2mJ，而油料在装卸、灌装、泵送等作业过程中，由于流动、喷射、过滤、冲击等缘故所产生的静电电场强度和油面电位，往往能高达$(2\sim3)\times10^4$V。

油品集聚静电荷量的多少与下列因素有关：

① 油品带电与输油管内壁粗糙程度成正比。即油管内壁愈粗糙，油品带电愈多。

② 空气的相对湿度（大气中所含水蒸气量）愈大，产生静电荷愈少。

③ 油品在管内流动速度愈快，流动时间愈长，产生的静电荷就愈多。

④ 油品温度愈高，产生静电荷愈多，但是柴油的特性相反，温度愈低，产生的静电荷愈多。

⑤ 油品中含有杂质，或油与水混合泵送，或不同的油品相混合时，静电荷显著增加。

⑥ 油品所通过的过滤器愈密，产生的静电愈多。

⑦ 油品所流经的阀门、弯头等愈多，产生的静电荷愈多。

⑧ 用绝缘材料制成的容器和油管（如帆布管，塑料桶等）比用导电的金属制成的容器、油管产生的静电荷多。

⑨ 导电率低的油品比导电率高的油品产生静电荷多。

5. 油料的易沸腾突溢性

储存重质油品的油罐着火后，有时会引起油品的沸腾突溢，燃烧的油品大量外溢，甚至从罐中猛烈地喷出，形成巨大的火柱，可高达70~80m，火柱顺风向喷射距离可达120m左右，这种现象通常称为“突溢”。燃烧油罐一旦发生突溢，不仅造成扑救人员的伤亡，而且由于火场上辐射热大量增加，容易直接蔓延燃烧邻近的油罐，扩大灾情。

由此可见，绝不能因重质油的闪点高、着火燃烧危险性较小而放松对防火的警惕性。

油罐着火后，突溢的时间取决于罐中储存油品的数量、含水量以及着火时间的长短，也可根据罐中油位的高度、水垫层高度以及热波传播速度和燃烧直线速度进行估算，以便采取有效的防护措施。一般油罐出现剧烈振荡并发生强烈嘶哑声音时，即是“突溢”的预兆。火场指挥者掌握特征，就能果断地抢先一步做出正确的决定。

6. 油料的热膨胀性

石油产品的体积是随着温度的增高而膨胀的，如汽油通常每增加37.8℃，其体积膨胀6%，体积膨胀的同时，蒸气压增高。所以储存汽油的密封油桶如果靠近高温或日光曝晒，受热膨胀，桶内压力增加，会造成容器的膨胀。另一方面，当容器内加入热油冷却时，又会造成油品体积收缩，使桶内受负压，容器被大气压坏，这种热胀冷缩现象往往会损坏储存容器，造成漏油现象。在火灾现场附近和油桶受到火焰辐射的高热，如不及时冷却，可能因膨胀爆裂增大火势，扩大灾害范围。

7. 毒性

石油产品及其蒸气都具有毒性，一般属于刺激型、麻醉型或腐蚀型的低毒或中等毒性的物质。特殊情况下，具有较高毒性。石油产品为改善性能，常在油品中添加一些含有毒性的物质，虽然含量较小，但毒性较大。如汽油中添加四乙基铅、溴乙烷、二氯乙烷。油库作业中，人体防护不可能全封闭，不可避免地接触到油品，吸入油蒸气，引起急慢性中毒及职业病。因此，加油站中应加强防毒劳动保护措施。

第二节　车用液化石油气

液化石油气（LPG）加气站提供的液化石油气是给汽车作燃料使用的，以代替汽油或柴油。液化石油气是一种低碳数的烃类化合物，在常温常压下是气态，只有在高压或低温条件下，才成为液态。其主要成分是丙烷、正丁烷、异丁烷、丙烯、1-丁烯、顺-2-丁烯、反-2-丁烯和异丁烯等8种碳氢化合物，俗称碳三(C_3)和碳四(C_4)。此外，还可能含有微量的硫化物、水蒸气等非烃类化合物。

LPG既是十分重要的石油化工原料，也被人们认为是发动机清洁燃料。据测定，汽车使用LPG比用汽油、柴油尾气排放CO降低95%，NO_x降低23%，未充分燃烧的CH化合物降低22%，铅含量降为0，对减少大气污染大有好处。同时LPG用作汽车燃料具有辛烷值高、抗爆性好、储运安全、使用方便、热值高、价格低、可降低运行成本等优点，属于替代汽油、柴油的最佳环保车用燃料之一。用原来的汽油发动机来改装也不太困难，不需要对发动机作大的改动，只要适当提高发功机压缩比即可。如果只用液化石油气时，取掉原供油系统而改成液化石油气的供给系统即可，也可以保留供油系统以作备用。当然LPG也是有缺点的，如加LPG要有专门的设备，比较麻烦；使用LPG的动力性能略低于使用汽油，行车距离受到限制；因高压储存，安全要求较严；LPC容器增加了车辆载重，减少了行李箱的空间等。

从目前国内外发展情况看，LPG用于汽车已为成熟技术。据统计，世界各国LPG汽车达500多万辆，汽车用LPG加气站数量达2.8万多座(主要集中在西方经济发达国家)。近年来，随着油品供应紧张和油价的不断提高，我国也加大了推广使用LPG的力度。我们相信随着各项优惠政策的实施，更多的LPG工厂(如四川、大庆、新疆和长庆等地)的建成，以及各地相关配套的储运和供应设施的完善，LPG用作汽车燃料的前景是广阔的。

LPG与液体燃料相比，在物理化学性能和使用上既有相同之处，又有较大差别。为了能给顾客提供优良的服务，为了加气站的安全，有必要学习一些对LPG的有关知识。

一、液化石油气的来源

液化石油气目前主要来源于炼油厂和油田的伴生气，因此，我们称液化石油气也是一种石油产品。

1. 来源于炼油厂的石油气

炼油厂石油气是在石油加工炼制中生产的副产气体，其数量取决于炼油厂的生产方式和加工深度，一般约为原油重量的4%~10%左右。按炼油厂的生产工艺可分为蒸馏气、热裂化气、催化裂化气、催化重整气、焦化气等五种。这五种气都含有C_1~C_5组分，用分离吸收装置将其中的C_3、C_4组分分离提取出来，就获得液化石油气了。

2. 来源于油田伴生气

在石油开采过程中，石油和油田伴生气同时喷出，利用装设在油井上面的油气分离装置，将石油与油田伴生气分离。油田伴生气中含有5%左右的丙烷、丁烷组分，再利用吸收法将它们提取出来，可得到丙烷纯度很高而含硫量很低的高质量的液化石油气。

3. 来源于天然气中

天然气分为干气和湿气两种。湿气中的甲烷含量在90%以下，乙烷、丙烷、丁烷等烷烃含量在10%以上，若将湿气中的丙烷、丁烷分离出来，就得到液化石油气了。

二、液化石油气的物性

1. 密度

液化石油气的密度随温度和压力而变化。在压力不变的条件下，其密度随温度的升高而减小，见表1-2-1。

表1-2-1　液化石油气液态的密度　kg/m^3

温度/℃	丙　烷	正丁烷	异丁烷	丙烯	丁烯
-15	548	615	600	567	634
-10	542	611	594	561	629
-5	535	605	588	552	624
0	523	600	582	545	619
5	521	596	576	538	612
10	514	591	570	531	606
15	507	583	565	524	600

2. 相对密度

（1）液化石油气气态相对密度

所谓液化石油气气态相对密度是指在同一温度和同一压力下，同体积的液化石油气体与空气的质量比。因为在液化石油气的生产、储存和使用中，同时存在气态和液态两种状态，所以需用相对密度。液化石油气气态的相对密度见表1-2-2。

由表1-2-2中可以看出液化石油气气态比空气重1.5~2.5倍，一旦液化石油气从容器或管道中泄漏出来，会像水一样向低处流动和滞留，很容易达到爆炸极限。因此，LPG加气站在设计和经营管理中必须充分注意，站内不应留有井、坑、穴、地沟等，以免引起火灾爆炸事故。

表1-2-2　液化石油气气态的相对密度(0℃，101.3kPa)

名　称	分子式	相对分子质量	空气平均相对分子质量	相对密度
丙　烷	C_3H_8	44	29	1.517
丁　烷	C_4H_{10}	58	29	2.000
丙　烯	C_3H_6	42	29	1.448
丁　烯	C_4H_8	56	29	1.931
戊　烯	C_5H_{10}	72	29	2.483

（2）液化石油气液态相对密度

所谓液化石油气液态相对密度是指在规定温度下其液体与规定温度下纯水的密度之比值。液化石油气液态的相对密度，随温度的升高而变小，见表1-2-3。

表1-2-3　液化石油气液态各组分相对密度

温度/℃	丙　烯	丙　烷	正丁烷	异丁烷	1-丁烯
-20	0.573	0.544	0.621	0.603	0.641
-10	0.559	0.541	0.611	0.592	0.630
0	0.545	0.528	0.601	0.581	0.619
10	0.530	0.514	0.590	0.569	0.607
20	0.513	0.500	0.578	0.557	0.595

在常温下(20℃)液化石油气液态各组分的相对密度约在0.5~0.59之间，接近水的一半。当液化石油气中含有水分时，水分就沉积在容器的底部，并随液化石油气一起加注给LPG车辆，会给用户增加经济负担，还会引起容器底部腐蚀。因此，LPG加气站必须防止液化石油气储罐内存有水分。

3. 体积膨胀系数

液化石油气受热膨胀，温度越高，膨胀越大。体积膨胀系数就是温度每升高1℃，液化石油气的体积与原来体积的比值。其体积膨胀系数，见表1-2-4。

表1-2-4　液化石油气组分及水的体积膨胀系数　℃$^{-1}$

温度/℃	丙烷	丙烯	正丁烷	异丁烷	1-丁烯	水
0~10	0.00265	0.00283	0.00173	0.00171	0.00198	0.0000299
10~20	0.00258	0.00313	0.00181	0.00217	0.00206	0.00014
20~30	0.00352	0.00329	0.00227	0.00233	0.00214	0.00026
30~40	0.00340	0.00354	0.00237	0.00297	0.00227	0.00035

由表1-2-4可知，液化石油气的体积膨胀系数比水大十几倍，且随温度的升高而增大，因此，液化石油气在充装作业中必须限制充装量。LPG加气站在接卸、加注LPG的作业时，充装量不得大于80%。

4. 汽化潜热

所谓汽化潜热系指在一定温度下，一定数量的液体变为同温度下的气体所吸收的热量。由于液化石油气的汽化潜热比较大，因此，加气站在储存、接卸、加注中严禁使液化石油气直接接触人体，以免皮肤被吸收大量的热量而造成严重的冻伤。

三、车用液化石油气的质量要求

液化石油气的来源不同，其成分和含量也不尽相同。我国现行的液化石油气标准有2个，即GB 9052—1998和GB 1174—1997。前者规定了油气田液化石油气质量标准要求，适用于天然气处理厂生产的液化石油气；后者规定了炼油厂生产的液化石油气质量标准要求。汽车用液化石油气质量标准目前采用中国市政华北设计院制定的SY 7548—1998的车用液化石油气行业标准，并于1999年重新修订，其质量标准见表1-2-5。

表1-2-5　汽车用液化石油气质量标准(SY 7548—1998)

项目		质量指标		试验方法
		车用丙烷	车用丁烷混合物	
37.8℃蒸气压(表压)/kPa		≤1430	≤1430	GB/T 6602
组分/%	丙烷	—	≥60	SH/T 0230
	丁烷及以上组分	≤2.5	—	
	戊烷及以上组分	—	≤2	
	丙烯	≤5.0	≤5	
残留物	100mL蒸发残留物/mL	≤0.05	≤0.05	SH/T 7509
	油渍观察	通过	通过	
密度(20℃或15℃)/(kg/m^3)		实测	实测	ST/T 0221
铜片腐蚀		不大于1级	不大于1级	SH/T 0232
总含硫量		≤123×10^{-6}	≤140×10^{-6}	SY/T 7508
游离水		无	无	目测

车用LPG除应达到上述规定外，还应满足下列要求：

① 烯烃含量应小于或等于0.5%(体)；

② 丁二烯含量应小于或等于 0.5%(体)；

③ 丙烷和丁烷的含量，应按地区使用条件和季节温度进行比例调整。

四、车用 LPG 的危险性

液化石油气无色透明，具有烃类特殊气味。在常温常压下液态的石油气极易挥发，汽化后体积能迅速扩大 250~350 倍，也就是说 1L 液化的 LPG 挥发后，能变成 250L 以上的气体，而且比空气重 1.5 倍。它一旦从容器或管道中泄漏出来很危险，其危险特性具体体现在下述几方面。

1. 易燃性

液化石油气的主要成分是丙烷、丁烷、丁烯等 8 种烃类物质。其中丙烷的闪点为 -104℃，丙烯的闪点为 -108℃，丁烷的闪点为 -82℃，丁烯的闪点为 -80℃。液化石油气在常温常压下由液态极易挥发为气态，并迅速蔓延，其闪点又很低，遇有点火源极易燃烧，且燃烧速度很快。

2. 易爆性

液化石油气的爆炸极限为 1.5%~9.5%，其爆炸极限范围比汽油大，爆炸下限低，比汽油更易发生燃烧爆炸。$1m^3$ 的液化石油气与空气混合浓度达到 1.5%时，能形成至少体积为 $16.5m^3$ 的爆炸性混合气体，爆炸范围扩大，爆炸速度可高达 2000~3000m/s。

3. 易产生静电积聚

LPG 的电阻率为 $10^{11} \sim 10^{14} \Omega \cdot m$，在收发作业中易产生大量的静电积聚，易引起静电事故。

4. 易膨胀性

液化石油气的体积膨胀系数，大约是同温度下水的 10~15 倍。当温度升高时，LPG 的体积增大，压力急剧升高，一旦超过容器承压极限，就会造成容器破裂，增大火灾爆炸的危险性。

5. 具有冻伤危险性

液化石油气汽化潜热很大，平时 LPG 是加压液化储于钢瓶或罐中，在使用时减压后由液态汽化变为气体，这时将吸收大量热量。若容器破裂，液化石油气由容器中喷出，溅到人身上，将会造成冻伤。

6. 毒性

液化石油气的成分是低碳数的烃类化合物，有时还含有微量的硫化物。当人大量吸入液化石油气后会中毒，使人昏迷、呕吐、不适，严重时可使人窒息死亡，也可引起多种慢性病。

第三节　车用天然气

所谓“天然气”，是从气井产生或与原油伴生的气态烃类或这种烃类与其他物质的混合物。天然气经压缩后称为压缩天然气(Compressed Natural Gas，缩写为 CNG)；在一定的高温高压下液化了的天然气，称为液化天然气(Liquefied Natural Gas，缩写为 LNG)。

据资料介绍，世界烃储量中几乎有 40%为天然气。最新勘探证明，世界天然气储量远比石油丰富得多。随着经济的发展和人类对环保的重视，各国对优质能源和化工原料的需求稳步增长，促进了天然气工业的发展，天然气在能源生产和消费结构中的地位日益提高。目前，天然气在世界能源消费结构中所占的比例已达22%(石油为24%)。我国已将天然气开发和利用作为21世纪初能源结构优化和石油工业产业升级的重点，专家预测，新世纪初我国将迎来天然气开发生产的高峰，我国天然气探明储量将保持在年均增长1200亿 m^3 左右，10年之后，天然气在我国能源消费结构中的比重将由目前的2.2%提高到8%左右。

一、天然气的分类及组成

1. 分类

(1) 按矿藏特点可分为伴生气和非伴生气

所谓伴生气系指伴随原油共生，与原油同时被采出的天然气。

所谓非伴生气包括纯气藏天然气和凝析气藏天然气，两者在地层内都为均一的气体。

(2) 按烃类组分可分为湿气和干气两种

在天然气地质学上常用重烃气含量5%作为划分干气和湿气的标准：$C_2^+ \geq 5\%$ 称为湿气，$C_2^+ < 5\%$ 称为干气；还可以按丙烷及以上烃类含量将天然气划分为富气和贫气：丙烷及以上烃类含量少于100mL/m^3 的天然气称为贫气；丙烷及以上烃类含量大于100mL/m^3 的天然气称为富气。

(3) 按硫化氢、二氧化碳含量可分为洁气和酸性天然气两种

酸性天然气是指有明显含量的硫化氢，甚至可能含有有机硫化物、二氧化碳，需要处理才能达到管输商品气质量要求的天然气。

2. 组成

气(油)藏中天然气的主要成分是烃类气体，非烃类气常见的有 N_2、CO_2、H_2S、CO、SO_2、H_2、Hg等，以及微量的惰性气体，如He、Ne、Ar、Kr、Xe、Rn等。我国一些油、气田的天然气组成，见表1-3-1。

表1-3-1 我国部分油、气田的天然气组分

组分	陕西靖边气藏气	四川威远气藏气	四川卧龙河气藏气	大庆阿拉辛气藏气	大庆杏南伴生气	华北任北伴生气	新疆柯克亚凝析气	华北苏桥凝析气	东海平湖凝析气
	体积/%								
C_1	93.95	86.36	97.14	91.35	68.26	59.37	74.86	78.58	81.70
C_2	0.77	0.11	0.43	0.31	10.58	6.48	8.38	8.26	7.45
C_3	0.60	—	0.03	0.12	11.20	12.02	4.00	3.13	3.94
C_4	—	—	0.01	—	5.96	9.21	3.31	1.43	1.64
C_5	—	—	—	—	1.91	3.81	2.69	0.55	0.28
C_6	—	—	—	—	0.66	1.34	2.68	0.39	0.14
C_7	—	—	—	—	0.36	1.40	—	5.45	0.06
CO_2	4.70	5.01	1.46	0.22	0.20	4.58	0.26	1.41	3.86
N_2	—	7.20	0.73	8.00	0.55	1.79	3.99	0.80	0.77
H_2S	—	0.99	0.20	—	—	—	—	—	—

摘自：郁永章等编．天然气汽车加气站设备与运行．北京：中国石化出版社．2006。

二、天然气的物性

1. 密度

天然气混合物的密度一般为0.7~0.75kg/m³，其中，石油伴生气尤其是油溶气的密度最高可达1.5kg/m³，甚至更大。其密度和相对密度，见表1-3-2。

表1-3-2　天然气主要成分的密度和相对密度(101.325kPa，15.55℃)

化合物	相对分子质量	密度/(kg/m³)	相对密度
甲烷	16.043	0.6773	0.5539
乙烷	30.070	1.2693	1.0382
丙烷	44.097	1.8614	1.5225
丁烷	58.124	2.4535	2.0068
异丁烷	58.124	2.4543	2.0068
戊烷	72.151	3.0454	2.4911
异戊烷	72.151	3.0454	2.4911
新戊烷	72.151	3.0454	2.4911
己烷	86.178	3.6374	2.9753
庚烷	100.205	4.2299	3.4596
环戊烷	70.135	2.9604	2.4215
环己烷	84.162	3.5526	2.9057
苯	87.114	3.2974	2.6969
甲苯	92.141	3.8891	3.1812
二氧化碳	44.010	1.8577	1.5195
硫化氢	34.076	1.4380	1.7165
氮	28.013	1.1822	1.9672

摘自：郁永章等编．天然气汽车加气站设备与运行．北京：中国石化出版社．2006。

2. 饱和蒸气压

碳氢化合物的蒸气压随温度升高而增大。一定液体的饱和蒸气压与容积大小及液体量多少无关，只取决于温度。某些烃类的饱和蒸气压与温度的关系见图1-3-1所示。

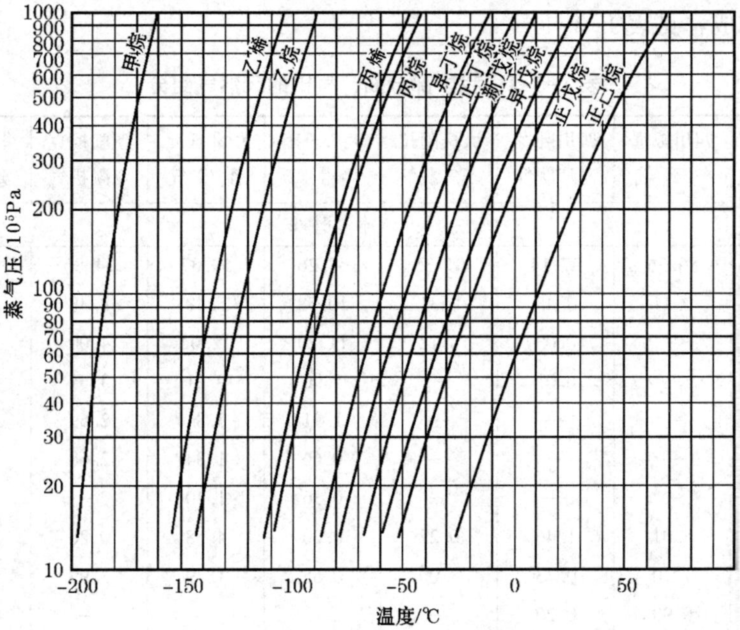

图1-3-1　某些烃类的饱和蒸气压

3. 汽化潜热

所谓汽化潜热系指单位质量饱和液体变成同温度的饱和蒸气所需吸收的热量。一些碳氢化合物的汽化潜热见表 1-3-3。

1-3-3　某些碳氢化合物的汽化潜热

碳氢化合物	甲　烷	丙　烷	正丁烷	异丁烷	丙　烯	丁烯-1	异丁烯
汽化潜热/(kJ/kg)	510	422.584	383.254	366.1	439.32	390.786	394.133

4. 临界温度和临界压力

可以使气体压缩成液态的极限温度称为临界温度。当温度等于临界温度时，使气体压缩成液体所需的压力称为临界压力，此时的状态称为临界状态。天然气成分的临界温度和临界压力见表 1-3-4。

表 1-3-4　天然气主要成分的临界温度和临界压力

化合物	沸点/℃(0.1MPa)	凝点/℃(0.1MPa)	临界温度/℃	临界压力/0.1MPa
甲　烷	-161.49	-182.48	-82.57	45.44
乙　烷	-86.60	-183.23	32.27	48.16
丙　烷	-42.04	-187.69	96.67	41.94
丁　烷	-0.50	-138.36	152.03	37.47
异丁烷	-11.72	-159.61	134.94	36.00
戊　烷	36.07	-129.73	196.50	33.25
异戊烷	27.88	-159.91	187.28	33.37
新戊烷	9.50	-16.57	160.63	31.57
己　烷	68.73	-95.32	234.28	29.73
庚　烷	98.43	-90.58	267.11	27.00
环戊烷	49.25	-93.84	238.60	44.49
环己烷	80.72	6.54	286.39	40.22
苯	80.09	5.53	289.01	48.34
甲　苯	110.63	-94.97	318.64	40.55
二氧化碳	-78.50	—	31.06	72.88
硫化氢	-60.33	-82.89	100.39	88.87
氮	-195.78	-210.00	-146.89	33.55

摘自：郁永章．天然气汽车加气站设备与运行．北京：中国石化出版社．2006，3。

5. 比热容

在不发生相变化和化学变化的条件下，加热单位质量天然气，每升高 1℃所吸收的热量称为天然气的比热容。

气体的比热容可分为定容比热容和定压比热容，液体和固体定容比热容和定压比热容相差很小，常不加区别。天然气中主要成分常压下的定压比热容可由图 1-3-2 中查得。液态烃的比热容可由图 1-3-3 中查得。

计算高压天然气的比热容，可先求出其常压下的比热容，再计算出临界参数，然后按图 1-3-4 校正。

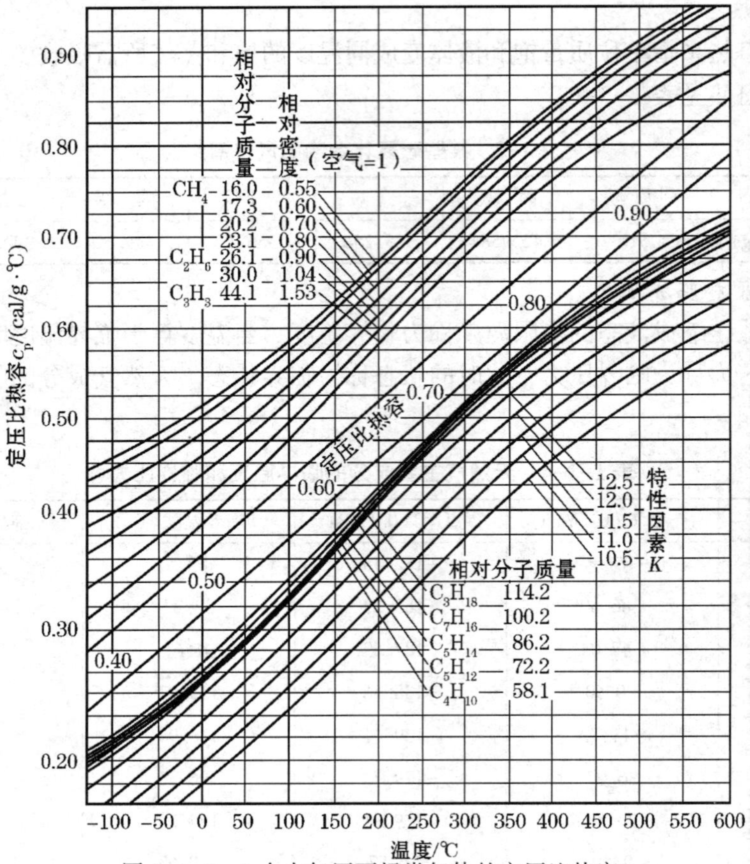

图 1-3-2　1 个大气压下烃类气体的定压比热容

注：特性因素 $K=\dfrac{1.216\sqrt[3]{T_i}}{d_{15.5}^{15.5}}$

式中　T_i——立方平均沸点，K，等于各组分的体积分数与其沸点的立方根乘积之和的立方；

$d_{15.5}^{15.5}$——烃类组分在 15.5℃的相对密度(与 15.5℃时水对比)。另外，1cal=4.1868J，下同。

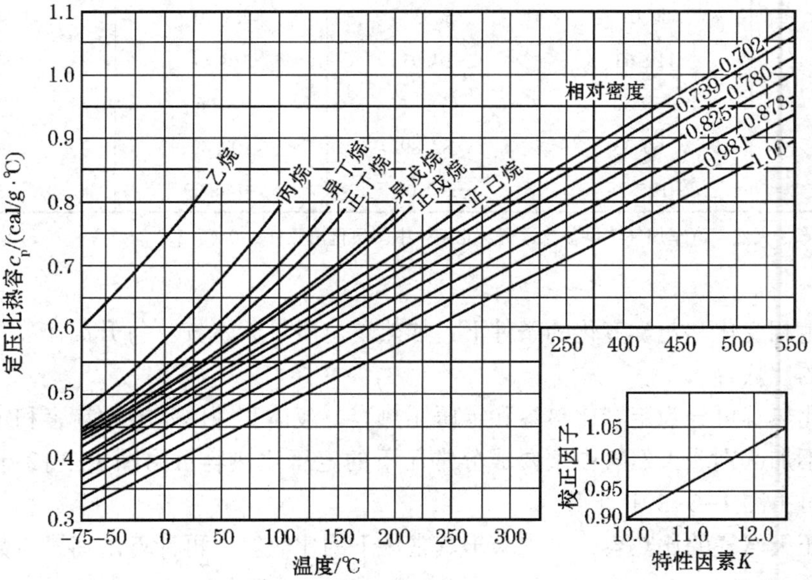

图 1-3-3　液体烃的比热容

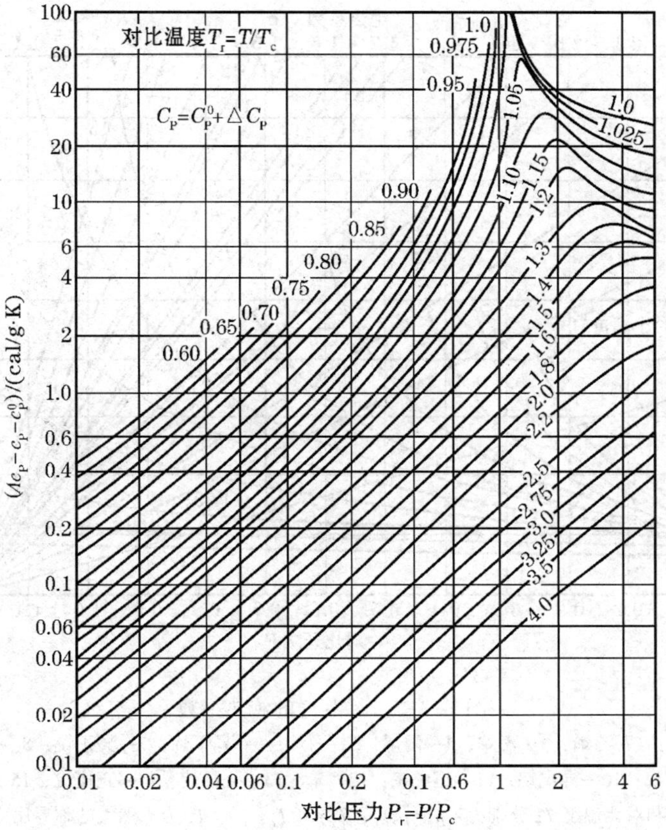

图 1-3-4　真实气体比热容校正图

注：图中 c_p 是一个大气压下的定压比热容；c_p 是任一压力下的定压比热容，单位是 cal/g·K。

6. 绝热指数

绝热指数 k 是定压比热容和定容比热容之比，即 $k=C_p/C_v$，又称等熵指数。

烃类的绝热指数可查图 1-3-5。一般常见气体常压下的绝热指数分别为：二氧化碳 1.31、空气 1.4、二氧化硫 1.29、硫化氢 1.32、氢气 1.4。

三、天然气的化学性质

1. 热值

单位体积或单位质量的天然气燃烧所发出的热量称为天然气的热值，单位是 J/m³ 或 J/kg。热值有高热值(又称全热值)和低热值(又称净热值)之分。天然气、空气、燃烧产品在相同基准温度和压力下，燃烧生成的水全部冷凝为液体时，测定的热值为高热值；如果燃烧产品中的水保持气相时，测定的热值为低热值。天然气的热值与组成的成分有关，含烃气比例越高，热值越高；含非烃气比例越高，热值越低。天然气主要成分热值见表 1-3-5。

2. 可燃性和爆炸性

天然气有关组分的可燃性和爆炸极限的高限和低限见表 1-3-6。

天然气、液化石油气和人工煤气的爆炸浓度极限见表 1-3-7。

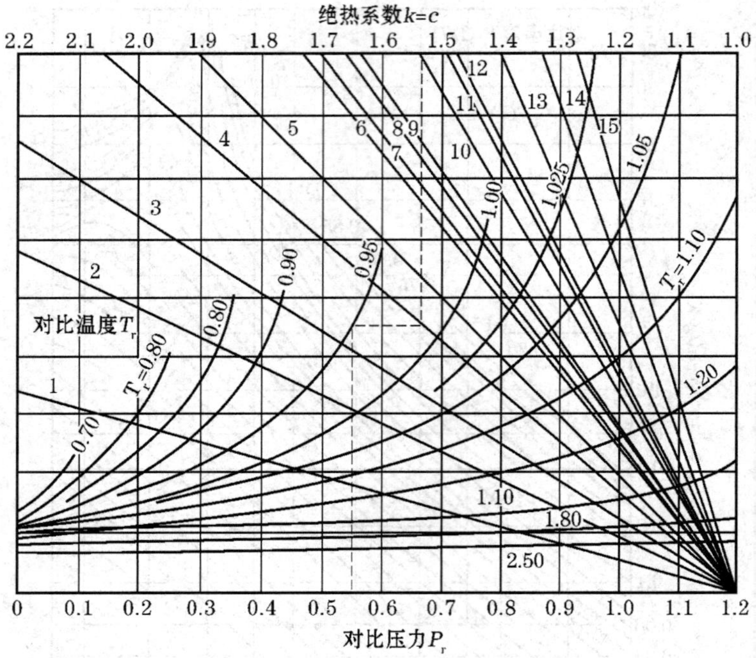

图 1-3-5 烃蒸气的绝热指数

1—甲烷；2—乙烯；3—乙烷；4—丙烯；5—丙烷；6—异丁烯；7—异丁烷；8—丁烯-2；9—正丁烷；10—异戊烷；11—正戊烷；12—苯；13—正己烷；14—正庚烷；15—正辛烷

（图中对比压力 p_τ 和对比温度 T_τ 分别为：$p_\tau=p/p_c$；$T_\tau=T/T_c$。p_c，T_c 为天然气的临界压力和临界温度）

表 1-3-5 各种碳氢化合物的热值

名　称	气态发热值				液态发热值			
	高热值		低热值		高热值		低热值	
	$10^4kJ/m^3$	$10^4kJ/kg$	$10^4kJ/m^3$	$10^4kJ/kg$	$10^4kJ/m^3$	$10^4kJ/kg$	$10^4kJ/m^3$	$10^4kJ/kg$
甲烷	5.55	3.98	5.01	3.58	—	—	—	—
乙烷	5.19	6.97	4.75	6.38	5.16	6.92	4.72	6.33
丙烷	5.04	9.91	4.64	9.13	5.00	9.84	4.60	9.05
正丁烷	4.95	12.85	4.58	11.87	4.92	12.75	4.54	11.77
异丁烷	4.94	12.81	4.56	11.83	4.90	12.72	4.53	11.74

表 1-3-6 天然气组分的可燃性极限

组　分	组成 V_i/%(体积)	可燃性极限 L_{Li}/%(体积)	$L_L=\frac{V_i}{L_{Li}}$
CH_4	97.0	5.0	19.40
C_2H_6	1.5	3.2	0.47
C_3H_8	0.5	2.4	0.20
C_4H_{10}	0.2	1.9	0.10
C_5H_{12}	0.1	1.6	0.07
CO_2	0.5		
H_2S	0	4.3	0
N_2	0.2		
$\sum=\frac{V_i}{L_{Li}}=20.24$，$L_L=\frac{100}{20.24}=4.94$			

表 1-3-7　天然气、液化石油气、人工煤气爆炸浓度极限

名　　称	爆炸浓度极限	
	下限/%	上限/%
天然气(甲烷)	5.0	15.0
液化石油气	1.50	9.5
人工煤气	4.5	35.8

3. 自燃点和燃烧温度

常压下天然气的自燃点为700℃；天然气的理论燃烧温度为2020℃。

4. 辛烷值

天然气的辛烷值(即甲烷)为130，液化石油气的辛烷值在100~110之间，它们都比汽油的辛烷值高，说明它们的抗爆性能优于汽油。

四、天然气的质量要求

1. 民用天然气的质量要求

民用天然气按天然气的高位发热量不同可分为A组和B组，并按用途不同可将A、B两组分为两类，其相应代号分别为Ⅰ类、Ⅱ类、Ⅲ类和Ⅳ类。各组、各类天然气质量指标应符合表1-3-8规定。

表 1-3-8　各组各类天然气质量标准

项　　目		质量标准				试验方法
		Ⅰ	Ⅱ	Ⅲ	Ⅳ	
高热值/(MJ/m^3)	A组	>31.4(>7500kcal/m^3)				GB-11062
	B组	14.65~31.4(3500~7500kcal/m^3)				
总硫含量/(mg/m^3)		≤150	≤270	≤480	>480	GB-11061
H_2S 含量/(mg/m^3)		≤6	≤20			GB-11060.2
						GB-11060.1
CO_2 含量/%(体积)		≤3				SY-7506
水　　分		无游离水				机械分离目测

摘自：上海市石油学会编．车用燃气加气站建设．北京：中国石化出版社，2001。

2. 车用天然气的质量指标

汽车用压缩天然气质量必须符合现行国家标准。按照《汽车用压缩天然气质量标准(SY/T 7546—1996》，汽车用压缩天然气质量指标见表1-3-9。

表 1-3-9　汽车用压缩天然气质量标准

项　　目	质量标准	试验方法
高位热值/(MJ/m^3)	≥31.4	GB-11062
总硫含量/(mg/m^3)	≤270	GB-11061
H_2S 含量/(mg/m^3)	<20	GB-11060.2 或 GB-11060.1
CO_2 含量(101.325kPa，20℃)/%(体积)	≤3	SY-7506
水露点	最高操作压力下，低于最低环境温度5℃	SY-7505(计算确定)

摘自：郁永章．天然气汽车加气站设备与运行．北京：中国石化出版社，2006.3。

五、天然气的危险性

天然气是一种易燃易爆的气体，与空气混合后，当浓度在5%~16%的范围内时，遇水源即可燃烧爆炸。此外，天然气与空气混合后，只要温度达到650℃左右，即使没有火源也会自行燃烧。

组成天然气的气态烃本身是无毒的，但是，若天然气中含有硫化氢就会对人体有毒害作用。当天然气大量泄漏到空气或室内达到一定浓度时，会使空气中的含氧量减少，严重时可使人窒息死亡。此外，天然气燃烧不完全时会生成一氧化碳，对人体有很强的毒害作用。天然气的危险性与LPG相似。

第二章 选址与布局

第一节 加油加气站的分级功能及展望

一、加油加气站类型

给汽车加注燃料的专门场所统称为汽车加油加气站。根据所加注燃料的不同，分为两大类，即加油站和加气站。加气站根据气源不同，一般又分为三种，即液化石油气(LPG)加气站、压缩天然气(CNG)加气站和液化天然气(LNG)加气站。压缩天然气(CNG)加气站若按加气站设备的设置不同，可分为固定站房式加气站、集装箱式加气站和移动式加气站三种；若依据气源情况可分为常规站(亦称标准站)、母子站和压缩天然气站；若按储气量的大小可分一、二、三级站；若按车辆的充气时间可分为快充站和慢充站。其分类如下。

- 加油加气站
  - 加油站
    - 一级站
    - 二级站(等级见表 2-1-1)
    - 三级站
  - 加气站
    - 液化石油气(LPG)加气站
      - 一级
      - 二级(等级见表 2-1-2)
      - 三级
    - 压缩天然气(CNG)加气站
      - 依设备设置不同分
        - 固定站房式加气站
        - 集装箱式加气站
        - 移动式加气站
      - 依气源情况不同分
        - 常规站(亦称标准站)
        - 母站
        - 子站
      - 依储气量分
        - 一级站
        - 二级站
        - 三级站
      - 依充装速度分
        - 快充站
        - 慢充站
    - 液化天然气(LNG)加气站
  - 加油加气合建站
    - 加油与 LPG 合建站(等级见表 2-1-3)
    - 加油与 CNG 合建站(等级见表 2-1-4)

二、加油加气站的等级

① 加油站的等级划分，按其储油总容积分为三级，见表 2-1-1。

表 2-1-1　汽车加油站的等级划分

级　别	油罐容积/m^3	
	总容积(V)	单罐容积
一　级	$120<V\leqslant180$	$\leqslant50$
二　级	$60<V\leqslant120$	$\leqslant50$
三　级	$V\leqslant60$	$\leqslant30$

注：V 为油罐总容积；柴油罐容积可折半计入油罐总容积。

② 液化石油气(LPG)加气站按储存液化石油气罐的容积，划分为三级，见表 2-1-2。

表 2-1-2　液化石油气(LPG)加气站的等级划分

级　别	液化石油气罐容积（m^3）	
	总容积(V)	单罐容积
一　级	$45<V\leqslant60$	$\leqslant30$
二　级	$30<V\leqslant45$	$\leqslant30$
三　级	$V\leqslant30$	$\leqslant30$

注：V 为液化石油气罐总容积。

③ 压缩天然气(CNG)加气站，按储气量的大小也分为三级，见表 2-1-3。

表 2-1-3　压缩天然气(CNG)加气站等级划分

级　别	储气设备容积 V/m^3	储气量 V_N/Nm^3
一　级	$12<V\leqslant16$	$3000<V_N\leqslant4000$
二　级	$6<V\leqslant12$	$1500<V_N\leqslant3000$
三　级	$V\leqslant6$	$V_N\leqslant1500$

注：1. V_N 系指气体在 0.1MPa 压力与 15℃温度下的体积值，常称为标准状态体积值。但非 ISO 或化工计算中的标准状态，该状态的定性温度为 0℃，且应用符号 Sm^3。

2. 该表引自郁永章等编．天然气汽车加气站设备与运行．北京：中国石化出版社，2006。

④ 加油和加液化石油气合建站的等级划分见表 2-1-4。

⑤ 加油和加压缩天然气合建站的等级划分见表 2-1-5。

表 2-1-4　加油和加液化石油气合建站的等级划分

加油站 / 液化石油气加气站	一　级（$120<V\leqslant180$）	二　级（$60<V\leqslant120$）	三　级（$30<V\leqslant60$）	三　级（$V\leqslant30$）
一级($45<V\leqslant60$)	×	×	×	×
二级($30<V\leqslant45$)	×	一级	一级	一级
三级($20<V\leqslant30$)	×	一级	二级	二级
三级($V\leqslant20$)	×	一级	二级	三级

注：1. V 为油罐总容积或液化石油气罐总容积，m^3。

2. 柴油罐容积可折半计入油罐总容积。

3. 当油罐容积大于 $60m^3$ 时，油罐单罐容积不应大于 $50m^3$；当油罐总容积小于或等于 $60m^3$ 时，油罐单罐容积不应大于 $30m^3$。

4. 液化石油气罐单罐容积不应大于 $30m^3$。

5. “×”表示不应合建。

表 2-1-5　加油和加压缩天然气合建站等级划分

级　别	油品储罐容积/m^3		压缩天然气储气设施总容积/m^3
	总容积	单罐容积	
一　级	61～100	≤50	≤12
二　级	≤60	≤30	

注：柴油罐容积可折半计入油罐总容积。

以上 5 表除表 2-1-3 外，均引自《汽车加油加气站设计与施工规范》GB 50156—2002。表中关于“柴油罐容积可折半计入油罐总容积”的规定，严格讲不太适宜，因为按自 2001 年 7 月 1 日起实施的国家标准 GB 252—1994 的新修订版《轻柴油》中，将 10#、0#和-10#轻柴油的闪点由原 65℃修订为 55℃了，则轻柴油在油品的火灾危险性分类表中，再不是丙类了，而成为乙类危险性油品了。按《建筑防火设计规范》(GBJ 16)2001 年的修订版的规定，乙类油品的防火要求与甲类油品的防火要求是一致的。因此，上述几表中，将柴油折半计入油罐总容积就不合适了。

三、加油加气站的功能作用

1. 集散功能

加油加气站是石油商品营销的终端环节，是油品批发与零售的载体，从商品流通的角度看，它是石油产品的小型集散地，发挥着商品集散功能，起着促进商品流通、扩大销售的作用。

2. 保障功能

加油加气站的根本任务是给各类车辆加注燃料，补充其动力能源，以保障车辆继续行驶，从而保障交通运输正常运转，继而保障社会经济不断发展和人民生活幸福安康。因此，加油加气站起着社会经济持续发展的助推器的作用，对各类车辆起着加力器的作用，对人民现代化的幸福生活起着促进剂的作用。

3. 服务功能

加油加气站是给车辆加注燃料的，从社会服务角度看，加油加气站是连接石油商品零售企业与消费者的桥梁与纽带，是为广大车辆驾驶员服务的，属于服务窗口行业，具有显著的服务功能，起着体现企业形象的重要作用。

四、加气站的前景展望

现在世界上燃气汽车有三种，即 LPG 汽车、CNG 汽车和 LNG 汽车。LPG 和 CNG 燃气汽车技术起步较早，发展较快，技术已趋稳定，而 LNG 汽车由于其技术较复杂，目前只有少数几个国家开始使用，但 LNG 汽车的发展前景广阔，是燃气汽车的发展方向。

从技术层面分析，LPG 加气站和其汽车改装最容易，CNG 加气站和其汽车改装较复杂，LNG 加气站和其汽车改装最为复杂。

从投资层面分析，建设 LNG 加气站和汽车改装投资最大，CNG 加气站和其汽车改装的投资居中，而 LPG 加气站和汽车改装的投资最省。

从环保要求层面分析，CNG 汽车和 LNG 汽车的尾气排放污染比 LPG 汽车的要小得多，CNG 和 LNG 是理想的汽车燃料。

从资源获取层面分析，LPG 比 CNG 和 LNG 较易获取。

从储运难易层面分析，LPG 储运最容易，CNG 居中，LNG 较难。

从建站占地层面分析，LPG 加气站较 CNG 加气站和 LNG 加气站占地要少。

从以上分析可以看出，今后，经济发达国家的 CNG 汽车会逐渐增多，而且会慢慢过渡到 LNG 汽车，从而最终淘汰 LPG 汽车。发展中国家则以 LPG 汽车为主导，逐渐向 CNG 汽车发展，最终由 LNG 汽车取代 LPG 汽车和 CNG 汽车。

第二节　站址选择

加油加气站是不可缺少的社会基础设施，又是石油公司经营的终端环节，其选址合理与否直接关系到交通运输业和消费者的利益，同样影响着石油公司的经济效益。国外某著名石油公司曾做过一份影响消费者进入加油加气站因素的调查，其中地理因素占了 48%，将近一半。这说明加油加气站的地理位置好坏对消费者有着直接的利益关系。因此，对于加油加气站的选址问题，必须认真对待。

一、选址的原则

1. 交通便利原则

加油加气站应建在加油加气需求量大、交通便利的地方。站址应便于车辆进出，视线开阔，便于司机发觉。在人口居住密集的城镇中心地段，应将加油加气站建在主干道和便于车辆进出的次干道上，不应将其建在高层建筑物背后，也不宜将加油加气站建在交通繁忙的交叉路口上。因建在高层建筑物背后的加油加气站不易被司机发觉，不便于司机寻找；若将加油加气站建在交通繁忙的交叉路口，则会影响交通，易造成交通堵塞，车流不畅，同时，也会影响加油加气站的经济效益。

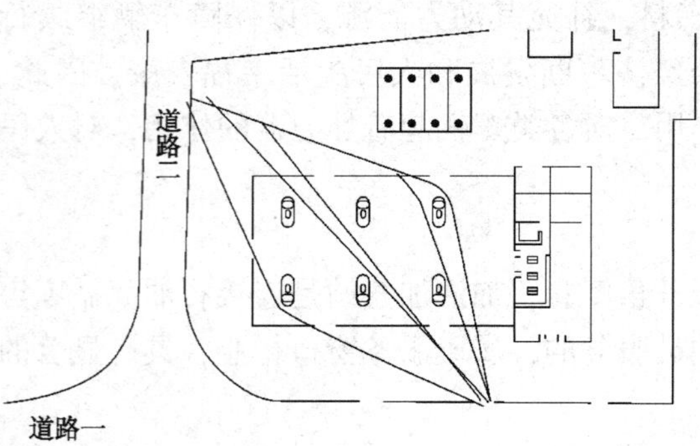

图 2-2-1　人口密集地段将站建于交叉路口旁

居住人口密集的地段，可将加油加气站建在避开交叉路口的地方，如图 2-2-1 所示。

公路干线上的加油加气站宜建在交叉路口、河道边或公路内转弯处，有助于改善加油加气站的视线。

2. 确保安全原则

汽车燃料油和汽车燃气（石油气或天然气）都属于易燃易爆危险品，并且是对人体有害的物质。因此，建站选址时，必须遵循确保安全的原则。选址时，必须充分考虑其储油储气的容器设施、加油机售气机与周围建筑物、构筑物、交通线等的安全距离，必须严格遵守《汽车加油加气站设计与施工规范》GB 50156—2002所规定的安全距离。尤其是在居住人口密集的城镇中心地段建站时，为了确保人民群众的生命安全和身体健康，不仅要严格按相关法规满足安全距离的要求，还应采取油气回收措施，防止有害油气向外扩散，尽可能减少对大气的污染；防止油气积聚，以避免火灾爆炸事故的发生。

3. 符合城乡规划原则

随着城乡建设发展，有许多道路在改、扩建，如果不与政府有关部门保持密切的联系，沟通信息，就会导致今建明拆的严重后果。在设计时，首先应与政府有关部门沟通，了解有关政策，争取政府有关部门支持，使项目顺利实施；其次是尊重有关政府部门的各种指令，以免为今后埋下投资风险隐患。那些对政府指令不理睬，我行我素的态度是不明智的，可能会遭致惨重后果。

选址中，不稳定因素越少，越有利于加油加气站今后的发展。

4. 保护环境原则

加油加气站在设施的布置设计中应考虑漏油和含油污水排放的预防措施，应注意与饮用水水源保持适当的距离，应严格注意站区自然水与油污水的分流排放设计，卸油和发油场所的含油污水须经隔油池处理后，排向站外。注意环保设计，利国利民，也会避免和消除一些不必要的民事纠纷。

5. 效益最大化原则

所选站址应是最经济的，而经济的加油加气站的地形为喇叭口形，沿着路侧为大口，里面为小口。不过理想的地形是极为难得的，我们通常需要根据加油加气站的不同地形，量地建站。一般来讲，市区加油加气站沿道路侧的长度可控制在40~60m之间，公路干线上的加油加气站沿公路侧的长度要控制在70~120m之间，与道路垂直的长度可控制在40m左右，垂直方向的长度过大会影响加油加气站土地的使用率。

二、选址的步骤

1. 掌握车辆燃料需求情况

选址时，首先应了解道路设施与车流情况。道路设施虽与加油加气站无直接影响，但与过境车辆息息相关，加油加气站与公路检查站要保持一定的距离。车流是加油加气站的生命线，所以在选址前，要掌握区域内各线路的车流数量和车流特点，了解同方向上竞争对手的情况，了解道路规划蓝图及周围环境的特点等。有规划、有流量，竞争对手力量强的，所建的加油加气站规模相应就应该大一些、功能齐全一些。加油加气站的功能设置必须适合公路周围特点，单纯经销成品油的加油站，将会成为历史。

加油加气站的规模设施与所服务的车型有关。如市区加油加气站，主要服务对象是轿车、小型货车，加油加气站的车道规模可以小些，设施布局可以紧凑些。公路干线上的加油站服务对象主要是大型货车，车道规模就应该大些。加油加气场所的转弯半径、加油加气机配置等都与所服务的车型有密切关系。

2. 进行拟选站址位置比较

在选定区域后，要对所选区域进行充分调查，摸清地上、地下的情况，尽量避开埋地管线和上空高压线等情况。因为有些埋在地下的管线，加油加气站是必须避开的；有些地质条件会使加油加气站建设陷入困境；在有些架空线下不能建加油加气站。初选时应拟选多个站址位置，并分别摸清地上、地下情况。在此基础上进行比较，选其最优者以后，方可开始着手《项目可行性报告》的编写。

3. 编制项目可行性报告

项目建设单位应在可行性论证的基础上，根据项目立项的批复，组织有关人员绘制方案图，征询政府有关职能部门的意见，结合调查结果，编制《项目可行性报告》。

《项目可行性报告》应包括以下几方面内容：

① 投资背景。回答为什么要投资的问题。

② 分析市场情况。说明是否真正做到知己知彼。

③ 项目环境条件是否可行。对可能会遇到的问题，提出解决的办法，并列出解决问题所需要的资金额度。

④ 技术上是否可行。加油加气站的地质基础、平面布局、车道的转弯半径、回填土量等，都是必须重视的问题。

⑤ 经济效益或财务评价。企业投资一定要考虑回报期或投资回报率，不能凭空想象。

⑥ 建设规模和建设周期。规模既要符合现有条件，更要有一定的远见，因为二次投资往往比一次投资更费钱。但过大的投资会影响投资回报率，所以确定建设规模，应该慎之又慎。同时，缩短建设周期有利于提高投资回报，所以要选择科学合理的工序，在保证工程质量的前提下，最大限度地缩短工程建设周期，争取尽早投产使其产生经济效益。

⑦ 项目建成后的人事安排。站长是加油加气站的主要负责人，也是参与工程监理的合适人选。

⑧ 投资总额及资金分项。与工程预算有所不同，可只列主要项目资金，对项目资金有个总的估算即可。

⑨ 结论和存在的问题。结论是建与不建。确定建设的项目难免会存在一些问题，但所存在的问题不能是安全隐患上的问题。

因为《项目可行性报告》是投资决策及确定工程方案的基本文件，所以必须仔细、客观、实事求是，不能弄虚作假。

三、加油站的选址方法

1. 市区加油站选址方法

根据居住人口密集程度宜采取两种不同的选址方法。

(1) 辐射选址法

在居住人口众多、行驶车辆密集、道路拥挤的地段，为了减少客户空驶行程，降低道路违规风险，该路段宜按辐射法布局，将加油站服务半径控制在 2km 左右，不仅方便消费者，而且有利于减轻交通负荷。

该类加油站虽投资风险小，但投资较大，回报周期长。为了加快投资回报，宜充分利用场地条件，提供日用便民小商品，以便消费者利用加油空隙选购，既方便客户，又增加效益。

(2) 保量选址法

对居住人口不多的地段，加油站选址布局，可以社会车辆拥有量多少作为设点的依据。年销量 8000t 的加油站(市区加油站受地价及其他因素限制，年销量 8000t 应成为项目考核指标)，按 50%进站车辆为本区域车辆计算，本区域社会车辆的拥有量应不少于 1000 辆。由于该区域交通负荷不像市中心那样大，交通限制也相对宽松。所以该类加油站应以银行、超市、大型仓储超市等商业网点为背景依托，同时开展一些与汽车相关的综合服务，以吸引加油车辆，提高单站效益。

2. 公路干线加油站的选址方法

公路干线加油站应以集镇、工厂作为背景依托，使其拥有部分固定的消费人群。同样公路干线上的加油站应结合道路特点，开展综合服务。服务内容与市区加油站应有所不同，服务重心应偏向于为过路人群，应销售当地一些有纪念意义的土特产。

3. 农村加油站的选址方法

随着农村经济的发展，农业机械、农用运输、农民交通工具的拥有量呈逐渐上升的趋势，从而带动农村成品油需求量的上升。发展农村市场是完善零售网点的举措，是对现有网点的补充。不过农村网点受地方经济的限制，在设点规模、形式和档次上，应与其他地段的加油站有所区别。在零售成品油的同时，应该兼售一些百货、农用产品等其他商品。

4. 扩大加油站视线的方法

在原本四周空旷的地块上建加油站，最大的风险是今后周围其他建筑物的兴起挡住加油站的视线，使原先视线很好的加油站给淹没了。为此，可利用公路、河道等永久性建、构筑物扩大加油站的视线。选用以下的某种方法可在一定程度上避免或减轻风险系数。

① 将加油站建在公路内转弯转角处，利用公路转角扩大加油站视线(如图 2-2-2)。

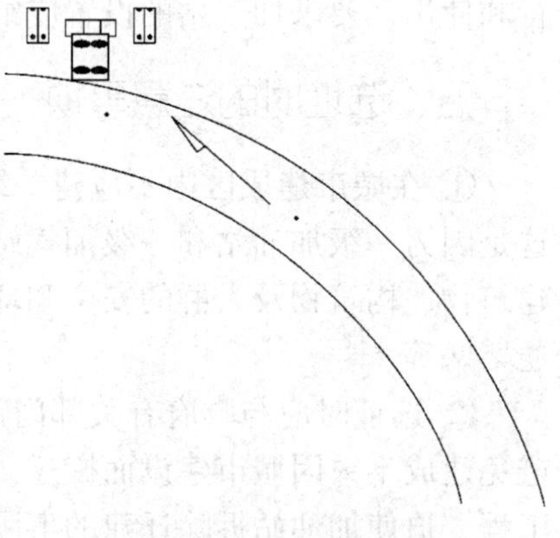

图 2-2-2　在公路转弯处建站

② 利用河床扩大加油站视线。因为河道是大自然的造化物，人们在一般情况下不会去改变它。应将加油站的进口处设在靠近河床位置上，但须注意加油站与桥梁之间要有一定的间距(如图 2-2-3)。

③ 利用相邻道路来扩大加油站视线，也可利用相邻道路作为加油站进出口的辅助车道，并可改善加油站进出转道的条件(如图 2-2-4)。

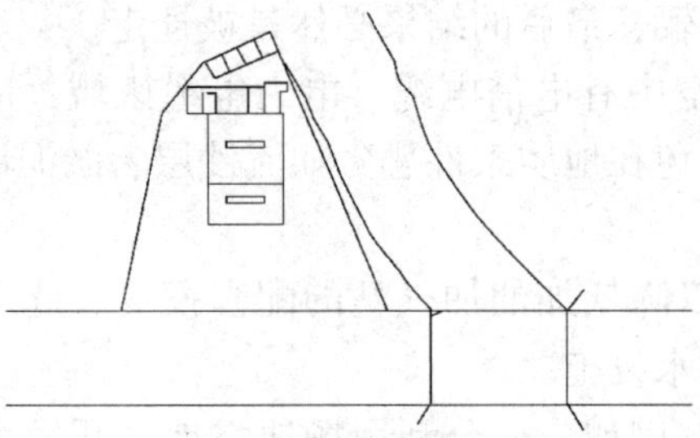

图 2-2-3　在河道桥梁处建站

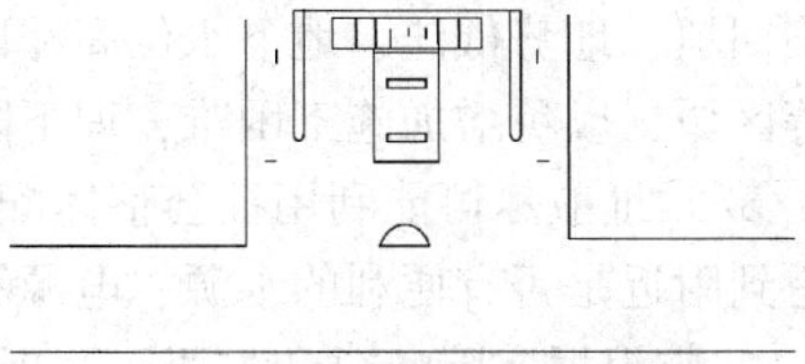

图 2-2-4　在相邻道路处建站

四、加气站的选址方法

在进行液化石油气(LPG)和压缩天然气(CNG)加气站选址时，应符合城市规划、防火要求、环境保护、交通便利等条件，一般宜设在工厂和居民区全年最小频率风向的上风侧，并通风良好的地点。在城市建设加气站网络，应与当地燃气汽车的发展、燃气供应等规划相适应。还应考虑整个加气站网络间的关系，如加气站的间距，若是油气合建站，还要考虑与原加油站网络的合理匹配等。比如许多城市加气站的稠密以环线划分，有些按区域划分，一般的考虑原则都有一个总体均衡分布，车流量大的地区(如内环线域区地段)优先设置。

进行加气站选址布点时，应处理好以下几方面的关系：

① 站址应有效地避开公共建筑物和人员密集的繁华区，以减少事故危害；

② 站址应位于城市交通干线和车辆出入方便的次要干道上，以方便加气。对车辆集中的公交车停车场和大型运输企业，可设专用加气站；

③ 天然气的常规加气站一般建在有天然气管网的城市输气管网附近，直接从管网中取气。天然气加气母站一般建于城市天然气管网的门站或主干管道附近。

④ 进、出加气站内的液化石油气槽车(或液化天然气槽车)和压缩天然气运输车的行驶路线应符合城市易燃易爆危险品交通运输的有关规定。应避免运送 LPG、LNG 和 CNG 的车辆在市区繁忙道路上行驶，并应考虑道路的转弯半径等因素。

⑤ 天然气加气站、加气母站和加油与加天然气合建站在选址时，还应考虑该地区天然气管网压力是否符合压缩机进气要求。由于加气站用气量大，若布点不当会影响天然气的运行和使用，要求加气站的设置应纳入城市燃气规划。

五、选址时的注意事项

① 在城市建成区内不应建一级加油站、一级液化石油气加气站和一级加油加气合建站。这是因为一级加油站和一级加气站油气储罐容积大，加油、加气量大，一旦发生事故对周围建筑物、构筑物及人群的安全和环保的危害影响较大，同时，也容易因站前车流量大造成交通堵塞等。

② 选址时应与政府有关部门沟通信息，听取意见，及时掌握道路和城建规划情况，以避免建成不久因城市建设而搬迁，造成不必要的损失。城市中因道路拓宽、改建等市政大型工程，迫使加油站拆除迁建的事屡有发生，因此，选址时应多加注意。

③ 站址应避开人员稠密的繁华区段、车流量大的交叉路口和重要建筑，如商业街、文化中心、学校、医院、幼儿园、影剧院、体育场馆、博物馆、展览馆等。若站址地处交通咽喉地段，将会造成站前车辆排队堵塞道路，致使车辆进站困难，影响正常营业。有时，交警为了疏导交通，还可能借用站内车道用于疏散车辆，最后的结果必然是被迁走。

④ 站址应避开地下构筑物(古墓等文物)、空中有电信电缆、电力电缆区域；应避免在塌陷回填、地势低洼、地下水位高涨区域；应避免在地质条件恶劣如流沙层、淤泥层、断裂层等区域，以免增加施工困难，埋下隐患。

⑤ 站址应尽可能利用社会整体配套设施，以降低加油加气站的配套投资。选址时必须考虑到附近是否有便利的水源、电源和通畅的排水设施。

⑥ 应根据实际情况和需要，开展多种经营。例如，充分利用场地空地，开发为专供过路司机吃、住的饭店、停车场。这样，司机可将该站作为歇脚点，中途停留休息，势必增加销售收入和经济效益。

第三节　站内分区与防火距离

一、功能区域和主要设施

各类加油加气站的功能区域划分及其主要设施，见表 2-3-1。

表 2-3-1　加油加气站功能区域与主要设施

站类别	功能区域	主要设施
加油站	加油区、储油罐区、卸油区、营业区、辅助区	加油岛、加油机、站房、配电间、卸油点、通气管(孔口)、罩棚、围墙、车道、消防设施等

续表

站类别	功能区域	主要设施
液化石油气(LPG)加气站	加气区、储罐区、营业区、辅助区	加气岛、加气机、储罐、卸车点、安全放空管、烃泵房、压缩机房、站房、配电间、围墙、车道、消防设施、罩棚等。
压缩天然气(CNG)加气站	加气区、储气瓶区(或储气井)、生产区、辅助区	加气岛、加气机、调压装置、压缩机间、站房、配电间、储气瓶组、脱硫塔、车道、围墙、消防设施、罩棚等

上述功能区域的划分也并非一成不变，有时可因地制宜，作适当调整。

二、加油加气站与站外建(构)筑物的防火距离

① 加油站、加油加气合建站的油罐、加油机和通风管管口与站外建、构筑物的防火距离，应符合表2-3-2的规定。

② 液化石油气加气站、加油加气合建站的液化石油气罐与站外建、构筑物的防火距离，应符合表2-3-3的规定。

③ 液化石油气加气站及加油加气合建站的液化石油气卸车点、加气机、放散管管口与站外建、构筑物的防火距离，应符合表2-3-4的规定。

④ 压缩天然气加气站和加油加气合建站的压缩天然气工艺设施与站外建、构筑物的防火距离，不应小于表2-3-5的规定。

表2-3-2　油罐、加油机和通气管管口与站外建、构筑物的防火距离　　m

项目＼级别		埋地油罐 一级站	埋地油罐 二级站	埋地油罐 三级站	通气管管口	加油机
重要公共建筑物		50	50	50	50	50
明火或散发火花地点		30	25	18	18	18
民用建筑物保护类别	一类保护物	25	20	16	16	16
	二类保护物	20	16	12	12	12
	三类保护物	16	12	10	10	10
甲、乙类物品生产厂房、库房和甲、乙类液体储罐		25	22	18	18	18
其他类物品生产厂房、库房和丙类液体储罐以及容积不大于50m^3的埋地甲、乙类液体储罐		18	16	15	15	15
室外变配电站		25	22	18	18	18
铁路		22	22	22	22	22
城市道路	快速路、主干路	10	8	8	8	6
	次干路、支路	8	6	6	6	5
架空通信线	国家一、二级	1.5倍杆高	1倍杆高	不应跨越加油站	不应跨越加油站	
	一般	不应跨越加油站	不应跨越加油站	不应跨越加油站	不应跨越加油站	

续表

<table>
<tr><td rowspan="2">级别
项目</td><td colspan="3">埋地油罐</td><td rowspan="2">通气管管口</td><td rowspan="2">加油机</td></tr>
<tr><td>一级站</td><td>二级站</td><td>三级站</td></tr>
<tr><td>架空电力线路</td><td>1.5 倍杆高</td><td>1 倍杆高</td><td>不应跨越加油站</td><td colspan="2">不应跨越加油站</td></tr>
</table>

注：1. 明火或散发火花地点和甲、乙类物品及甲、乙类液体的定义应符合现行国家标准《建筑设计防火规范》的规定。

2. 重要公共建筑物及其他民用建筑物保护类别划分应符合《加油加气站设计与施工规范》附录 C 的规定。

3. 对柴油罐及其通气管管口和柴油加油机，本表的距离可减少 30%。

4. 对汽油罐及其通气管管口，若设有卸油油气回收系统，本表的距离可减少 20%；当同时设置卸油和加油油气回收系统时，本表的距离可减少 30%，但均不得小于 5m。

5. 油罐、加油机与站外小于或等于 1000kV · A 箱式变压器、杆装变压器的防火距离，可按本表的室外变配电站防火距离减少 20%。

6. 油罐、加油机与郊区公路的防火距离按城市道路确定：高速公路、Ⅰ级和Ⅱ级公路按城市快速路、主干路确定，Ⅲ级和Ⅳ级公路按照城市次干路、支路确定。

表 2-3-3　液化石油气罐与站外建、构筑物的防火距离　m

<table>
<tr><td colspan="2" rowspan="2">级别
项目</td><td colspan="3">地上液化石油气罐</td><td colspan="3">埋地液化石油气罐</td></tr>
<tr><td>一级站</td><td>二级站</td><td>三级站</td><td>一级站</td><td>二级站</td><td>三级站</td></tr>
<tr><td colspan="2">重要公共建筑物</td><td>100</td><td>100</td><td>100</td><td>100</td><td>100</td><td>100</td></tr>
<tr><td colspan="2">明火或散发火花地点</td><td rowspan="2">45</td><td rowspan="2">38</td><td rowspan="2">33</td><td rowspan="2">30</td><td rowspan="2">25</td><td rowspan="2">18</td></tr>
<tr><td rowspan="3">民用建筑物保护类别</td><td>一类保护物</td></tr>
<tr><td>二类保护物</td><td>35</td><td>28</td><td>22</td><td>20</td><td>16</td><td>14</td></tr>
<tr><td>三类保护物</td><td>25</td><td>22</td><td>18</td><td>15</td><td>13</td><td>11</td></tr>
<tr><td colspan="2">甲、乙类物品生产厂房、库房和甲、乙类液体储罐</td><td>45</td><td>45</td><td>40</td><td>25</td><td>22</td><td>18</td></tr>
<tr><td colspan="2">其他类物品生产厂房、库房和丙类液体储罐以及容积不大于 $50m^3$ 的埋地甲、乙类液体储罐</td><td>32</td><td>32</td><td>28</td><td>18</td><td>16</td><td>15</td></tr>
<tr><td colspan="2">室外变配电站</td><td>45</td><td>45</td><td>40</td><td>25</td><td>22</td><td>18</td></tr>
<tr><td colspan="2">铁路</td><td>45</td><td>45</td><td>45</td><td>22</td><td>22</td><td>22</td></tr>
<tr><td colspan="2">电缆沟、暖气管沟、下水道</td><td>10</td><td>8</td><td>8</td><td>6</td><td>5</td><td>5</td></tr>
<tr><td rowspan="2">城市道路</td><td>快速路、主干路</td><td>15</td><td>13</td><td>11</td><td>10</td><td>8</td><td>8</td></tr>
<tr><td>次干路、支路</td><td>12</td><td>11</td><td>10</td><td>8</td><td>6</td><td>6</td></tr>
<tr><td rowspan="2">架空通信线</td><td>国家一、二级</td><td>1.5 倍杆高</td><td>1.5 倍杆高</td><td>1.5 倍杆高</td><td>1.5 倍杆高</td><td>1 倍杆高</td><td>1 倍杆高</td></tr>
<tr><td>一般</td><td>1.5 倍杆高</td><td>1 倍杆高</td><td>1 倍杆高</td><td>1 倍杆高</td><td>0.75 倍杆高</td><td>0.75 倍杆高</td></tr>
<tr><td rowspan="2">架空电力线路</td><td>电压>380V</td><td rowspan="2">1.5 倍杆高</td><td colspan="2">1.5 倍杆高</td><td rowspan="2">1.5 倍杆高</td><td colspan="2">1 倍杆高</td></tr>
<tr><td>电压≤380V</td><td colspan="2">1 倍杆高</td><td colspan="2">0.75 倍杆高</td></tr>
</table>

注：1. 液化石油气罐与站外一、二、三类保护物地下室的出入口、门窗的距离应按本表一、二、三类保护物的防火距离增加 50%。

2. 采用小于或等于 $10m^3$ 的地上液化石油气罐整体装配式的加气站，其罐与站外建、构筑物的防火距离，可按本表三级站的地上罐减少 20%。

3. 液化石油气罐与站外建筑面积不超过 $200m^2$ 的独立民用建筑物，其防火距离可按本表的三类保护物减少 20%，但不应小于三级站的规定。

4. 液化石油气罐与站外小于或等于 1000kV · A 箱式变压器、杆装变压器的防火距离，可按本表室外变配电站的防火距离减少 20%。

5. 液化石油气罐与郊区公路的防火距离按城市道路确定：高速公路、Ⅰ级和Ⅱ级公路按城市快速路、主干路确定，Ⅲ级和Ⅳ级公路按照城市次干路、支路确定。

表 2-3-4　液化石油气卸车点、加气机、放散管管口与站外建、构筑物的防火距离　　m

项目 \ 名称		液化石油气卸车点	放散管管口	加气机
重要公共建筑物		100	100	100
明火或散发火花地点		25	18	18
民用建筑物保护类别	一类保护物	25	18	18
	二类保护物	16	14	14
	三类保护物	13	11	11
甲、乙类物品生产厂房、库房和甲、乙类液体储罐		22	20	20
其他类物品生产厂房、库房和丙类液体储罐以及容积不大于 $50m^3$ 的埋地甲、乙类液体储罐		16	14	14
室外变配电站		22	20	20
铁　路		22	22	22
城市道路	快速路、主干路	8	8	6
	次干路、支路	6	6	5
架空通信线	国家一、二级	1 倍杆高		
	一　般	0.75 倍杆高		
架空电力线路	电压>380V	1 倍杆高		
	电压≤380V	0.75 倍杆高		

注：1. 液化石油气卸车点、加气机、放散管管口与站外一、二、三类保护物地下室的出入口、门窗的距离，应按本表一、二、三类保护物的防火距离增加 50%。

2. 液化石油气卸车点、加气机、放散管管口与站外建筑面积不超过 $200m^2$ 独立的民用建筑物，其防火距离可按本表的三类保护物减少 20%，但不应小于 11m。

3. 液化石油气卸车点、加气机、放散管管口与站外小于或等于 1000kV · A 箱式变压器、杆装变压器的防火距离，可按本表的室外变配电站防火距离减少 20%。

4. 液化石油气卸车点、加气机、放散管管口与郊区公路的防火距离按照城市道路确定：高速公路、Ⅰ级和Ⅱ级公路按城市快速路、主干路确定，Ⅲ级和Ⅳ级公路按城市次干路、支路确定。

表 2-3-5　压缩天然气工艺设施与站外建、构筑物的防火距离　　m

项目 \ 名称		储气瓶组、脱硫脱水装置	放散管管口	储气井组、加气机、压缩机
重要公共建筑物		100	100	100
明火或散发火花地点		30	25	20
民用建筑物保护类别	一类保护物	30	25	20
	二类保护物	20	20	14
	三类保护物	18	15	12
甲、乙类物品生产厂房、库房和甲、乙类液体储罐		25	25	18
其他类物品生产厂房、库房和丙类液体储罐以及容积不大于 $50m^3$ 的埋地甲、乙类液体储罐		18	18	13
室外变配电站		25	25	18
铁　路		30	30	22
城市道路	快速路、主干路	12	10	6
	次干路、支路	10	8	5
架　空通信线	国家一、二级	1.5 倍杆高	1.5 倍杆高	不应跨越加气站
	一　般	1 倍杆高	1 倍杆高	
架空电力线路	电压(>380V)	1.5 倍杆高	1.5 倍杆高	不应跨越加气站
	电压(≤380V)	1.5 倍杆高	1 倍杆高	

注：1. 压缩天然气站的撬装设备与站外建、构筑物的防火距离，应按本表相应设备的防火距离确定。

2. 压缩天然气工艺设施与郊区公路的防火距离按照城市道路确定：高速公路、Ⅰ级和Ⅱ级公路按照城市快速路、主干路确定；Ⅲ级和Ⅳ级公路按照城市次干路、支路确定。

三、站内主要设施间的防火安全距离

站内主要设施间的防火安全距离见表 2-3-6。

第四节　站区平面布置

进行加油加气站平面布置时，首先应按功能将站区划分为若干个区域，再根据站址周围环境、站区地势、场区情况，将其主要设施设备分别布置于相应位置上。其总的要求是，要达到设计施工方便，建设投资节省，经营管理便捷，业务作业安全的目的。

一、加油加气区的布置

加油加气区是给车辆加油加气的场所，由罩棚(雨棚)、站房、加油(气)岛、加油(气)机等设施组成，是顾客车辆进出最频繁的区域，所以在设计时应充分考虑方便各种来加油加气的车辆进出。同时，该区域也是事故易发场所，设计时应慎重考虑其安全措施。

1. 罩棚的布置

罩棚的作用有两方面，一是防雨遮阳，保护人员和设备不受日晒，不遭雨淋；二是企业形象的象征，是形象广告，是顾客识别的标志物。一般都比较高大，来加油加气的顾客，远距离就能加以识别。因此，罩棚设计应注意三点，即选型适当、造型优美、比例协调。

(1) 结构选型

罩棚必须采用非燃烧材料建造。常用的罩棚结构有三种，即钢筋混凝土结构、网架结构和钢结构。钢筋混凝土结构施工工期长，对施工工程要求高，对罩棚的跨度有限制，跨度越大，难度越大，投资也越大，但其日常维护费用小，抗风能力强，适用于沿海台风多发地区和农村等小型加油加气站采用；网架结构和钢结构罩棚施工工期短，可与其他部位工程同时施工，能满足各种罩棚跨度的要求，但是网架罩棚容易积尘，容易锈蚀，最好加设吊顶；钢结构罩棚虽不易积尘，但易生锈，外观简易不美观。网架式罩棚和钢结构罩棚，日常维护费用高，只适用于大气环境较好的场所。

(2) 造型设计

罩棚是加油加气站的标志性建筑，应能彰显企业形象，同一品牌的加油加气站应有统一选型的统一基调的罩棚形式。常见的罩棚形状是矩形，也有蘑菇形、菱形等。

罩棚的形状造型应与周围环境相和谐，有时因受地理条件的制约，可做细小的改变。细小的变动不是建筑风格上的变动，品牌企业应树立自己的建筑风格，随意改变罩棚风格的做法是不可取的。那些不实用的奇形怪状的罩棚既费工费料浪费资金和资源，还不一定美观，而且又不能树立企业统一的识别形象。

在不规则地形上建加油加气站时，首先应保证车道流畅简洁。当罩棚外观与车道发生矛盾时，可对罩棚作些细小改变，如图 2-4-1 所示。在该地块建站，若罩棚仍坚持采用矩形保留直角，则将使车道缩小，对加油加气车辆进出不利，应作点小小的变动。

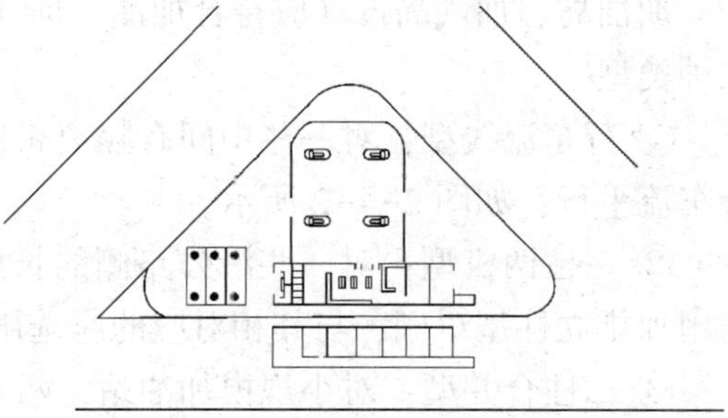
图 2-4-1

(3) 比例确定

《汽车加油加气站设计与施工规范》(GB 50156)规定，罩棚的高度不应小于 4.5m，罩棚的边缘与加油机或加气机的平面距离不宜小于 2.0m。罩棚比例适当，会给人以高大、挺拔、稳重、协调的印象。影响罩棚比例的因素有：

罩棚沿口的长度、高度和立柱宽度。当罩棚一侧长度超过 30m 时，其罩棚净高应做相应的提升。同样罩棚沿口高度也会影响罩棚的外观形象，如在 5~6m 高的罩棚顶上加设一圈 1.5m 以上的罩棚沿口，会给人以压抑感。立柱宽度也会影响罩棚的外观，过细或过粗的立柱都会使建筑比例失调。一般情况下罩棚高度与立柱宽度比可控制在 10∶1 左右，但根据不同的立柱间距，还应做相应的调整。

（4）确定罩棚支柱间距时应考虑的因素

① 车型因素。虽然车型宽度相差不多，但大型车辆与小型车辆停车所占的位置范围要求却不同，在考虑立柱间距时应考虑，车辆不平行加油岛停车时所带来的不良因素。

② 单位时间内同时发油能力。在考虑同时加油能力时，应该考虑加油枪胶管长度可及范围。

2. 站房的布置

站房是加油加气站的业务经营办公场所，一般由营业室、办公室、财务室、收款室和卫生间组成。

站房布置应满足下列要求：

① 站房应集中布置，方便进出；

② 营业区与办公区应有明显的分割，加以区分；

③ 营业区的主面应采用全透视型的玻璃幕墙，其大门应直接面向加油加气场所；

④ 办公区应有良好的通风、采光条件，其进出大门不应面向加油加气场所，尤其是财务室、更衣室的门，应设在较为隐蔽的地方；

⑤ 卫生间应有良好的通风性，但透视性要含蓄，位置应明显，进出应方便。可将卫生间设在站房的侧面。

3. 加油加气岛的布置

（1）布置要求

加油岛、加气岛是安装加油、加气机的平台，又称安全岛。为了使汽车加油、加气时，加油机、加气机和罩棚柱不至于受到汽车碰撞和保障操作人员的人身安全，根据实际需要，加油岛、加气岛的高度、宽度及其突出罩棚支柱的距离应符合下列规定。

① 加油岛、加气岛宜设非燃烧材料制作的罩棚。这是因为加油岛、加气岛是车辆加油、加气的固定场所，为避免操作人员和加油、加气设备长期处于日晒雨淋状态，故有此规定。

② 加油岛、加气岛的地坪应高出停车场的地坪 0.15~0.20m。

③ 加油岛、加气岛的宽度不应小于 1.20m。

④ 加油岛、加气岛上的罩棚支柱距离其端部不应小于 0.60m。

（2）常见类型

加油岛、加气岛设计应符合加油、加气场地的实际需要。常见的加油岛、加气岛有以下几种类型。

① 行车流线型：对一些中间有隔离带的高等级公路加油站，加油岛应斜设使其轴线与行车流平行，如图 2-4-2 所示。

② 一柱两机型：对一些沿公路侧的长度偏短的加油站，为了不影响行车转弯半径，可选用独排立柱型罩棚，与其相对应的应选用一柱两机型加油岛，如图 2-4-3 所示。

③ 二柱合并型：对小规模加油站，两立柱间距在 6m 以内的加油站，应采用二柱合并型的加油岛，如图 2-4-4 所示。

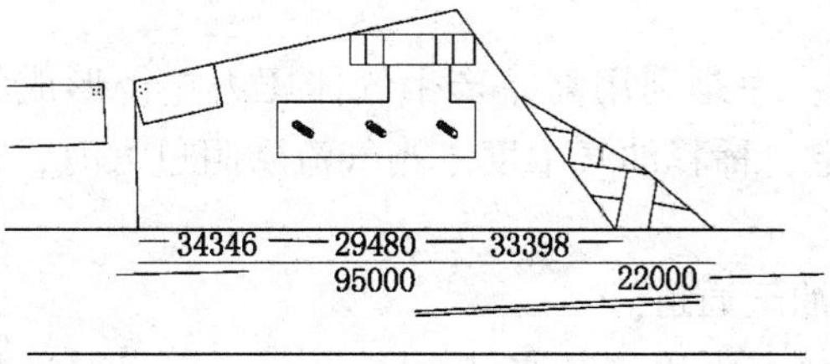

图 2-4-2

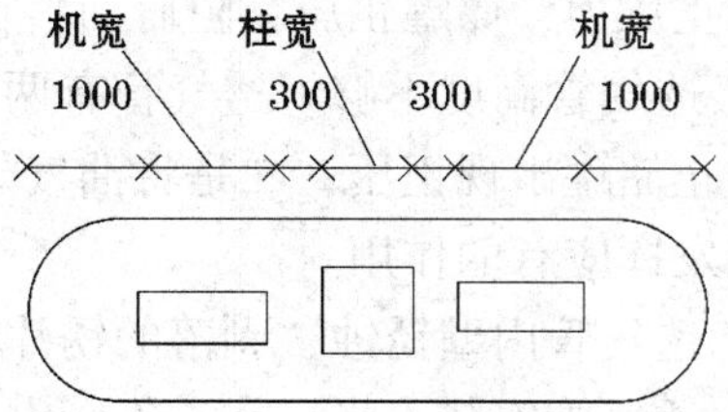

图 2-4-3

④ 单岛多机和单机多枪型：所谓单岛多机，就是在一座泵岛上同时放置 2 台以上的加油机。有人认为这样布置有致命的缺陷，因为并排布置多台加油机，并不等于能在同一时间里为多辆汽车同时加油，而多台加油机的并排放置势必要加大加油岛长度，影响车道转弯半径。较为合理的方法是用单机多油品加油机代替单岛多机。但是，在加油车次频繁的城市加油站不宜用单机多油品加油机。

（3）设计改进

① 设计应人性化。过去常见的加油岛、加气岛是将两根支柱建在一起。这种设计使行人在通过加油岛、加气岛时，需跨越，行走不便。从人性化设计角度考虑，应在加油岛、加气岛中间留出一条通道，供人行走。为此，在保留原加油岛、加气岛作用的前提下，可将岛的长度缩短至 3~4m，如图 2-4-5 所示。

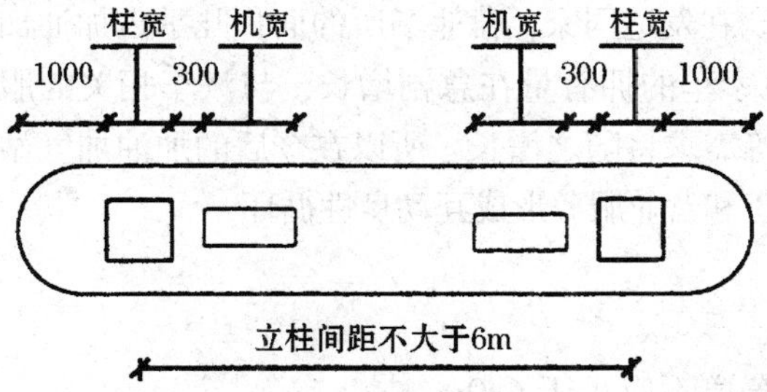

图 2-4-4

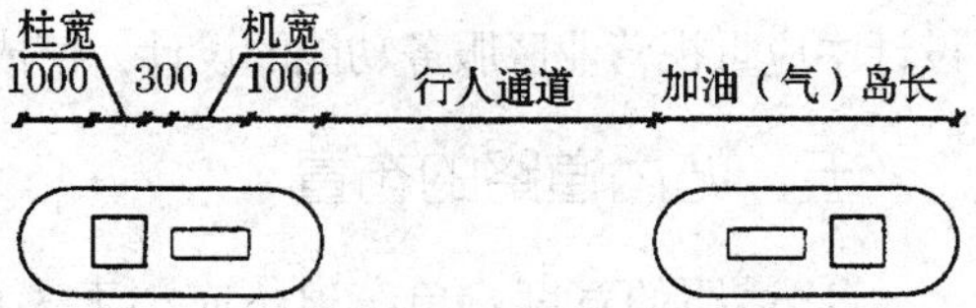

图 2-4-5

② 增强设计。加油岛、加气岛边沿难免不被汽车碰撞，为了防止汽车轮子碾磨加油岛而造成加油岛表面破损，加油岛四周可用 6~10mm 钢板做模，并在转角处加设钢管，以保护加油胶管。

二、卸油区的布置

卸油区为油气释放源。为了减少油气释放，应采用自流方式代替动力卸油(有全密封式油气回收系统的除外)。卸油区应设在远离站房和车辆行驶线的通风处。所有加油站均应采取密封式卸油方式，在人口密集型的市区加油站应采用全密封式油气回收系统。

以往，因加油站未采用密封卸油方式，往往习惯性地通过油罐计量孔向罐内喷溅式卸油，使静电大量积聚引发事故，其教训非常深刻。在设备设施上影响密闭卸油的因素有：

① 透气管(也称排气管)口径偏小。透气管应采用与卸油管(埋地储罐的进油管)相同口径的管道，若排气管口径小于卸油管口径，将影响卸油速度和通气性能。

② 透气管线过长，弯头过多，气流磨阻大，也会影响卸油速度和通气性能。

③ 透气管阻火帽选型不当。不能用机械呼吸阀替代阻火帽，因为启动机械呼吸阀需要

一定的正压力，储罐正压会阻碍油料自流。

④ 透气管高度不够。透气管有两大作用：一是利用高差产生气体压力差，形成气流通路，防止储罐出现正压；二是将油气导向高空，稀释油气浓度。当气流磨阻过大时，透气管就不能发挥应有的作用。

⑤ 透气管内壁锈蚀，剥落的锈片堵塞了油气通道。

⑥ 透气管安装不当，在透气管内形成液体，阻碍油气通过。

在卸油口附近还应设静电接电装置和油品提醒标识等。

三、储油(气)区的布置

① 储油罐应采用直埋式埋入地下。并应做好防沉降、防浮起、防腐蚀、防进水措施。其详情请参见本书储油(气)设备有关内容。

② 液化石油气罐布置时，应达到《汽车加油加气站设计与施工规范》中的有关规定。详情请参见本书储油(气)设备的有关内容。

③ 在加油加气合建站内，柴油罐宜布置在液化石油气罐或压缩天然气储气瓶组与汽油罐之间。

四、营业区的布置

营业区是加油、加气站开展综合性服务的场所。在发达国家，营业场所的面积几乎占加油加气站面积的50%。我国经济在快速发展，特别是私家车的拥有量在急剧增长，与汽车相关的服务，如洗车、停车、车辆保养、餐饮、购物和住宿等需求将随之增长。所以在今后的加油加气站设计中应重视营业区服务功能的设计，使成品油零售和营业服务形成互动良性循环。

五、站内道路的布置

① 道路的宽度：单车道不应小于 3.0m，双车道不应小于 6.0m。

② 道路的转弯半径：按行驶车型确定，且不宜小于 9.0m。

③ 道路的坡度：道路坡度不应大于 6%，且宜坡向站外；汽车槽车(含加气子站车)卸车停车处宜按平坡设计。

④ 道路和停车场路面不应采用沥青路面。

⑤ 车辆的入口和出口应分开设置。

六、站区围墙的设置

① 面向加油加气站进口和出口道路的一侧宜设置非实体围墙，或开敞。

② 站内工艺设施与站外建、构筑物之间的距离小于或等于 25m，以及小于或等于图 2-4-2 至图 2-4-5 中防火距离的 1.5 倍时，相邻一侧应设置高度不低于 2.2m 的非燃烧实体围墙。

③ 站内工艺设施与站外建、构筑物之间的距离大于图 2-4-2 至图 2-4-5 中的防火距离的 1.5 倍，且大于 25m 时，相邻一侧应设置隔离墙，隔离墙可为非实体围墙。

七、平面布置实例简介

平面布置在加油加气站的设计中所占比重是最大的，尤其对于各种不规则地形，必须精心设计，使其贴近用户需求，提高其单位面积的经济效益。下面对几例较典型的加油加气站的平面布置实例作些简要介绍，供读者参考。

1. 改变原设计，提高加油站车辆疏散能力

市区加油站因受城市建设的限制，原方案平面设计图，如图 2-4-6 所示。

原设计的缺陷是：①车道宽度不足，没留用于疏散车辆的备用道。两侧车道净宽 4m（扣除加油岛宽），在有车辆停靠加油时，其他车辆要从其旁边经过比较困难。虽然中间车道净宽有 7.3m，但如果有两辆并排的汽车在加油，后来的车辆就不可能从这两辆中间穿过，因为我们不能要求客户的车辆紧贴着加油岛：②在实际运行中，有两座加油岛不但不能发挥作用，而且有可能成为路障。改动后的方案如图 2-4-7 所示。新方案虽减少两座加油岛，但有效地解决了车阻现象，提高了加油站在加油高峰时间的车辆疏散能力。

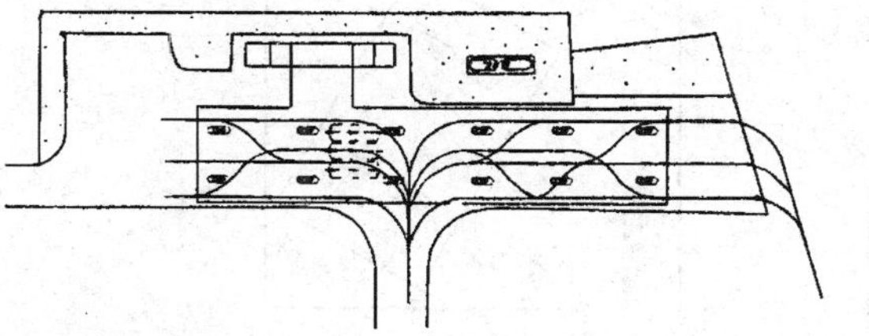

图 2-4-6

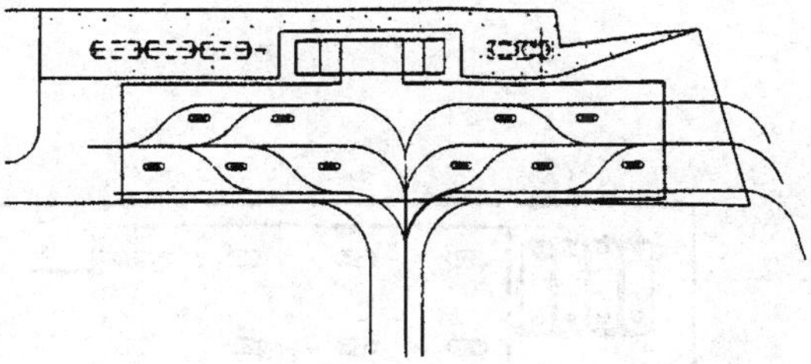

图 2-4-7

2. 改变原设计，提高单位时间内的加油能力

有些建于计划经济时期的加油站，尽管加油站的占地面积不小，但由于布局不合理，场地没有得到合理的利用。也有的站由于车道过窄，不便于疏散车辆而影响加油站在单位时间内的加油能力。如某市区一座原建于 20 世纪 80 年代末的加油站，原有 6 车道（如图 2-4-8）。尽管每天有车排队加油，但月销量始终徘徊在 800t 左右。

后稍作改造（保留原有的罩棚，只将营业房拆除重建），将原有的 6 车道改为 8 车道，如图 2-4-9，该站月销量立即上升至 1100t。

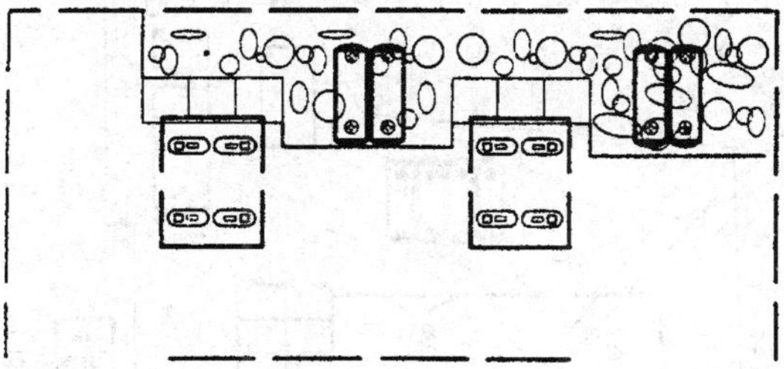

图 2-4-8

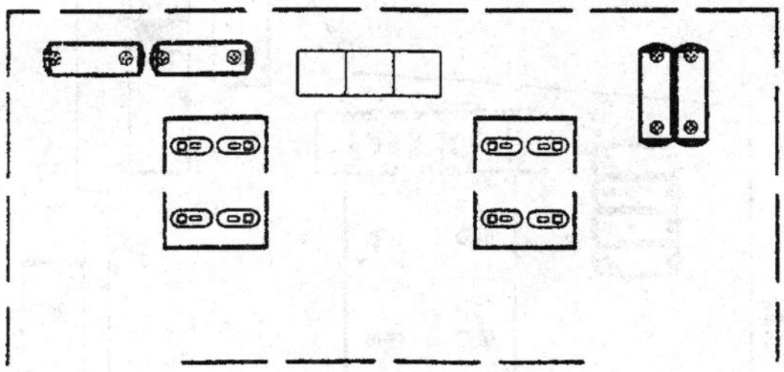

图 2-4-9

后来，因城市改造将原有的加油站土地减少了 40%，该加油站拆除重建，将储罐设于车道下面，将罩棚移至原来放储罐的位置，如图 2-4-10 所示，结果不仅保住了加油站，而且月销量上升到 1400t。相当于重建了一个月销量 600t 的加油站。

3. 改变方位，增加车道以提高单位时间加油能力

某集镇加油站，位于十字路口，地块面积过小（沿道侧长 27m，垂直深度 32m），单车道加油，其服务对象以当地固定车辆为主，预测今后需求量不会有大的发展，该站需要解决的难题是：如何在原址增加车道，提高单位时间加油能力，避免摩托车、助动车与汽车相互抢道。根据实际地理条件，将罩棚转过某一角度，车道由 2 条增至 4 条，内车道专供摩托车、

助动车加油，外车道专供汽车加油。实行车道分流后的加油站，其月加油量增加了 30%，其平面布置改动方案，如图 2-4-11 所示。

4. 合理布置，扩大经营服务项目，提高经济效益

我国传统的加油站设计只是考虑加油场所，最多附带一些润滑油经营场所，随着市场经济的发展和成熟，加油站必定要向多元化经营的方向发展，所以对新建加油站进行平面布置时，要选择一个最为合理的布置方案，为加油站多元化发展提供条件。

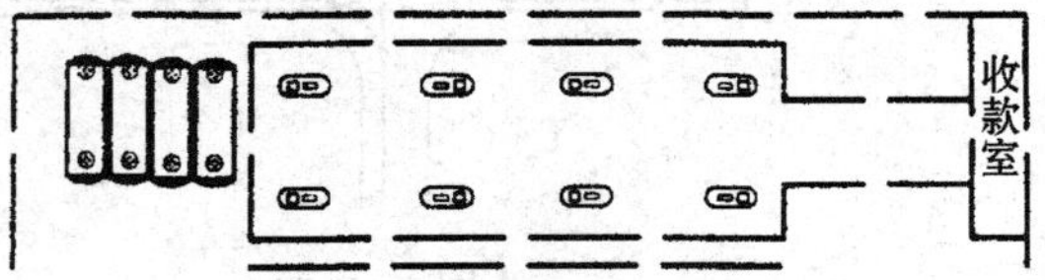

图 2-4-10

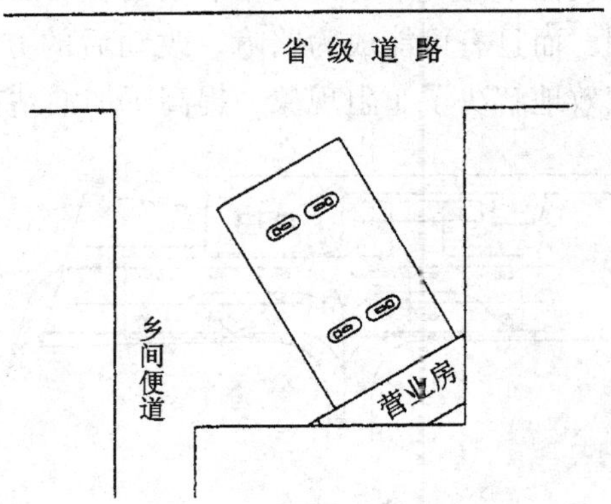

图 2-4-11

图 2-4-12 和图 2-4-13 为某市区同一座新建加油站，通过图 2-4-12 和图 2-4-13可以发现同一块土地不同的布置，其效果是不同的。图 2-4-13 与图 2-4-12 相比，在服务功能上不但没有减少而且增加了快餐营业场所，如果将该快餐厅出租，每年可为企业增加收益超过百万元。

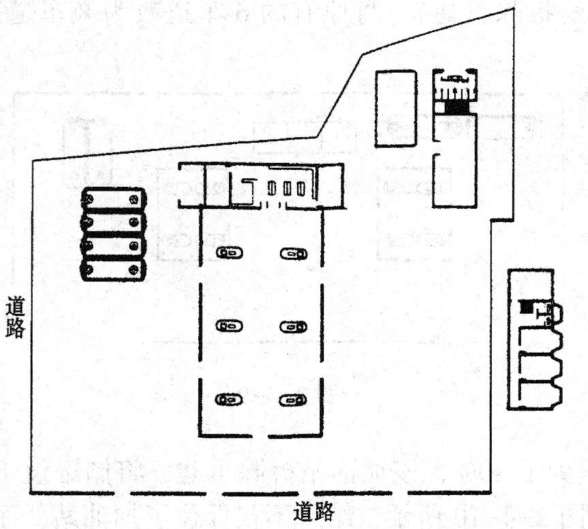

图 2-4-12

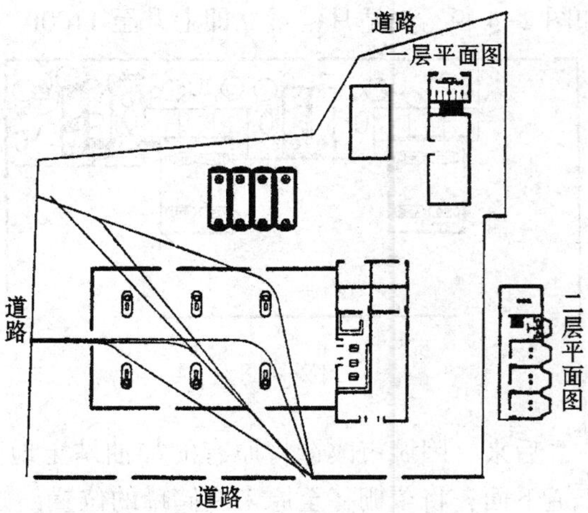

图 2-4-13

为了适合公路改建、扩建，改善经营环境，目前许多加油站都面临着拆除重建的问题。在重建加油站中首先要改善行车路线问题，其次要尽量保留原有的设施，以减少改造费用。

综上所述，加油站选址必须充分考虑如何方便客户，为客户提供各项优质服务，必须符合国家和有关部门关于规划、交通、消防、环保等方面的要求，必须有利于企业投入产出效

益。无论新建还是改造必须从实际出发，认真分析、研究和设计，才能保证建成的加油站合理、实用、安全。

注：以上摘编自陈红．加油站布局的构思．石油库与加油站．2001．第5、6期。

5. 加油加气合建站典型平面布置

加油与LPG加气合建站，一般分为两个系统：一是加油系统，二是加气系统。

加油系统：汽油和柴油由油槽车运至加油加气站，利用位差将槽车内的汽油或柴油卸入汽油或柴油地下储罐内。储罐内的汽油、柴油经加油机加入汽车油箱。

加气系统：液化石油气（LPG）由汽车槽车运至加气站，利用槽车上所带的液化石油气卸液泵将槽车内的LPG卸入加气站内的LPG储罐中。储罐中的LPG由设在罐内的潜液泵输入加气机，然后通过加气机上的加气枪注入车辆的液化气瓶内。

加油与LPG加气合建站的典型平面布置如图2-4-14所示。

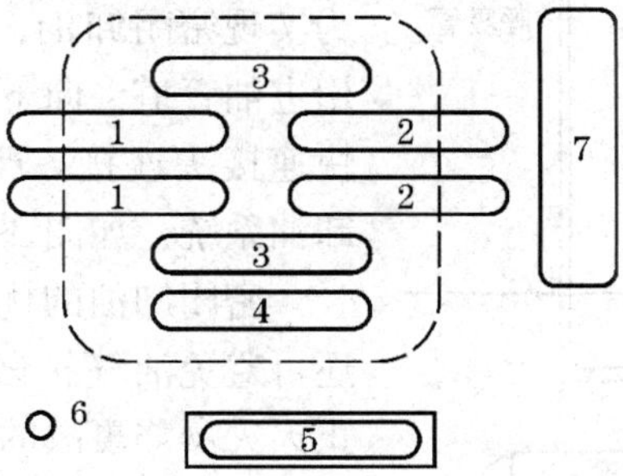

图2-4-14　加油与LPG加气合建站平面布置

1—柴油地下储罐；2—汽油地下储罐；3—加油岛；4—加气岛；5—LPG地下储罐；6—卸车口；7—站房营业房

第三章　站用工艺流程

第一节　加油站工艺流程

一、加油站卸油工艺流程

加油站将油槽车运来的汽油、柴油卸入站内的储油罐时，必须采用密闭卸油方式，尤其建于城市建成区内的加油站，更应切实执行。为实现密闭卸油，加油站内的油罐必须设置专用进油管道，向下伸至距罐底 0.2m 处，并采用快速接头连接，严禁采用敞口卸油方式。密闭卸油系统，如图 3-1-1 所示。

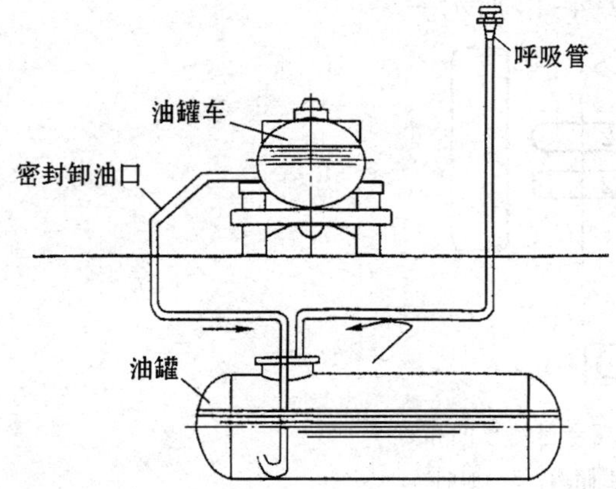

图 3-1-1　加油站密闭卸油系统

密闭卸油的优点是，可减少油品挥发损耗，还可避免油气扩散污染环境，更重要的是可防止火灾爆炸事故的发生。

为彻底解决油气向外扩散和减少损耗，加油站应采用卸油密闭油气回收系统，如图 3-1-2 所示。

卸油油气回收与密闭卸油，其工艺的主要不同之处是油罐车与地下油罐之间加设了一条油气回收连通管道和地下油罐的通气管管口处安装有机械呼吸阀。若采用卸油油气回收系统时，应符合下列要求：

① 油罐车上的油气管连同接口，应设在油罐车油罐的顶部人孔盖上，并应装设手动阀门。

② 密闭卸油管道的各操作接口处，应设快速接头及闷盖。固定油气连接应装设手动阀门。

③ 加油站内的卸油接口、油气连通接口宜设在地面以上。

④ 油罐应设带有高液位报警功能的液位计。

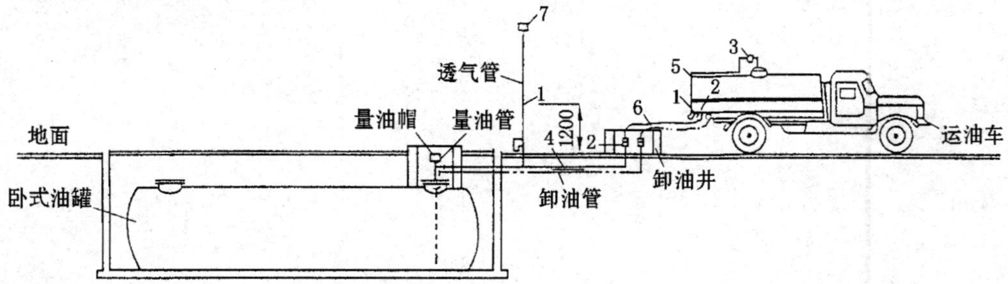

图 3-1-2　油罐车卸油密闭油气回收系统

1—旋塞（X13W-6T*DN*50）；2—快速接头（*DN*50）；3—活接头 *DN*50；4—油气管（埋地），为镀锌钢管 *DN*50；5—油气管（油车），为镀锌钢管 *DN*50；6—油气管（联接），为耐油胶管 *DN*50；7—呼吸阀（组装件 *DN*50）

二、加油站加油工艺流程

1. 自吸式加油机加油工艺流程

为保证加油机正常加入油品，当采用自吸式加油机时，每台加油机应按加油品种单独设置进油管，如图 3-1-3 所示。如果几台加油机共用一根接自油罐的出油管，会造成互相影响，流量不均。当一台加油机停泵时，还有抽入空气的可能，影响加油机的正常吸入性能和计量的准确度，甚至出现断流现象。

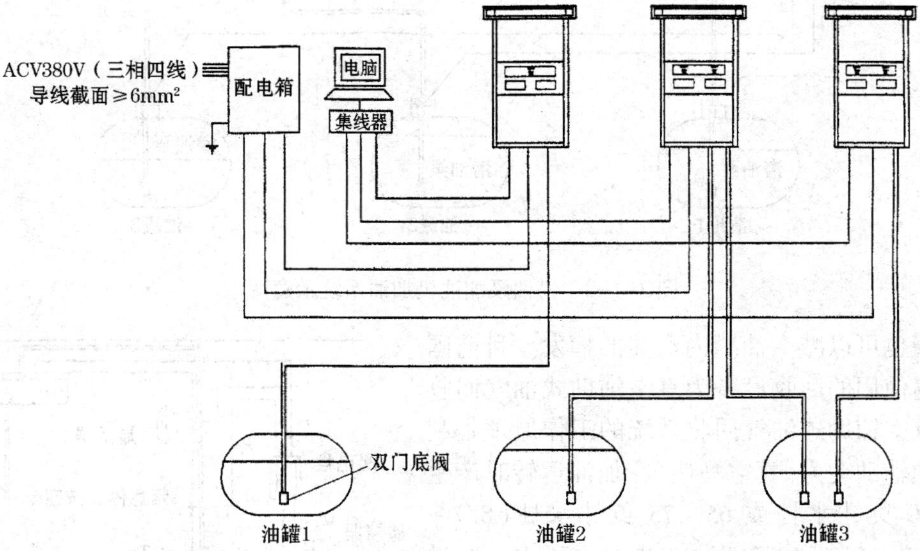

图 3-1-3　自吸式加油机加油系统示意图

2. 潜泵式加油机加油工艺流程

随着加油站技术发展，加油站宜采用油罐装设潜油泵的一泵供多机(枪)的配套加油工艺，如图 3-1-4 所示。与自吸式加油机相比，其最大特点是：油罐正压出油，技术先进，加油噪声小、工艺简单，一般不受油罐液位低和管线长等条件的限制。

3. 悬挂式加油机加油工艺流程

悬挂式加油机，是一种新型的加油设备，其特点是可以充分利用有限空间，输油管可横向移动达 1.2m，加油范围大，半径可达 4.2m，使加油车辆自由进位，如图 3-1-5。但缺点是停车位不明确，容易造成加油作业程序混乱。另外，设备价格较高，国内没有厂家生产，主要靠进口。

三、加油密闭油气回收系统工艺流程

1. 工艺流程简介

加油油气回收是指汽车加油时，利用加油枪上的特殊装置，将原本会由汽车油箱溢散于空气中的油气，经加油枪、抽气马达回收入油罐内。目前广泛使用非燃烧系统运作方法，是将回收的油气储存在油罐内饱压，不排放。要达到这个效果，汽油与油气相互交换比例需接近于 1∶1。在理论上就是在加油时，每发 1L 油，油罐液位下降产生的空间，同时由油气回收枪回收相当于 1L 体积的油气，送回油罐内填补该空间而达到压力平衡。回收的饱和油气

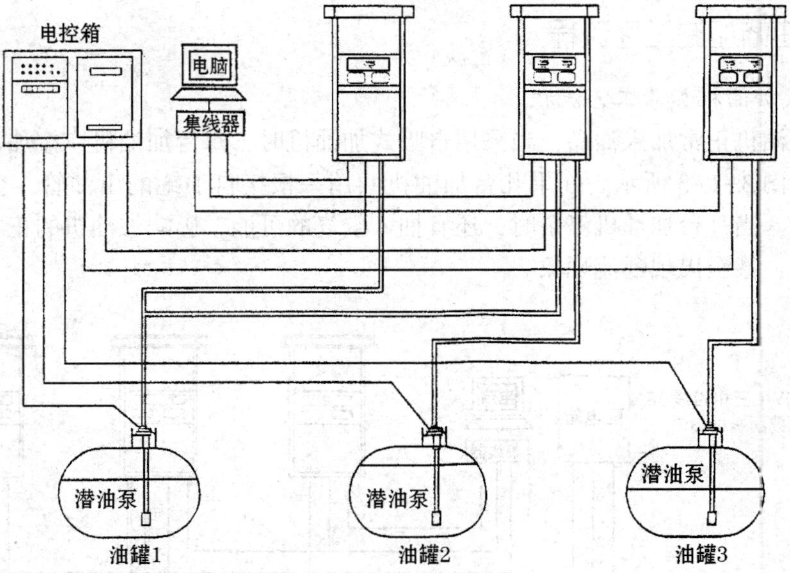

图 3-1-4　潜油泵加油机加油系统示意图

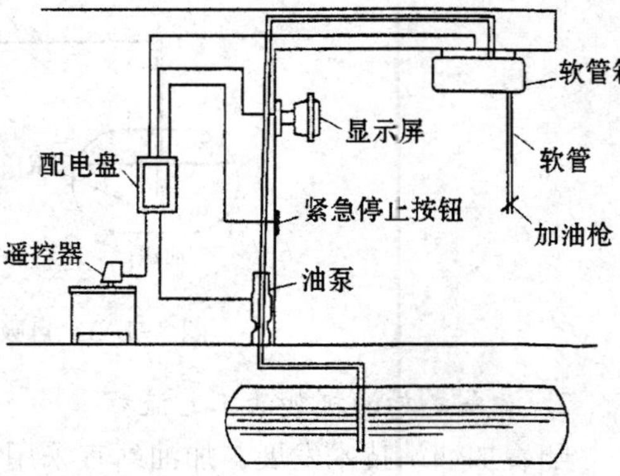

图 3-1-5　悬挂式加油机系统示意图

补入油罐也可以减少油罐内汽油的挥发。目前国内外普遍使用的回收设备为真空辅助式油气回收系统。真空辅助式油气回收系统的工作原理是利用外加的辅助动力(真空马达)在加油运转时产生约 35~40 英寸水柱或 65~75 英寸水柱(8.7~10.0kPa 或 16.2~18.7kPa)中央真空压力，通过回收管、回收油枪将油气回收。当油罐内压力过大时，油罐通气孔上的真空压力帽会自动打开，由排气口排出过压的气体。工艺流程见图3-1-6。

2. 油气回收系统设备

(1) 油气回收油枪

要实现油气回收功能，加油作业时需使用油气回收专用油枪。该油枪的基本功能与一般

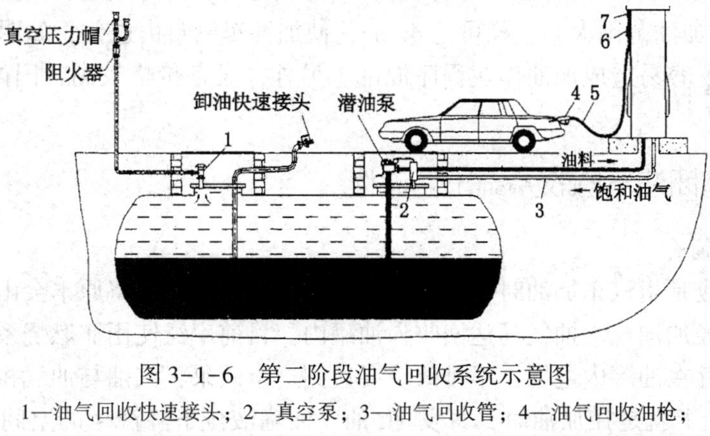

图 3-1-6　第二阶段油气回收系统示意图

1—油气回收快速接头；2—真空泵；3—油气回收管；4—油气回收油枪；

5—同轴胶管；6—胶管脱离器；7—油气分离转换接头

自动油枪相同，具有三段出油速度调整功能。加油满至枪头回气孔时，可自动跳脱，另在回气孔之后有一圈八个油气回收孔，真空泵由这些孔将油气吸回油罐。与一般自动油枪不同的，也是该油枪最大的优点：不论全速加油或慢速加油均可将加油与吸气比例调整到接近1∶1。此优点非常重要，它能保证每发1L油可回收相当于1L体积的油气，确保加油时油气回收顺利完成。

（2）真空泵

油气回收的实质就是利用真空泵运转产生真空将原本向外溢散的油气吸回油罐内。因此，真空泵是整套油气回收系统的核心设备。根据其形式的不同，可分为中央吸取式真空泵及分散加油机吸取式真空泵，进一步还可分为有电式和无电式。其中，以中央吸取式真空泵应用最为广泛。中央吸取式真空泵结构简单，安装方便，一般与潜油泵相接并一起安装于人孔盖板上（见图3-1-6），无需电力供应，靠潜油泵动作时产生动力的油品推动其喷射器而产生真空吸力，并透过油气回收管道将加油机该油品的油气吸收回油罐。

（3）油气回收管道专用附件

① 皮管脱离器。设计在承受100~200kg拉力时即被分为两截，避免加油机受损。脱离器被拉开时，油、气的通路同时被封住，阻止油品喷出，提高油站工作人员及客户的安全。

② 油气回收快速接头。该接头只用于第一阶段油气回收系统，集回气管线快速接头与放空管线开关于一体。卸油时，油车回气管接上时自动顶开回气管。卸油作业完成后，油车回气管取出时，自动关闭一次回收管线，可避免卸油时油气外泄。

③ 同轴皮管。它是油气回收专用油枪的专用软管，采用套管式结构，中间是油气回收气管，外圈是输油管。

④ 油气分离转换接头。通过该接头可将油和气一齐接入油气回收专用油枪内。

⑤ 浮球阀。将它安装在人孔盖板上，连接放空管线。卸油时，油位到达浮球阀位置时，浮球阀内部的浮球会浮起，阻止油品流入放空管线内。

（4）油气回收系统监控设备

为了对油气回收系统进行监控，确保其运作正常，加油站油气回收系统一般需在油站监察室内安装一个油气回收系统监控器。其监控系统分为两部分，真空泵前段为真空度监控，后段为油罐及管线内油品压力的监控。若系统内真空吸力不够或油罐油气向外过度排放时，监控器会亮起警示灯并作记录。油站工作人员可根据每天的打印记录，判别回收系统运作是否正常。若不正常，需对系统作进一步检查，找出故障原因，排除故障。

3. 系统安装

加油站在进行油气回收系统安装时，加设油气回收管道一般可采用两种方法：一是多台真空泵共用一条油气回收主管；二是每台真空泵各设一根独立的油气回收主管。第二种方法成本高，但回收效果相对好些。采用第一种方法时，每支油气回收枪的油气回收支管均与唯一的油气回收主管相接，而采用第二种方法时，不同油品油枪的油气回收支管只能与相应油品的油气回收主管相接。但不管采用何种方法，铺设油气回收管道时，均应保证油气回收管道有一定的倾斜坡度坡向油罐，好让管内积油能顺势流回油罐内。若管线没有倾斜坡度，管内油气回收凝结油过多时，将产生管线液阻，油气不能通过，油气回收功能就会失效。另外，为了使油罐内能提供最大空间来储存回收的油气，可将所有汽油类油罐的排气管道连通，（见图3-1-7）。

具有油气回收功能的加油机与普通的加油机在油路安装方面是一样的，只在油气回收方面增加了相应的油气回收管，并通过油气分离转换接头可将油和气一齐接入油气回收专用油枪内(见图 3-1-6)。

油气回收系统监控器安装在加油站监察室内，用两根监控电缆连接至安装在真空管线上的真空开关。另用两根监控电缆连接至放空管线上的排气监控开关(见图 3-1-7)。

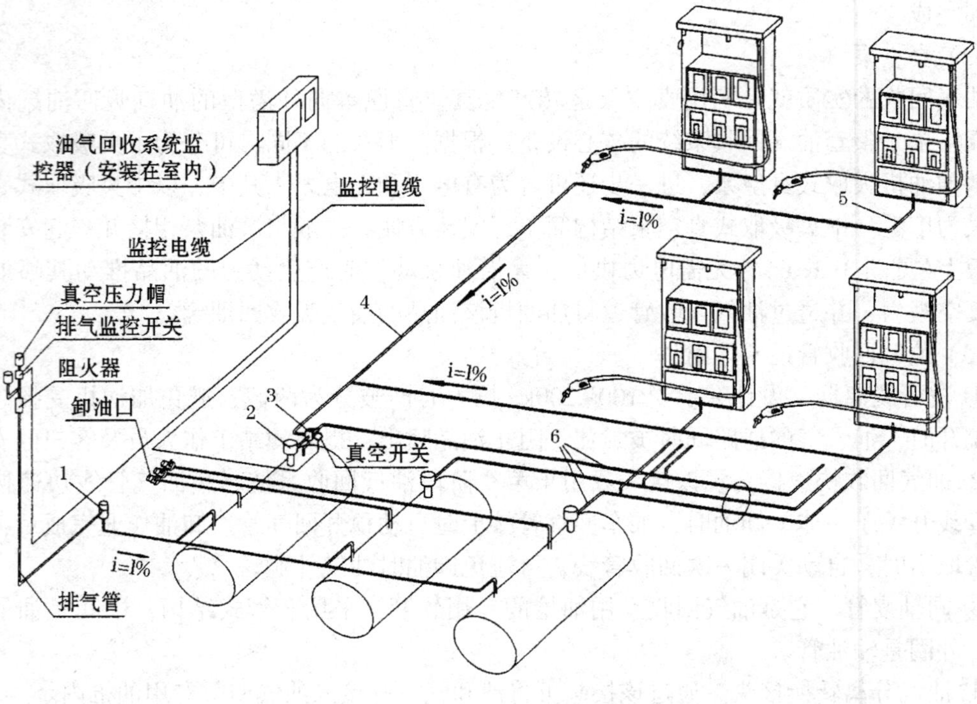

图 3-1-7　加油站油气回收系统安装示意图

1—油气回收快速接头；2—潜油泵；3—真空泵；4—油气回收主管；5—油气回收支管；6—输油管

四、水上加油站工艺流程

成品油市场放开以后，逐步发展起来了一种水上加油站，它的服务对象是内河、湖泊中的水上运输动力船。由于水上加油站都为柴油，闪点不低于 55℃，在其储存、运输、使用中比较安全，且发展较晚，所以国家标准中目前暂无明确规定，各地的做法也不尽相同。

1. 固定式水上加油站

固定式水上加油站又分岸式和趸船式两种。

岸式水上加油站的储油设施全部安装在内河、湖泊的岸边，借助码头或独立停靠机动船用的趸船向过往船舶加油，如图 3-1-8 所示。

趸船式水上加油站是利用专用的卸油趸船及油库的储油罐和管线，在趸船卸油泵房内增设一套或多套加油设施向外加油，储油设施不需单独设置，可利用油库储罐和趸船至罐区的输油管线，自流或泵送，如图 3-1-9 所示。

水上加油站的自流加油工艺如图 3-1-8、图 3-1-9 所示，即固定式水上加油站和趸船式水上加油站一般都为自流加油。目前大都是流量计计量和手动操作，由储油设施、管线、耐油胶管、闸阀、球阀、过滤器、流量计及加油枪组成。这种自流加油的水上加油站除设施的安装质量需符合国家有关技术要求外，还应注意解决以下两个问题。

① 要控制好管道内液体的流速，也就是要根据地理环境的高差控制流速。高差过大，

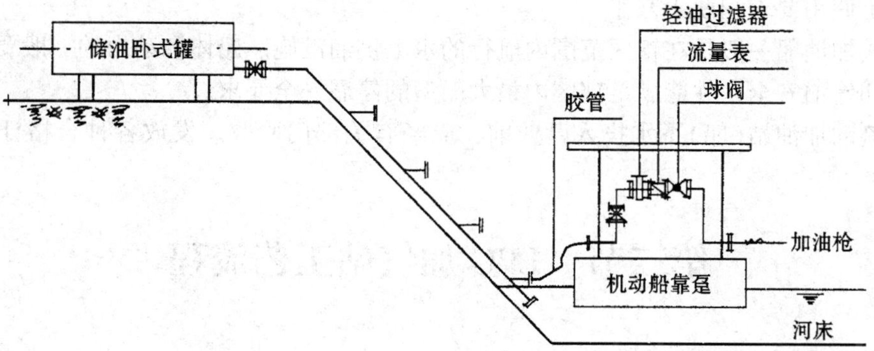

图 3-1-8　岸式水上加油站工艺流程

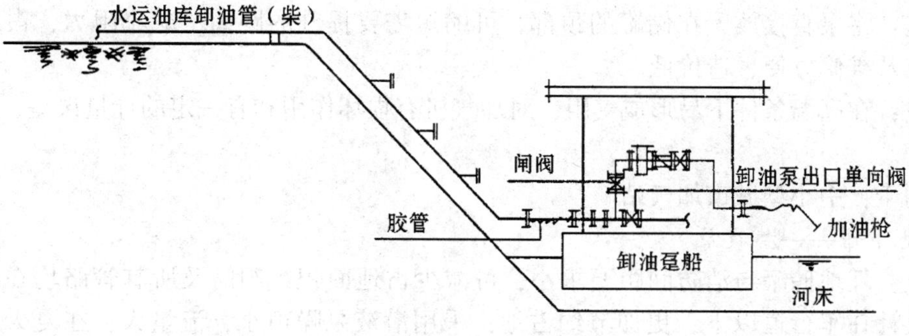

图 3-1-9　趸船式水上加油站工艺流程

流速过快，水击现象严重，设备容易损坏，特别是流量表和胶管接头，且计量不准确，进入客户油箱喷溅、冲击大，易产生静电。所以，在高差大的情况下，应在适当位置安装缓冲装置，保证安全。

② 一般情况下最高水位时的储油罐安装高度要保证 8m 左右，以保证正常操作要求。如果高差太小，首先是加油速度慢，不能保证流量表的正常工作压力；其次，流量表计量也不准确。在这种情况下，则应在岸上独立设置高架罐或在库区设置输转泵。

2. 流动式水上加油站

流动式水上加油站是一个完整独立的水上供油系统，它由按航行要求制作的船体和动力为基础，在船上设置专用的储油舱或小型卧式储油罐，再根据本地区水运区域的实际情况安装加油设施。流动式水上加油站实际就是一条流动加油船。

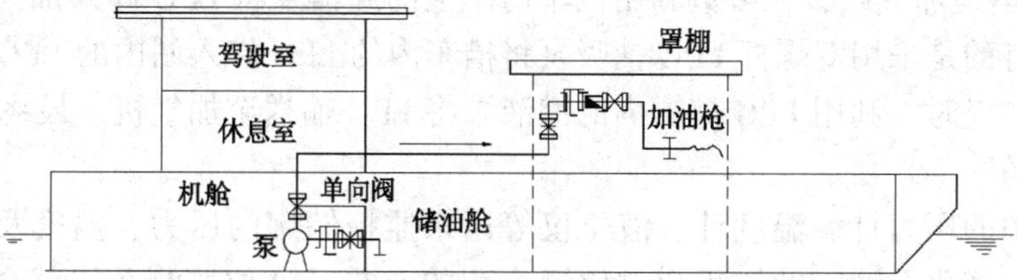

图 3-1-10　流动式水上加油站工艺流程

流动式水上加油站如图 3-1-10 所示，由储油舱、加油泵、管线、止回阀、闸阀、过滤器、流量计、球阀、耐油胶管、加油枪组成。这种形式的水上加油站除船体和自身动力等要符合使用要求外，还应注意的主要问题是选泵要准确，即流量、流速和电机功率不能过大，安装要满足使用要求和便于操作。

流动式加油船一般是在辖区范围内航行的水上供油设施。船体和动力的一般要求是保证安全行驶和停泊安全，并能满足辖区内最大船型的停靠安全要求。

水上流动加油站(船)下水投入营业前，应经有关部门验收。发放各种合格证后方可投入生产。

第二节　LPG 加气站工艺流程

一、汽车加气工艺流程

1. 地下罐——地面泵

优点：将泵直接放置在储罐的顶部，可缩短需要提升的距离，减小阻力，占地面积较小，安装及维修方便，造价低。

缺点：在高温条件下易形成气阻，对加气机有损坏作用和有一定的计量误差，储罐需做阴极保护。

适用于：中小型城市加气站。

2. 地下罐——潜液泵

优点：埋地储罐与消防间距要求小，可减少占地面积；阀门及所有管路均在地平线以下，可设计在车行道以下，更加节约占地；采用潜液泵噪声小，流量大；在夏天高温条件下，可以消除气滞现象。

缺点：潜泵多为进口机型，由于国产 LPG 组分不稳定，容易烧坏电机，维修难度大。储罐需做阴极保护。

适用于：大中型城市加气站。

3. 地上罐——地面泵

优点：设备安装简单，维护方便，设备造价低，可消除气阻现象，储罐使用时间长。

缺点：占地面积大，安全隐患较大。

适用于：临时性加气站。

二、目前应用的典型加气工艺流程

目前，比较典型的 LPG 加气站的工艺流程如图 3-2-1 所示。其流程为：液化石油气汽车槽车将 LPG 运至加气站，大多数利用汽车槽车上的卸槽泵将 LPG 卸入加气站的液化石油气储罐内，也有的是采用双螺杆 LPG 抽吸泵将槽车内的 LPG 卸入站内的 LPG 储罐。当液化石油气汽车来加气时，利用 LPG 储罐内的潜液泵将 LPG 输送至加气机，最终通过 LPG 加气机注入 LPG 汽车。

工艺系统中的压力计、温度计、液位仪等用来监控储罐的压力、温度及液位。当 LPG 槽车在卸液时，液化石油气的体积超过储罐容积的 80%，液位监测系统就会发出信号，通知工作人员停止卸液。

卸液时液相管路中的单向阀是靠卸液时的液体压力打开的，防止液化石油气回流。加气时液相管路中的紧急截断阀是用来在发生紧急情况时，切断储罐与加气机的联系，防止泄漏的。卸液液相管和加气液相管路之间的安全阀和旁通阀，在加气管路压力过高或加气机流量

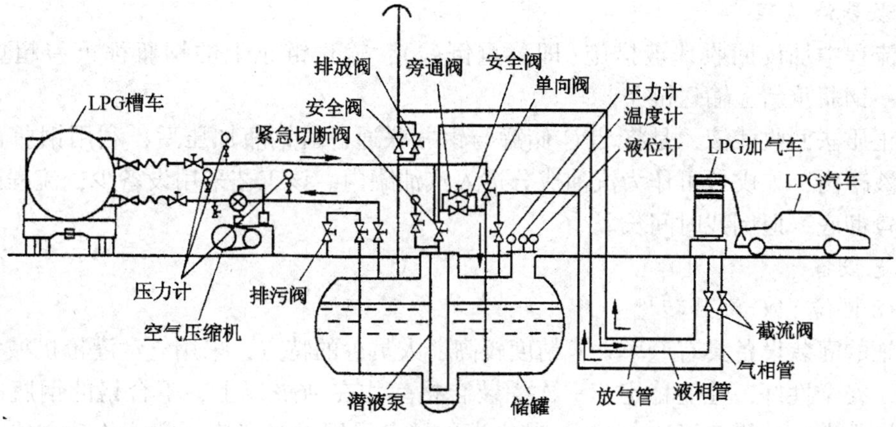

图 3-2-1 LPG 加气站工艺流程

过大时会打开，使由潜油泵压出的液化石油气部分回流到储罐，以降低管路压力或加气机流量。

放气管路及管路中的排放阀和安全阀的作用是，在储罐或加气机内压力过高时，将液化石油气排放到大气中，以降低压力。排污阀一般情况下是关闭的，在需要排除储罐中杂质时打开。

三、灌装工艺流程

有些小型的 LPG 加气站不设液化石油气储罐，只设液化石油气罐瓶，由大型 LPG 站灌装后送来，用以给汽车加气。

灌装 LPG 钢瓶的工艺流程如图 3-2-2 所示。

1. 钢瓶灌装流程

LPG 空瓶卸至装卸平台→人工外观检查→人工推上灌装输送链条→检斤倒残→上瓶器推瓶上转盘→人工上灌装枪→定量灌装→人工关角阀下枪→下瓶器推瓶下转盘→一次复检→超欠处理→二次复检→人工检漏→人工推下灌装输送链条→装卸平台→出站。

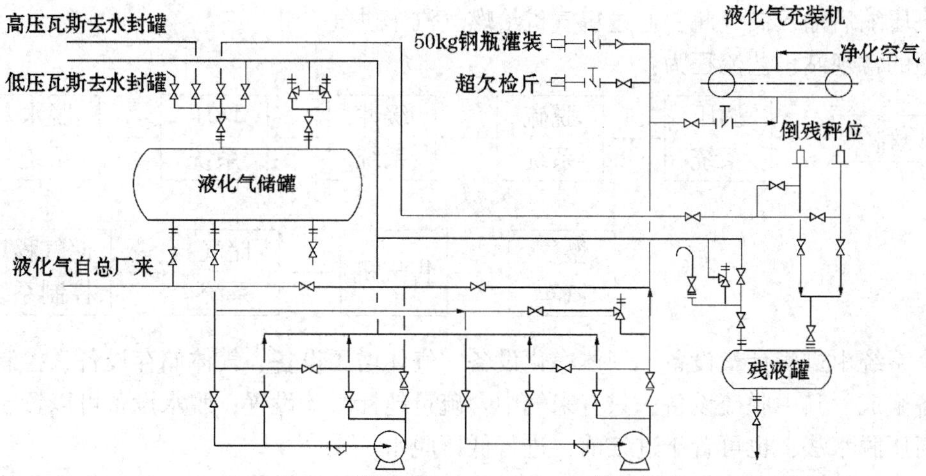

图 3-2-2 液化石油气灌装工艺流程

2. 回收残液流程

上述流程中加设回收残液措施(即称重倒残)：输送链条上的钢瓶称重→超重钢瓶推出→倒残→钢瓶重新上输送链条。

采用正压法回收残液，是将 LPG 储罐与钢瓶联通，对钢瓶加压后，利用钢瓶自压将残液压入残液罐内，如戊烷可作为汽油成分进入汽油罐内。该工艺采用设备少，流程简单，投资省，比较彻底，但倒残时间长。

3. 工艺设备

(1) 18 秤位 LPG 灌装转盘

该设施的灌装设备具有产率大、精度较高、人员少的特点，采用气动灌枪机械手，机械化程度高，安全性好，性能稳定，一次灌装合格率均在 96%以上，不合格的钢瓶经过超欠处理后，二次灌装合格率可达 100%。其中灌装转盘采用无级变速、摩擦传动方式，灌装转速可调，这样操作工可以根据灌装量、灌装压力及空气压力适时调节转速，使生产能正常进行。链条可以拆卸，便于维修。整套设备构造简单，维修量小。

(2) 空压机

上述灌装设备中灌枪、灌装秤和倒残机等 22 个启闭装置均使用 0.7MPa 压缩空气(标准状态)，本设计中采用了 1 台 W 型风冷单作用空压机。

(3) LPG 输送泵

本设计 LPG 灌装管线系统中泵出入口两端加有安全回流管线，同时采月具有超压安全回流阀装置的 LPG 泵，该 LPG 泵为容积式叶片泵，可作为 LPG 灌装用，密封性能好，泵体内设有超压自启回流保护机构。另外，LPG 装车用的 2 台 AZ50-400 型化工流程泵可作备用泵。

第三节　天然气加气站工艺流程

一、天然气常规站(标准站)工艺流程

常规站一般建在有天然气管网的城市，位于其管网的附近，直接从管网中吸取天然气，经压缩机压缩后输入储气瓶，通过售气机给燃气汽车供气。

典型的常规站工艺流程为：

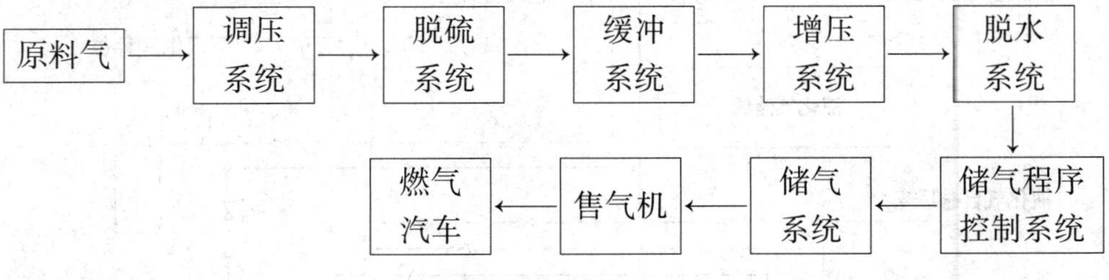

整个系统由进气计量设备、气体净化设备、气体增压设备、气体储存设备、控制设备和售气设备组成。其中脱硫设备，只有来气中含硫量超标时才设置；脱水设备可以置于排气之后，属高压脱水法，也可置于进气前，进行低压脱水。

根据加气站对汽车加气方式可分为三级操作系统、单级操作系统、定时加气系统和直加换向系统四种不同的工艺流程。

1. 三级操作系统

目前，最常用的就是三级操作系统，其特点是加气站上的储气瓶分为高压、中压和低压三组，来自压缩机的高压天然气先对三组储气瓶充气，使储气瓶的气体压力达到 22～25MPa。然后，通过顺序控制器将储气瓶中的高压天然气按压力高低顺序给燃气汽车加气。其工艺流程的操作系统如图 3-3-1 所示，其顺序控制器的流程如图 3-3-2 所示。

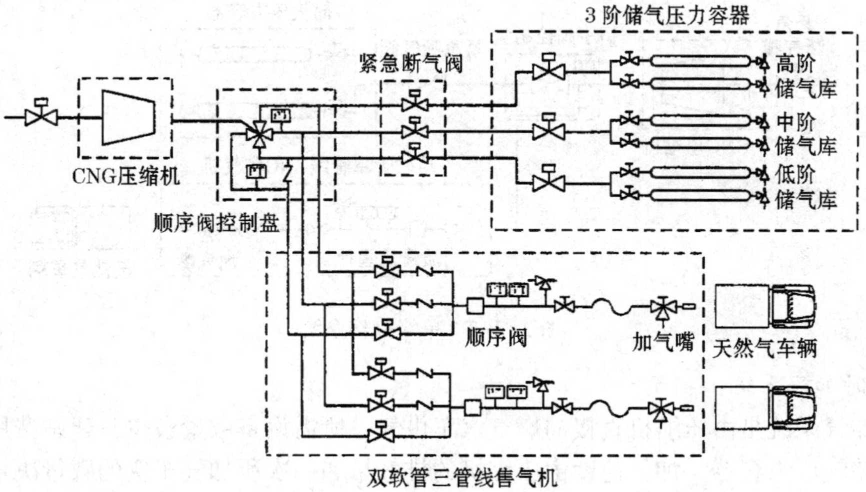

图 3-3-1　常规站三级操作系统图

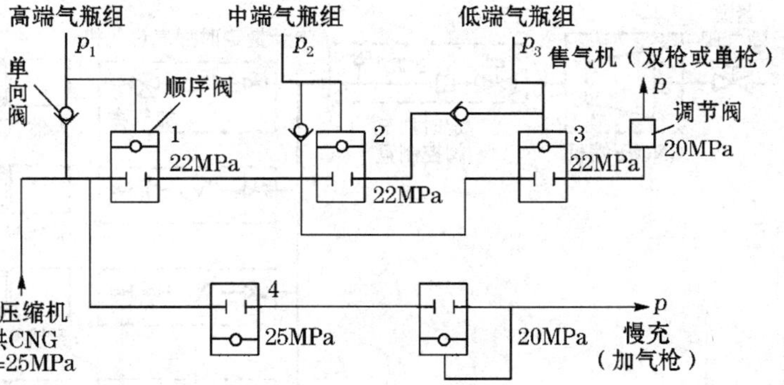

图 3-3-2　顺序控制器示意图

具体的工作过程是：加气站工作前通常都将全部气瓶充满 25MPa 的气体。首先由属于低压组的气瓶向汽车充气，当低压气瓶组中压力低于 21MPa 时，由顺序控制器启动属于中压组的气瓶继续向汽车充气，最后达到汽车储气瓶中压力为 20MPa 停止。下一辆汽车充气过程也是先由低压组对其充气，当低压瓶组内压力比被充气汽车储气瓶中压力高 1～2MPa 时启动中压瓶组供气。依此类推，当中压瓶组中气体压力小于 21MPa 时，由顺序控制器启动高压瓶组供气。在继续不断地对汽车加气过程中，当高压瓶组中压力降至 21MPa 时，顺序控制器命令压缩机启动。压缩机工作时首先供应汽车气瓶，以保证汽车气瓶达 20MPa 压力的气体，然后对储气瓶组补气。当加气管线压力达到 22MPa 时第一个调压阀打开，从而实现对高压瓶补气；当高压瓶组压力达到 22MPa 时第二个调压阀打开，则实现中压气瓶组补气；当低压瓶组压力达到 22MPa 时第三个调压阀打开，则实现低压气瓶组补气。最后压缩机向三个气瓶组同时补气，直至压力 25MPa，压缩机自动停车。

工艺系统中的最后一个设备是售气机(俗称加气机)，包括气体计量、记价器和加气枪。

2. 单级操作系统

加气站储气瓶的压力不分高低级别，其储气瓶同时供气或不供气或被充气。如图 3-3-3 所示。采用该操作系统的常规加气站结构简单，投资少。其缺点是储气瓶中气体压力利用不合理，压缩机启停频繁，运行经济性差。因此，单级操作系统往往应用于供气量较小的场合。

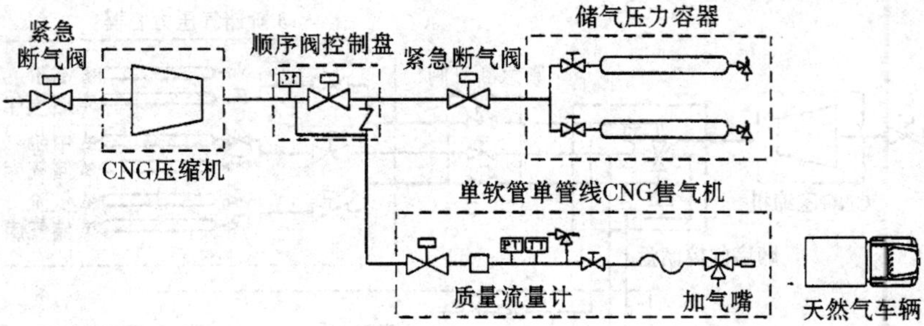

图 3-3-3 单级操作系统

3. 定时加气系统

定时加气系统是由压缩机直接向燃气汽车供气，所需设备数量最少，建站费用最省，并且不需要储气压力容器。加气速度由压缩机的排气量和一次所加气车辆的数量决定，加气量由时间控制。该系统一般应用于加气规律性强的场合，例如给公交车辆加气。其工艺系统如图 3-3-4 所示。

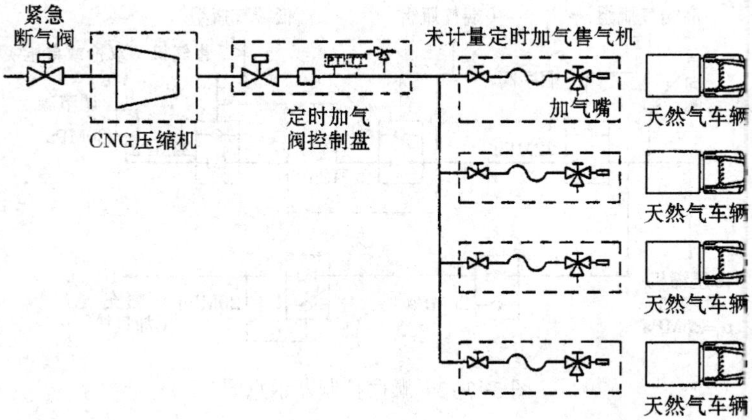

图 3-3-4 定时充气系统

4. 直加换向系统

它类似于单级操作系统，但它提供了两根加气软管，中间加设有换向阀。工艺流程如图 3-3-5 所示。

换向阀将全部压缩机流量引导至优先许可的第一根软管。当允许第二根软管加气时，加气过程将直接从单个储气库开始，不必从第一根软管中抽取压缩机排出的流量。第一根软管完成加气过程，换向阀就将全部压缩机流量转换至第二根软管。换向系统多应用于给车队的一辆接一辆地加气的场合。换向阀的转换动作将车辆的加气过程互相分离，所以至少有一台车辆始终与软管连接。当一台车辆移动到位并与软管连接上时，第二台车辆的加气过程正接近完成。因此，加气过程不会间断，压缩机连续操作，启动和停机次数较小。

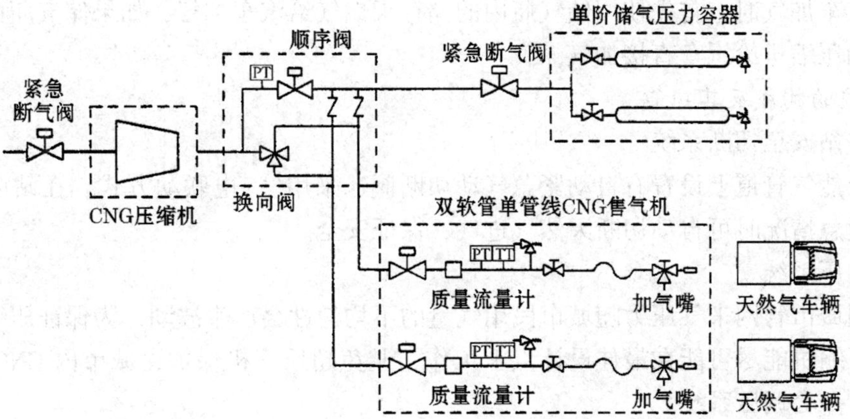

图 3-3-5　直加换向系统

二、天然气加气母站工艺流程

母站是一种供气源，它往往建于城市有天然气管网的门站或主干道附近。

1. 工艺流程的组成

根据现行国家标准《车用压缩天然气》(GE 18047—2000)和《汽车加油加气站设计与施工规范》(GB 50156—2002)的规定，CNG 加气站的工艺流程应包括以下几个部分。

① 原料天然气气质处理(脱硫、脱水、过滤)。

② 计量及调压。

③ 天然气增压。

④ 高压天然气储存及分配。

⑤ 天然气充装。

2. 工艺流程方案

工艺流程的变化主要根据不同的脱水方式来确定。CNG 站可采用两种工艺流程方案，一种方案是，原料天然气进站后，先经过滤、计量、调压进入缓冲罐，再进入前置脱水装置进行深度脱水，使露点不高于-54℃(常压下)。脱水后的天然气进入压缩机，经四级增压，达到 25MPa 后进入储气装置或直接给车辆加气；另一种方案是，原料天然气进站后，先经过滤、计量、调压进入缓冲罐，再进入压缩机，经四级增压，达到 25MPa 后进入后置高压脱水装置进行深度脱水，使露点不高于-54℃(常压下)，脱水后的天然气经分配装置进入储气装置或直接给车辆加气。无论采用何种技术方案，都要根据原料天然气的组分和含水量变化情况来确定。

3. 高压天然气的去向

① 如果站内有拖车及普通汽车加气，天然气直接经加气柱及加气机进入拖车上的集气管束，或普通汽车上的车载气瓶，当瓶内的压力达到 20 MPa 时，自动关闭充气阀门，再将站内储气瓶压力升高到 25MPa，然后自动停机。

② 如果站内无拖车加气，而仅有普通汽车加气，则可直接向汽车加气。当车载储气瓶内的压力达到 20MPa 时，自动关闭充气阀门，将站内储气瓶压力升到 25MPa，然后自动停机。

③ 如果站内无拖车及普通汽车加气，可将站内储气瓶压力升高到 25MPa，然后自动停

机。普通汽车加气时，首先使用储气瓶内的储存天然气给汽车加气，如果储气瓶内的压力过低，则启动压缩机给汽车直接加气。

4. 系统的构成及其功能

(1) 进站安全切断系统

进站天然气管道上设置有自动紧急气动切断阀，采用气-电联动方式。在站内出现天然气泄漏等紧急情况时可自动切断天然气进气，保证安全。

(2) 调压系统

考虑到城市管网来气压力随城市民用气量的不均匀性会产生波动，为保证压缩机进气压力平稳，压缩机能尽可能在最佳设计点上工作，避免超压停机保护，城市内 CNG 加气母站内一般设置一套调压系统。

(3) 计量系统

CNG 加气母站用气量大，如果采用涡轮流量计，会产生较大误差，给经营者带来极大的经济损失。为避免这种情况，加气站应提高计量精度，采用高级孔板流量计计量，并采用单片机方式控制和计量。同时在计量系统后设阻尼器，减少压缩机吸气产生的脉动效应对计量的影响。

(4) 天然气含水分析系统

在脱水装置后设置在线微量水分析仪，实时监测脱水后天然气中的水含量。二次仪表设在仪表间内，如果发现露点高于-54℃(常压下)，则自动切换脱水装置。

(5) CNG 加气母站安全监控系统

CNG 加气母站内设置可燃气体报警器，监测压缩机房、低压脱水室等处泄漏的天然气的浓度，同时可燃气体报警器与压缩机控制柜及进气管道电磁阀联锁，可自动切断压缩机进气。

(6) 自动化控制系统

CNG 加气母站实行高度自动化的控制管理，以工控机及可编程控制器 PLC 为核心，采用温度及压力传感器实现各级压力超压、油/水压低压报警和过载保护、自动记录与故障显示。

(7) 工艺冷却系统

根据地理位置的不同，压缩机可采用水冷却方式、水-气混合冷却方式或空气冷却方式进行冷却。脱水装置可采用空气冷却方式进行冷却。

(8) 高压管道及设备的安全泄放系统

站内各级安全泄压的天然气按照泄放压力的不同，应分高、低压两级。通过站内的泄放系统放空点集中泄放，避免因分散泄放产生安全隐患。

(9) 废气回收系统

压缩机系统各级排污泄放的天然气应进入废气回收罐，在废气回收罐内设置高效过滤分离装置。将排污气中所含的油水进行分离，油水沉积在罐的底部，天然气经上部排出进入缓冲罐，从而达到保护环境和减少浪费的目的。

5. 工艺流程实例

母站的工艺流程如图 3-3-6 所示。

母站的基本设备与常规站相同。终端部分则有两条支路，其中一条用于充灌储运槽车罐，另一条通过售气机向汽车充气。

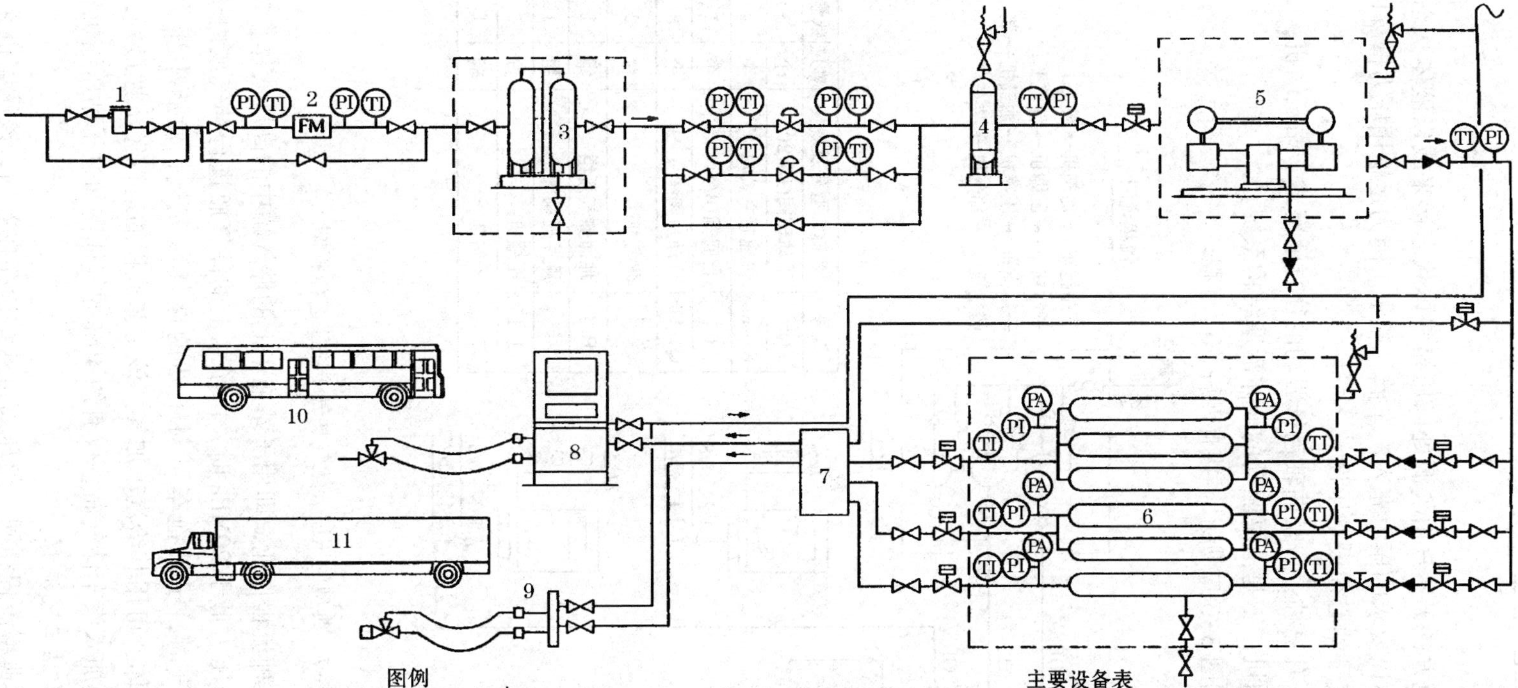

图例

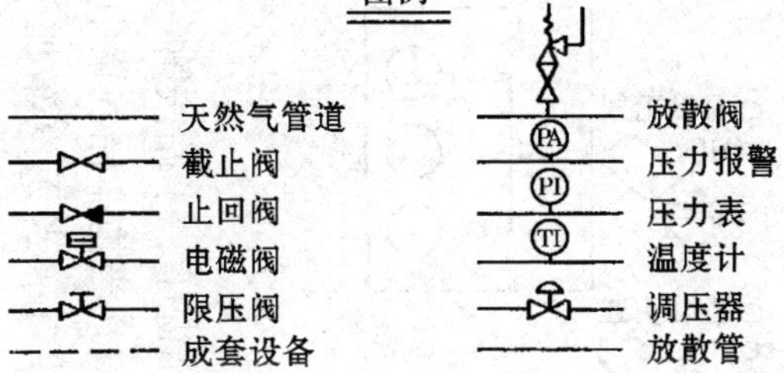

主要设备表

序号	名称及规格	数量	序号	名称及规格	数量
1	过滤器	1台	7	控制系统	1套
2	流量计(I.WC-600A)	1个	8	单枪售气机	1台
3	干燥器	1台	9	子站拖车加气口	1个
4	缓冲罐(1.5m^3)	1台	10	公共汽车(L=12m)	
5	储装式压缩机	1组	11	子站拖车(L=12m)	
6	储气瓶组(6瓶/组)	1组			

图3-3-6　天然气加气母站系统图

三、天然气加气子站工艺流程

1. 子站典型工艺流程

加气子站建在无气源的地方，天然气由气源处以压缩气体状态运来或以液体状态运来。子站的作用是为保证这些气体以要求的压力充入汽车储气瓶中。因为运输用压力槽罐内的压力不能超过 20MPa，所以加气子站必须设增压设备。

目前我国的气体增压设备有三种：一是曲轴连杆驱动的往复活塞式子站压缩机；二是液压驱动的往复活塞式子站压缩机；三是液泵驱动的液体活塞结构系统。

子站典型的工艺流程图如图 3-3-7 所示。共有四种作业流程。

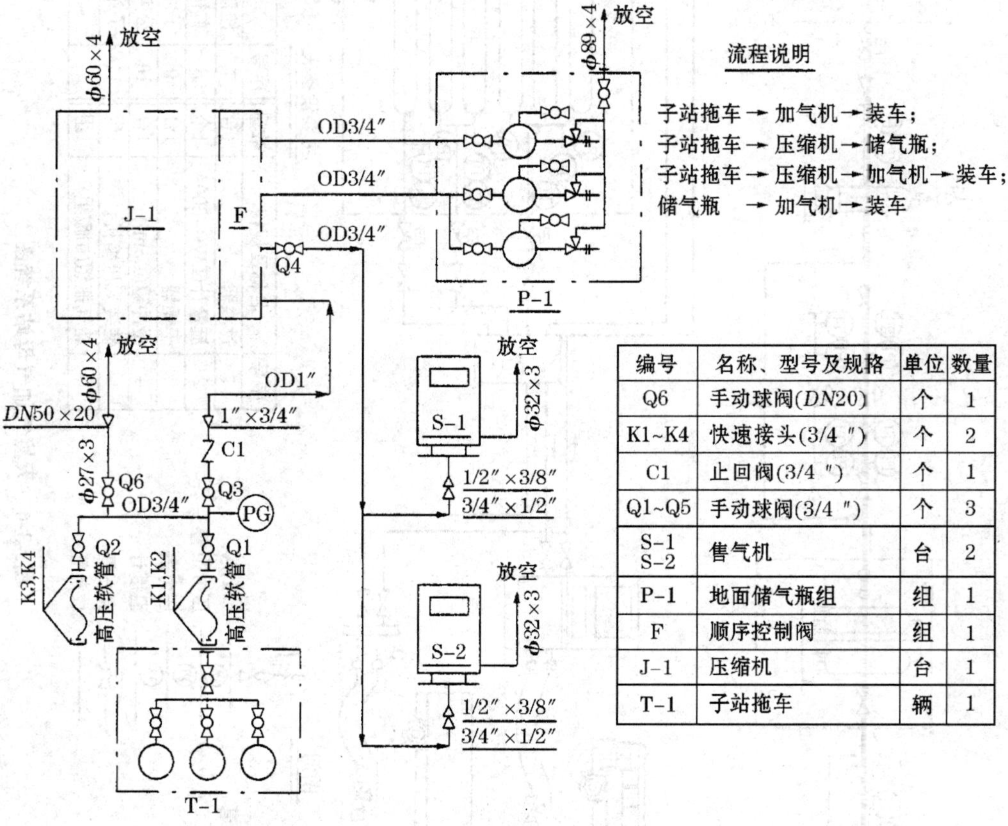

编号	名称、型号及规格	单位	数量
Q6	手动球阀(*DN*20)	个	1
K1~K4	快速接头(3/4″)	个	2
C1	止回阀(3/4″)	个	1
Q1~Q5	手动球阀(3/4″)	个	3
S-1 S-2	售气机	台	2
P-1	地面储气瓶组	组	1
F	顺序控制阀	组	1
J-1	压缩机	台	1
T-1	子站拖车	辆	1

图 3-3-7　典型的压缩天然气加气子站工艺流程图

一般情况下，子站按第一种流程作业，即用子站拖车上的储气罐中的高压气体直接给燃气汽车加气。当拖车储气罐中压力低于 20MPa 时，由子站上的储气瓶进行补气或由子站的压缩机来供气。当无汽车加气时，子站拖车可对子站的储气瓶充气，使瓶中压力达到 25MPa。当子站储气瓶充满气体，可用其给汽车加气。该工艺流程的运行经济性最好，因大部分拖车槽罐中的气体可直接加入汽车储气瓶，仅有约 40% 的气体需通过子站压缩机压缩。

2. 液压驱动往复压缩机子站工艺流程

该种子站工艺流程与上述典型流程相同，仅压缩机的结构存在差别。该压缩机无曲轴、连杆，而是由液压驱动的，效率较低。一般说来，此种子站供气量较小，系统重量较轻，便于搬迁移动。

3. 液泵形成的液体活塞增压工艺系统

该种子站仅将液泵取代了压缩机，其他无明显长处，应用很少。

4. 液化天然气加气子站工艺流程

液化天然气加气子站工艺流程如图 3-3-8 所示。系统中的特殊设备是低温液体转输泵和相应的加热系统。

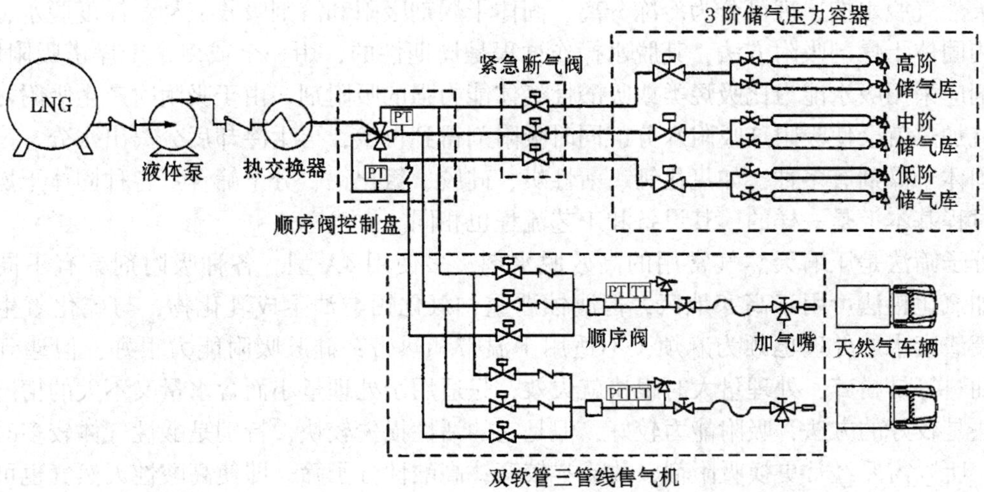

图 3-3-8　LNG 加气子站工艺流程

采用该工艺流程，设备简单，投资较少，运行维修方便。但液化天然气储存容器的保温性要求较高，低温液体泵的技术难度也较大。

5. 不设压缩机的子站工艺流程

该工艺流程方案是在加气子站内不设压缩机只设加气机，另配备 3 辆天然气转运车，其中两辆与加气机相连，一辆备用。利用天然气转运车的储气瓶给燃气汽车供气。

第四节　天然气的净化和液化

天然气中有时会含有硫、水及杂质，对天然气的性质和储运设备及汽车安全不利。因此，进入加气站的天然气在压缩前和压缩后应进行净化处理，也就是通常说的对天然气进行脱水、脱烃、脱硫。

一、脱水

1. 天然气中含水超标的危害

天然气在加压、降温过程中，当达到水的露点时，其中的气相水就会以游离水的形式析出，如果又处在其水合物生成线以下的压力与温度区域时，天然气中的烃类组分还会和水生成水合物。因此，压缩天然气中的含水量达不到要求时，将带来以下危害：

① 在储存压力和较低环境温度下，或在储存压力下减压温降时，天然气会生成水合物，堵塞管道、气瓶嘴、充气嘴以及汽车供气系统减压阀等，使加气站不能实现正常加气，汽车在寒冷气候条件下无法启动和运行；

② 当环境温度等于或低于 0℃时，析出的游离水将会结冰而冻结系统的设备和管道；

③ 一旦达到酸性环境的一个条件，即压缩天然气中的硫分压超过 0.35kPa，加气站内接触压缩天然气的金属设备、管道就达到了硫化氢应力开裂，这是十分危险的。若加气站和(或)车载压力容器发生硫化氢应力开裂，其后果不堪设想。另外，即便硫分压达不到上述条件，但由于游离水的存在，也会产生严重的内壁腐蚀。

2. 天然气脱水方法简介

天然气脱水按原理可分为冷冻分离、固体干燥剂吸附和溶剂吸收三种。深度脱水，几乎都应用固体干燥剂吸附方法，其脱水操作过程是周期性的，用一个或多个干燥塔吸附脱水，干燥剂应采用吸水能力比吸烃类或吸酸性气体能力强的吸附剂。由于吸附时产生吸附热，用热气流加热就会使吸附剂吸附水分，同时吸附剂得到再生，再生冷却后分离出水分。

固体干燥剂有多种，如氯化钙、活性炭、硅胶、氯化铝、分子筛等。各种固体干燥剂的吸附过程基本上是一样的，其设备和工艺流程也相同。

分子筛法是压缩天然气常用的高效脱水剂，多使用 4A 型。各种吸附剂具有不同的特点。如氯化钙法可用于高寒地区，但腐蚀严重，氯化钙与油生成乳化物，与硫化氢生成沉淀，废渣废水的处理也颇为麻烦，不适用于温带和热带；硅胶吸附能力很好，但遇到液态水、油料等易粉碎，处理量大时很快就失效，只适用于处理量小而含水量又不大的情况；氧化铝法是较好的方法，吸附能力较好，但是它的活性损失较快，特别是酸性气体较多时容易变质，所以需要经常更换吸附剂，故成本较高；高酸性分子筛，即使高酸性天然气也可以先脱水而不脱酸性，但其成本稍高，并且需要专门设备。

按脱水系统在天然气加气站工艺流程中的位置又可分为低压脱水(又称为压缩机入口级脱水)、中压脱水(又称为压缩机中间级脱水)、高压脱水(又称为压缩机末级出口脱水)三种方式。

(1) 低压脱水

脱水系统放置在压缩机一级入口处，采用闭式回路进行循环再生，其工艺流程如图 3-4-1 所示。再生后分子筛的残余水含量取决于再生气的含水量及再生操作条件，而再生气的水含量则取决于大气温度，无论采用水冷还是空冷都是如此。在未采取防冻技术措施的情况下，是不可能将再生气冷却到 0℃的，设计上至少要保证冷却温度不低于 3~5℃。同时，在压缩机入口处脱水，因其压力低，若要使天然气达到储气容器在储存条件下的水的露点值低于冬季最低气温 5℃，则要求低压脱水后的水的露点要大大低于储存条件下的水的露点。为了有效、经济地实现低压脱水后天然气的水的露点值折算到储存条件后能满足要求，正确、合理的设计是十分关键的。

原料天然气含水量达到国际管输条件时，最适合选用低压脱水。其优点是：

① 整个脱水系统压力等级很低，设计、制造、检验、运行、维护等都十分简便；

② 安全性好，几乎不需要设置任何安全放空系统；

③ 产品气产率为 100%，这是因为不需要将产品气用于再生，所以产品气无耗损的缘故；

④ 属非饱和状态脱水，设备尺寸小，能耗低，如每天处理 1000m³、水含量达到国际管输标准的天然气的压缩天然气低压脱水系统，其分子筛干燥器直径仅为 200mm，电炉功率也只有 2kW；

⑤ 由于在天然气进压缩机前就已将其中的水除去，因此有利于降低压缩机的故障率，压缩机的无故障率和无故障运行周期较长；

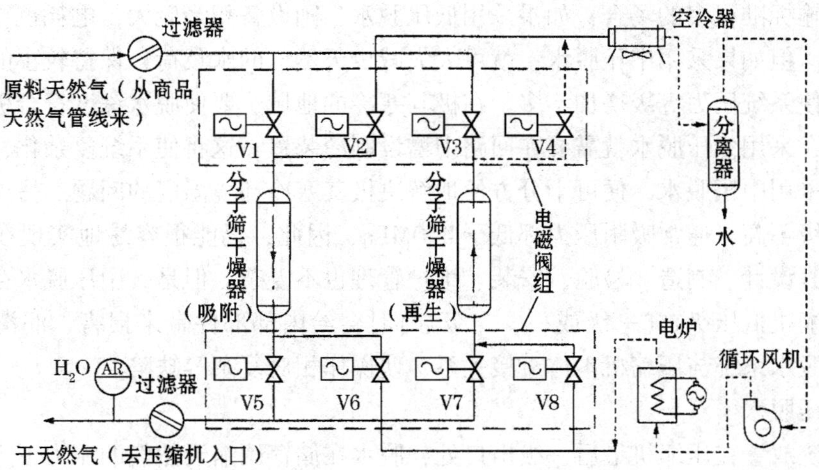

图 3-4-1　压缩天然气加气站低压脱水工艺流程

⑥ 避免了分子筛干燥剂被压缩机润滑油污染；

⑦ 易于实现在线分析和全自动化操作，特别有利于实行撬装化，从而大大减小占地，很适合城市建站使用；

⑧ 一次性投资费用少，安装快捷。整个脱水系统可全部在制作工场组装完毕，现场的工作量仅是系统就位以及水、气管道和少许电缆的连接。

(2) 中压脱水

脱水系统根据压缩机一级入口压力的高低，放置在压缩机的一级或二级出口处，原则是要保证脱水压力低于 4.0MP，采用开式回路再生，再生气返回压缩机一级入口，其工艺流程如图 3-4-2 所示。

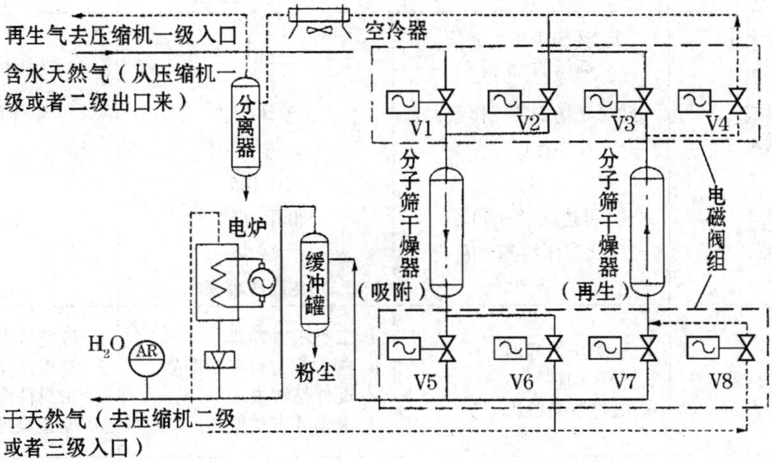

图 3-4-2　压缩天然气加气站中压脱水流程

该法采用脱水后的中压干气再生，如果要考虑在压缩机停运状态下再生，则需要从储气系统引出高压产品气，经减压后作再生气。由于再生气为干气，且是开式回路，所以可控制很低的分子筛残余水含量，从而可使产品气获得很低的水露点，能满足压缩天然气脱水需要。

原料天然气水含量高或在极其寒冷的地域建站，应选用中压脱水。在原料天然气水含量高出国际管输标准很多的场合，如果采用低压脱水，则设备相当庞大，电耗也很高，显然是很不经济的。但如果采用中压脱水，就可大大减少天然气的水负荷，保持较小的设备尺寸和电耗，又可使系统压力等级增加不多。在极其寒冷的地域，要使脱水深度符合极其寒冷环境温度的需要，采用低压脱水就需要在回路中增设制冷装置，这将使系统复杂化，而且也不经济。但如果采用中压脱水，便可十分方便地解决极其寒冷环境温度的问题。另外，由于中压脱水压力等级不高，通常吸附压力都低于 4.0MPa，因此，仍能很容易地实现在线分析和自动化操作，其设计、制造、检验、安装、维护管理也不复杂。但是，中压脱水存在着含水天然气进入压缩机低压级缸(一级或一、二级缸)时会给内部部件带来损害、润滑油污染分子筛干燥剂，脱水系统与压缩机本体直接关系、使操作相对复杂等缺陷。

(3) 高压脱水

脱水系统放置在压缩机最后一级出口处，脱水在储存压缩天然气的压力下进行。其工艺流程和中压脱水差不多，但只能采用高压产品气减压后再生，和中压脱水一样，能满足压缩天然气脱水需要。

高压脱水用于天然气含水量高的场合，具有设备尺寸小，电炉功率低，用以再生的产品气耗量小等优点。但由于整个脱水系统的主要部分处于高压下，对设备各项要求都很高，所以一次投资费用高；另外，含水天然气进入压缩机，对各级汽缸的内部部件带来损害，对高压级的损害更大。由于干燥器系高压设备，且尺寸小，筒体上不能开孔，因此更换分子筛干燥剂就特别困难。因此，尽量不采用高压脱水。表 3-4-1 是天然气三种脱水方式的比较。

表 3-4-1　三种脱水方式的比较(对压缩天然气而言)

项目内容	低压脱水	中压脱水	高压脱水
设备复杂程度，工艺难度	低、简单	较高、较复杂	复杂
设备外形尺寸大小(占地面积)	大(约为中压的 8 倍，高压的 15 倍)	中	小(约为中压的 50%~60%)
设备组合形式	分体(现场安装工作量大)	整体撬装	整体撬装(小型)
设备压力等级	低压	中压	高压
脱水量	1	0.105	0.03
脱水效果	可达低于-65℃	低于-65℃	低于-65℃
干燥剂用量	比高压约多 9 倍	较少	少
可操作性	容易	比高压容易	较难
制造工艺难易程度	a. 一类压力容器 b. 低压阀件 c. 配件容易解决	a. 二类压力容器 b. 阀件相对有定型产品 c. 配件易解决 d. 制造要求稍低	a. 三类压力容器 b. 高温高压阀件 c. 密封件尚无定型产品 d. 制造难度相对较大
一次投资费用	约为中压的 1.5 倍	1.0	约为中压的 2.0 倍
操作费用	高	中	低
维修费用	低	较高	高
用于再生产的产品气比率	0	6%	2%
能耗(电热炉功率)	高(为高压的 20 倍)	稍高(为高压的 2.5 倍)	小

注：上表所列数据基准为：压缩机入口压力为 0.3MPa；25MPa 压力下压缩天然气的水露点相同　干燥剂为分子筛。

二、天然气脱硫

在天然气中常含有 H_2S、CO_2 和有机硫化合物，通称为酸性组分(或酸性气体)，会造成金属材料腐蚀，并污染环境。当天然气作为化工原料时，还会导致催化剂中毒，影响产品质量。另外，CO_2 含量过高可使气体的热值达不到要求。因此，天然气脱硫的目的是按用途把气体中的上述杂质组分脱除到要求的规格。

目前，脱硫的方法很多，基本分为两大类，即干法和湿法。常用的湿法脱硫按溶液的吸收和再生方式，又可分为化学吸收法、物理吸收法和直接氧化法三类。

1. 化学吸收法

该方法是以可逆的化学反应为基础，以碱性溶剂为吸收剂的脱硫方法。一方面溶剂与原料气中的酸性组分(主要是 H_2S 和 CO_2)反应生成某种化合物；另一方面吸收了酸气的富液在升高温度、降低压力的条件下，又能分解而放出酸气。

醇胺法是天然气脱硫最常用的方法，典型的醇胺法工艺流程如图 3-4-3 所示。对不同醇胺溶剂流程是基本相同的，所涉及的主要设备是吸收塔、汽提塔、换热和分离设备。吸收塔底排出的富液经贫/富液换热器与贫液换热而升温，然后进入汽提塔上部；高压下运转的装置通常先使富液经闪蒸罐，尽可能闪蒸出溶解于脱硫溶液中的烃类后再汽提再生，以避免损失原料气和影响再生酸气的质量。汽提塔底部排出的贫液经换热器冷却后返回吸收塔上部而完成贫液循环。汽提出的酸性气体和水蒸气出塔后经冷凝和冷却，冷凝水作为回流液返回汽提塔，分离出的酸气则送往下游的硫磺回收装置(或送往火炬)。

2. 物理吸收法

物理吸收法是基于有机溶剂对原料气中酸性组分的物理吸收而将它们脱除，溶剂的酸气负荷正比于气相中酸性组分的分压。富液压力降低时，随即放出所吸收的酸性组分。物理吸收一般在高压和较低的温度下进行，溶剂酸气负荷高，适宜处理酸气分压较高的原料气。此外，物理吸收法还具有溶剂不易变质、比热容小、腐蚀性小、能脱除有机硫化物等优点。但物理吸收法不宜用于重烃含量高的原料气，且多数方法由于受溶剂再生程度的限制，净化程度比不上化学吸收法。

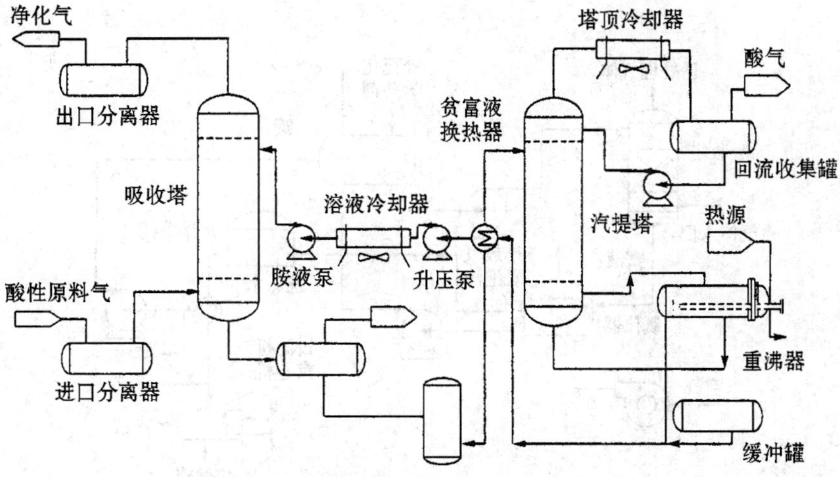

图 3-4-3　典型醇胺法工艺流程

3. 氧化还原法

氧化还原法是指以 H_2S 在液相中直接氧化为元素硫为基础的一类气体脱硫方法，故又称为直接氧化法。氧化还原法的工艺流程和操作条件都大致类似，较典型的改良 ADA 法工艺流程(包括熔硫部分)如图 3-4-4 所示。原料气在吸收器(塔)中与脱硫溶液逆流接触而被脱除 H_2S，吸收塔可以采用任何一种高效气-液接触设备。常用的是木格填料塔或喷射塔，也可以用文丘里管。吸收设备的设计要考虑到吸收过程中有元素硫产生的特点，必须防止硫堵塞填料或设备。对 H_2S 含量高的原料气可采用喷射塔吸收，除去大部分 H_2S 后再用填料塔精脱。

世界上通用的液化天然气工厂的酸气吸收工艺主要有三种，即 MEA(单乙醇胺法)洗涤吸收过程、BENFIELD(钾碱法)过程和 SULFINOL(砜胺法)过程。三种基本气体脱硫方法的简况见表 3-4-2。

表 3-4-2　三种基本气体脱硫方法比较

方　法	脱 酸 剂	脱酸情况及应用
MEA (单乙醇胺法)	15%~25%一乙醇胺的溶液	主要是化学吸收过程，操作压力影响较小，当酸气分压较低时采用该法比较经济。此法工艺成熟，同时吸收 CO_2 和 H_2S 的能力强，尤其在 CO_2 浓度比 H_2S 浓度高时应用。也可用于脱除有机碳。缺点是需要较高再生热，溶液容易发泡，与有机流作用容易变质等
Benfield 或 Pot Carb (改良热碱法)	20%~35%的碳酸钾溶液中加入烷基醇胺和硼酸盐等活化剂	主要是化学吸收过程。适合在酸气分压较高时采用，压力对操作影响比较大，CO_2 浓度比 H_2S 浓度高时应用比较好。另外，该法需要较低的再生热
Sufinol (砜胺法)	环丁砜和二异丙醇胺或甲基丙醇胺水溶液	化学吸收和物理吸收共同作用。天然气酸气分压较高时，H_2S 浓度比 CO_2 浓度高，该法比较经济。该法净化能力强，能脱除有机硫化合物，对设备腐蚀小，但价格较高，能吸收重烃

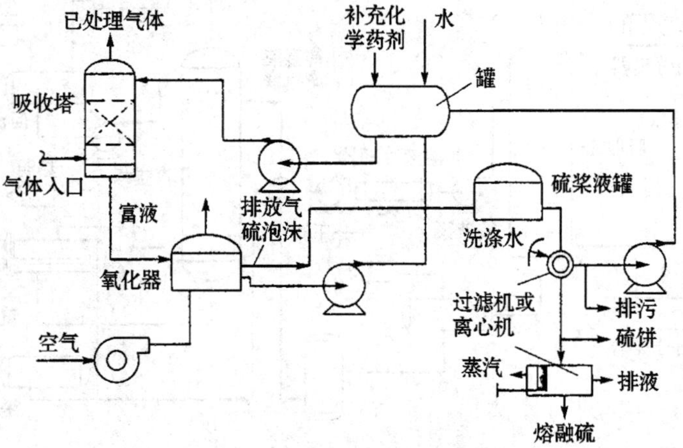

图 3-4-4　改良 ADA 法的工艺流程

三、天然气液化

1. 液化天然气的目的

(1) 降低运输成本

天然气经液化后运输有时比气态下管道输送更经济，因为液化天然气(-162℃，13kPa)与标准状况下气态天然气(15.5℃，101kPa)的体积比为600/1。

(2) 缓解供需矛盾

可将低负荷时多余的天然气液化并储存，当高峰负荷时，再使其汽化，可以达到调节供需的目的。

(3) 生产氦气和稀有气体

用液化法可以更经济地生产出氦气及稀有气体。

2. 液化方法

天然气液化过程根据原理可以分为两类。在第一类过程中，天然气通过压缩使气体温度升高，然后通过和致冷剂换热取走热量，合适地选择致冷剂，通过几次冷却，即可达到天然气的液化；另一类过程同样是通过压缩气体使温度升高，通过换热取走气体的热量，然后气体通过膨胀机或节流阀降压，由于焦耳-汤姆逊效应，使气体温度降低，此低温气体和降压前气体换热，这样可使降压后气流达到液化温度。

天然气的液化过程，可有三种实现低温的技术，即天然气自身压力膨胀制冷、压缩机压缩膨胀制冷和液氮低温制冷。

一般要求在液化天然气的生产工艺中，必需对天然气脱净 CO_2，防止形成的固体二氧化碳堵塞管道和阀门等。天然气液化的工艺流程如图3-4-5所示。

在天然气液化生产工艺中，制冷系统通常采用气体膨胀制冷机，一方面可达到深低温制冷，另一方面可利用天然气自身具有较高压力的特点，实现能量的自身转化和简化工艺流程。

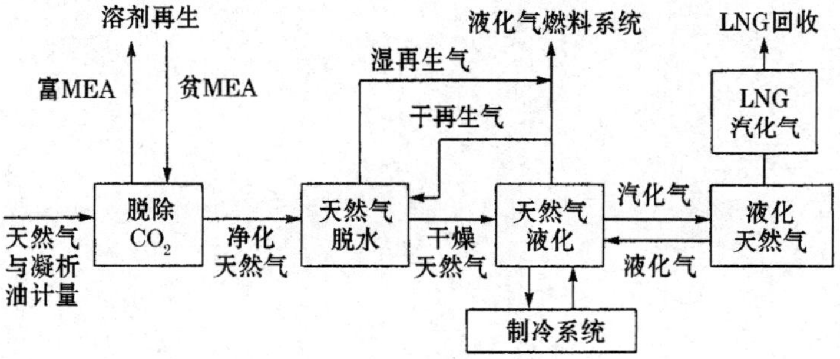

图3-4-5 天然气液化工艺流程装置框图

图3-4-6是用膨胀机制作的液化天然气工艺流程示意图，膨胀机带动压缩机，压缩液化天然气罐蒸发出来的气体。分离器的气体分为两部分，一部分在换热器2中继续与冷气体换热，并被液化、节流、降压降温后流至液化气储罐；另一部分原料气进入透平膨胀机，为系统提供足够的冷源，出透平膨胀机的低温天然气，在换热器1和换热器2中充分换热后，输送至商品气管线。

我国在发展液化天然气方面也做了大量工作。北京科阳气体液化技术联合公司和四川省绵阳科阳低温设备公司共同协作，开发了天然气液化小型装置，此装置特点是利用天然气的

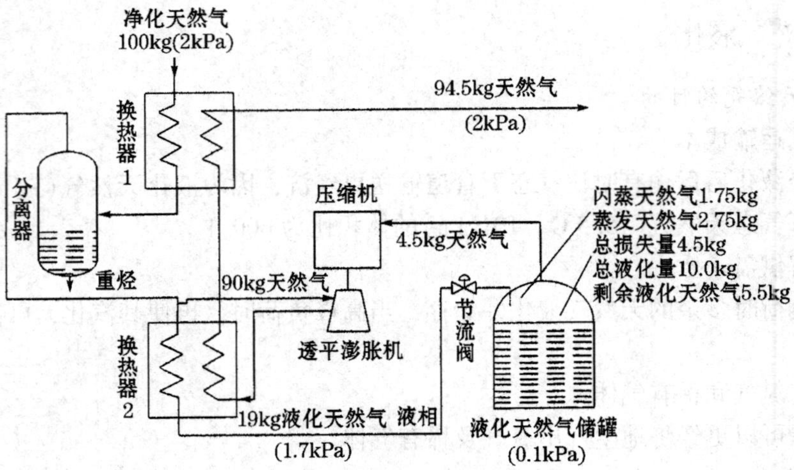

图 3-4-6 膨胀机制冷液化天然气工艺流程示意图

压力来制冷，省去压缩机的工作过程。利用天然气压能转换成的制冷能力，将天然气制成液化天然气，供调峰和液化天然气汽车用，而做功后的余下部分低压天然气作城市民用燃料，这样可减少一道补液氮的工序，液化天然气的生产成本可得到一定的降低。对于压力较低的天然气，是无法实现自身能量转化工艺的，仍然需要压缩机的工作过程。

第四章　站用储油(气)容器

第一节　储油容器选型及规格

一、储油容量的确定

加油站储油容量的确定，定性地讲，应考虑加油站的性质、来油方式、距离油源的距离、日平均加油量和油罐的常用规格。如果加油站有自备运油车、距离油库较近，需要时能及时补充，储油罐就可以小一些，反之可适当大一些。

若采用定量计算的方法确定油罐容量时，可按下列公式求得：

$$V = q \times n \times m \div 1000$$

式中　V——加油站储存某种油品油罐的理论容量，m^3；

q——加油站平均日加油量，L；

n——加油站预设的油品储存天数。市区营业性加油站一般可取 3~4 天，企事业单位加油站可取 20 天，不必过大；

m——附加系数，用于反映油罐容量利用率和设计安全系数，可取 1.3~1.5。

根据上述公式计算的加油站储油容量仅是某种油品的理论容量，要确定油罐的数量和规格，还需根据设计规范提供的加油站等级划分和常用油罐的规格，确定储油罐的总容量和单罐容量。加油站一般供应两种以上燃料油，对于需要单独存放的每种燃料油都应利用上述公式分别计算油罐容量。

二、油罐的选型

加油站储油量小，地皮紧张，采用需现场焊接且承压能力低、安装于地面的立式金属油罐，显然是不合适的。卧式金属油罐承压较高，适合直接埋于地下，且可在工厂批量加工制作，便于运输安装，适合作为加油站的储油罐。因此，设计规范规定加油站的汽油和柴油储罐应采用卧式钢油罐。

卧式钢油罐可以根据实际需要，设计成能承受不同压力的各种结构。其设计方法应按《钢制压力容器》(GB 150)的规定执行。目前，我国设计制造的卧式罐承受内压的能力为 0~4MPa，用于储油的卧式罐承压一般不超过 0.2MPa。卧式罐的单体容量为 2~400m^3，直径为 1.4~4.5m，长度为 3~25m。

三、卧式钢油罐的结构

卧式油罐的罐体由罐身和罐头组成。

卧式油罐的罐身为圆筒形，它由若干罐圈相互连接而成。小型卧式油罐罐圈之间采用对接。油罐较大时，罐圈本身的纵向焊缝仍采用对接，罐圈之间的环向焊缝则采用搭接。罐圈交互式排列，其数量一般取为奇数，使两端罐头的直径相等。为了保证油罐有一定的刚性，不致因自重或运输途中撞击而变形，对直径较大身板较薄的油罐，当油罐半径 R 与身板厚度 δ 之比 $R/\delta>175$ 时，应在每个罐圈上加焊一加强环。加强环一般采用角钢。

罐身的罐圈数大于 3 节时，每个油罐需装 ϕ700mm 和 ϕ500mm 的人孔各一个。大人孔供维修清洗时人员进出用，还可在其上面安装其他附件。小人孔供通风采光用。

卧式油罐的罐头也称罐底或头盖。按形状可分为平头盖、球形头盖和准球形头盖等多种，如图 4-1-1 所示。

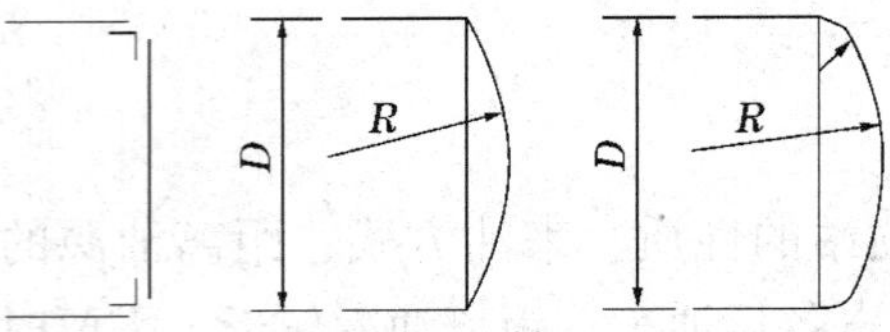

(a)　(b)　(c)

图 4-1-1　卧式油罐罐头形状

(a)平头盖；(b)球形头盖；(c)准球形头盖

平头盖是把钢板直接焊在罐身两端的加强环上。平头盖的结构最为简单，但它所能承受的正压和负压均较小。一般正压不超过 40kPa，负压不超过 0.98kPa。

球形头盖是将钢板制成曲率半径 $R=D$(D 为罐身直径)的球形曲面，焊于罐身两端而成。这种头盖虽然施工方便，但却很少应用。因为在罐头与罐身连接处曲率发生突变，在尖角处产生局部附加应力，从而大大降低了油罐的承压能力。

油库目前广泛应用的是准球形头盖，也称碟形头盖。头盖的中间用曲率半径 $R=D$ 的球缺，边缘用曲率半径为 r 的匀调转角与罐身相连接。一般取 r 等于半径 R 的 1/7～1/10。准球形头盖常用冲压方法制造，罐头与罐身连接处消除了尖角。这种卧式油罐由于制造方便、受力情况较好而得到广泛应用。

四、卧式油罐的系列规格

1. 准球形头盖卧式油罐

准球形头盖卧式油罐如图 4-1-2 所示，油罐系列见表 4-1-1。

表 4-1-1　准球形头盖卧式油罐系列表

公称容积/m^3	实际容积/m^3	罐身节数		加强环个数		尺寸/mm							质量/kg			
		大径	小径	大径	小径	D	R	r	H	l	L	加强环	罐身	罐头	加强环	合计
10	11.78	2		2		ϕ2100	2100	210	406	2802	3641	∠90×56×5.5	652	340	82	1074
15	16.38	2	1	2		ϕ2100	2100	210	406	4130	4942		978	340	82	1400
20	21.05	2	1	2		ϕ2540	2540	250	492	3430	4424	∠100×63×6	986	448	120	1554
25	24.50	2	1	2		ϕ2540	2540	250	492	4130	5114		1190	448	120	1758
35	34.85	2.5	2	2	2	ϕ2540	2540	250	492	6160	7144		1780	448	240	2468
50	52.15	4	3	4	2	ϕ2540	2540	250	492	9590	10574		2760	448	360	3568
80	79.15	6	5	6	4	ϕ2540	2540	250	492	15050	16060		4340	448	600	5388

注：1. 本表所列卧式油罐按 1.4m 宽卷板计算，罐身节数 0.5 系指 1.4m 宽的 1/2(即 0.7m)，材质为 A3F，厚度均为 4.5mm。

2. 公称容积 10m^3 油罐为螺旋管，25m^3、50m^3 油罐如遇当年有标定油罐任务时也尽量采用螺旋管。

3. 加强环按覆土 2m 考虑。

准球形头盖卧式油罐设计时考虑了下列条件：内压 100kPa，真空度 0.5kPa，活荷载 980N/m³，罐上部可覆土 2m。油罐使用时不能超过上述条件。

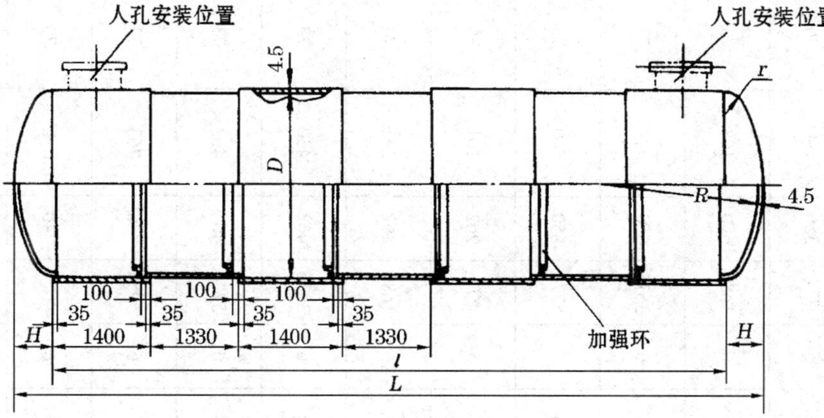

图 4-1-2　准球形头盖卧式圆柱形油罐

2. 螺旋卧式油罐

某工厂生产的地下卧式钢油罐见表 4-1-2 和表 4-1-3。

表 4-1-2　螺旋卧式油罐系列

公称容积/m³	实际容积/m³	尺　寸/mm						
		D	*R*	*Y*	*H*	*I*	*L*	加　强　环
10	11.78	ϕ2100	2100	210	411	2803	3625	75×50×6 角钢
15	16.38	ϕ2100	2100	210	406	4130	4942	
20	21.05	ϕ2540	2540	250	492	8430	4414	90×56×6 角钢
25	24.50	ϕ2540	2540	250	497	4140	5134	
35	34.85	ϕ2540	2540	250	497	6160	7154	
50	52.15	ϕ2540	2540	250	497	9620	10614	
80	79.15	ϕ2540	2540	250	497	15110	16104	

表 4-1-3　地下卧式油罐系列

型式	代号	公称容量/m^3	实际容量/m^3	罐身节数		主要尺寸/mm						加强圈	板厚		质量/kg				总质量
				大径	小径	D	R	I	H	I	$1+2H$		罐身	罐头	罐身	罐头	加强圈	加强板	
碟形	WG-Ⅰ-10地	10	11.9	2	$\frac{1}{2}$	2100	2100	210	407	2925	3739	∠75×50×5	5	5	777	356	34	36	1203
	WG-Ⅰ-25地	25	25.6	2	1	2540	2540	254	490	4430	5410	∠90×56×6	6	6	1689	650	108	73	2520
	WG-Ⅰ-50地	50	51.7	4	3	2540	2540	254	490	9590	10570	∠90×56×6	6	6	3676	650	324	73	4723
	WG-Ⅰ-75地	75	79.2	6	5	2540	2540	254	490	15050	16030	∠90×56×6	6	6	5776	650	540	73	7039
平项	WG-Ⅱ-10地	10	10.3	2	$\frac{1}{2}$	2100			30	2925	2985	∠75×50×5	5	5	777	262	101	36	1176
	WG-Ⅱ-25地	25	22.6	2	1	2540			36	4430	4502	∠90×56×6	6	6	1689	462	215	73	2439
	WG-Ⅱ-50地	50	48.7	4	3	2540			36	9590	9662	∠90×56×6	6	6	3976	462	430	73	4641
	WG-Ⅱ-75地	75	76	6	5	2540			36	15050	15122	∠95×56×6	6	6	5776	462	462	73	6956
	WG-Ⅱ-100地	100	99.3	5	4	3200			46	12320	12412	∠100×63×6	6	6	5955	740	763	73	7531
	WG-Ⅱ-150地	150	143.2	7	6	3200			46	17780	17872	∠100×63×6	6	6	8601	740	1045	73	10459
	WG-Ⅱ-200地	200	186.8	9	8	3200			46	23240	23332	∠100×63×6	6	6	11247	740	1291	73	13351

注：碟形和平顶地下卧式油罐除 10m^3 用 ϕ700 人孔一个其余规格均用 ϕ700 人孔 ϕ500 孔各一个。

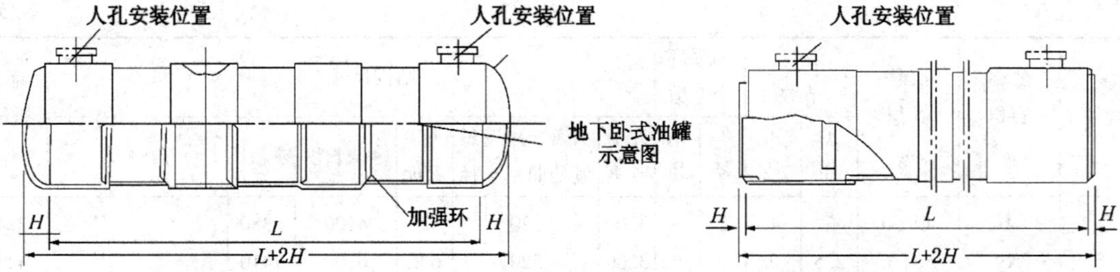

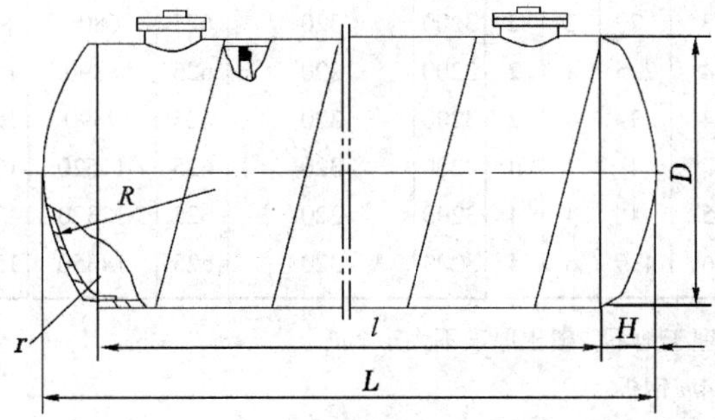

图 4-1-3　螺旋卧式油罐示意图

3. 中石油产碟形头盖卧式油罐

表 4-1-4 为带有碟形头盖的卧式油罐（碟形头盖的曲率半径为球半径的 1/7～1/10，其设计数据见表注）。

表 4-1-4　碟形头盖卧式油罐技术数据

直径	公称容积/m^3	实际容积/m^3	罐身节数		加强环个数		结构尺寸/mm						罐体质量/kg
			大径	小径	大径	小径	头盖半径	头盖与罐壁过渡处曲率半径	头盖深度	罐壁长度	罐总长	角钢环	
φ1750	10	11.20	2	1	2	－	1750	175	345	4130	4820	∠70×45×5	1103
	15	16.08	2.5	2	2	2	1750	175	345	6160	6850		1555
	20	22.54	4	2.5	4	2	1750	175	345	8890	9580		2153
	25	24.92	4	3	4	2	1750	175	345	9590	10280		2283
	30	30.92	5	4	4	4	1750	175	345	12320	13010		2872
	35	35.82	6	4.5	6	4	1750	175	345	14350	15040		3330
φ2100	10	11.78	2	－	2	－	2100	210	406	2802	3614	∠90×50×5.5	1074
	15	10.38	2	1	2	－	2100	210	406	4130	4942		1400
	25	25.88	3	2	2	2	2100	210	406	6860	7672		2134
	35	35.28	4	3	4	2	2100	210	406	9590	10402		2865
	45	44.78	5	4	1	1	2100	210	406	12320	13132		3596
	55	54.08	6	5	6	4	2100	210	406	15659	15862		4335
φ2540	20	21.05	2	0.5	2	－	2530	250	492	3430	4424	∠100×63×6	1654
	25	24.05	2	1	2	－	2530	250	492	4130	5114		1759
	35	34.85	2.5	2	2	2	2530	250	492	6160	7144		2468
	45	48.55	4	2.5	4	2	2530	250	492	8890	9874		3368
	50	52.15	4	3	4	2	2530	250	492	9590	10574		3568
	60	62.45	4.5	4	4	4	2530	250	492	11620	12604		4288
	65	66.15	5	4	4	4	2530	250	492	12320	13301		4488
	75	76.15	6	4.5	6	4	2530	250	492	14350	155300		5188
	80	79.15	6	5	6	4	2530	250	492	15050	16080		5388

续表

直径	公称容积 $/m^3$	实际容积 $/m^3$	罐身节数		加强环个数		结构尺寸/mm						罐体质量/kg
			大径	小径	大径	小径	头盖半径	头盖与罐壁过渡处曲率半径	头盖深度	罐壁长度	罐总长	角钢环	
ϕ3200	40	40.50	2	1	2	–	3200	320	625	4100	5380	∠125×80×7	3248
	55	56.76	2.5	2	2	2	3200	320	625	6100	7410		4470
	60	62.40	3	2	2	2	3200	320	625	6800	8110		4800
	75	78.46	4	2.5	4	2	3200	320	625	8890	10410		6022
	85	84.26	4	3	4	2	3200	320	625	9590	10840		6352
	100	102.66	4.5	4	4	4	3200	320	625	11620	12870		7574
	105	108.66	5	4	4	4	3200	320	625	12320	13570		7904
	120	122.4	6	4.5	6	4	3200	320	625	14350	15600		9186

注：1. 表中所列油罐均可埋于地下，覆土厚度不大于 2m；

2. 罐壁圈板均用宽 1.4m 钢板；

3. 0.5 节指宽度为 0.7m；

4. 罐身和头盖厚度除 ϕ3200 油罐为 6mm 外，其余均为 4.5mm；

5. 钢板用 $Q235\text{-}A \cdot F$；

6. 油罐的设计内压为 0.1MPa，负压为 0.5kPa。

根据实际需要，卧式油罐可以设计成承受不同压力的各种结构。我国设计制造的卧式油罐，承受内压的能力为 0.001~4MPa。用于储油的卧式罐，承压一般不超过 0.2MPa。卧式油罐的单体容积为 2~400m^3，直径为 1.4~4.5m，长度为 3~25m。

第二节　油罐附件

加油站一般都选用卧式油罐，因此，这里仅对常用的卧式油罐附件的结构、性能等有关问题作简要介绍。

一、人孔

① 常压人孔如图 4-2-1 所示。

② 回转盖人孔如图 4-2-2 所示。

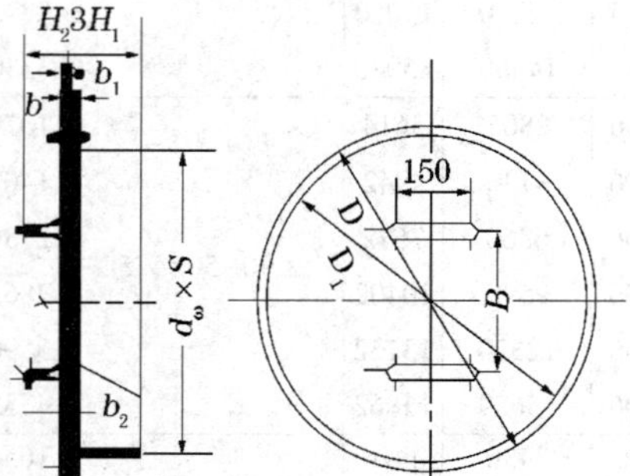

图 4-2-1　人孔图

二、呼吸阀

加油站油罐使用的呼吸阀有重力式呼吸阀、弹簧式呼吸阀、重力弹簧复合式呼吸阀和全天侯呼吸阀四种。

表 4-2-1　常压人孔尺寸表　　mm

公称直径 DN	d_w×S	D	D_1	B	b	b_1	b_2	H_1	H_2	碟栓螺母	螺栓	总质量/kg
										数量	直径×长度	
400	426×6	515	480	250	14	10	12	150	90	16	M16×50	37.20
450	480×6	570	535	250	14	10	12	160	90	20	M16×50	44.60

续表

公称直径 DN	$d_w \times S$	D	D_1	B	b	b_1	b_2	H_1	H_2	碟栓螺母	螺　栓	总质量/kg
										数　量	直径×长度	
500	530×6	620	585	300	14	10	12	160	90	20	M16×50	50. 90
600	630×6	720	685	300	16	12	14	180	92	24	M16×50	74. 40

注：1. 人孔高度 H_1 系根据设备的直径不小于人孔公称直径的两倍而定，如有特殊要求，允许改变，但需注明改变后的 H_1 尺寸，并修正人孔总重。

2. 表中带括号的公称直径尽量不采用。

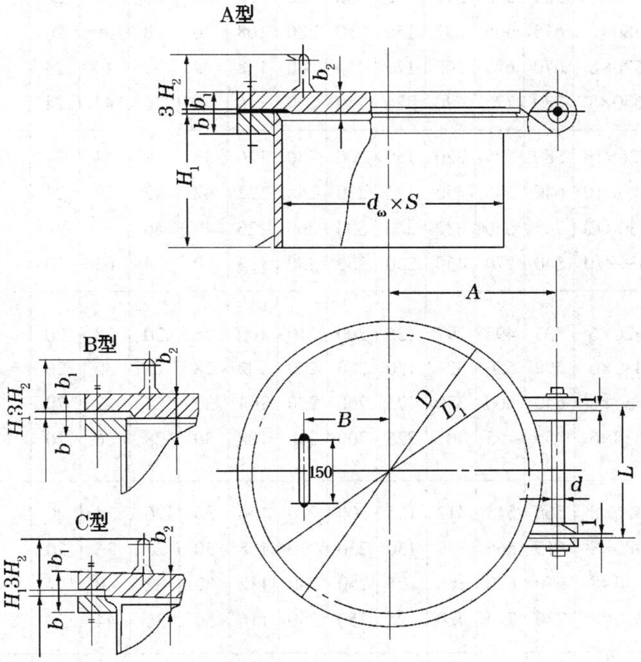

图 4-2-2　回转盖人孔

表 4-2-2　回转盖人孔尺寸表　mm

密封面型式	公称压力 PN/MPa	公称直径/DN	$d_w \times S$	D	D_1	A	B	L	H_1	H_2	b	b_1	b_2	d	螺栓螺母	螺栓	总质量/kg
															数量	直径×长度	
A	0.6	(400)	426×6	535	495	297	125	200	210	100	28	20	22	20	16	M20×70	71.7
		450	480×6	590	550	325	150	200	220	102	28	22	24	20	16	M20×75	88.9
		500	530×6	640	600	350	175	250	230	104	30	24	26	20	16	M20×80	109
		600	630×6	755	705	407	225	300	240	108	30	28	30	20	20	M22×85	161
	1.0	(400)	426×8	565	515	312	125	200	220	106	30	26	28	20	16	M22×80	100
		450	480×8	615	565	337	150	250	230	108	30	28	30	20	20	M22×85	123
		500	530×8	670	620	365	175	250	240	112	32	32	34	24	20	M22×90	153
		600	630×8	780	725	420	225	350	250	116	36	36	38	24	20	M27×110	226
	1.6	(400)	426×10	580	525	320	150	200	230	116	38	36	38	24	16	M27×110	144
		450	480×10	640	585	350	175	250	240	122	42	42	44	24	20	M27×120	193
		500	530×10	705	650	382	200	300	260	126	48	46	48	24	20	M30×130	253
		600	630×10	840	770	450	250	350	280	134	50	54	56	30	20	M36×150	396

密封面型式	公称压力 PN/MPa	公称直径/DN	$d_w \times S$	D	D_1	A	B	L	H_1	H_2	b	b_1	b_2	d	螺栓螺母	螺栓	总质量/kg
															数量	直径×长度	
B	0.6	(400)	426×6	535	495	297	125	200	210	100	28	20	28	20	16	M20×70	77.4
		(450)	480×6	590	550	325	150	200	220	102	28	22	30	20	16	M20×75	97.1
		(500)	530×6	640	600	350	175	250	230	104	30	24	32	20	16	M20×80	119
		(600)	630×6	755	705	407	225	300	240	108	30	28	36	20	20	M22×85	175
	1.0	(400)	426×8	565	515	312	125	200	220	106	30	26	34	20	16	M22×80	107
		(450)	480×8	615	565	337	150	250	230	108	30	28	36	20	20	M22×85	131
		(500)	530×8	670	620	365	175	250	240	112	32	32	40	24	20	M22×90	163
		(600)	630×8	780	725	420	225	350	250	116	36	36	44	24	20	M27×110	240
	1.6	(400)	426×10	580	525	320	150	200	230	116	38	36	44	24	16	M27×110	150
		(450)	480×10	640	585	350	175	250	240	122	42	42	50	24	20	M27×120	200
		(500)	530×10	705	650	382	200	300	260	126	48	46	54	24	20	M30×130	261
		(600)	630×10	840	770	450	250	350	280	134	50	54	62	30	20	M36×150	410
C	0.6	(400)	426×6	535	495	297	125	200	210	100	28	20	28	20	16	M20×70	77.9
		450	480×6	590	550	325	150	200	220	102	28	22	30	20	16	M20×75	97
		500	530×6	640	600	350	175	250	230	104	30	24	32	20	16	M20×80	119
		600	630×6	755	705	407	225	300	240	108	30	28	36	20	20	M22×85	175
	1.0	(400)	426×8	565	515	312	125	200	220	106	30	26	34	20	16	M22×80	107
		450	480×8	615	565	337	150	250	230	108	30	28	36	20	16	M22×85	129
		500	530×8	670	620	365	175	250	240	112	32	32	40	24	16	M22×90	163
		600	630×8	780	725	420	225	350	250	116	36	36	44	24	20	M27×110	239
	1.6	(400)	426×10	580	525	320	150	200	230	116	38	36	44	24	16	M27×110	149
		450	480×10	640	585	350	175	250	240	122	42	42	50	24	20	M27×120	198
		500	530×10	705	650	382	200	300	260	126	48	46	54	24	20	M30×130	262
		600	630×10	840	770	450	250	350	280	134	50	54	62	30	20	M36×150	408

注：1. 人孔高度 H_1 系根据设备的直径不小于人孔公称直径的两倍而定，如有特殊要求，允许改变，但需注明改变后的 H_1 尺寸，并修正人孔总重。

2. 表中带括号的公称直径尽量不采用。

3. 以上数表引自：周承绪主编.《安装工程概预算手册》. 第二版. 北京：中国建筑工业出版社，2002。

1. 代号

呼吸阀的产品代号表示方法如下：

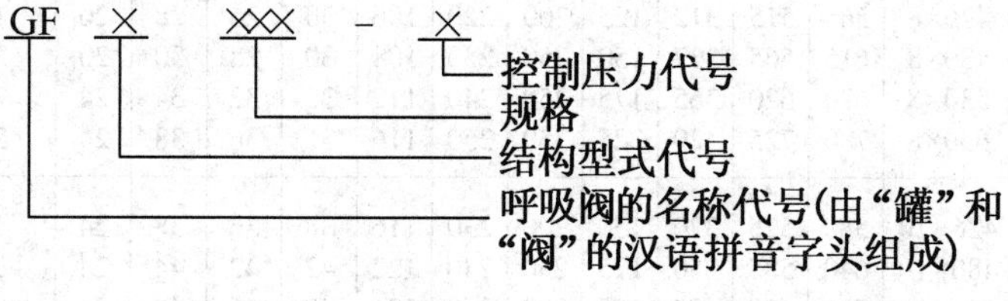

2. 结构

呼吸阀的结构型式分为全天候型和普通型两种，其操作温度和代号见表 4-2-3。

表 4-2-3 操作温度及代号

产品结构型式	操作温度/℃	代号
全天候型	-30~60	Q
普通型	0~60	P

呼吸阀的规格以连接法兰的公称通径，见表 4-2-4。

表 4-2-4 法兰通径

公称通径 *DN*/mm	50	100	150	200	250

注：引自《石油储罐呼吸阀》SY/T 0511—1996。

3. 呼吸阀的分级

呼吸阀的控制压力也称为工作压力或操作压力，是指当呼吸阀通气量达到规定值时，油罐内气体空间的压力。控制压力分为三级，其代号见表 4-2-5。

表 4-2-5 控制压力及代号

控制压力				代号
正压(呼出压力)		负压(吸入压力)		
Pa	mmH_2O	Pa	mmH_2O	
355	36	295	30	A
980	100	295	30	B
1765	180	295	30	C

注：引自《石油储罐呼吸阀》SY/T 0511—1996。

例如，GFQ-150-C 表示控制正压力为 1765Pa、控制负压为 295Pa、公称通径为 150mm 的石油储罐全天候呼吸阀。

4. 呼吸阀的标志、包装和储运

① 每台呼吸阀应在明显部位固定永久性产品标牌，标牌应符合 GB/T13306 的规定，并标明：

a. 产品名称；

b. 产品型号和规格；

c. 操作温度、操作压力、通气量；

d. 产品重量；

e. 出厂编号；

f. 制造日期及制造厂名。

② 呼吸阀非加工表面应涂防锈底漆，外表面再涂两遍面漆。涂漆应均匀，色泽光亮。外表面应尽量采用烤漆工艺，法兰面应涂防锈油脂，并用塑料护盖防护，整体用塑料膜包扎，最后按 GB/T 13384 的规定进行包装。

③ 呼吸阀应存放在有防雨设施的仓库中，在存放和运输过程中不得倒置。

④ 每台呼吸阀出厂时应附有下列文件

a. 装箱单；

b. 产品说明书，其内容应包括通气量和泄漏量；

c. 产品合格证书；

d. 使用说明书。

5. 呼吸阀的验收

（1）呼吸阀应符合下列技术要求

① 应按照规定程序批准的图样和技术文件制造。

② 呼吸阀壳体、阀盘、导杆及连接件所用材料性能应符合有关规定。

③ 性能要求：

a. 阀体应能承受不小于0.9MPa的水压，无渗漏和永久变形。

b. 呼吸阀在常温下的试验开启压力应符合表4-2-5中的规定，其允许偏差为：正压时为-20Pa，负压时为20Pa。

c. 全天候呼吸阀耐低温性能的要求是：在空气相对湿度大于70%、最低温度为(-30±1)℃时，经过24h的冷冻，其阀盘的试验开启压力应符合表4-2-5的规定，其允许偏差为±20Pa。

d. 阀盘部件工作时，动作应灵敏可靠。其动作完成后，应保证密封。

e. 在控制压力条件下，其通气量应不小于表4-2-6的规定。

f. 以0.75倍的控制压力作为试验压力来标定呼吸阀泄漏量，当 $DN \leq 150$mm时，泄漏量应不大于0.04m^3/h；当 $DN \geq 200$mm时，泄漏量应不大于0.4m^3/h。

表4-2-6 呼吸阀通气量

代号	规格/mm	50	80	100	150	200	250
	压力等级	通气量/(m^3/h)					
A	+355Pa	25	60	90	190	340	550
	-295Pa	20	50	75	160	280	450
B	+980Pa	30	70	100	200	380	600
	-295Pa	20	50	75	160	280	450
C	+1765Pa	40	95	140	280	500	800
	-295Pa	20	50	75	160	280	450

注：引自《石油储罐呼吸阀》SY/T 0511—1996。

（2）制造和装配技术要求

① 所有零部件的加工制造应符合有关标准的规定；

② 阀体试压后，腔内试验介质应全部清除干净，并涂防锈底漆；

③ 零件必须经检查合格方可进行装配；

④ 阀盘密封件如采用非金属的薄膜片时，其厚度应均匀，平面平整光滑，不应有裂痕、碰伤及影响质量的其他缺陷；

⑤ 阀盘与密封件镶装后要保证紧密，保证其密封性，密封口不应有碰伤等任何缺陷；

⑥ 呼吸阀装配完后，阀盘应开启灵活，不得有卡阻现象。

6. 呼吸阀的选型

机械式呼吸阀在选型时应遵循以下几个原则：

(1)适应环境原则

所选呼吸阀应符合呼吸阀所处环境的要求，包括安装位置的要求和温度范围的要求。例如，高寒地区就应选用全天候呼吸阀，而安装在管道中的应选用管道式呼吸阀。

(2) 适应压力原则

所选呼吸阀的承压能力应与油罐的承压能力相适应。

(3) 适应通气量原则

所选呼吸阀的规格(法兰通径)应满足油罐的最大进出油时呼吸气体的流量要求。

7. 常用机械呼吸阀简介

(1) 常用的 *DN*50 机械呼吸阀

图 4-2-3 所示为 *DN*50 机械呼吸阀，该产品适用于卧式油罐上，供油罐大小呼吸用。其控制正压为 2156Pa(220mmH_2O)，负压为 637Pa(65mmH_2O)，可用重块调节正负压力值。

(2) FC 型全天候呼吸阀

FC 型全天候呼吸阀如图 4-2-4 所示，其使用环境温度为-30~60℃，具有在低温下工作的能力，常与全天候阻火器配套用于高寒地区。该型呼吸阀具有通气量大、泄漏量小、耐腐蚀等特点，特别是该阀内含静电输出机构，使得该阀时刻与罐体保持等电位。该阀的操作压力为负压：294Pa(30mmH_2O)；正压：A 型为 353Pa(36mmH_2O)，B 型为 980Pa(100mmH_2O)，C 型为 1764Pa(180mmH_2O)。其规格型号及有关尺寸见表 4-2-7。

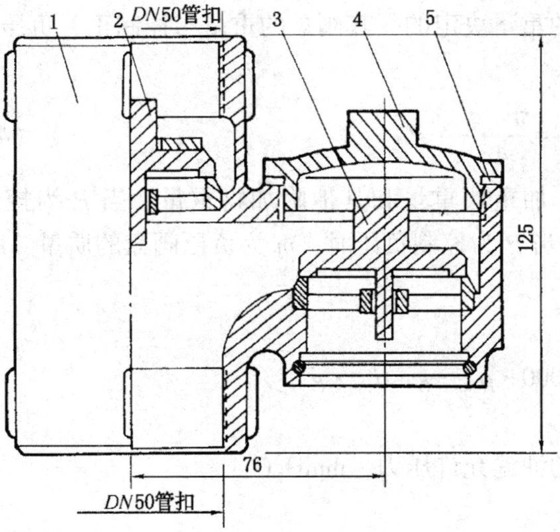

图 4-2-3 *DN*50 机械呼吸阀

1—阀体；2—压力活瓣；3—真空活瓣；4—小盖；5—密封圈

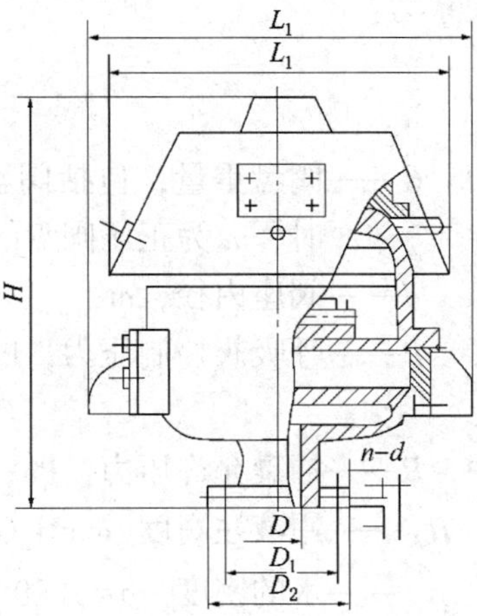

图 4-2-4 FC 型全天候呼吸阀

8. 呼吸阀的试验

呼吸阀的试验包括阀体压力试验、开启压力试验、通气量试验、全天候型呼吸阀的低温试验和泄漏试验。呼吸阀只有经过这些试验各项指标均合格，方可投入使用，确保安全。

表 4-2-7　FC 型全天候呼吸阀规格尺寸

规格	型　　号	质量/kg	尺寸/mm									
			D	D_1	D_2	H	L	L_1	b	f	n	d
	FC7-50A	41										
DN50	FC7-50B	42.3	ϕ50	ϕ110	ϕ140	ϕ393	386	ϕ340	16	3	4	ϕ14
	FC7-50C	44										
	FC7-100A	45										
DN100	FC7-100B	45	ϕ100	ϕ170	ϕ205	ϕ441	450	ϕ395	18	3	4	ϕ18
	FC7-100C	51										
	FC7-150A	77.26										
DN150	FC7-150B	80.54	ϕ150	ϕ225	ϕ260	ϕ529	550	ϕ458	20	3	8	ϕ18
	FC7-150C	84.78										
	FC7-200A	138										
DN200	FC7-200B	144	ϕ200	ϕ280	ϕ315	ϕ640	710	ϕ580	22	3	8	ϕ18
	FC7-200C	149.2										
	FC7-250A	169										
DN250	FC7-250B	177	ϕ250	ϕ335	ϕ370	ϕ775	916	ϕ720	24	3	12	ϕ18
	FC7-250C	185										

引自：李曰光主编.《油库安全设备与设施》. 解放军出版社，1996。

9. 重力式呼吸阀阀盘重量的确定

重力式呼吸阀的控制压力是由阀盘的重量决定的，其阀盘的重量与控制正、负压力之间的关系为：

$$G=\frac{\pi \cdot d^2}{4g} \cdot P \tag{4-2-1}$$

式中　G——阀盘重量，包括阀盘自重、加重块重量和其他附加物重量。当 P 为控制正压时，m 为正压阀盘的质量；当 P 为控制负压时，m 为负压阀盘的质量，kg；

d——阀座内径，m；

P——呼吸阀控制压力，Pa。

又

$$P=H_{水}/1000 \cdot \rho_{水} \cdot g=H_{水} \cdot g$$

式中　P——油罐允许压力，Pa；

$H_{水}$——用液柱高度(mmH_2O)表示的油罐允许压力，mmH_2O；

$\rho_{水}$——水的密度，$\rho=1000kg/m^3$。

所以

$$G=\frac{\pi \cdot d^2}{4} \cdot H_{水} \tag{4-2-2}$$

式中　G——阀盘重量，包括阀盘自重、加重块重量和其他附加物重量。当 $H_{水}$ 为控制正压时，m 为正压阀盘的质量；当 $H_{水}$ 为控制负压时，m 为负压阀盘的质量，kg；

d——阀座内径，m；

$H_{水}$——用液柱高度(mmH_2O)表示的呼吸阀控制压力 mmH_2O。

10. 油罐呼吸阀控制压力的确定

在油罐呼吸系统中，呼吸阀的控制压力必须与油罐的允许正、负压力相适应。控制正、负压过大，可能会导致罐体的胀裂或吸瘪；控制正、负压过小，等于放松了对油罐呼吸的控制，蒸发损耗就会增大。

使用年限较长的油罐，可根据油罐承压能力情况适当调减机械呼吸阀的控制压力。同品种油罐组使用同一呼吸阀时，其控制压力须按油罐组中设计工作压力绝对值最小的值来确定。

11. 机械呼吸阀的常见故障

机械呼吸阀常见故障主要有：漏气、卡死、黏结、堵塞、冰冻、生锈以及正压阀和真空阀常开等。

漏气一般是由于锈蚀或硬物划伤阀与阀盘的接触面，或者由于阀盘导杆倾斜等造成密封不严而漏气。

卡死多发生在阀盘导杆歪斜、生锈的情况下，使阀在沿导杆上下活动中不能到位，将阀盘卡于导杆某一部位。

黏结是因油蒸气、水分与沉积于阀盘、阀座、导杆上的尘土等杂物混和发生化学物理变化，久而久之使阀盘与阀座或导杆黏结在一起。

堵塞主要是由于机械呼吸阀长期未保养使用，致使尘土、锈渣等杂物沉积于呼吸阀内或呼吸管线内，甚至有蜂或鸟在呼吸阀口筑巢使呼吸阀堵塞。

冰冻是因气温变化，空气中的水分在呼吸阀的阀体、阀盘、阀座和导杆等部位凝结，进而结冰。

生锈是由于空气中所含腐蚀气体、氧气、尘土中的腐蚀性物质等对阀体、阀盘、阀座、导杆、弹簧等零部件的腐蚀生锈。

以上这些故障，有的使呼吸阀达到控制压力时不能动作，造成油罐超压，危及油罐安全；有的则使呼吸阀失去作用，造成大小呼吸失控，从而增加油品的蒸发损耗，使油品质量下降，加重区域大气污染，影响操作人员身体健康，增加区域危险因素。

12. 机械呼吸阀的检查维护

在例行检查和每次作业时，要从外观和现象上加强检查分析，及时发现问题，及时解决。如检查油罐罐体和呼吸阀阀体有无异常变化；油罐进出油作业时，呼吸阀运行情况是否正常；封口网有无破损，是否畅通等。

另外，还要定期对呼吸阀进行较全面的检查维护。对于地面罐和半地下罐安装的机械呼吸阀，一、四季度每月检查两次，二、三季度每月检查一次。

检查维护的主要内容有：打开顶盖，检查呼吸阀内部的阀盘、阀座、导杆、导孔、弹簧等有无生锈和积垢，并进行清洁，必要时用煤油清洗；检查阀盘运行是否灵活，有无卡死现象，密封面(阀盘与阀座的接触面)是否良好，必要时进行修理，由于密封面的材料为有色软金属，在对其研磨时，要选用较细的研磨剂(如红丹润滑油)；检查阀体封口网是否完好，有无冰冻、堵塞，擦去网上的污锈和灰尘，保证气体进出通畅；检查压盖衬垫是否严密，必要时进行更换；给螺栓加油。

三、阻火器

阻火器是防火安全装置，是油罐呼吸系统的重要组件，它可以让气体通过，但不让火焰向油罐内传播。

1. 阻火器的原理

阻火器由壳体和阻火芯两部分组成，如图 4-2-5 所示。壳体应有足够强度，以承受爆炸时产生的冲击压力。阻火芯是阻止火焰传播的主要构件，有金属网型和波纹板型两种。

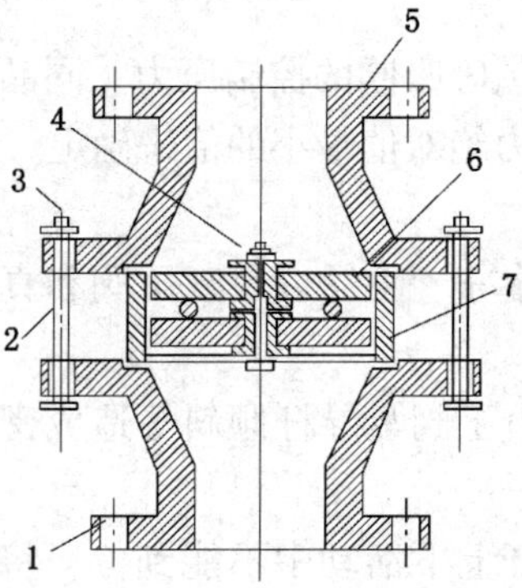

图 4-2-5 阻火器

1—安装螺栓孔；2—连接螺栓；3—固定螺栓；4—阻火芯；5—壳体；6—柱形阻火芯；7—阻火芯套管

由连锁反应理论可知，可燃混合气的燃烧并不是两种分子直接碰撞发生化学反应的结果，而是极少数气体分子直接碰撞发生化学反应的结果是极少数气体分子受到光、热辐射或通过其他方式接受外界提供的能量后，首先离解为活化分子自由基，这些活化分子自由基与另一些分子碰撞产生新的自由基，新自由基又与其他气体分子碰撞，从而形成一系列的连锁反应。这种连锁反应使火焰迅速向未燃气体传播。如果活化分子自由基碰撞到器壁上，就会被器壁吸附，在器壁表面与来自器壁的自由基相互作用形成不活化分子，从而使连锁反应的速度减慢，如果吸附于器壁的气体活化分子自由基足够多，就有可能扼制火焰向未燃气体传播，这种现象称为连锁反应的器壁效应。

阻火器就是利用阻火芯吸收热量和产生器壁效应来阻止外界火焰向罐内传播的。火焰进入阻火芯的狭小通道后被分割成许多条小股火焰，一方面散热面积增加，火焰温度降低；另一方面，在阻火芯通道内，活化分子自由基碰撞器壁的几率增加而碰撞气体分子的几率减小，由于器壁效应而使火焰前锋的推进速度降低，这两方面的共同作用，使火焰不能向罐内传播。

鉴定阻火器是否合格，主要是测试其阻爆性能和耐烧性能。阻爆性能是阻火器阻止由于雷击或外部燃烧引起的火花或火焰进入油罐的能力，其测试方法是将石脑油蒸气和空气的混合气体(其中石脑油蒸气的体积浓度为 1.9%±0.1%)导入试验装置内，然后用点火电极点燃，产生爆炸，以观察阻火器是否阻火。如被测试的阻火器，在试验装置上连续进行 13 次阻爆试验，每次都能阻火，则被认为试验合格。耐烧性能是阻火器在一定时间内承受火焰在阻火层表面燃烧而不发生回火的能力。阻火器耐烧性能的测试方法，是石脑油蒸气与空气的混合气体(其中石脑油蒸气的体积浓度为 3%±2%)导入耐烧试验装置，并根据阻火器的不同直径，供给不同流量的混合气体，使混合气体在阻火层上面燃烧 1h。若 1h 内无回火，则认为耐烧性能合格；若在 1h 内有回火，则被认为不合格。经有关部门测试，12 层 16 目铜网阻火器耐烧性能不合格，4 层 16 目金属网型阻火器阻爆、耐烧性能均不合格，这两种阻火器均为不合格产品。石油储罐阻火器应选用波纹板型。

2. 常用阻火器

(1) ZGB-Ⅰ型波纹阻火器

该型阻火器的规格如图 4-2-6 和表 4-2-8。压降曲线如图 4-2-7 所示。

表 4-2-8 ZGB-Ⅰ型波纹阻火器的规格尺寸 mm

规格	A	B	C	D	规格	A	B	C	D
*DN*50	140	110	230	236	*DN*150	260	225	427	288
*DN*80	185	150	280	270	*DN*200	315	280	496	316
*DN*100	205	170	325	274	*DN*250	370	335	593	330

（2）JZ-Ⅰ型防爆罩波纹阻火器

该型阻火器将新型波纹阻火器和防爆罩结合成一体，起防水、防尘、防爆、阻火作用。安装(如图 4-2-8)在加油站卧式油罐通气管上。

该产品的外形如图 4-2-9 所示，规格尺寸见表 4-2-9。

3. 阻火器的选用和使用维护

选用阻火器应注意两点：一是通气能力要满足，通常按呼吸阀口径选用即可；二是要注意与环境相适应，在高寒区应选用有低温性能的阻火器。

阻火器的安装应符合防爆要求，且不得安装在室内，其规格及安装尺寸见表 4-2-10。对阻火器应每季度检查一次，冰冻季节每月检查一次。检查内容：阻火芯是否清洁畅通，有无冰冻，垫片是否严密，有无腐蚀现象。维护内容：清洁阻火芯，用煤油洗去尘土和锈污，给螺栓加油保护。

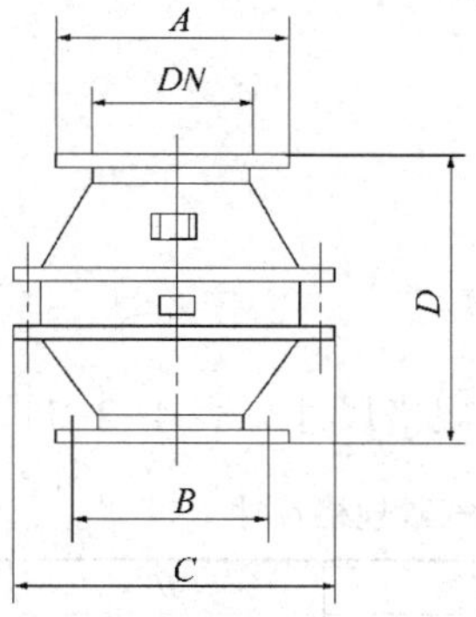

图 4-2-6　ZGB-Ⅰ型阻火器

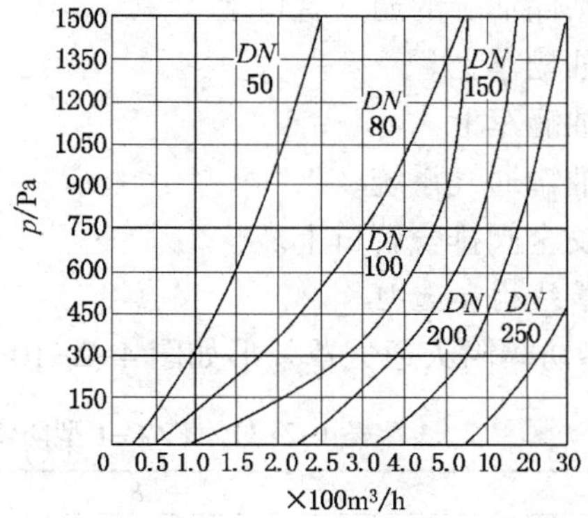

图 4-2-7　ZGB-Ⅰ型阻火器压降曲线

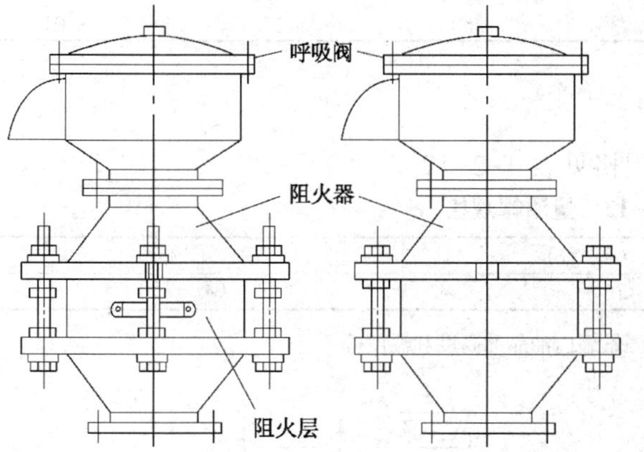

图 4-2-8　阻火器与呼吸阀安装图

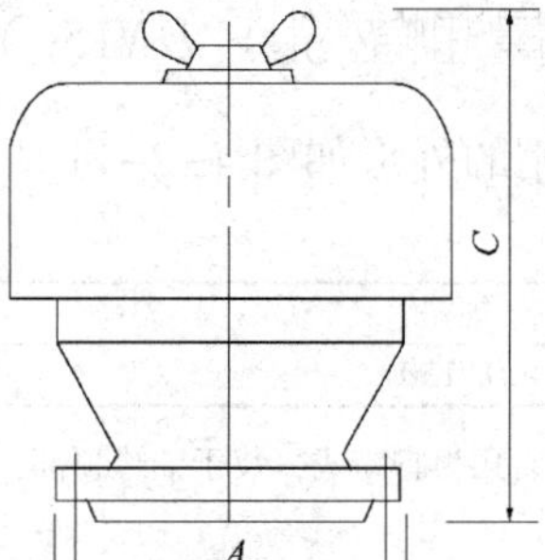

图 4-2-9　JZ-Ⅰ型波纹阻火器的外形

表 4-2-9　JZ-Ⅰ型阻火器的规格尺寸　　　　mm

规　格	*A*	*B*	*C*
*DN*50	110	140	162
*DN*80	150	185	200

表 4-2-10 阻火器规格及安装尺寸 mm

规格	A	B	C	D	螺栓		质量/kg
					数量 n	螺纹 M	
DN50	140	110	220	236	4	12	6
DN80	185	150	280	270	4	16	12.8
DN100	205	170	325	274	4	16	19.5
DN150	260	225	427	288	8	16	25
DN200	315	280	496	306	8	16	35
DN250	370	335	593	320	12	16	46

四、防爆阻火通气罩

1. 防爆阻火通气罩用途

防爆阻火通气罩可装于下列管口上：

① 加油站储油罐的通气管口上。

② 铁路油槽车上。

③ 汽车油罐车上。

④ 洞库油罐通气系统。

⑤ 球罐安全阀排气管口上。

2. 通气罩结构和选型

FZT-1 型防爆阻火通气罩外形如图 4-2-10 所示，规格尺寸见表 4-2-11。

表 4-2-11 FZT-1 型防爆阻火通气罩规格尺寸 mm

规格	A	B	C	H	质量/kg
DN40	170	110	130	106	4.16
DN50	170	110	140	106	4.35
DN80	210	150	185	125	6.43
DN100	250	170	205	155	7.21
DN150	290	225	260	175	8.01

五、量油帽（孔）（DN150）

量油帽的外形如图 4-2-11 所示，其规格见表 4-2-12。

表 4-2-12 量油帽规格

规格	质量/(kg/台)	图号
DN150	76	GL_y-150

注：量油孔为脚踏式，装于油罐顶部，用于人工测量罐内油品的高度和温度等。

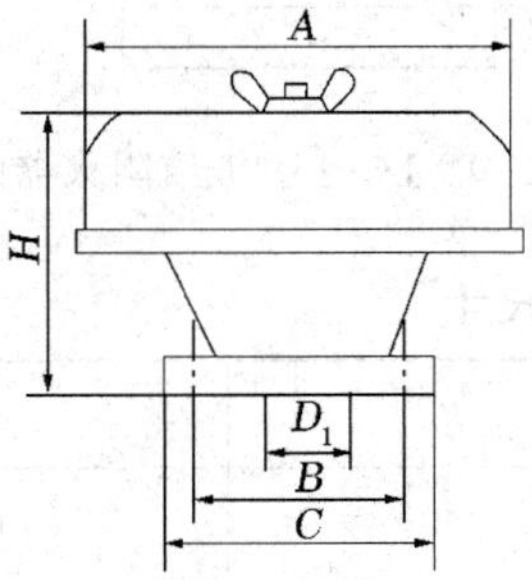

图 4-2-10 FZT-Ⅰ型防爆阻火通气罩

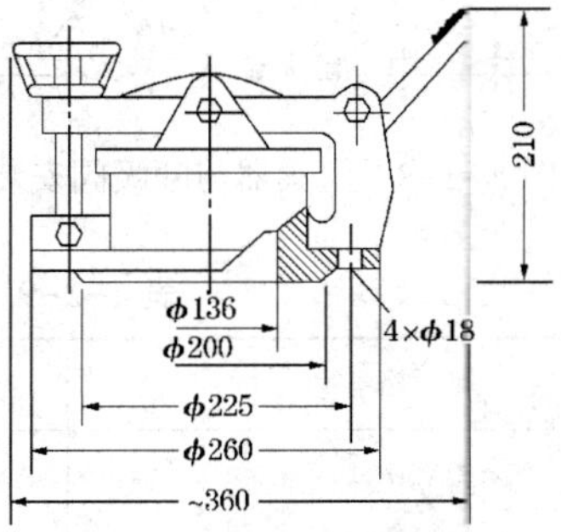

图 4-2-11 FZT-Ⅰ型防爆阻火通气罩规格尺寸

六、进出油接合管

油罐进出油接合管如图 4-2-12 所示。

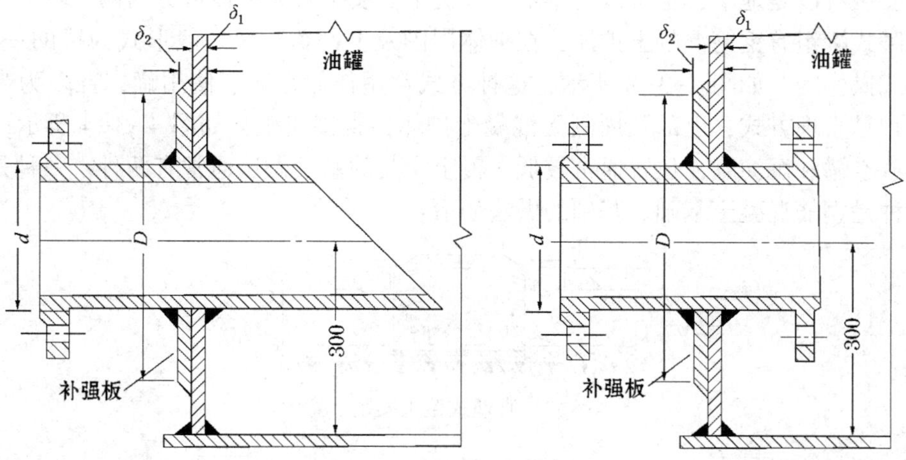

图 4-2-12　进出油接合管

第三节　卧式钢油罐的安装设计

一、卧式钢油罐的安装形式

卧式金属油罐的安装按其用途和所处位置的不同分为高架、地面和覆土三种安装形式。

1. 高架安装

高架安装形式(如图 4-3-1 所示)主要用于没有适当地形可以利用但按工艺要求需要保证一定高度的卧式油罐，如用于零星发油的灌装罐。它可以安装于露天、房间内及洞库等场所。

高架罐的支座通常由砖石砌筑或混凝土浇筑而成，支座数目及间距由计算确定。一般小型油罐可采用双支座，较大的卧式罐采用三支座或更多，支座间距通常为油罐直径的 1~1.5 倍。罐身有 1%的坡度，以便于放空。

2. 地面安装

地面安装是应用较多的一种形式，主要用于储存罐，在露天、房间内及油库等场所都可以采用这种安装形式。如图 4-3-2 所示。

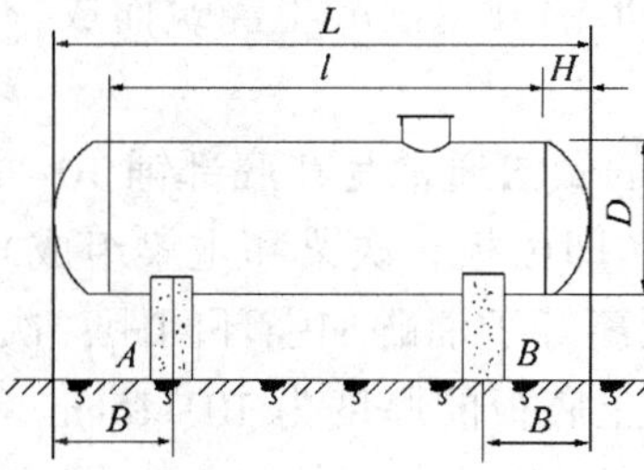

图 4-3-1　卧式油罐高架安装示意图

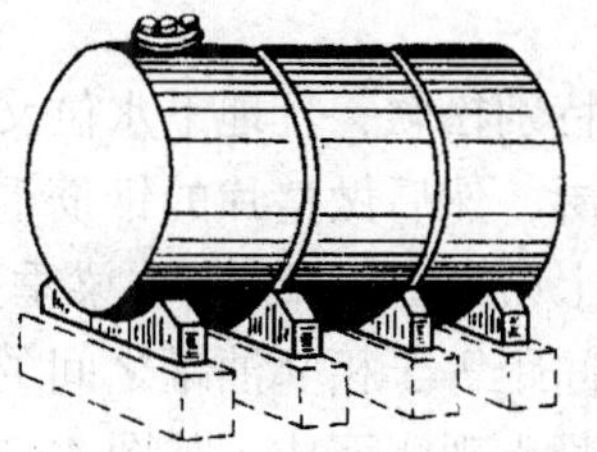

图 4-3-2　卧式油罐地面安装示意图

3. 覆土安装

覆土安装又称埋地安装，由于其有一定的防护能力和减少油料蒸发的作用，在加油站应用极广。

覆土安装可以是地下，也可以是半地下。覆土安装按有无护体可分为两种：一种是护体式，整个卧式罐组有钢筋混凝土护体，在护体周围及上部覆土，一般形式为罐的一头露出，并有坑道式操作间，如图 4-3-3 所示，这种方式常用作储存罐、使用罐，且多为半地下方式；另一种是直埋方式，上部及周围无混凝土护体，直接覆土，如图 4-3-4 所示，这种方式常用于放空罐和沉淀罐，位置通常较低。覆土安装的基础做法通常有两种：一种是沙垫层基础，一种是钢筋混凝土基础。基础的做法如下：

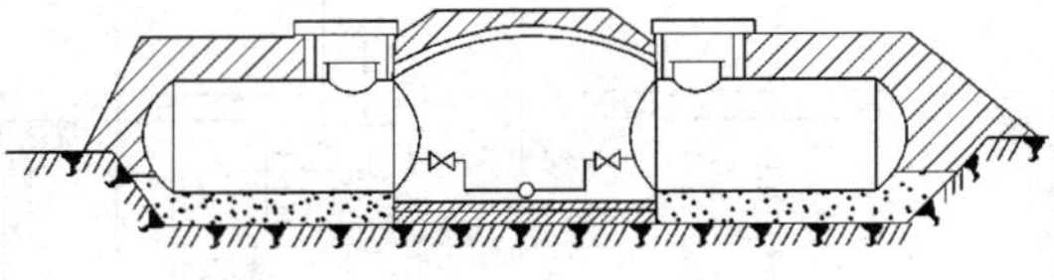

图 4-3-3　直埋式覆土安装示意图

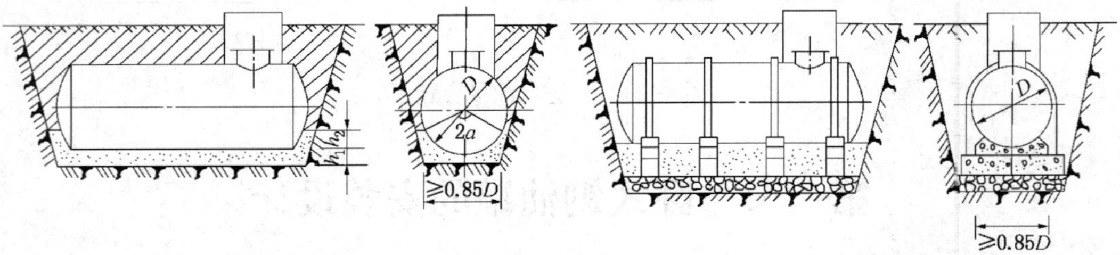

(a) 沙垫层基础　　(b) 混凝土或钢筋混凝土基础

图 4-3-4　直埋式覆土安装示意图

（1）沙垫层基础

当地下水位不高、土壤含水量不大、比较干燥且土质坚实时，可直接将浮土清除并夯实后，铺上 $h_1=20\sim30$cm 厚的粗沙垫层（垫层长度和宽度应比油罐长度和宽度大 1.4m 左右），再沿罐壁四周铺上 $h_2=30\sim40$cm 厚的粗沙，并按罐壁的外形作成弧形（$2\alpha\geqslant70°$，一般 $2\alpha=90°$，α 为罐壁与弧形沙垫层接触的包角的一半），最后放入卧式油罐回填夯实。如图 4-3-4(a)所示。

（2）混凝土或钢筋混凝土基础

当地下水位高、土质不好时，油罐可能发生不均匀沉降，从而破坏管路之间以及管路和罐连接处的严密性，影响罐的使用，为了防止卧式油罐的不均匀沉降，一般应先铺设碎石或片石垫层，经夯实后不得小于 10~15cm，然后在其上铺设混凝土枕基（枕基应比油罐直径长 0.5~1m），其间距等于加强环的间距，枕基上的弧形部分用混凝土浇筑而成，如图 4-3-4(b)所示。

当土质特别松软，且地下水位又较高时，基础的做法通常是在底部铺 10~15cm 厚的碎石或片石垫层，然后做整片的钢筋混凝土梁板基础（即由板、次梁和主梁组成），油罐直接支承在主梁上（油罐中心线与主梁垂直），主梁间距离等于油罐加强环间距；次梁与油罐轴心线平行，间距等于相邻油罐之间的中心距。混凝土底板的厚度为 10~15cm。主梁上的弧形部分由混凝土现浇而成。如图 4-3-5 所示为直埋式油罐安装图例。

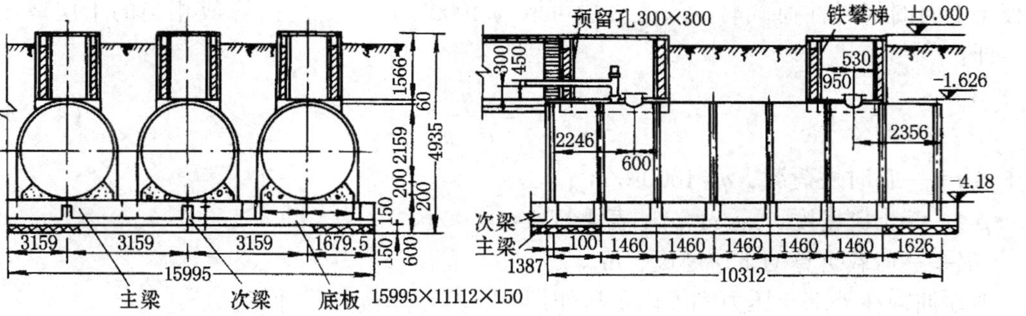

图 4-3-5　直埋式油罐安装图

二、加油站油罐的安装要求

① 加油站均采用卧式钢油罐，一般应采用直埋覆土安装形式，尤其储存汽油和柴油的油罐严禁设在室内或地下室内。

② 油罐应能满足其所承受外力作用下的强度要求。尤其要注意油罐安装于行车道下面时的强度校核和采取适当的加强措施。

③ 油罐的外表面防腐设计应符合国家现行标准《钢质管道及储罐腐蚀控制工程设计规范》SY 0007 的有关规定，并应采用不低于加强级的防腐绝缘保护层。

④ 若油罐受地下水或雨水作用有上浮可能时，应采取防止油罐上浮的措施。

⑤ 油罐若建于水源保护区以内，或油罐建在地下建筑物上方，应采取防渗漏扩散的保护措施，并应设置渗漏检测设施。

⑥ 油罐人孔应做操作井，若油罐设在行车道下面时，人孔操作井宜设在行车道以外。

⑦ 油罐的顶部覆土厚度不应小于 0. 5m。油罐周围应回填干净的沙子或细土，其厚度不应小于 0. 3m。

⑧ 油罐的各接合管应设在油罐的顶部，出油接合管宜设在人孔盖上。如图 4-3-6 所示。进油管应向下伸至罐内距罐底 0. 2m 处。

⑨ 油罐的量油孔应设带锁的量油帽，量油帽下部的接合管宜向下伸至罐内距罐底 0. 2m 处。

⑩ 一、二级加油站的油罐宜设带有高液位报警功能的液位计。

三、埋地卧式钢油罐的强度计算

埋地卧式油罐强度计算主要是确定在荷载作用下油罐罐壁厚度。

作用在埋地卧式油罐上的荷载有：罐内液体重量；罐内可能产生的正压或真空度；油罐自重；罐外覆土产生的土压力；覆土上面的临时性荷载，如人员及临时性堆放重物等。上述荷载中，罐内液重及油罐自重可忽略不计。罐内正压则对减少外部压力有好处。因而，最不利的情况应当是覆土产生的外压和罐内出现真空度，埋地油罐一般以上述两种荷载作为计算依据。如果尚需考

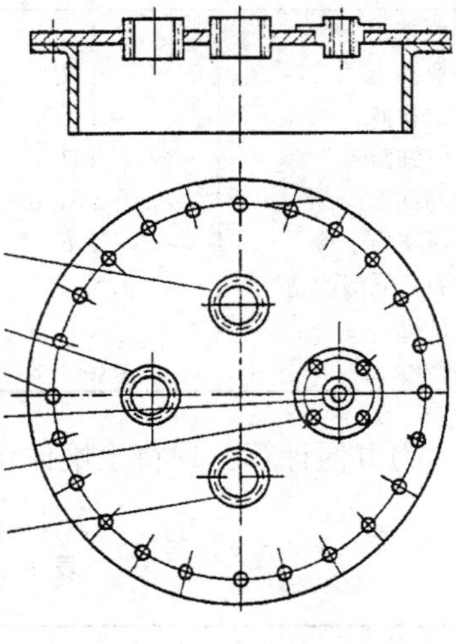

图 3-3-6　地下油罐人孔开孔图

1—排气孔；2—量油孔；3—ø18 钻孔 24 均布；4—吸油孔；5—法兰钻孔；6—进油孔

虑覆土上面的临时性荷载时，该值一般可取为1000N/m²，并可折算成相当的土层厚度来计算，即：

$$h' = \frac{q}{\rho_{土} g} \quad (4-3-1)$$

式中 q——临时性荷载，$q=1000N/m^2$；

$\rho_{土}$——土壤密度，kg/m^3，见表4-3-1；

h'——荷载折算的土层厚度，m。

埋地油罐在外部土压力和罐内负压作用下，其壁厚按下式计算：

$$\delta = \frac{p_{外} D}{4[\sigma]\varphi}\left[1+\sqrt{1+\frac{\alpha l}{p_{外}(D+l)}}\right] \quad (4-3-2)$$

式中 $p_{外}$——罐外壁单位面积的外压力：

$$p_{外} = p_{土} + p_{真}$$

$$p_{土} = \frac{h\rho_{土} g}{2}\left[1+\mathrm{tg}^2\left(45° - \frac{\phi_{土}}{2}\right)\right]$$

h——油罐中心线到埋土表面距离，若考虑临时性荷载，该值应加上 h'，m；

$\rho_{土}$——土壤的密度，见表4-3-1；

$\phi_{土}$——土壤休止角，见表4-3-1；

$p_{真}$——油罐承受的最大真空度，N/m^2；

D——油罐外径，m；

φ——焊缝强度系数，$\varphi=0.8\sim0.9$；

α——系数，$\alpha=8\sim10MPa$；

l——加强环间距，m；

$[\sigma]$——罐壁材料许用应力，N/m^2。

表4-3-1 土壤的某些参数

土壤种类	密度 $\rho/(10^3kg/m^3)$	土壤休止角 ϕ	弹性系数 E/MPa	允许承压能力 $[\sigma_{土}]$/MPa
干亚黏土	1. 6	45°	1. 5~15	0. 33~0. 7
湿亚黏土	1. 7	40°	—	0. 15~0. 2
干的粉沙	1. 6	15°	5~20	0. 15~3
干的细沙	1. 7	27°	5~20	0. 15~0. 35
湿的细沙	1. 5~1. 6	30°	5~20	0. 3~0. 45
含石灰质干沙	1. 6	30°	—	0. 35
含石灰质湿沙	1. 5~1. 7	35°	—	—
干沙砾	1. 7	30°	10~30	0. 35~0. 5
湿沙砾	1. 6~1. 8	35°	—	0. 3~0. 45

为方便计算，现将土壤休止角 ϕ 与 $\mathrm{tg}^2\left(45°-\frac{\phi_{土}}{2}\right)$ 的关系列于表4-3-2。

表4-3-2 土壤休止角 ϕ 与 $\mathrm{tg}^2(45°-\frac{\phi_{土}}{2})$ 关系

土壤休止角 ϕ	$\mathrm{tg}^2\left(45°-\frac{\phi_{土}}{2}\right)$	土壤休止角 ϕ	$\mathrm{tg}^2\left(45°-\frac{\phi_{土}}{2}\right)$
20°	0. 469	40°	0. 216
30°	0. 333	45°	0. 172
35°	0. 272	—	—

四、埋地卧式钢油罐的稳定性计算

埋地卧式油罐除满足强度条件外，还应满足稳定性要求，并且后者往往更为重要。实践已经证明，油罐在内部出现真空、外部受到外压力作用的情况下，虽然强度满足要求，却能产生危险变形，如局部凹陷、压扁、折曲或破裂，这种现象称为罐壁丧失稳定性或罐壁丧失稳定破坏(简称稳定破坏)。

所谓罐壁丧失稳定破坏，指的是当油罐罐壁在外压力逐渐增大至某一数值时，原来为圆柱形的壳体开始歪曲成波形，其波形数可能是2、3、4、……，如图4-3-7所示。罐壁出现波形而导致稳定破坏时的外压力称为罐壁的临界压力。

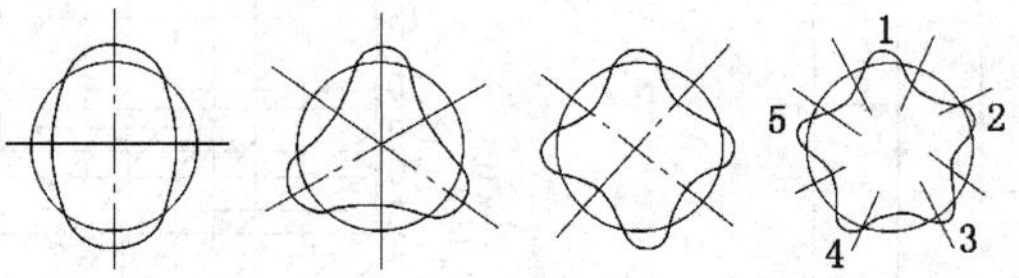

图4-3-7　油罐丧失稳定时的半波数

根据试验研究得知，卧式油罐罐壁丧失稳定时的临界压力与油罐的长度、直径、壁厚和材料性质有关。如果油罐长度超过某一数值时，罐头与罐壁的连接对罐壁抵抗外压力的能力将不起作用。因此，油罐罐身的这一长度称为“临界长度”，其值可按下式计算：

$$L_{临界} = \frac{4\pi\sqrt{6}}{27}(\sqrt[4]{1-\mu^2})\left(D\sqrt{\frac{D}{\delta}}\right)$$

式中　μ为泊桑系数，对钢圆筒$\mu=0.3$，以该值代入上式后得：

$$L_{临界} = 1.11D\sqrt{\frac{D}{\delta}} \qquad (4-3-3)$$

式中　$L_{临界}$——罐身的临界长度，m；

D——油罐直径，m；

δ——罐壁厚度，m。

在稳定性计算中，通常把罐身的实际长度L与临界长度$L_{临界}$加以比较而区分为长圆筒和短圆筒。当$L>L_{临界}$时为长圆筒；$L\leqslant L_{临界}$时为短圆筒。计算表明，卧式油罐属于短圆筒。

短圆筒的临界压力$p_{临界}$可按下式计算：

$$p_{临界} = \frac{E}{(n^2-1)N^2}\frac{\delta}{R} + \frac{E}{12(1-\mu^2)}\frac{\delta^3}{R^3}\left(n^2-1+\frac{2n^2-1-\mu}{N}\right) \qquad (4-3-4)$$

式中　E——钢材的弹性系数，$E=2.06\times10^{11}$Pa；

n——罐壁丧失稳定时的半波数；

N——系数，$N=1+\left(\frac{nl}{\pi R}\right)^2$，$l$为加强环间距，m；

R——油罐半径，m；

μ——泊桑系数，对钢圆筒$\mu=0.3$。

式(4-3-4)中等号右边的第一项随n值的增大而减小，第二项则随n值的增大而增大。因此，当n趋于某一数值时，$p_{临界}$必然存在一个最小值，该值是稳定性计算组依据。n值的确定就成为上式计算中的重要环节。

计算表明，当n值较小时，$p_{临界}$比较大，随着n的增大，$p_{临界}$逐渐减小；n趋于某值时，

$p_{临界}$最小；n 继续增大时，$p_{临界}$逐渐增大。其变化规律如图 4-3-8 所示。图中曲线的最低点所对应的 $p_{临界}$ 值即为所求的临界压力。计算时先假设不同的 n 值(由小到大)，代入式(4-3-4)中求出对应的 $p_{临界}$，当 $p_{临界}$逐渐下降后又开始上升时，其中 $p_{临界}$的最小值即为所求的临界压力。

试算法比较麻烦，实际计算时可根据$\frac{\delta}{D}\times10^3$ 和$\frac{l}{D}$的值，在图 4-3-9 中查得 n 值，然后将该值代入公式 4-3-4 中，即可求出 $p_{临界}$的最小值。

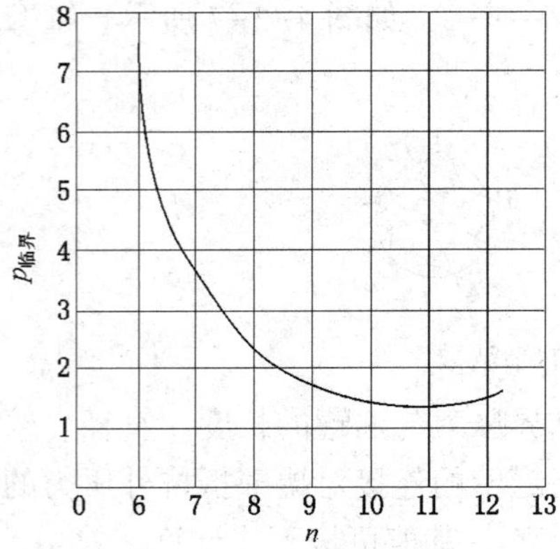

图 4-3-8

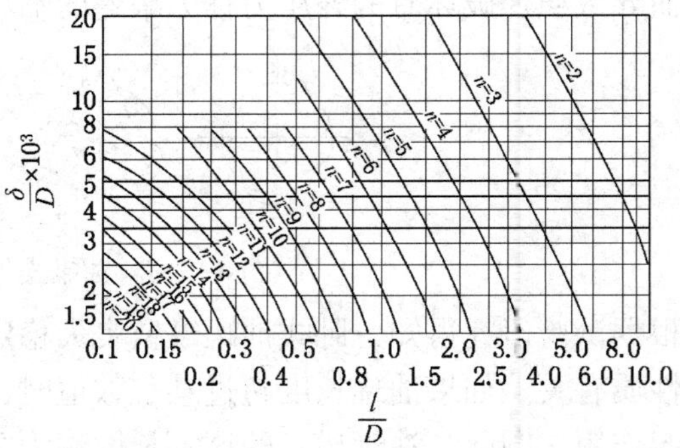

图 4-3-9

为了安全，外压力不能等于或接近临界压力。如前所述，临界压力是油罐丧失稳定时的外压力。实际上，当外压力等于(1/2 ~ 2/3) $p_{临界压力}$时，罐壁已出现压扁等局部丧失稳定现象。为了保证油罐的安全，引入稳定安全系数 m，求出允许临界压力[$p_{临界}$]：

$$[p_{临界}] = \frac{p_{临界}}{m} \qquad (4-3-5)$$

式中稳定安全系数 $m=4\sim6$。

油罐外部径向作用于油罐的外压力 $p_{外}=p_{土}+p_{真}$ 应当等于或小于允许临界压力：

$$[p_{临界}] \geqslant p_{土} + p_{真} \qquad (4-3-6)$$

若不满足式(4-3-6)的条件时，应采取加大罐壁厚度 δ、增加加强环数目(即减小加强环间距 l)或在满足工艺要求的情况下减小油罐覆土深度，直到满足要求为止。

采用式(4-3-4)计算临界压力的过程比较繁琐，用下列近似公式计算比较简便，其计算结果与式(4-3-4)的计算结果十分接近，一般误差只有 1%。因此，在实际计算中也可采用近似式：

$$p_{临界} = \frac{2.42E}{(1-\mu^2)^{1/2}} \cdot \frac{\left(\frac{\delta}{D}\right)^{5/2}}{\left[\frac{l}{D} - 0.45\left(\frac{\delta}{D}\right)^{1/2}\right]} \qquad (4-3-7)$$

将 $\mu=0.3$ 代入，整理后得：

$$p_{临界} = \frac{2.6E\left(\frac{\delta}{D}\right)^{5/2}}{\frac{l}{D} - 0.45\left(\frac{\delta}{D}\right)^{1/2}} \qquad (4-3-8)$$

五、埋地油罐的抗浮计算

1. 校核公式

直埋式地下放空罐，在地下水位高的地区，有被地下水浮起的可能性，特别是油罐腾空时，被浮起的可能性更大。油罐一旦被浮起，就会折断与油罐相连的管路或阀门，此类事故曾发生过多次。因此，在埋设卧式油罐时，应埋在地下水位低的地区，避免油罐被地下水浮起。若流程要求而又受客观条件限制，非将油罐埋设在地下水位较高的地段不可时，一般采取两种方法解决：一是开挖排水沟，降低地下水位；二是作加锚抗浮处理。

由水力学可知，水对物体的浮力等于物体所排开同体积水的重量。因为油罐上部有覆土层，因此空油罐不被浮起的条件应为：

$$G_{罐} + G_{土} \geqslant K \cdot V_{水} \cdot \rho_{水} \cdot g$$

即

$$\frac{G_{罐} + G_{土}}{K \cdot V_{水} \cdot \rho_{水} \cdot g} \geqslant K \qquad (4-3-9)$$

式中 $G_{罐}$——油罐重量，N；

$G_{土}$——油罐上部覆土重量，N；

$$G_{土} = V_{土} \cdot \rho_{土} \cdot g;$$

式中 $V_{土}$——油罐上部覆土体积，m^3；

$\rho_{土}$——回填土的密度(见表4-3-1)，kg/m^3；

$V_{水}$——油罐浸入水中的体积，m^3；

$\rho_{水}$——水的密度，kg/m^3；

K——安全系数，一般取1.1~1.3；

g——重力加速度。

油罐上部覆土体积理论上可按下式计算(图4-3-10)：

$$V_{土} = \left(hD - \frac{\pi D^2}{8} + h^2 \mathrm{ctg}\phi\right) L \qquad (4-3-10)$$

式中 ϕ——覆土土壤的休止角，见表4-3-2。

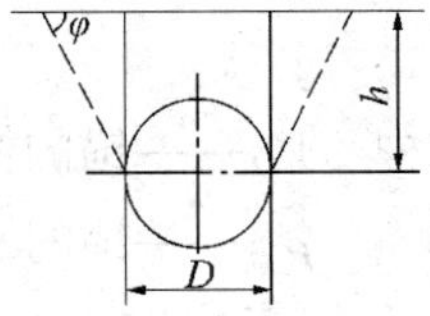

图4-3-10

采用公式(4-3-10)计算油罐上部覆土体积，认为油罐水平直径上方两侧的楔形土块均能作用于油罐上，这与实际情况是不符合的。从所发生的放空罐被浮起的事故来看，按式(4-3-10)计算的土壤重量是足以保证放空罐不被浮起的。

为了保证油罐的安全，油罐上部覆土体积建议只考虑油罐水平直径范围内部分，用下式计算：

$$V_{土} = hDL - \frac{V}{2} \qquad (4-3-11)$$

式中 h——油罐水平轴至回填土表面的距离，m；

D——油罐直径，m；

L——油罐长度，m；

V——油罐体积，m^3。

2. 抗浮措施

当计算结果表明储油罐不能满足抗浮要求时，必须采取一些有效的抗浮措施来防止储油罐浮起。在大量的生产实践过程中，对加油站埋地卧式油罐一般采取以下两种抗浮措施。

① 在地下水位不是很高、土质比较坚实、干燥的地区，加油站空间允许的条件下，可以采用减少卧罐的埋地深度、在油罐正上方建一个沙(土)池的方法(如图 4-3-11 所示)，并运用粗沙垫层做基础。用抗浮计算公式算出需要埋地多深油罐才不会被浮起，减少油罐埋地深度在油罐正上方进行地面覆土。埋设方法：将浮土清除并夯实后，铺上 $h_1 = 20 \sim 30\text{cm}$ 厚的粗沙垫层(垫层长度和宽度应比油罐长度和宽度大 1.4m 左右)，再在油罐壁四周铺上 $h_2 = 30 \sim 40\text{cm}$ 厚的粗沙，并按罐壁的外形做成弧形($2\alpha \geqslant 70°$，一般 $2\alpha = 90°$，α 为罐壁与弧形沙垫层接触包角的 1/2)，最后放入卧式油罐回填夯实。考虑到油罐的防腐，建议回填土用干净的沙子。

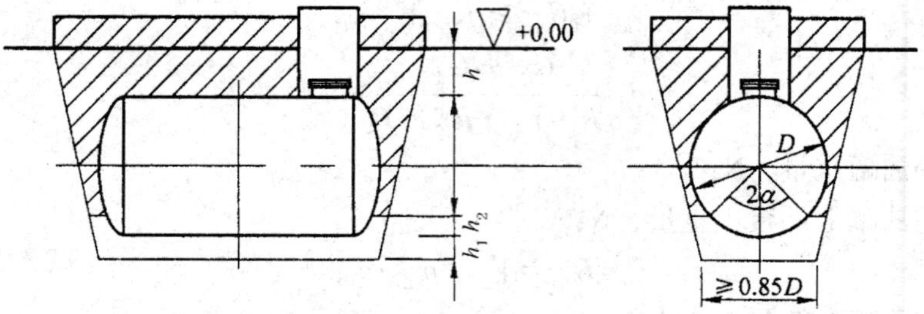

图 4-3-11　减少油罐埋地深度和建沙(土)池的示意图

② 当地下水位高、土质不好时，建议采用混凝土或钢筋混凝土做基础，这是加油站抗浮设计最常用的方法。为了防止卧式油罐的不均匀沉降，一般应先铺设碎石或片石垫层，夯实后垫层不得小于 10~15cm，然后在其上铺设混凝土枕基(枕基应比油罐直径长 0.5~1m)，其间距等于加强环的间距，枕基上的弧形部分由混凝土浇筑而成(如图 4-3-12 所示)。油罐加锚时，锚以混凝土浇筑，利用嵌入的地脚螺栓和扁钢拉条，使油罐固定在锚上。所需加锚的体积可以由式(4-3-12)计算：

$$V_{锚} = \frac{K \cdot V_{水} \cdot \rho_{水} \cdot g - G_{罐} - G_{土}}{(\rho_{锚} - K\rho_{水})g} \qquad (4-3-12)$$

式中　$V_{锚}$——锚的体积，m^3；

$\rho_{锚}$——锚的密度(查表 4-3-3 可得)，kg/m^3；

K——安全系数，一般取 1.1~1.3。

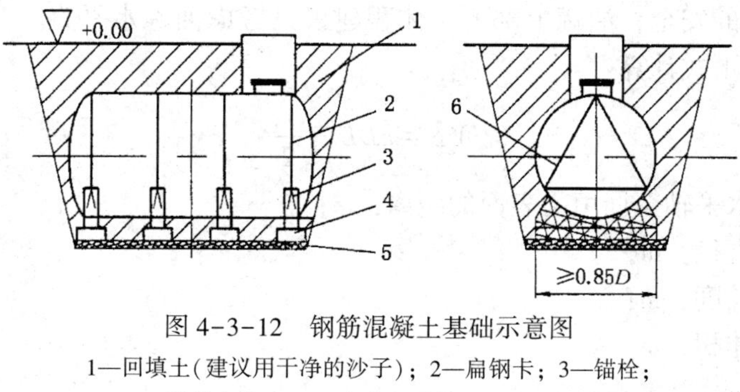

图 4-3-12　钢筋混凝土基础示意图

1—回填土(建议用干净的沙子)；2—扁钢卡；3—锚栓；
4—混凝土基础；5—夯实的碎石；6—加强角钢

表 4-3-3 混凝土密度表

混凝土名称	密度/(t/m^3)	混凝土名称	密度/(t/m^3)
混凝土	2~2.4	矿渣混凝土	2
钢筋混凝土	2.4~2.5	铁屑混凝土	2.8~6.5
碎砖混凝土	2	沥青混凝土	2
焦渣混凝土	1.6~1.7		

在加油站设计中埋地卧式油罐的抗浮计算是不可缺少的重要内容，如果忽略了这一点就可能造成重大事故。为避免由于地下水位过高造成的事故，必须认真进行抗浮计算并采取适当的抗浮措施。

第四节 油罐的正确使用、清洗和除锈

一、金属油罐使用的基本条件

新建或经过大修理以后的油罐，必须具备以下条件，才能投产使用。

① 符合原设计规定和安装技术要求，经过外观检查，压力、真空试验合格，沉降不超标，并经验收合格。

② 附件质量合格，安装正确、齐备，阀门启闭操纵灵活，管道及其与罐体连接处焊接严密无渗漏。

③ 连同管线、油泵和输转设备、消防、加热、保温等配套设备，经过试运转成功。

④ 防火堤以及罐区内环境整洁、无杂草杂物，排水渠道畅通，排水阀门启闭灵活，消防道路通畅。

⑤ 经过测量检定编制了容积表，有完备合格的计量工具和经考试合格的计量人员。

⑥ 油罐资料齐全，操作人员对与油罐相关的工艺熟悉。

二、钢油罐的正确使用

为了保证收发作业安全和油品储存质量，延长油罐使用寿命，必须正确使用油罐，加强油罐的管理维护，一般说来，应做到以下几点：

1. 建立油罐技术档案

无论是新罐，还是使用多年的旧罐，都应该建立技术档案。新罐从验收到第一次装油时起，就应按照油罐编号着手建立资料，以后每次技术鉴定或修理，都应认真记载，以便掌握油罐的技术状况。

油罐技术档案主要包括以下内容：

① 油罐图纸、说明书、编号。

② 油罐施工情况记载。

③ 油罐竣工后的实际尺寸。

④ 油罐试压、试漏情况记载。

⑤ 附属设备性能一览表及其技术状况。

⑥ 每次技术鉴定和修理情况记载。

2. 储存油品期间使用注意事项

油罐储存油品，从表面上看处于相对静止状态，但随着气温、湿度等外部条件的变化和油罐使用年限的增大，可能会出现一些异常情况，应定期检查并着重注意以下几点：

① 平时应使油罐尽可能满装(但不得超过安全高度)，以减少油品蒸发空间；一次来油尽可能进一个油罐，便于计量与操作管理。

② 注意对机械呼吸阀的日常维护，保证启闭灵活。夏天应特别注意机械呼吸阀因筑有鸟巢而堵塞呼吸通道；冬天应注意因冰冻而影响阀盘的启闭；雷雨季节更应防止因呼吸阀的失灵而造成油罐吸瘪事故。

③ 冬天还应该做好阀门等附件保温工作。一般可采用阀件外包扎稻草或石棉绳和尼龙纸的简易做法。

④ 做好计量工作。每天都要做出完整记录，并在控制室和揭示板上及时、准确地提供油罐存油动态。

⑤ 查漏。注意经常及时观察罐体与附件的接合有无渗漏或油气泄出，注意观察油罐周围的雨水面上有无油渍。直埋地下油罐，应每年开挖 3~5 处检查有无防腐层破损或渗漏。

⑥ 投产 5 年以上的油罐，要结合油罐的清洗，对油罐的底板锈蚀程度进行重点检查，必要时还应作真空试漏。

3. 油罐收发油时的注意事项

收油前要有计划，各岗位人员要落实到位，并有详细记录；收油作业过程中必须及时巡检等。为保证收油作业的顺利进行，必须注意以下几点：

① 认真核对随货同行的单据、车号，经计量和化验人员对来油确认无误后方可入库。

② 同时做好接卸准备工作，及时计量油罐存油，确认可收油量的多少，及时正确调度进哪(几)个油罐，使用哪(几)条管线，要打开(关闭)哪些阀门，均要落实到人。有关人员应在操作前做到心中有数，并有明显标志(一般采用挂号牌的方法)和严格的安检员复核制度，确保油品准确无误地进入相应的油罐，避免混油事故的发生。该关闭的阀门应该关紧，以免串油事故的发生。

③ 注意控制进油初速，避免静电事故发生，一般油品的初速在 1m/s 以下，待压力稳定后可逐步提高到正常流速。

④ 及时巡检，随时观测储油罐液位变化，以掌握进油情况；收油过程中操作人员不能脱岗，大多数跑油事故的发生是因操作人员盲目离岗而造成的。

⑤ 收油完毕待静置规定的时间以后，对油品必须进行计量。

⑥ 收油完毕，及时关闭有关管线上的阀门。

⑦ 收油完毕，做好台账，记录有关情况。

⑧ 发油即往外加油时，应特别注意审核用户所购油料种类和牌号，严防发(加)错油料，造成不必要的损失。

4. 对油罐附件进行检查的规定

油罐附件的检查周期和各种检查的检查内容应符合表 4-4-1 的要求。

表 4-4-1 油罐主要附件检查内容与周期表

配件名称	检查周期	检查内容
人孔及采光孔	每月一次(不必打开)	是否有渗油、漏气
量油孔	每月不少于一次	盖与座间密封垫是否严密、老化，导向槽磨损情况，螺帽活动情况
机械呼吸阀	每月两次，气温低于0℃时每周至少一次	阀盘和阀座接触面是否良好，阀杆上下灵活情况，阀壳网罩是否完好，有无冰冻，压盖衬垫是否严密
阻火器	每季度一次，冰冻季节每月一次	防火网或波形散热片是否清洁畅通，有无冰冻，垫片是否严密，有无腐蚀现象
透气管	每季度一次	是否损坏
放水阀	每季度一次及结合清洗油罐时进行	试验转动灵活性，填料函及清洁垫片处有无渗漏，阀槽有无残存杂物，检查内部放水管段完整情况
进出油阀门	每年不少于一次及结合清洗油罐时进行	检查填料函及清洁垫片处有无渗漏，阀体内部有无残存杂物等
加热器	每年冬季前检查一次，冬季每月一次	阀门有无漏气，油水分离器性能是否良好，排水有无带油现象，检查内部支架有无损坏，管道头外部检查
接地装置	每季检查一次	接地标桩是否完好，连接点是否松动，接地电阻是否符合要求

三、卧式油罐的清洗

1. 油罐清洗的条件

在下列条件之一的情况下，油罐需要清洗：

① 新建油罐在装油之前需要清洗；

② 换装不同品种牌号的油料时，原储油罐对新装油料质量有影响时需要清洗；

③ 油罐损坏，必须采用焊接方法进行修复时，或对油罐进行除锈涂漆时，应先腾空油料冲洗油罐排净油气，工程完工之后再经过清洗方可装油；

④ 装油时间长，罐内较脏时，需要清洗。

2. 卧式油罐清洗方法

卧式油罐因罐小，通常采用简易的清水浸泡方法清洗油罐，但特别要注意人员进罐操作的安全。清洗主要步骤及注意问题如下：

① 排净罐内存油。

② 向罐内灌满清水至人孔颈部，除去颈部水面上的油污。

③ 浸泡时间为一周左右。每隔 2~3 天，用 0.45kg 手锤在油罐各部位敲击振动(敲击点距焊缝 5cm 以外)。

④ 排净罐内水，人员进罐清扫。

a. 罐顶存水面上有油污，需要收集清除，排放罐内水时，要视水质酌情处理，防止污染环境。

b. 进罐人员必须穿工作服、工作鞋，戴工作手套、防毒面具，并系上安全带。人孔处需有 2 人守护，观察罐内人员动态，作业时间一般控制在 15min 左右。

c. 清扫残油、污水、锈渣应用纯棉制品的擦布、拖把、扫帚，严禁用铁质、钢质及化纤织物的工具。

四、油罐除锈

1. 油罐除锈的条件

在下列条件之一的情况下，油罐需要除锈：

① 新建油罐的内、外表面涂装防腐层时，首先必须对油罐进行表面处理，然后才可以涂漆。

② 油罐内、外表面防腐层受到破坏，需要补刷防腐层时，首先应进行除锈。

③ 油罐大修后，进行表面防腐时，应先对油罐表面除锈。

2. 油罐除锈方法

几种油罐除锈方法的设备、原理、优缺点和适用范围见表 4-4-2。

表 4-4-2　油罐除锈方法对照表

方　法	主要设备及工具	原理及技术数据	适用范围及优缺点
手工方法	刮刀、铲、锤、控、钢丝刷、铜刷、钢丝束、砂布	靠人工操作，每人每天约除锈1～3m^2	方法简单，适用于边、角处除锈。但劳动量大，功效低，质量较差
机械方法	风动刷、除锈枪、电动刷、电动砂轮、针束除锈器等	利用机械冲击与摩擦的作用去除锈蚀及污物	效率较高，质量较好。但不易去除边、角、凹处锈污
机械喷射处理法：干喷砂处理	喷砂器，分单室喷砂器和双室喷砂器两种；眼罩、呼吸面具、特殊盔罩；空压机	利用 3.5～6kg/cm^2 的压防空气将砂由喷嘴喷射至金属表面，可去除表面氧化皮、铁锈、旧漆膜	处理效果好，效率高，但砂尘飞扬，必须劳动保护
机械喷射处理法：湿喷砂处理	湿喷砂装置，有砂罐、水罐、空压机	除锈原理同上，砂罐工作压力 5kg/cm^2，水罐 1～3.5kg/cm^2。需加入 1%～1.5%的防锈剂	减少了砂尘飞扬，处理效果好，效率高，约除锈 3.5～4m^2/h。但在 0℃以下时不能用
机械喷射处理法：真空喷射处理	真空喷射除锈装置，空压机	利用压缩空气喷砂除锈，又靠真空吸回砂粒，循环喷射	除锈效率高，劳动卫生条件好，但不适于形状不规则的零件、型材及曲率很大的制件
化学处理	化学处理习惯称酸洗，其方式有浸渍酸洗、喷射酸洗、酸洗膏等。浸渍酸洗即把金属件浸泡在洗槽内；喷射酸洗即像化学洗油罐法，前面已介绍；酸洗膏是涂抹法	利用酸和金属氧化物（锈）起化学反应而达到除锈；再用碱中和来保护金属；再经水冲去除洗液、烘干等工芹。为防止钢板再生锈，有时加钝化处理	除锈干净彻底，效率高。但各个步骤掌握要求高，溶液配制要求严，否则反会使金属被腐蚀

第五节　油桶及其库房与使用

油桶是储存油料的小型容器，常用于储存和运输较小数量的油料和质量要求严格的润滑油、润滑脂。桶装油料，也称整装油料，其机动性能好，运输方便，便于储存，特别适用于零散终端用户，是对散装运输方式的重要补充。

一、油桶的规格型号

油桶的规格主要有200L圆桶、100L圆桶、30L扁桶以及一些小型方、圆、扁桶等。常用油桶及主要参数见表4-5-1和表4-5-2。

表4-5-1 油桶型号规格及主要技术参数

型号＼参数	额定容量/L	桶内径/mm	板厚/mm	桶外高/mm	注入口径/in	透气口径/in	理论质量/kg
TY-100型	100	447	1.5	725	G2	G3/4	18
TY-200型	200	560	1.25(轻型) 1.5(重型)	900	G2	G3/4	23(轻型) 27.5(重型)

注：1. XYT-200型为镀锌油桶，外形同TY型。

2. QYT-200型为内部喷涂料油桶，外形同TY型。

表4-5-2 润滑脂桶型号规格及主要技术参数

型号＼参数	理论容量/L	桶径/mm		桶高/mm		板厚/mm	外形尺寸/mm	理论质量/kg
		内径	外径	外高	内高			
ZT-2型润滑脂盒(2kg润滑脂盒)	2.26		165	110		0.5	188×117	0.55
ZT-5型润滑脂桶(5L润滑脂桶)	5.4	179			215	1	219×217×230	1.85
ZT-20型润滑脂桶(20L润滑脂桶)	21	260			395	1	309×301×408	4.15
ZT-100型润滑脂桶(100L润滑脂桶)	107	447		725		1.5		19

二、桶装油品库房(棚)的要求

① 桶装油品(重桶)库房的单栋面积，不得超过表4-5-3的规定。

表4-5-3 重桶库房单栋建筑面积

油品类别	耐火等级	建筑面积/m^2	防火墙隔间面积/m^2
甲	二级	750	250
乙	二级	2000	500
	三级	500	250
丙	二级	4000	1000
	三级	1200	400

引自：《石油库设计规范》GB 50074—2002，表10.3.3。

② 油品重桶库(棚)的设计应符合下列规定：

a. 油品重桶库房(棚)宜单独设置。当甲、乙类油品重桶与丙类油品重桶储存在同一栋库房内时，两者之间应设防火墙；

b. 甲、乙类油品的重桶库房，不得建地下或半地下式；

c. 重桶库房应为单层建筑物。当丙类油品的重桶库房采用二级耐火等级时，可为双层建筑物；

d. 油品重桶库房应设外开门。丙类油品重桶库房，可在墙外侧设推拉门。建筑面积大于或等于 $100m^2$ 的重桶堆放间，门的数量不应少于两个，门宽不应小于 2m，并应设置斜坡式门槛，门槛应选用非燃烧材料，高出室内地坪 0. 15m；

③ 油桶堆码应符合下列规定：

a. 空桶宜卧式堆码。堆码层数以 3 层为宜，且不得超过 6 层。

b. 重桶应立式堆码。机械堆码时，甲类油品不得超过 2 层，乙类和丙 A 类油品不得超过 3 层，丙 B 类油品不得超过 4 层。人工堆码时，各类油品均不得超过 2 层。

c. 运输油桶的主要通道宽度，不应小于 1. 8m。桶垛之间的辅助通道宽度，不应小于 1. 0m。桶垛与墙柱之间的距离，应为 0. 25～0. 5m。

d. 单层的重桶库房净空高度不得小于 3. 5m。油桶多层堆码时，最上层距屋顶构件的净距不得小于 1m。

三、油桶的使用

1. 为防止静电危害，灌桶时应注意以下事项

① 严格控制灌桶时的油品流速，灌装 200L 油桶的时间应符合下列规定

a. 甲、乙、丙 A 类油品宜为 1min。

b. 润滑油宜为 3min。

c. 灌油枪出口流速不得大于 4. 5m/s。

② 油桶应可靠接地，不得使油桶与大地绝缘。

③ 灌桶人员应穿戴防静电服、手套、鞋。

④ 灌桶时不得用丝绸和化纤类抹布擦拭油桶。

⑤ 换装不同油料时，必须先将桶清洗干净，这不仅可防止混油，利于保证油料质量，而且可以减少灌桶时产生的静电，以利安全。

2. 洗修油桶时的防火措施

① 洗修间中的乙炔发生室、气焊室、喷漆室以及空压机室和锅炉室应用实墙分别隔开，其中乙炔发生室、喷漆室需设单独出入口，并装设防爆照明灯具。

② 验收后的待洗桶，要按油桶规格、装油种类分别整齐、稳固的堆垛存放，远离火源。

③ 清除堆放场地的杂草和其他易燃物，保持场地整洁。

④ 平平加的保管温度不得高于 30℃，乌洛托品、亚硝酸钠要保管在密封容器中。盐酸应密封保管，防止漏气或进入水分。

⑤ 施焊时操作氧气瓶、乙炔发生器时，均应严格遵守使用规则。

3. 油品桶装库的防火措施

① 桶装油料要坚持日检查制度，发现渗漏，及时倒桶，清除油迹，禁止漏桶入库。油桶在搬运中，严禁互相撞击或用铁质工具碰击以防产生火花。

② 搬运油桶时，应轻搬轻放，严禁敲打、撞击，若用铁质的倒桶嘴子要小心谨慎，以免磕碰火花。油料灌装不得超过规定的容量，避免由于温度升高，桶内油料体积膨胀和油蒸气压力增大而爆炸。

③ 桶装油料库房应根据油气浓度和湿度，适时通风，门窗要严密。灌桶间通常不设照明灯具，若需要时，应使用符合防爆等级的灯具。

④ 发出桶装油料，不宜使用铁制车箱。装车时，两层桶中间应衬垫物，不准将渗漏油桶装上车。接收桶装油料时，应用旧轮胎或跳板垫衬卸桶，以防止油桶掉落撞击。

第六节　LPG 储罐的技术要求和选型

一、LPG 储罐的技术要求

液化石油气加气站的 LPG 储罐是必备的容器设备。储罐的设计、制造、安装和使用是否正确合理，直接关系到加气站能否安全运营，一旦出现问题往往会酿成重大安全事故，若处置不当将有可能造成严重后果。因此，在储罐的设计、制造、安装和使用中，均应严格遵守专业技术规范，正确操作使用。

1. 储罐设计标准

① LPG 储罐设计应符合现行国家标准《钢制压力容器》GB 150、《钢制卧式容器》JB 4731 和《压力容器安全技术监察规程》的有关规定。站内的 LPG 储罐按充装丙烷气质(Ⅲ类)容器设计。

② LPG 储罐的设计参数：

储罐的设计压力不应小于 1.77MPa；工作压力 1.6MPa；

设计温度 50℃；工作温度-15~50℃；

焊缝系数 1.0，腐蚀裕度 1mm；

地震烈度 8 级。

2. 储罐设置要求

(1) 安装要求

LPG 储罐的安装形式通常有地上、地下和半地下等多种安装形式，根据《汽车加油加气站设计与施工规范》GB 50156 的规定，液化石油气储罐在安装方面有以下规定：

① 严禁设在室内或地下室内。在加油加气合建站和城区内的加气站，液化石油气储罐应埋地设置，且不宜布置在车行道下，其罐上不得堆放任何杂物。

② 储罐若采用罐池式埋地设置时，罐池应符合下列规定：

a. 罐池宜采用钢筋混凝土建造，且应采取防渗措施；

b. 罐池的尺寸大小应使储罐外壁距罐池内侧的距离不小于 0.9m，使储罐顶的覆盖层厚度(含盖板)不小于 0.5m；

c. 储罐与罐池间的间隙应用中性细沙或沙包填实；

d. 罐池一侧应设排水沟，池底面坡度宜为 3‰。抽水井内的电气设备应符合防爆要求。

③ 直接覆土埋设在地下的 LPG 储罐，其罐顶的覆土厚度不应小于 0.5m；罐周围应回填中性细沙，其厚度不应小于 0.5m。

④ LPG 储罐应采用钢筋混凝土基础，并应限制基础沉降。储罐应坡向排污端，坡度应为 3‰~5‰。

⑤ 若储罐受地下水或雨水作用有上浮的可能时，尤其地处地下水位高的地区，应采取防止储罐上浮的措施。其具体方法，请参见本书第四章第三节关于“埋地油罐抗浮计算”的内容。

(2) LPG 储罐附件的设置要求

① 储罐首级关闭阀门的设置应符合下列规定：

a. 储罐的进液管、液相回流管和气相回流管上应设止回阀；

b. 出液管和卸车用的气相平衡管上宜设过流阀；

c. 止回阀和过流阀宜设在储罐内。

② 储罐的管路系统和附属设备的设置应符合下列规定：

a. 管路系统的设计压力不应小于 2.5MPa；

b. 储罐必须设全启封闭式弹簧安全阀。安全阀与储罐之间的管道上应设切断阀。在管系的高点应设排气阀。地上储罐放散管管口应高出储罐操作平台 2m 及以上，且应高出地面 5m 及以上；地下储罐的放散管管口应高出地面 2.5m 及以上；放散管管口应设有防雨罩。

c. 在储罐外的排污管上应设两道切断阀，阀间宜设排污箱。在寒冷和严寒地区，从储罐底部引出的排污管的根部管道应加装伴热或保温装置；

d. 对储罐内未设置控制阀门的出液管道和排污管道，应在储罐的第一道法兰处配备堵漏装置；

e. 储罐应设置检修的放散管，其公称直径不应小于 40mm，并宜与安全阀接管共用一个开孔；

f. 过流阀的关闭流量宜为最大工作流量的 1.6~1.8 倍，且宜选用气动阀，其操作按钮应设在加气区、控制室、储罐区内，以保证意外泄漏事故发生时能迅速采取措施。

③ LPG 储罐测量仪表的设置应符合下列规定：

a. 储罐必须设置就地指示的液位计、压力表和温度计以及液位上、下报警装置；

b. 储罐宜设置液位上、下限限位控制和压力上限报警装置；

c. 在一、二级加气站内，储罐液位和压力的测量宜设远传二次仪表；

d. 液位计应加装可带液检修浮球的装置，当浮球失效发生故障时，可进行带液检修更换。

(3) LPG 储罐的防腐

① 埋地液化石油气罐外表面的防腐设计，应符合国家现行标准《钢质管道及储罐腐蚀控制工程设计规范》SY 0007 的有关规定。

② 埋地 LPG 罐外表面应采用最高级别防腐绝缘保护层。

③ 埋地 LPG 罐还应采取阴极保护措施。

④ 在 LPG 罐引出管的阀门后，应安装绝缘法兰。

(4) LPG 储罐上开孔的规定

储罐应尽量少开孔，以减少泄漏隐患。工艺管道的各种开孔应集中在人孔法兰或人孔侧壁上。加气站采用槽车带泵卸液方式并单罐布置时，宜开设 1 个人孔；加气站设有卸车泵且双罐布置时，宜开设 2 个人孔。储罐上的液位计开孔应设液位浮球导向筒，以防止液位波动球被卡住，造成显示失真。

(5) LPG 储罐集残坑的设置

储罐应设集残坑，以便于定期排残和事故状态的应急传输。排残管下部管线应有固定装置，严禁悬空。

(6) 法兰密封的选用

液化石油气储罐容器的第一道法兰，应采用高颈对焊法兰、金属缠绕垫片(带外环)和高强度螺栓紧固的组合，不得选用石棉橡胶垫片、平面或凸面密封法兰和低碳钢螺栓的组合。

(7) 有条件的加气站可设置双层夹套储罐

夹套间可充氮气或非腐蚀性液体，以防止储罐泄漏，并可在夹层内安装泄漏探测传感器，以提前预报储罐泄漏。

二、LPG 储罐容量的确定

1. 容积计算

LPG 储罐的容积可按式(4-6-1)计算：

$$V = QHK_{m}^{max}/\rho\varphi \quad (4-6-1)$$

式中 V——储气容积，m^3；

Q——年平均日供气量，t；

K_{m}^{max}——月高峰系数；

H——储备天数，一般取 2~3 天；

ρ——液化气密度，t/m^3；

φ——罐装系数，取 0.9。

除根据加气站规模确定外，还应考虑大于液化石油气运输槽车容积，一般不应小于槽车储罐的 1.2 倍，条件许可时宜更大些。这样有利于液化石油气的调度运输、卸车作业和加气的连续性。

2. 单罐容量和罐型的选择

按《汽车加油加气站设计与施工规范》GB 50156—2002 规定，在城市建成区内不应建一级加油站、一级液化石油气加气站和一级加油加气合建站，建站宜采用地下储罐。因此，对于城市 LPG 加气站宜选用卧式储罐，且宜选用 2 个不超过 $20m^3$ 的卧式钢制储罐，配置 2 台潜液泵，使之互为备用。若采用半埋式地下储罐宜选用 1 个 $30m^3$ 储罐，配置 2 台专用地面泵，互为备用。

对于建在城市郊区的一级加气站，可选用 2 个 $30m^3$ 的卧式钢储罐，采用全埋式或半埋式安装，配置 2 套潜液泵或 2 套专用地面泵。

三、储罐直径的确定

储罐直径应综合考虑以下几方面的因素加以选择确定。

① 地下罐直径宜大些，这样可减少占地、节约土建配套投资、有利于站址选择，且容易满足防火安全要求。

② 应与潜液泵性能计算数据相吻合，使泵能优效工作。

③ 储罐直径与罐壁厚度的材料耗用应合理比较匹配，避免直径过大，使罐壁计算厚度加大，从而罐耗材量增加，造成不必要的浪费。

④ 罐的直径与标准封头一致。

第七节 LPG 储罐的安装和使用

一、施工资质的确认

1. 施工企业及施工人员的资质确认

从事 LPG 储罐容器安装的企业必须是已取得相应的安装资格的企业，或者是经安装单位所在地的省级安全监察机构批准的安装单位。有条件的地方应对 LPG 储罐容器的安装实行工程监理。从事压力容器安装监理的监理工程师应具备压力容器专业知识，并通过国家安全监察机构认可的培训和考核，持证上岗。从事 LPG 储罐安装作业的人员应持有技术质量监督部门培训考核的合格证件，如项目经理证、电焊工证、电工证等。各项作业应两人进行，其中一人应负有作业质量监督的安全责任。

安装作业的企业应当具有企业所在省、市、自治区建委核发的企业资质等级证书，准予承接工程的范围应当明确写明准许 500m^3 液化石油气站安装作业。

2. 施工作业手续的确认

加气站 LPG 储罐的安装作业，其工程项目应当具备符合规定的相关批准文件：

① 应当持有城建规划部门核发的《建筑工程规划许可证》；

② 应当持有公安消防部门核发的防火安全批准文件，动火作业时应当在所在地防火部门申请动火证；

③ 应当持有政府环保部门核发的批准文件；

④ 工程项目具备上述条件后，可向建委主管部门申办开工证，当规定应招投标时，应先进行一系列工程项目的招投标工作并签认相关合同。

3. LPG 储罐有关文件的确认

加气站所安装的 LPG 储罐是工厂内制造成品，在安装时应当具有下列有效文件：

① 加盖制造单位压力容器技术管理专用章且为红印，并有技术负责人签认的制造竣工图；

② LPG 压力储罐产品质量证明书；

③ 压力容器监察部门对于 LPG 储罐制造过程及储罐质量确认的书面文件。

二、储罐的移交

LPG 储罐制造厂与安装单位移交时，应在建设单位主持下进行验收移交。安装单位应依据 LPG 储罐设计图纸对储罐进行具体验收。其主要内容包括：

① 储罐外型几何尺寸及偏差数据；

② 人孔开孔位置、几何尺寸和偏差数据；

③ 工艺管线开孔位置，管径、管壁厚度及偏差数据；

④ 储罐内部配管、部件的管位、位置及安装偏差数据；

⑤ 储罐人孔及其接管和所有第一道密封装置前的制造安装状态检查；

⑥ 储罐吊装位置及做法检查；

⑦ 储罐制造厂铭牌检查。

上述各项检验应在储罐制造厂进行，因为如有问题可及时更改和修复，避免往返运输造成经济损失和工期的延误。特别是有储罐制造问题，修复后需进行热处理，以消除内部不合理的应力。而安装现场没有整体热处理条件，如若不处理，则会给以后压力容器的使用留下不安全隐患，以往工程实例有过类似教训。

三、储罐的安装

1. 吊装运输

在 LPG 储罐吊装过程中，应使罐体上吊环受力均衡，不得磨损罐体涂层，不得碰撞罐体接管，严禁采用罐体的接管系索吊装。LPG 储罐在运输时，其上端应有圆弧过渡的保护竹条，防止扯断架空线缆，避免运输中与桥梁、涵洞等发生碰撞。运输中 LPG 储罐管口应采取保护措施，避免杂物落入。

2. 就位固定

在 LPG 储罐基础尺寸核对无误后，可吊装就位。储罐滑动支座端垫板螺栓孔的长度和安装余量应根据两支座的距离、当地的极端最高气温和最低气温等因素确定。滑动端支座的地脚螺栓应采用双螺母。在第一个螺母拧紧后倒退一圈，然后用第二个螺母锁紧。滑动端垫片及螺栓应涂抹润滑脂，有利于罐体的温度伸缩滑动，避免螺栓锈死。

3. 除锈防腐

LPG 储罐在防腐前应予以全面除锈。可手工除锈或喷砂除锈。现场有条件时，除锈可在安装现场进行；现场无条件时可在厂内一并进行除锈防腐。城区建站，现场除锈防腐不利于环保，粉尘噪声扰民严重。喷砂除锈效果好，但粉尘大，噪声扰民；手工除锈工效低，速度慢，且质量可靠性亦略低。储罐在工厂内一体化综合处理是个较好的施工方案，工效高，质量好，成本低。

LPG 储罐可按设计要求进行防腐。目前有 3 种方法：一是采用特加强级的沥青防腐保护层处理，此种处理比较经济，是传统工艺方法；二是采用特加强级环氧沥青防腐，此法是由前种方法经技术改进而成，绝缘效果好，现正大力推广使用；三是热喷涂锌，将罐体表面现场热喷涂一层金属锌，并在其外喷涂保护层。不论采用何种方法，均应配合采取阴极保护或牺牲阳极保护等措施，防止因腐蚀而发生泄漏事故，延长储罐的使用寿命。

4. 试水沉降

LPG 储罐就位固定后，应进行试水沉降检验。储罐注水应按 1/3 递增，每期稳定时间不小于 12h。基础沉降量应符合 3 天内不大于 10mm，6 天内不大于 12mm 为合格。罐区内宜放置观察储罐沉降的基础点。储罐注水时，宜标注储罐容积标志，分度值为 0. 01m^3。所有液化石油气储罐的管道安装，应在储罐就位且充水沉降试验、基础沉降稳定后进行。沉降用水可用于施工或周边绿化。

5. 排水填沙

这里所讲的排水措施非指沉降试验用水，而是储罐池内防止雨水积存及排水的措施。

储罐一般设有混凝土池，其池底应设排水沟，池底面坡度应为 3‰坡向排水沟，沟内填碎石，上面覆盖两层无纺布，引至集水坑，由手动排水泵抽出。当用电泵排水时，应采用符合安全要求的防爆电机。排水设置完成后，可回填中性细沙，或采用沙包填实。罐顶的覆盖层厚度不应小于 50cm；周边填充厚度不应小于 90cm；覆土层厚度应能承受消防水冲刷。

四、储罐的使用

1. 定期进行使用检验

LPG 储罐投入使用后应进行定期检验。其检验单位及检验人员应取得省级或国家安全监察机构的资格认可和经过资格鉴定考核合格，并接受当地安全监察机构监督，严格按照批准与授权的检验范围从事检验工作。检验单位及检验人员应对压力容器定期检验的结果负责。

LPG 储罐的定期检验分外部检查和内部检验。外部检查应每年 1 次。内部检验应于储罐投入使用 3 年内进行，之后检验周期应视检验结果和 LPG 储罐的安全状态决定。当安全状态好时可延长检验周期；当安全状态不好时应缩短检验周期。安全状态的具体评定标准应依据相关专业技术规定，由有资质且经验丰富的单位及人员评判。

2. 日常例行检查

LPG 罐使用过程中应建立日常例行检查制度，其做法与油罐相同，请参照油罐的使用维护办理。

第八节　CNG 加气站用储气装置

CNG 加气站在早期不设储气装置，是由压缩机直接给 CNG 汽车加气。实践证明，适当地在天然气加气站内设置天然气储气装置，可以大大加快车辆的加气速度，减少压缩机开停机频率，缩短压缩机的工作时间，并节省电能消耗 30%。加气站设置 CNG 储气装置，在没有车辆加气时可先由压缩机将储气瓶的压力充至 25MPa，有车辆来加气时，先由储气瓶给车辆加气，若储气瓶加不满，则由压缩机补充，而当储气瓶内的压力因给汽车加气而降至某一人为设定值后，压缩机再次开启为其充气。为提高储气瓶内气体的利用率又保证车辆加满，站用储气瓶一般按容积分为 3 组，分别称为低压组、中压组和高压组。给车辆加气时，按由低到高的顺序由各组气瓶依次给汽车加气。

一、储气装置的类型

1. 并联小气瓶

以 50~80L 的小型高压气瓶并联在一起，总容积达 60~200m^3，作为站用储气装置。这种储气瓶，标准规定不设排污口。我国曾使用过两种这类储气瓶，一是按美国运输部 DOT 标准生产的运输用小型 CNG 容器，安全系数 2.48，这种容器的本来目的并不是作为地面存储 CNG 用的，因为 DOT 没有制定地面储存应用标准的权限；二是按我国《钢制无缝气瓶标准》(目前我国压缩天然气加气站用储气瓶标准) GB 5009 生产的小型并联气瓶，安全系数 2.3，如氧气瓶等。

并联小气瓶储气装置的缺点如下：

① 气瓶容量小，数量多，连接点多，易产生泄漏。

② 管道口径小，气体流动阻力大。

③ 气瓶一般为水平放置，排列在一起的占地面积较大。

④ 因气瓶无排污口，压缩机排气未分离掉的水分等杂质会逐渐在瓶内沉淀，使气瓶有效容积减小，日久天长，溶解于其中的硫化氢对容器将产生腐蚀。按标准规定，这种气瓶每隔 3 年必须拆开送检一次，逐一进行水压实验，然后再逐个清洗、吹扫、重新安装，运行维护成本很高。且由于气瓶数量大，安装配管工作量大，施工工期长。

这种储气瓶虽然造价较低，容易购得，但由于上述诸多缺点，在新建加气站中已较少采用。

2. 无缝大容积储气瓶

为克服并联小气瓶的诸多缺点，人们制造出了单瓶水容积约 1300~1500L 的专用压缩天然气加气站地面储气的无缝压力容器。大多数加气站只需配备 3~6 个这样的储气瓶就能满足日常供气需要。这种容器多数为厂家生产时就三个一组地安装在一个支架上，现场安装极其方便。该容器一般是按 ASME 第Ⅷ第 1 节压缩气体地面存储设计标准进行设计的，安全系数为 3，容器壁厚比同等 DOT 瓶壁厚高出 39%，专用于地面存储 CNG。容器上有排污口，便于排污。使用过程中，只需定期进行外观检查和壁厚检查，不需要拆除连接件，运行维护费用低。占用的场地小，约 5~7m^2，可露天放置。整体结构能更好地承受冲击载荷及地震波。站内的 CNG 容器数量少，接头少，管线口径大，气流的流动阻力较小。图 4-8-1 是无缝大容量储气瓶现场安装实例。最常见的设置方法是将气瓶叠放，卧式置于地面上，如图 4-8-1(a)所示。也有如图 4-8-1(b)所示立式安装的；还有挖一个地坑，将瓶组垂直安装于坑内的，维修人员可通过设在地坑侧壁上的梯子进出地坑进行维修，地坑边缘设有护栏，顶部设有防雨罩，如图 4-8-1(c)所示。

(a) 卧式安装实例

(b) 立式安装实例

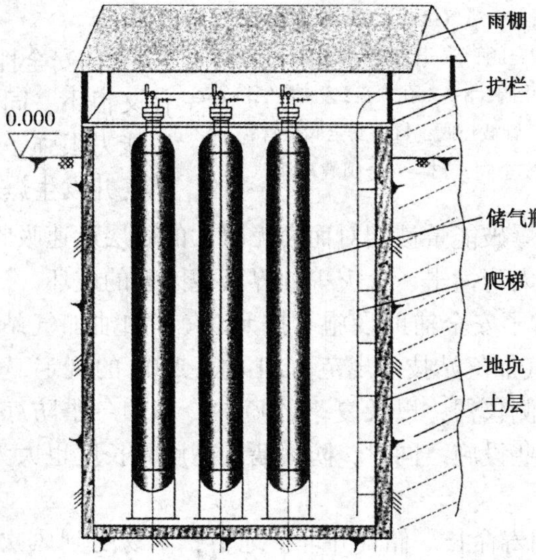

(c) 地坑式储气

图 4-8-1　无缝大容积储气瓶应用实例

3. 地下储气井

(1) 结构

地下储气井是在地面上钻一个深度约为 80~200m 的井，然后将十几根石油钻井工业中常用的 *DN*180 套管通过管端的扁梯形螺纹和管箍接头连接在一起，两头再各安装一个封头，形成一个细长的容器，放至井中，然后在套管外围与井壁之间灌入水泥砂浆，将长筒形容器固定起来，便形成了一个地下储气井。

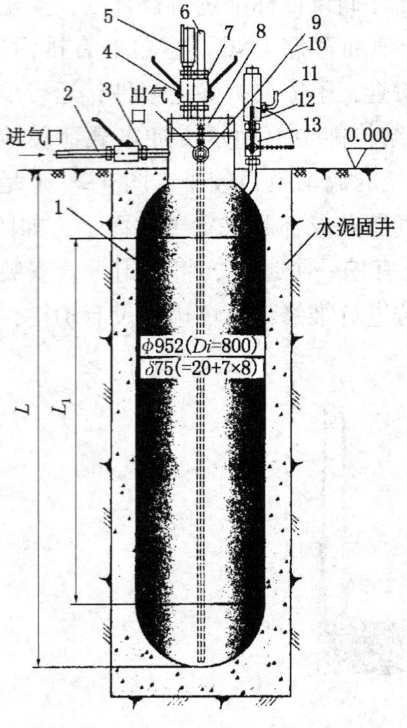

图 4-8-2　储气井结构示意图

1—储气罐体；2—进气接管；3—进气管截止阀；4—压力表截止阀；5—压力表；6—排污接管；7—排污管截止阀；8—人孔顶盖；9—出气接管；10—出气管截止阀；11—安全阀接管；12—安全阀；13—安全阀截止阀

地下储气井的结构如图 4-8-2 所示。根据井深决定井筒和管箍接头的数量，下封头置于井底，上封头上开有排污口和进排气口，排污口下部吊了一根排污管通至井底，有些储气井为了结构简化还将进排气口合二为一。储气井上部大约高出地面 30～50cm，每根套管的长度为 10m。套管与管箍接头的连接螺纹处采用能承受 70MPa 的耐高压的专用密封脂进行密封。

（2）优点

地下储气井可以根据加气站的容积需要，灵活决定储气井的深度和数量，每口井的间距大约 1～1.5m。同地面瓶组相比，这种储气方式有很多优点：

① 节省土地面积。如三口井实际占地只需要 1～2m^2；而且按《汽车加油加气站设计与施工规范》GB 50156—2002 规定，其所需的防火间距只有地面储气瓶组的 50%～70%，所以其实际所需的平面防火禁区面积只有地面储气瓶组的 1/3 左右。这一方面有利于站区平面布置，也有利于站址选择和减少总投资。

② 安全性较好。套筒材料按 API 制造，本身直径又很小，同时外壁有油井专用水泥固封，所以承压能力很强，套管爆破压力达 86MPa。此外，即使储气井发生爆破，其高压气体也是通过撕裂的地层缓慢泄压，爆破能量被相对而言无限大的底层迅速吸收，地面只有轻微振动。同时这种装置还不易受到人为撞击、火灾等外界其他因素的破坏。

③ 节省了安全辅助设施。按照《汽车加油加气站设计与施工规范》GB 50156—2002 和《汽车用燃气加气站技术规范》GJJ 84—2000 的规定，CNG 储气罐必须进行防腐，必须设置可燃气体检测仪器，以及夏季的喷淋冷却和冬季防冻装置，而储气井深埋于地下，冬暖夏凉，无需这些设施。同时，防火墙的高度和长度也大为减小，建设费用只需瓶式储气方式的一半。

④ 使用寿命长。储气井埋于地下，不易受到风吹雨淋及外界的物理损坏，同时套筒外部裹了一层高强度水泥，使其与土壤中的腐蚀介质隔绝，不易被损坏。根据 SY-T 6535—2002《高压气地下储气井》的规定，储气井的使用寿命为 25 年，而按我国《压力容器监察规程》，作为金属压力容器的储气瓶的使用寿命仅为 15 年。

⑤ 运行维护费用低。储气井的检测周期是 6 年，而储气瓶一般为 2～3 年。

⑥ 夏天可多储气。储气井位于地下，温度较低，压缩机排气在其中还可进一步冷却，所以相比于地面瓶组可储存更多的气体。

（3）缺点

① 耐压试验无法检验强度和密封性。

② 制造缺陷不能及时被发现。

③ 排污不彻底，容易对套管造成应力腐蚀等。

(4) 应注意的技术问题

储气井有几项比较关键的技术必须加以注意，早期的储气井在使用中曾出现过这些方面的问题，近年来经过国内一些厂家的努力，有些已得到了一定程度的解决。

① 井口上封头进排气接管和排污接管处容易发生漏气，这通过改用球面密封得到了解决，另外有些厂家将进排气口合二为一，也减少了泄漏点。

② 以往进气口水平布置，高压气流对井壁和排污管根部造成冲蚀，常将排污管吹断。现在的储气井将进气口竖直设置在上封头上则杜绝了这种现象。

③ 储气井有一小部分伸出地面，暴露于空气中，因为空气与大地化学成分不一致，所以在井筒靠近地面处容易产生锈蚀。这一问题的解决办法是在地面以上及以下各约15cm处的筒体上各套一个由镁合金等活泼金属制成的金属环，并用导电材料将两金属环连接，则可避免钢制套筒的腐蚀，取而代之的是金属环的腐蚀，腐蚀后的金属环只需定期更换，可有效保护井体。

④ 储气井还容易出现的一个问题是长时间运行及气体受到冷却后，井底容易出现积水，天然气中或多或少含有一些硫化氢，溶于积水后对井底金属形成腐蚀，虽然有排污装置，但不可能实时排污，只能定期排污，同时排污也无法做到彻底。国内某厂家用一个巧妙的办法解决了这一问题，在储气井底部灌入一些润滑油或液压油，当有积水存在时，油会浮在水面上，将水和天然气隔开，有效避免硫化氢溶解于水而产生腐蚀性。排污时，水排完见到油后则停止排污，对于排出损失的少量油，2~3年补充一次即可。

⑤ 此外，套筒和井壁之间水泥砂浆是通过一个管状物灌入的，有时容易发生灌浆管底部堵塞而灌浆不致密的问题，国内某公司在灌浆管侧壁上开了许多孔，形成了一个多出口的灌浆管，有效解决了这一问题。

二、储气装置的容积匹配

1. 储气装置的容积利用率

站用储气装置在使用中有一个重要的衡量指标称为容积利用率，所谓容积利用率就是将所有地面瓶组的压力充至规定值(如25MPa)后开始给车辆加气，所有被充气车辆要求充至规定压力(如20MPa)，当因为储气瓶自身压力降低而最后一辆车刚好被充满，再多一辆就无法再充满时，储气瓶内被消耗掉的气体标准体积与其初始压力状态所对应的气体标准体积之比。相同的储气瓶总容积，若将其分为容积相等或不等的几组，由各组依次为车辆加气，与不分组相比，容积利用率会有很大差别，即使是相同的分组情况，加气车辆的初始压力不同，容积利用率也不一样。

若储气瓶不分组，将其充至25MPa后开始给车辆充气，当其压力降至20MPa以后便无法继续给车辆充气，因为此时已无法加满20MPa，若忽略充气过程中的温度变化，则储气瓶的容积利用率只有20%。实际上加气是靠储气瓶与车辆气瓶之间的压差进行的，当储气瓶内的压力还没有降到20MPa的时候，加气机流量计已经因为压差太小导致质量流量低于设定值而自动关闭，这是加气机的基本功能之一，如22MPa，那么此时的容积利用率只有 12%。

再如，将储气瓶的总容积按 20%、30%、50%分为三组，依次称为高压组、中压组、低压组，开始时其内压力均为 25MPa，有车辆加气时，先由低压组为其充气，直至压力平衡或加气机流量计因为流量太小而自动关闭；再由中压组为其充气，直至压力再次平衡或加气机流量计因为流量太小而自动关闭；随后是高压组为其充气直至规定的 20MPa。充气过程各组气瓶及车辆气瓶的压力变化见表 4-8-1，可见当高压组气瓶压力降至仍可保证充气速度的 22.1MPa 时，储气瓶的总容积利用率约为 32%。

表 4-8-1 三级储气系统加气过程

过 程	汽车气瓶压力/MPa	低压装置压力/MPa	中压装置压力/MPa	高压装置压力/MPa
开始加气	0	24.8	24.8	24.8
低压转中压	8.3	10.3	24.8	24.8
中压转高压	15.9	10.3	17.9	24.8
加气结束	20.7	10.3	17.9	22.1
用气的容积	—	14.5	6.9	2.8
利用率	—	58%	28%	11%
平均利用率	32%			

美国 CPI 公司进行过一次实测，根据加气时手工记录的每组储气瓶的压力变化来换算储气装置的容积利用率。储气压力 25MPa，总储气量 1163.7Nm^3，储气装置划分成容积相等的三组。车辆充气压力 20MPa，开始为主瓶，储气量 18.3Nm^3，充气车辆钢瓶总数 17 个。充气按由低到高的顺序依次使用各组地面气瓶，每组气瓶每次充气时都充至与车辆气瓶压力平衡。每次各组储气瓶的容积利用率分别为高压组 12.5%、中压组 38.4%、低压组 73.4%，平均值为 41.4%。如果将分组配比结构改为高、中、低压比为 1∶2∶3，则理论上讲储气装置平均容积利用率超过 60%。

加拿大 IMW 公司对由 20 只水容积为 94L 的气瓶组成的总储气量为 470Nm^3 的站用储气装置进行了容积利用率的研究，气瓶和汽车的充气压力仍分别为 25MPa 和 20MPa。当所有气瓶不分组时，容积利用率为 9%；当气瓶分为 2 组，高压组 8 个，低压组 12 个，容积利用率为 27%；当气瓶分为 3 组，高压组 4 个，中压组 6 个，低压组 20 个，容积利用率就是表 4-8-1 中的 32%。

2. 提高容积利用率的措施

实际运行中的储气装置容积利用率还受到许多其他因素的影响，总的来看，储气装置的容积按 1∶2∶3 划分成三级加气系统比较合理，能获得较高的容积利用率，实践也证明了这一点。综上所述，尽管影响储气瓶组中气体利用率的因素较多，但从实用的角度看，在不过多增加加气站成本的前提下，通过以下途径，适当提高储气瓶组的气体利用率是比较可行的：

① 将储气瓶适当分组，尽可能选取 1∶2∶3 的配比结构，或者适当增加低压瓶组的比例；

② 具有自动顺序控制储气瓶组充气功能的加气站，应将高压瓶组的压力作为控制压缩机再启动的变量，这在保证高压瓶组最低压力不低于 20MPa（保证汽车加满的必要条件）的情况下，可使低压瓶组的压力降得尽可能低；

③ 具有顺序控制功能的自动售气机，在保证加气速度不会受到较大影响的前提下，适当减小顺序控制加气流量的截止参数值；

④ 采用手动顺序控制的售气机，可以根据加气车辆气瓶的容量，人为调控低、中、高压充气阀打开时间，以便尽可能多地利用储气瓶组中的气体，尤其在加气车辆不十分繁忙的情况下，对减少压缩机的启动次数还是很有用的。

三、储气装置的容量选择

1. 储气容量对供气能力的影响

储气装置的储气量是储气瓶组的又一个重要技术指标，选取不当可能增加加气站的投资或运行成本，或者影响加气站的供气能力而降低工作效率。

① 相对于一定规格的压缩机，储气瓶组的容量过小，可向汽车提供的气量过少，必然会增加压缩机的启动次数，增大能耗，降低经济效益和缩短设备的工作寿命，当压缩机的排气量较小时更为严重。

② 储气瓶组容量过小会出现汽车加不满气的现象，尤其是公交车等大车更为显著。如果加气站采用自动售气机，当多枪同时加气且每辆车的加气量又比较大时，无论是瓶组还是压缩机直接供气，每个加气枪的流量仍达不到截止流量就会自动关闭，从而导致车辆加不满 20MPa。

③ 瓶组结构设置不合理，会造成气体利用率低，设备浪费。对于采用小气瓶组的储气装置，如果低压瓶组数量较少，而中高压瓶组数量又相对偏多，会因为中高压瓶组压力不能降得太低而导致总的容积利用率下降；另外，采用大气瓶组、大储气罐及储气井时，限于条件，气瓶只能做 1∶1∶1 匹配，因此，相对而言低压瓶组的容积较小，中高压瓶组的容量必将浪费 30%～60%以上，使储气器的整体容积利用率降低，也就相当于使储气瓶组的成本提高了 20%～50%。

④ 如果瓶组设置不合理，为提高容积利用率而将自动售气机的截止流量调低，必然导致加气速度的降低和加气时间的延长，日售气量减少，经济效益下降。

2. 确定储气容量的考虑因素

实际运行经验表明，除了主要供应大型车队晚上加气的慢加气站和直接加气方式以及家用小型加气站外，其他各种加气站都应该配置储气瓶组。储气瓶组的容量选取要考虑如下一些因素：

① 压缩机排气量的大小。压缩机的排气量较大时，储气瓶组的储气容量就可小一些，反之则应大些。

② 加气站的规模和加气车辆数。加气的车辆多，每辆车的加气量大时，储气瓶组的容量应大些，以作为压缩机的有效补充，否则可相对小些。

③ 加气站的类型。母站的储气容量要大，因为压缩机的排量较大，避免压缩机刚开启就迅速停机，而子站因压缩机排量小，故可相对较小。常规站则要考虑车流量、管网压力等其他一些因素。

④ 加气车辆类型。以公交车为主时，储气瓶组容量一定要大，尤其要考虑加气高峰时，大的储气容量才可保证每辆车都能加满气。若以出租车为主，小的储气量就可保证车辆加满。

⑤ 同时加气的售气机台数和加气枪个数。一台售气机，1～2 个枪加气，小储气量也可满足要求。若两台售气机 4 个枪同时加气，储气瓶组的储气量必须大，否则也会出现加不满而加气枪自动关闭的情况。

⑥ 按有关标准规定不同等级的加气站总储气量不能超过一定数值，加气站的建设必须遵照这一规定。

四、子母站间运输用储气装置

压缩天然气子站所需的天然气需要从 CNG 母站用车辆转运而来，这种转运车辆通常称为 CNG 槽车。该槽车运输 CNG 所用的容器就是运输用 CNG 储气装置。

1. 储气装置的形式

用于 CNG 子母站之间运输 CNG 的储气装置有两种形式：一是小气瓶集装成撬，再将撬体安于拖车上。气瓶的直径较小，目前使用的是 ϕ279mm，长度也较小，一般将 144 个这样的小气瓶集装起来；二是将 7~15 个直径较大(目前有 ϕ406mm、ϕ559mm、ϕ610mm 几种规格)、长度也较大的(约 6~12m)气瓶直接组装在拖车上，由专门的牵引车拖动。

2. 两种储气装置的对比

两种形式的储气装置的对比见表 4-8-2。长管容器的制造一般按美国联邦规范 49FER《3AA 和 3AAX 无缝瓶式容器规范》或美国运输部 DOT E8009 特许规范制造，目前天然气的运输用储气器基本都是使用长管半挂车，小气瓶集装撬已基本不用。

表 4-8-2　两种 CNG 运输用储气装置的比较

对 比 项 目	高压气体长管半挂车	小气瓶集装撬
容器数量/支	7~15	144
总充装置/Nm^3	4000~5180	2800
排　污	每只容器都有排污装置	没有排污装置
配　管	只有 7~15 支配管，可能的泄漏点少	有 144 支配管，潜在的泄漏危险较大
快速充装能力	容器少、接头少、管线尺寸大，气体流动阻力小	容器多、接头多、管线尺寸小、气体流动阻力大
气瓶材料	进口 4130X	国产 30CrMo
整体结构性	半挂车为整体结构，刚性大且坚固，不易因车辆的颠簸振动而损坏	以集装箱的方式在路上运输，颠簸、晃动对撬体的冲击较大，容易导致众多气瓶接口管线的松动
成　本	初期投资高，运行和维护成本低	初期投资低，但运行和维护成本较高
再检测	我国目前没有规定	每三年必须对气瓶逐一进行水压实验

第五章 站用油(气)管道

各类加油加气站内的管道，主要有油品管道、燃气管道、呼吸管道、油气回收管道、自来水管道、暖气管道、污水管道等。对于这些管道的选型、设计、安装、使用和维护的一些问题，下面作些简要介绍。

第一节 站用钢管规格及其选型

一、管径选择

用于输油输气的管道，绝大多数选用钢管，钢管有无缝钢管和焊接钢管之分；无缝钢管有热轧和冷拔之分；焊接钢管有对缝焊接钢管和螺旋焊缝钢管之分；按管壁处理情况有普通黑管、镀锌钢管和喷塑钢管之分。

1. 泵送管路直径的确定

用于泵输送的管路直径 d，可用下式直接求得：

$$d = \sqrt{\frac{4q}{\pi v}} \tag{5-1-1}$$

式中 q——流量，m^3/s；

v——平均经济流速(见表5-1-1)，m/s；

d——管路内径，m。

表5-1-1 不同黏度油品的经济流速

油品黏度		经济流速/(m/s)	
运动黏度/($10^{-6}m^2/s$)	条件黏度/°BY	吸入管路	排出管路
1~2	1~2	1.5	2.5
2~28	2~4	1.3	2.0
28~72	4~10	1.2	1.5
76~146	10~20	1.1	1.2
146~438	20~60	1.0	1.1
438~977	60~120	0.8	1.0

2. 自流管路直径的确定

用于自流管路，应根据任务流量、高差及管长等确定，通常可采用下式计算求得：

$$d = \sqrt{0.0827\lambda 4QL_{计}/H} \tag{5-1-2}$$

式中 λ——沿程阻力系数；

Q——任务流量，m^3/s；

H——高位罐与发油点液面高差，m；

$L_{计}$——管路的计算长度，m。

二、管壁厚度的确定

管壁厚度与输送压力、温度及选用的管径和管材有关。可从内力与外力平衡关系求得。加油站内管路属短管路，一般可按式(5-1-3)计算求得管材壁厚。

$$\delta=\frac{pd}{2.3[\sigma]\varphi}+C \tag{5-1-3}$$

式中 δ——管壁厚度，m；

$[\sigma]$——管材许用应力(见表5-1-2)，MPa；

p——输送液体压力(表压)，MPa；

d——管子内直径，m；

φ——焊缝系数：无缝钢管为1；纵向焊接钢管0.85；螺旋焊接钢管为0.6；

C——考虑钢管公差和腐蚀的系数，根据管路工作环境，可取 $C=(0\sim2)\times10^{-3}$m。

5-1-2 管材许用应力[σ]

钢管种类	无缝(或有缝)钢管			螺纹钢管	
材　质	优质碳素钢			碳素钢	低合金钢
	10	20	30	A3F	16Mn
[σ]/MPa	146	174	208	146	224

三、管材规格

① 可供选用的管材见表5-1-3。

表5-1-3 钢管材料

钢管名称	标　准	公称直径/mm	钢　号	适用温度范围/℃
无缝钢管	YB 231	10~500	10 20 16Mn	-40~450 -40~450 -40~475
螺旋焊缝电焊钢管	SYB 10004	200~700	A3F 16Mn	0~300 -40~450
钢板卷管		≥500	A3F 10 20 20g	0~300 -40~450 -40~450 -40~470

② 加油(气)站常用钢管的计算数据见表5-1-4和表5-1-5。

表5-1-4 无缝钢管规格及计算数据

公称直径/mm	外径/mm	内径/mm	壁厚/mm	每米管长外表面积/m^2	金属截面积/cm^2	净断面积/cm^2	每米管长的容积/m^3	每米质量/kg/m	最高耐压力/kPa
32	38	31	3.5	0.1194	3.79	7.55	0.00076	2.98	28714
40	45	38	3.5	0.1414	4.56	11.34	0.00113	3.58	23422
	57	50	3.5	0.1791	5.88	19.64	0.00196	4.62	17836
50	60	53	3.5	0.1885	6.21	22.06	0.00221	4.88	16856
	60	52	4.0	0.1885	7.04	21.24	0.00212	5.52	19600

续表

公称直径/mm	外径/mm	内径/mm	壁厚/mm	每米管长外表面积/m^2	金属截面积/cm^2	净断面积/cm^2	每米管长的容积/m^3	每米质量/kg/m	最高耐压力/kPa
65	73	65	4.0	0.2293	8.67	33.18	0.00332	6.81	15680
	76	68	4.0	0.2388	9.05	36.32	0.00363	7.10	14994
80	89	81	4.0	0.2796	10.68	51.53	0.00515	8.40	12544
	108	100	4.0	0.3393	13.07	78.54	0.00785	10.30	10192
100	114	106	4.0	0.3581	13.82	88.25	0.00883	10.85	9604
	133	125	4.0	0.4178	16.21	122.72	0.01227	12.73	8134

表 5-1-5　水煤气钢管规格及计算数据

公称口径		外径/mm	普通管				加厚管				每米管长外表面积/m^2
mm	英寸		壁厚/mm	质量/(kg/m)	净断面积/cm^2	每米管长的体积/L	壁厚/mm	质量/(kg/m)	净断面积/cm^2	每米管长的体积/L	
6	1/4	10	2	0.39	0.28	0.028	2.5	0.46	0.20	0.020	0.0314
8	1/3	13.5	2.25	0.62	0.64	0.064	2.75	0.73	0.50	0.050	0.0424
10	3/8	17	2.25	0.82	1.23	0.123	2.75	0.97	1.04	0.104	0.0534
15	1/2	21.25	2.75	1.25	1.95	0.195	3.25	1.44	1.71	0.171	0.0668
20	3/4	26.75	2.75	1.63	3.55	0.335	3.5	2.01	3.06	0.306	0.0840
25	1	33.5	3.25	2.42	5.73	0.573	4	2.91	5.11	0.511	0.1052
32	5/4	42.25	3.25	3.13	10.04	1.004	4	3.77	9.21	0.921	0.1327
40	3/2	48	3.5	3.84	13.20	1.320	4	4.58	12.25	1.225	0.1508
50	2	60	3.5	4.88	22.06	2.206	4.5	6.16	20.43	2.043	0.1885
70	5/2	75.5	3.75	6.64	36.32	3.632	4.5	7.88	34.73	3.473	0.2372
80	3	88.5	4	8.34	50.90	5.090	4.75	9.81	49.02	4.902	0.2780
100	4	114	4	10.85	88.25	8.825	4	13.44	84.95	8.495	0.3581

③ 加油(气)站常用钢管规格，见表 5-1-6 和表 5-1-7。

表 5-1-6　热轧无缝钢管规格(GB/T 8163)

外径/mm	壁厚/mm																
	2.5	3	3.5	4	4.5	5	5.5	6	6.5	7	7.5	8	8.5	9	9.5	10	11
	钢管理论质量/(kg/m)																
32	1.82	2.15	2.46	2.76	3.05	3.33	3.59	3.85	4.09	4.32	4.53	4.74	—	—	—	—	—
38	2.19	2.59	2.98	3.35	3.72	4.07	4.41	4.74	5.05	5.35	5.64	5.92	—	—	—	—	—
42	2.44	2.89	3.35	3.75	4.16	4.56	4.95	5.38	5.69	6.04	6.38	6.71	7.02	7.32	7.60	7.83	—
45	2.62	3.11	3.58	4.04	4.49	4.93	5.36	5.77	6.17	6.56	6.94	7.30	7.65	7.99	8.32	8.63	—
50	2.93	3.48	4.01	4.54	5.05	5.55	6.04	6.51	6.97	7.42	7.86	8.29	8.70	9.10	9.49	9.86	—
54	—	3.77	4.36	4.93	5.49	6.04	6.58	7.10	7.61	8.11	8.60	9.08	9.54	9.99	10.43	10.85	11.67

外径/mm	壁厚/mm																
	2.5	3	3.5	4	4.5	5	5.5	6	6.5	7	7.5	8	8.5	9	9.5	10	11
	钢管理论质量/(kg/m)																
57	—	4.00	4.62	5.23	5.83	6.41	6.99	7.55	8.10	8.63	9.16	9.67	10.17	10.65	11.13	11.59	12.48
60	—	4.22	4.88	5.52	6.16	6.78	7.39	7.99	8.58	9.15	9.71	10.26	10.80	11.32	11.83	12.33	13.29
63.5	—	4.48	5.18	5.87	6.55	7.21	7.87	8.51	9.14	9.75	10.36	10.95	11.53	12.10	12.65	13.19	14.24
68	—	4.81	5.57	6.31	7.05	7.77	8.48	9.17	9.86	10.53	11.19	11.84	12.47	13.10	13.71	14.30	15.46
70	—	4.96	5.74	6.51	7.27	8.01	8.75	9.47	10.24	10.88	11.56	12.23	12.89	13.54	14.17	14.80	16.01
73	—	5.18	6.00	6.81	7.60	8.38	9.16	9.91	10.66	11.39	12.11	12.82	13.52	14.21	14.88	15.54	16.82
76	—	5.40	6.26	7.10	7.93	8.75	9.56	10.36	11.14	11.91	12.67	13.42	14.15	14.87	15.58	16.28	17.63
83	—	—	6.86	7.79	8.71	9.62	10.51	11.39	12.26	13.12	13.96	14.80	15.62	16.42	17.22	18.00	19.53
89	—	—	7.38	8.38	9.38	10.36	11.33	12.28	13.22	14.16	15.07	15.98	16.87	17.76	18.63	19.48	21.16
95	—	—	7.90	8.98	10.04	11.10	12.14	13.17	14.19	15.19	16.18	17.16	18.13	19.09	20.03	20.96	22.79
102	—	—	8.50	9.67	10.82	11.96	13.09	14.21	15.31	16.40	17.48	18.55	19.60	20.64	21.67	22.69	24.69
108	—	—	—	10.26	11.49	12.70	13.90	15.09	16.27	17.44	18.59	19.73	20.86	21.97	23.08	24.17	26.31

外径/mm	壁厚/mm															
	12	13	14	15	16	17	18	19	20	22	(24)	25	(26)	28	30	32
	钢管理论质量/(kg/m)															
32	—	—	—	—	—	—	—	—	—	—	—	—	—	—	—	—
38	—	—	—	—	—	—	—	—	—	—	—	—	—	—	—	—
42	—	—	—	—	—	—	—	—	—	—	—	—	—	—	—	—
45	—	—	—	—	—	—	—	—	—	—	—	—	—	—	—	—
50	—	—	—	—	—	—	—	—	—	—	—	—	—	—	—	—
54	—	—	—	—	—	—	—	—	—	—	—	—	—	—	—	—
57	13.32	14.11	—	—	—	—	—	—	—	—	—	—	—	—	—	—
60	14.21	15.07	15.88	—	—	—	—	—	—	—	—	—	—	—	—	—
63.5	15.24	16.19	17.09	—	—	—	—	—	—	—	—	—	—	—	—	—
68	16.57	17.63	18.64	19.61	20.52	—	—	—	—	—	—	—	—	—	—	—
70	17.16	18.27	19.33	20.35	21.31	—	—	—	—	—	—	—	—	—	—	—
73	18.05	19.24	20.37	21.46	22.49	23.48	24.41	25.30	—	—	—	—	—	—	—	—
76	18.94	20.20	21.41	22.57	23.68	24.74	25.75	26.71	—	—	—	—	—	—	—	—
83	21.01	22.44	23.82	25.15	26.44	27.67	28.85	29.99	—	—	—	—	—	—	—	—
89	22.79	24.37	25.89	27.37	28.80	30.19	31.52	32.80	34.03	36.35	38.47	—	—	—	—	—
95	24.56	26.29	27.97	29.59	31.17	32.70	34.18	35.61	36.99	39.61	42.02	—	—	—	—	—
102	26.63	28.53	30.38	32.18	33.93	35.64	37.29	38.89	40.44	43.40	46.17	—	—	—	—	—
108	28.41	30.46	32.45	34.40	36.30	38.15	39.95	41.70	43.40	46.66	49.72	51.17	52.58	55.24	—	—

表 5-1-7 冷拔无缝钢管规格(GB 8162)

外径/mm	壁厚/mm															
	0.25	0.30	0.40	0.50	0.60	0.80	1.0	1.2	1.4	1.5	1.6	1.8	2.0	2.2	2.5	2.8
	钢管理论质量/(kg/m)															
5	0.0292	0.0348	0.045	0.055	0.065	0.083	0.099	0.112	0.124	0.129	0.134	—	—	—	—	—
6	0.0354	0.0421	0.055	0.068	0.080	0.103	0.123	0.142	0.159	0.166	0.174	0.186	0.197	—	—	—
7	0.0416	0.0496	0.065	0.080	0.095	0.122	0.148	0.172	0.193	0.203	0.213	0.230	0.247	0.260	0.277	—
8	0.0477	0.057	0.075	0.092	0.110	0.142	0.173	0.202	0.227	0.240	0.253	0.275	0.296	0.315	0.339	—
9	0.054	0.064	0.085	0.105	0.125	0.162	0.197	0.231	0.262	0.277	0.292	0.319	0.345	0.369	0.401	0.427
10	0.060	0.072	0.095	0.117	0.139	0.182	0.222	0.261	0.296	0.314	0.332	0.363	0.395	0.423	0.462	0.496
11	0.066	0.079	0.105	0.129	0.154	0.201	0.247	0.290	0.331	0.351	0.371	0.407	0.444	0.477	0.524	0.566
12	0.072	0.087	0.115	0.142	0.169	0.221	0.271	0.320	0.365	0.388	0.411	0.452	0.493	0.532	0.586	0.635
(13)	0.079	0.094	0.124	0.154	0.184	0.241	0.296	0.349	0.400	0.425	0.451	0.496	0.543	0.585	0.647	0.703
14	0.085	0.101	0.134	0.166	0.199	0.260	0.321	0.379	0.434	0.462	0.490	0.541	0.592	0.640	0.709	0.772
(15)	0.091	0.109	0.144	0.179	0.214	0.280	0.345	0.409	0.468	0.499	0.529	0.585	0.641	0.694	0.771	0.841
16	0.097	0.116	0.154	0.191	0.228	0.300	0.370	0.438	0.503	0.536	0.568	0.629	0.691	0.747	0.832	0.91
(17)	0.103	0.124	0.164	0.203	0.244	0.320	0.395	0.468	0.537	0.573	0.608	0.674	0.740	0.802	0.894	0.98
18	0.100	0.131	0.174	0.216	0.258	0.340	0.419	0.497	0.572	0.610	0.647	0.717	0.789	0.856	0.956	1.05
(19)	0.115	0.138	0.183	0.228	0.274	0.359	0.444	0.527	0.606	0.647	0.687	0.762	0.838	0.910	1.02	1.12
20	0.122	0.146	0.193	0.240	0.288	0.379	0.469	0.556	0.642	0.684	0.726	0.806	0.888	0.965	1.08	1.19
(21)	—	—	0.203	0.253	0.303	0.399	0.493	0.586	0.675	0.721	0.767	0.851	0.937	1.02	1.14	1.26
22	—	—	0.212	0.265	0.318	0.419	0.518	0.616	0.710	0.758	0.806	0.895	0.986	1.07	1.20	1.33
(23)	—	—	0.222	0.277	0.333	0.438	0.543	0.645	0.745	0.795	0.846	0.940	1.04	1.13	1.26	1.39
(24)	—	—	0.236	0.290	0.347	0.456	0.567	0.674	0.779	0.832	0.885	0.984	1.09	1.18	1.33	1.46
25	—	—	0.242	0.302	0.363	0.478	0.592	0.703	0.813	0.869	0.925	1.03	1.13	1.24	1.39	1.53
(27)	—	—	0.262	0.327	0.392	0.516	0.641	0.762	0.882	0.943	1.00	1.12	1.23	1.34	1.51	1.67
28	—	—	0.272	0.340	0.406	0.536	0.666	0.792	0.916	1.98	1.04	1.16	1.28	1.40	1.57	1.74
29	—	—	0.282	0.352	0.418	0.553	0.691	0.823	0.951	1.02	1.076	1.22	1.33	1.47	1.63	1.83
30	—	—	0.292	0.364	0.436	0.576	0.715	0.851	0.986	1.05	1.12	1.25	1.38	1.51	1.70	1.88
32	—	—	0.311	0.389	0.466	0.615	0.765	0.910	1.053	1.13	1.20	1.34	1.48	1.62	1.82	2.02
34	—	—	0.331	0.413	0.496	0.655	0.814	0.968	1.122	1.20	1.28	1.43	1.58	1.72	1.94	2.15
(35)	—	—	0.341	0.426	0.510	0.675	0.833	0.998	1.159	1.24	1.32	1.47	1.63	1.78	2.00	2.22
36	—	—	0.350	0.438	0.525	0.695	0.863	1.027	1.192	1.28	1.36	1.52	1.68	1.83	2.07	2.29

外径/mm	壁厚/mm																					
	0.25	0.30	0.40	0.50	0.60	0.80	1.0	1.2	1.4	1.5	1.6	1.8	2.0	2.2	2.5	2.8	3.0	3.2	3.5	4.0	4.5	5.0
	钢管理论质量/(kg/m)																					
38	—	—	0.370	0.464	0.555	0.734	0.912	1.087	1.26	1.35	1.44	1.61	1.78	1.94	2.19	2.43						
40	—	—	0.390	0.494	0.585	0.774	0.962	1.146	1.33	1.42	1.52	1.69	1.87	2.05	2.31	2.56						
42	—	—	—	—	—	—	1.00	1.208	1.41	1.50	1.60	1.79	1.97	2.16	2.44	2.70						

续表

外径/mm	壁厚/mm																					
	0.25	0.30	0.40	0.50	0.60	0.80	1.0	1.2	1.4	1.5	1.6	1.8	2.0	2.2	2.5	2.8	3.0	3.2	3.5	4.0	4.5	5.0
	钢 管 理 论 质 量/(kg/m)																					
44.5	—	—	—	—	—	—	1.070	1.281	1.48	1.59	1.65	1.88	2.10	2.29	2.59	2.89						
45	—	—	—	—	—	—	1.090	1.295	1.51	1.61	1.71	1.91	2.12	2.32	2.62	2.91						
48	—	—	—	—	—	—	1.160	1.382	1.61	1.72	1.83	2.05	2.27	2.48	2.81	3.11						
50	—	—	—	—	—	—	1.21	1.44	1.68	1.79	1.91	2.14	2.37	2.59	2.93	3.25	3.48	3.70	4.01	4.54	5.05	5.55
(51)	—	—	—	—	—	—	1.23	1.47	1.71	1.83	1.06	2.18	2.42	2.64	2.99	3.32	3.55	3.79	4.10	4.64	5.16	5.67
53	—	—	—	—	—	—	1.28	1.53	1.78	1.91	2.03	2.27	2.52	2.76	3.11	3.46	3.70	3.94	4.27	4.83	5.38	5.92
(54)	—	—	—	—	—	—	1.31	1.59	1.82	1.94	2.07	2.31	2.56	2.81	3.18	3.53	3.77	4.02	4.36	4.93	5.49	6.04
56	—	—	—	—	—	—	1.36	1.62	1.89	2.02	2.15	2.40	2.66	2.92	3.30	3.66	3.92	4.17	4.53	5.13	5.71	6.29
(57)	—	—	—	—	—	—	1.38	1.65	1.92	2.05	2.18	2.45	2.71	2.97	3.36	3.74	4.00	4.25	4.62	5.23	5.83	6.41
60	—	—	—	—	—	—	1.46	1.74	2.02	2.16	2.31	2.58	2.86	3.13	3.55	3.94	4.22	4.49	4.88	5.52	6.16	6.78
63	—	—	—	—	—	—	1.53	1.83	2.13	2.27	2.42	2.71	3.01	3.30	3.72	4.15	4.44	4.73	5.13	5.81	6.49	7.14
65	—	—	—	—	—	—	1.58	1.89	2.20	2.35	2.50	2.80	3.11	3.40	3.85	4.29	4.59	4.89	5.31	6.02	6.71	7.40
(68)	—	—	—	—	—	—	1.65	1.98	2.36	2.46	2.62	2.93	3.26	3.57	4.04	4.49	4.81	5.12	5.57	6.31	7.05	7.77
70	—	—	—	—	—	—	1.70	2.03	2.37	2.53	2.70	3.02	3.35	3.68	4.16	4.63	4.96	5.28	5.74	6.51	7.27	8.01
(73)	—	—	—	—	—	—	1.78	2.12	2.47	2.64	2.82	3.16	3.50	3.84	4.35	4.84	5.18	5.52	6.00	6.81	7.60	8.38
75	—	—	—	—	—	—	1.82	2.18	2.54	2.71	2.90	3.24	3.60	3.95	4.46	4.97	5.32	5.68	6.17	7.00	7.82	8.62
(76)	—	—	—	—	—	—	1.85	2.21	2.57	2.76	2.94	3.29	3.65	4.00	4.53	5.05	5.40	5.75	6.26	7.10	7.93	8.75
80	—	—	—	—	—	—	—	—	2.71	2.90	3.09	3.47	3.84	4.22	4.77	5.32	5.69	6.07	6.60	7.49	8.37	9.24
(83)	—	—	—	—	—	—	—	—	2.82	3.02	3.21	3.60	4.00	4.37	4.96	5.52	5.92	6.31	6.86	7.79	8.71	9.62
85	—	—	—	—	—	—	—	—	2.88	3.08	3.29	3.69	4.09	4.48	5.08	5.66	6.06	6.46	7.04	7.98	8.93	9.86
(89)	—	—	—	—	—	—	—	—	3.02	3.24	3.45	3.86	4.29	4.70	5.33	5.94	6.36	6.77	7.38	8.38	9.38	10.38
90	—	—	—	—	—	—	—	—	3.05	3.27	3.479	3.91	4.34	4.76	5.39	6.01	6.43	6.86	7.47	8.47	9.49	10.47
95	—	—	—	—	—	—	—	—	3.21	3.46	3.68	4.13	4.59	5.02	5.70	6.36	6.81	7.26	7.90	8.98	10.04	11.10
100	—	—	—	—	—	—	—	—	3.40	3.64	3.88	4.35	4.83	5.30	6.00	6.70	7.17	7.65	8.32	9.46	10.59	11.71
(102)	—	—	—	—	—	—	—	—	3.46	3.73	3.97	4.45	4.93	5.40	6.13	6.84	7.32	7.81	8.50	9.67	10.82	11.96
(108)	—	—	—	—	—	—	—	—	3.67	3.95	4.21	4.72	5.23	5.74	6.50	7.25	7.77	8.29	9.02	10.26	11.49	12.70

④ 钢管的纵向力学性能见表 5-1-8。

表 5-1-8　钢管的纵向力学性能

序　号	牌　号	抗拉强度 σ_b/MPa	屈　服　点　σ_s/MPa		断后伸长率 σ_s/%
			$S \leq 16$	$S > 16$	
			不小于		
1	10	335~475	205	195	24
2	20	410~550	245	235	20
3	Q295	430~610	295	285	22
4	Q345	490~665	325	315	21

注：引自 GB/T 8163—1999《输送流体用无缝钢管》。

四、低温管材

LPG 加气站内通常拥有低温管道，应选用低温管材。

1. 冷冻丁烷管材

冷冻丁烷的装卸温度为-5℃，普通碳钢使用温度的下限为-29℃，因此，可用普通碳钢钢管作为装卸管道。

2. 冷冻丙烷管材

由于冷冻丙烷的装卸温度为-46℃，因此，作为冷冻丙烷装卸管道的金属材料既要具备足够的低温延展性，又要具备一定的强度。

奥氏体不锈钢为面心晶格结构，低温下晶格间允许有较大的滑移，能耐-196℃低温，是很好的低温材料，可用于冷冻丙烷的管材，但因价格昂贵而较少使用。目前，普遍使用低温碳钢作为冷冻 LPG 的管材，但多为进口。

五、胶管

1. 输油胶管

加油(气)站常用的胶管主要有：输油胶管、重型输油胶管、钢丝编织输油胶管、军工夹布胶管、加油(气)机胶管及通风胶管等。

(1) 普通输油胶管

所谓普通输油胶管，即中间及外层带螺旋金属丝的输油胶管，这种胶管由内胶层、内增强层、螺旋金属丝、中胶层、中间增强层及外胶层组成。能承受较小的正压，工作压力不大于 490kPa，主要用于输送燃油及润滑油。其规格见表 5-1-9。

(2) 重型输油胶管

重型输油胶管(高压输油胶管)由内胶层、内增强层、螺旋金属丝、中胶层、中间增强层、螺旋金属丝、外增强层以及外胶层组成。承压能力较高，可用于泵的吸入管和排出管。适合于巨型油轮等装卸油料用，也可用于给舰船加油。在此不详述。

表 5-1-9 中间及外层带螺旋丝的耐油胶管规格表

产品编号		内径/mm	接头部分/mm			工作压力/kPa(kgf/cm^2)	最大长度/m	用途	备注
西北橡胶厂	沈阳胶管厂		平头内径	扩头内径	长度				
91020	没有编号	25	25	31.5	长度 100mm 以上，订货时提出尺寸	490(5)	10	输送各种油料	
		38	38	46		490(5)	10		
		51	51	58		490(5)	10		
		63	63	74.5		490(5)	10		
		76	76	86.5		490(5)	10		
		102	102	112		490(5)	10		
		127	127	137		196(2)	6		
		152	152	162		196(2)	6		

(3) 钢丝编织输油胶管

钢丝编织输油胶管由内胶管、内胶布缓冲层或棉线层、螺旋钢丝、中间胶层、钢丝编织层和外胶层组成。承压能力较高，工作压力为980kPa，能承受80kPa的真空度。这种胶管没有接头，可以截断使用。可以作为排出管，也可用于吸入管路。其规格见表5-1-10。

(4) 军工夹布胶管

军工夹布胶管由内胶层、两层或数层中间夹布层和外胶层组成。工作压力为980kPa，承负压能力差。常用于排出管，但内径小于25mm时，亦可用作真空度不大的吸入管，如手摇泵吸入管、栈桥抽底油管等。

表5-1-10 钢丝编织胶管规格表 mm

胶管内径 d	胶管外径 D	胶层厚度不小于		螺旋钢丝		胶布或棉线纺织层数	钢丝编织层数	导电体	管头尺寸
		内 胶	外 胶	钢丝直径	螺距				
25±1.5	38±3	2.0	1.8	—	—	1	1	两端用合股钢丝或紫铜片与钢丝层连接并引出100至150mm长	—
32±1.5	45±3	2.0	1.8	—	—	1	1		—
38±1.5	53±3	2.0	1.8	1.5±0.1	10±2	1	1		65±35
51±1.5	68±4	2.0	1.8	1.5±0.1	10±2	1	1		65±35
63±1.5	79±4	2.0	1.8	1.7±0.1	10±2	1	1		65±35
76±1.5	72±4	2.0	1.8	1.7±0.1	10±2	1	1		65±35

2. 软质输油管

软质输油管可以像消防水带一样卷放，具有重量轻，存放体积小，卷放方便等优点，特别适用于机动输油和野战输油，因而日益得到广泛应用。目前已应用的主要有两种，即JRG-8型软质输油管、ARG-6型软质输油管。

(1) JRG-8型软质输油管(H-177型锦纶涤纶橡胶软管)

该管主要由能承受内压和拉力的编织骨架层和防渗内外保护层组成。编织骨架层采用锦纶海纶做主要材料，内外保护层采用丁腈橡胶和氯丁橡胶做主要材料。这种软管主要用作飞机平台上的加油管。

(2) ARG-6型软质输油管(聚氨酯软质输油管)

这种软管的结构与JRG-8型基本相同，只是内外保护层是采用聚氨酯做涂覆胶料。主要用于野战油库(站)输送汽油、喷气燃料、柴油。

3. 其他用途胶管

(1) 蒸汽胶管

蒸汽胶管规格见表5-1-11。

表5-1-11 蒸汽胶管规格表

蒸汽胶管(GB 7548)								
内 径/mm	0型		1型		2型		3型	
	压力/MPa	温度/℃	压力/MPa	温度/℃	压力/MPa	温度/℃	压力/MPa	温度/℃
12.5，16.0 19.0，20.0 25.0，31.5 38.0，40.0 50.0，51.0 63.0，80.0	0.4	150	0.6	165	1.0	180	1.6	204

（2）ϕ20 通风胶管

通风胶管的内层为食品胶，外层为耐油胶，在加油加气站中主要是清洗油罐等作业时，作为呼吸管与防毒面具配合使用。其规格为 20×3×10000mm（内径 20mm、壁厚 3mm、长 10m）。

第二节　站用管路附件及其选用

一、法兰、螺栓及垫片

在管道与阀件或设备连接的地方，以及管段需要拆卸的地方多采用法兰连接。

1. 法兰的种类及特点

（1）螺纹法兰

如图 5-2-1(a)所示，法兰内侧面带有螺纹，可与螺纹管头迅速连接。但螺纹连接对于有反复波动操作的情况，几乎都有泄漏的可能。反复受弯或反复受热的情况也不宜采用这种法兰。螺纹法兰主要用于低压管路或管材不允许焊接而又要求采用法兰连接的管道（如为保护镀锌管的镀锌层而采用的螺纹法兰）。

（2）平焊法兰

如图 5-2-1(b)所示。法兰焊接端面与管端面对齐后，外侧面焊接连接。由于平焊法兰在焊接装配中较易对准，并且价格低廉，因而被广泛采用。此种法兰的强度，如按内压力计算，约为对焊法兰的 2/3，疲劳寿命约为其 1/3，适用于压力、温度波动不严重的情况。

（3）对焊法兰

如图 5-2-1(c)所示，它与平焊法兰不同的地方是法兰环与焊缝连接之间有一长而倾斜的毂，法兰环的厚度通过毂逐渐过渡到管壁的厚度，于是降低了应力的不连续性，增加了法兰的强度。这种法兰适用于高温、高压和波动较大的地方。

（4）插入焊接法兰

如图 5-2-1(d)所示，法兰焊接端面内径略大于钢管内径，钢管插入法兰后，钢管外侧面与法兰端面焊接连接。此种法兰强度较高，焊接装配难度较大。

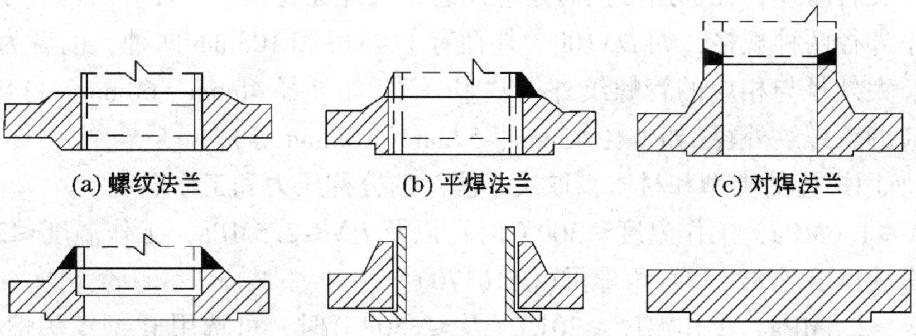

图 5-2-1　各种形式法兰

（5）松套法兰

如图 5-2-1(e)，松套法兰使用时带有活动环圈。此种法兰的承压和严密程度，与平焊法兰具有相同的性能，但其疲劳寿命仅为对焊法兰的 10%，因此，它不适用于有严重弯曲应力的连接。它的最大优点是螺栓孔易对准，常用于仪表连接的场合。

(6) 盲板法兰

如图 5-2-1(f)，这种法兰用于封闭管路或阀件的一端。盲板法兰能承受较大的弯曲应力。

2. 法兰密封面的形式

为了适应各种情况下的密封，标准法兰的密封面有光滑面、凹凸面、榫槽式、梯形槽式等多种不同的形式。

(1) 光滑面法兰

如图 5-2-1(a)所示是石油储运中应用最广泛的一种。它的密封表面有时加工成有螺旋形或同心圆的沟槽(称为水线)。安装时，垫片在外力作用下嵌入沟槽，保证端面密封。但采用非金属垫片时，密封面上有无水线(密封线)对密封性能影响不大。这种法兰主要有光滑面平焊法兰、光滑面对焊法兰等。

(2) 凹凸面法兰

将一对法兰其密封面分别做成凹面和凸面，凸面嵌入凹面，中间使用密封垫片。其优点在于能钳住垫片防止被吹出，但不能保护垫片不被挤入管中。一般使用在操作压力较大的情况。

(3) 榫槽式法兰

这种法兰具有与凹凸面相似的优缺点。垫片在凹槽内受两旁金属的限制，可以保护软垫片不致变形而被挤入管内。且垫片也软，使其少遭受液体的冲蚀或腐蚀。

(4) 梯形槽法兰

其优点是液体内压力作用在环圈上增加了连接处的密封性，垫片接触面位于法兰之下，垫片接触面不易损坏，适合于高压使用。其缺点是制造困难、价格高。

3. 法兰、螺栓及垫片的选用

① 法兰是标准件，应根据管路输送的介质、操作压力和操作温度进行选择。

法兰及其紧固件的材料和使用范围可参照表 5-2-1 和表 5-2-2。此外，由于历史原因，尽管目前已统一了法兰标准，但是因为按原一机部、石油部等法兰标准生产的法兰仍在使用，基于这种交替时期，在选用法兰时还应注意是大外径还是小外径。所谓大小外径，主要是钢管有大小外径两种规格，如 *DN*100，外径有 114mm 和 108mm 两种，前者为大外径，后者为小外径。大外径与相应的管螺纹外径基本一致(如外径 48mm、60mm、114mm 等)，小外径小于相应的管螺纹外径(如外径 45mm、57mm、108mm 等)。

② 法兰所用螺栓的类型和材质，取决于法兰的公称压力和工作温度。

a. 当 $PN \leqslant 1.6$MPa，工作温度≤300℃时；以及 $PN \leqslant 2.5$MPa，工作温度≤200℃时，可选用六角头螺栓(GB 5782)和六角螺母(GB 6170)。

b. 当 $PN \geqslant 2.5$MPa，工作温度≥201℃(及≤350℃)时，可选用 B 型双头螺柱(GB 901)和六角螺母(GB 6170)。

c. 选择螺栓和螺母的材料牌号时，应注意螺母材料的硬度，不要高于螺栓的硬度，避免杆上的螺纹被破坏(表 5-2-1)。

d. 常用法兰的类型见表 5-2-2。

③ 垫片的材料应根据所输介质的特性、温度、工作压力及法兰密封面的形式进行选用。

表 5-2-1　法兰、螺栓、垫片选用表

介质名称	操作条件		法兰		螺栓与螺母			垫片（圈）	
	公称压力/MPa	温度/℃	钢号	类型	螺栓钢号	螺栓类型	螺母钢号	名称	材料
油品 液化气 溶剂	1.6	≤200	Q235	平焊	Q235	单头	Q235	耐油橡胶石棉垫片(YD)	耐油橡胶石棉板
		201～300	Q235	平焊	35	单头	25	缠绕式垫片(CGD)	08(15)号钢带—石棉带
	2.5	≤200	Q235	平焊	Q235	单头	Q235	耐油橡胶石棉垫片(YD)	耐油橡胶石棉板
		201～350	20(25)	对焊	35	单头	Q235	缠绕式垫片(CGD)	08(15)号钢带—石棉带
	4.0～6.4	≤350	20(25)	对焊	35	双头	25	缠绕式垫片(CGD)	08(15)号钢带—石棉带
		351～450	20(25)	对焊	30CrMOA	双头	35	波形(平形)铁包石棉垫片	马口铁—石棉板
	10.0～16.0	≤350	20(25)	对焊	35	双头	25	金属齿形垫片	10 号钢
								椭圆形(八角形)截面垫圈	10 号钢
蒸汽	1.0	≤150	Q235	平焊	Q235	单头	Q235	中压橡胶石棉垫片(ZD)	中压橡胶石棉板
	1.6	151～250	Q235	平焊	Q235	单头	Q235	中压橡胶石棉垫片(ZD)	中压橡胶石棉板
水、盐水	≤1.6	≤150	Q235	平焊	Q235	单头	Q235	中压橡胶石棉垫片(ZD)	中压橡胶石棉板
压缩空气 惰性气体	≤1.6	≤200	Q235	平焊	Q235	单头	Q235	橡胶石棉垫片(ZD)	中压橡胶石棉板

注：① 对 $PN \leq 2.5$MPa，$t \leq 200$℃的航空汽油、喷气燃料及含苯溶剂的管线法兰，应选用缠绕式垫片。

② $PN \geq 10.0$MPa 的管线，应选用的法兰密封面为凹凸面时，配用金属齿形垫片，当选用的法兰密封面为梯形槽时，配用椭圆形(或八角形)截面垫圈。

表 5-2-2　常用法兰类型

法兰型式	密封面型式	公称压力 PN/MPa	公称直径 DN/mm
带颈插焊法兰	平面	2.0	15～80
	凸面	2.0，5.0，10.0	15～80
	凹凸面	5.0，10.0	15～80
	榫槽面	5.0，10.0	15～80
对焊法兰	平面	0.25	10～4000
		0.6	10～3600
		1.0	10～2000
		1.6	10～1200
		2.0	10～600
	凸面	0.25	10～3200
		0.6	10～3200
		1.0	10～2200
		1.6	10～1200
		2.5	10～1000
		4.0	10～600
		2.0	15～600
		5.0，10.0，15.0，25.0	15～600
	凹凸面	1.6	10～1200
		2.5	10～1000
		4.0	10～600
		5.0，10.0，15.0，25.0	15～600
	榫槽面	1.6	10～1200
		2.5	10～1000
		4.0	10～600
		5.0，10.0，15.0，25.0	15～600

法兰型式	密封面型式	公称压力 PN/MPa	公称直径 DN/mm
带颈平焊法兰	平面	1.0，1.6	10～600
		2.0	15～600
	凸面	1.0，1.6，2.5，4.0	10～600
		2.0，5.0，10.0	15～600
	凹凸面	1.6，2.5，4.0	10～600
		5.0，10.0	15～600
	榫槽面	1.6，2.5，4.0	10～600
		5.0，10.0	15～600
螺纹法兰	凸面	0.6，1.0	10～150
		1.6，2.5	10～150
对焊环松套	凸面	2.0，5.0	15～600
带颈法兰	环连接面	2.0	25～600
		5.0，10.0 15.0，25.0	15～600
		42.0	15～300
法兰盖	平面	0.25，0.6	10～2000
		1.0，1.6	10～1200
		2.0	15～600
	凸面	0.25，0.6	10～2000
		1.0，1.6	10～1200
		2.5，4.0，2.0，5.0 10.0，15.0，25.0	15～600
	榫槽面	1.6	10～1200
		2.5，4.0	10～600
		5.0，10.0，15.0，25.0	15～600

引自：石油地面工程设计手册．东营：中国石油大学出版社．1995。

二、弯头、三通、大小头

1. 弯头

弯头是管道安装中需求量最大的部件。加油加气站中常见弯头主要有无缝弯头、冲压焊接弯头和焊接弯头三种。分别见图 5-2-2 中的(a)、(b)、(c)、(d)。

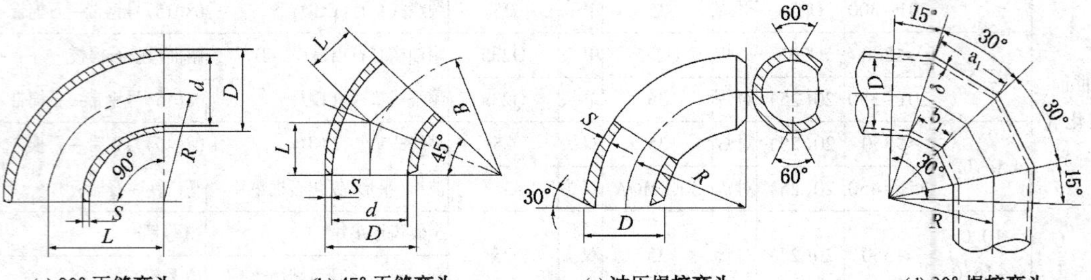

(a) 90° 无缝弯头　(b) 45° 无缝弯头　(c) 冲压焊接弯头　(d) 90° 焊接弯头

图 5-2-2　弯头

加油加气站中最常见的是无缝弯头，又名冲制弯头，有 45°和 90°弯头两种类型。弯头的弯曲半径 R 根据管子公称直径 DN 确定，常见的有 $R=1.5DN$ 和 $R=1.0DN$ 两种，尤以前者更为常用，如 $DN50$ 的管子通常选用 $k=75$mm 的无缝弯头。

2. 三通

三通主要用于从主管上接出分管或支管。

三通一般可采用铸、锻、焊、顶拉、挤等方法制造，其结构形式如图 5-2-3 所示。

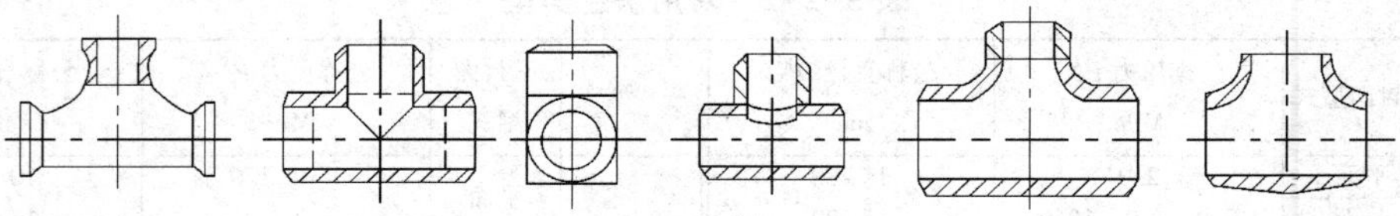

(a)　(b)　(c)　(d)　(e)

图 5-2-3　三通

(a) 铸造三通；(b) 锻造三通；(c) 焊接三通；(d) 顶拉焊接三通；(e) 挤压三通

三通分为等径三通和不等径三通两大类。等径三通规格仅注明公称直径 DN，不等径三通规格一般由 DN 主管(DN_1)×分(支)管(DN_2)×主管(DN_1)，如三通 $DN75×50×75$。

3. 大小头

大小头又称变径管，有同心和偏心两种型式，如图 5-2-4 所示。大小头可用铸造、车削、模板、冲击等方法制成。主要用于变径管道上，如泵的出入口管段大多采用大小头。

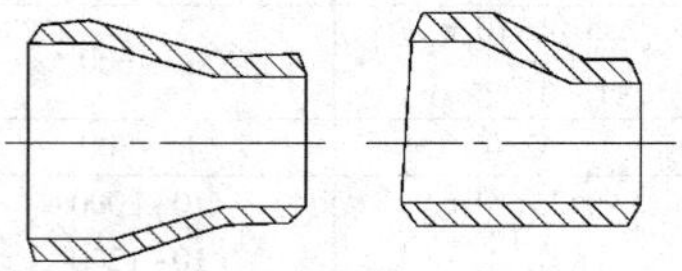

图 5-2-4　无缝大小头

大小头的规格通常用大头和小头的公称直径的乘积表示。如 $DN75×50$，表示大头公称直径为 75mm，小头公称直径为 50mm。大小头目前尚无统一国家标准。

三、热应力补偿器

地上管道应采取消除热应力措施，以保护管道不受损坏。其措施往往有两种：一是设计敷设时采取自体补偿形式，二是采用补偿器。应用最广的目前有 Π 形补偿器和波纹管补偿器及填料补偿器。

1. Π 形补偿器

其形式如图 5-2-5 所示，补偿能力大，最大可达 350mm 左右。加油加气站应用很少。

2. 波纹管补偿器

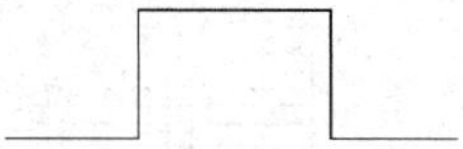

图 5-2-5　Π 型补偿器

波纹管补偿器的结构如图 5-2-6 所示。它由多个压制的波纹组成，每个波纹的伸缩能力为 5 ~ 8mm。波纹管补偿器结构简单、严密、体积小，适合于场地受到限制的地方。

填料式补偿器如图 5-2-7 所示。它是由管体和滑动套筒组成，并用填料保持伸缩时的严密性，为防止套筒被油品压力从管体内拔出，管体内装有防止脱落的凸缘。填料补偿器的优点是体积小、伸缩性能大。缺点是不够严密，要定期更换填料，而且当管道支座发生沉陷时，还有被卡住的危险。

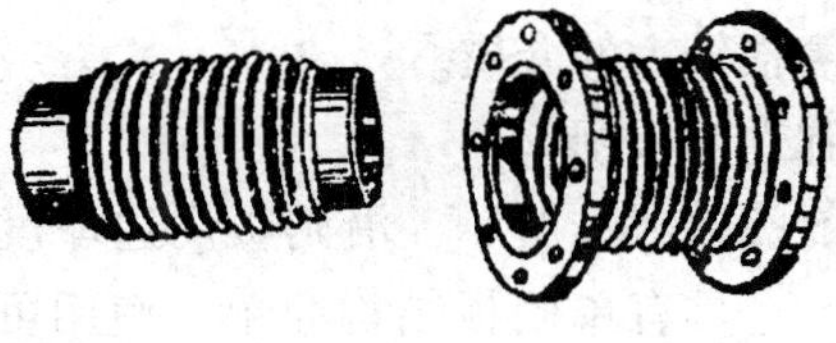

(a)　　(b)

图 5-2-6　波形补偿器

(a)焊接型；(b)法兰型

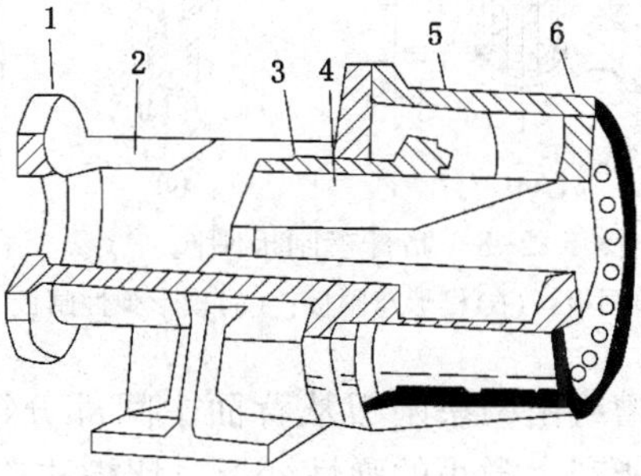

图 5-2-7　填料式补偿器

1—法兰盘；2—伸缩器套筒；3—限制器；4—金属垫环；5—填料；6—伸缩器管体

近年来，金属软管作为补偿器得到了广泛应用。金属软管具有补偿量大、占地面积小的优点，特别在大口径管道中完全取代了 Π 形补偿器。目前在油罐进出油短管和浮码头管道上应用较多，前者可以消除油罐基础沉降变化的影响，后者可以消除因潮位、水位变化而造成管线拉裂事故的影响。另外，在输油气设备的进出口短管上也得到了广泛应用。

四、加油(气)站常用阀门

1. 阀门种类

按用途可分为：截断阀(主要有闸阀、球阀、蝶阀、截止阀、转心阀、隔膜阀等)；用于防止介质倒流的止回阀(单向阀)类，主要有止回阀和底阀等；用于调节介质流量、压力等参数的调节阀类，主要有节流阀、定流阀等；用于限制介质压力，以保证管路系统或设备安全的安全阀类；用于分配、分离或混合管路中介质的分流阀类，如疏水器等。

按结构可分为闸板类、截止类、旋塞类、碟形类、旋启类。

按压力可分为真空阀(工作压力低于标准大气压)、低压阀、中压阀、高压阀和超压阀。按驱动方式可分为手动、动力驱动(如电动阀、电磁阀、气动阀和液动阀等)和利用介质本身的能量启闭的自动阀。

此外，按与管路的连接方式，还可分为：法兰连接阀、螺纹连接阀和焊接连接阀。

2. 闸阀

根据闸阀的构造不同，闸阀可分为楔式单闸板闸阀、楔式双闸板闸阀、平行双闸板闸阀和弹性闸板阀等。

按阀杆的升降方式不同，闸阀又可分为明杆式和暗杆式两种。

(1) 楔式单曾板闸阀

如图 5-2-8(a)所示，它的闸板为一楔形整体，阀座密封面与中心通路中心线成一倾斜角，构成一楔形槽，关闭时闸板下到槽中。高温时，密封性能不如弹性闸阀和双部板闸阀好。

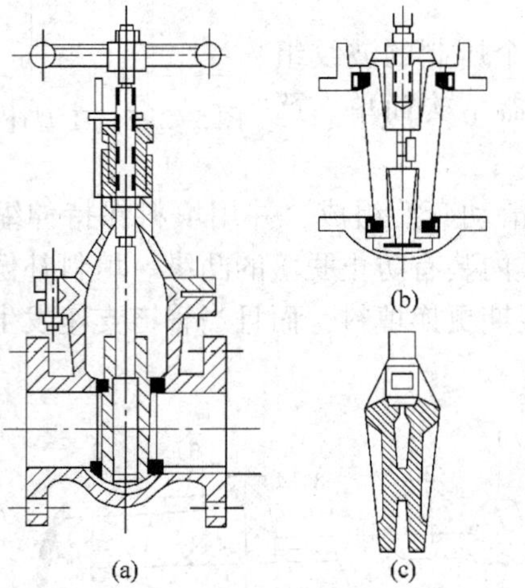

图 5-2-8　暗杆楔闸板闸阀
(a)楔形单闸板；(b)楔形双闸板；(c)楔形弹性闸板

(2) 楔式双闸板闸阀

如图 5-2-8(b)所示，闸板由两块楔形板绞接组成。关闭时，闸板间的球面顶心在阀杆的作用下将闸板分别紧压在阀座上。这种阀密封性较好，当闸板的密封面和阀座的密封面配合不十分准确时，仍具有较好的密封性。此阀适用于开闭频繁的部分及密封面磨损较大的介质。

(3) 弹性闸板闸阀

如图 5-2-8(c)所示，沿闸板周边厚度中部掏一环形槽或由两块闸板从背面中间部分组焊而成。它具有单闸板结构简单、使用可靠的优点，又能产生微小的弹性变形，比楔式单闸板阀密封性好。

(4) 平行式双闸板闸阀

如图 5-2-9 所示，闸板由两块平行板组成。密封面的加工及检修比其他型式的闸阀简单，但是密封性较差。适用于温度(<200℃)及压力(≤1. 0MPa)较低的介质。在两块闸板上装有固定板的，闸板不易脱落；用铅丝固定两块闸板的，闸板易脱落，使用不可靠，因而开启时，不宜将闸板提升到最高位置。

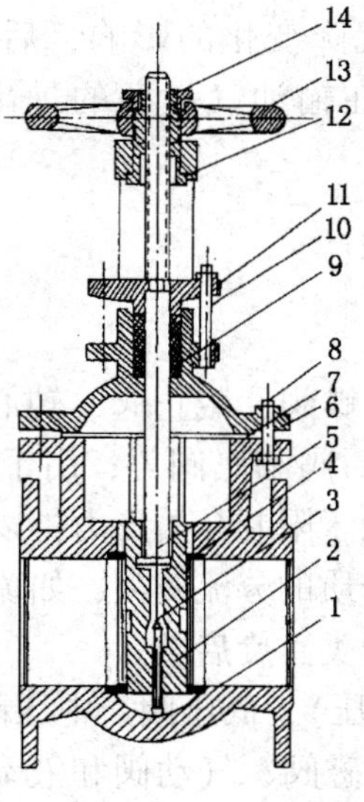

图 5-2-9　明杆平行式双闸板
1—阀体；2—闸板；3—顶楔；4—阀体密封圈；5—阀杆；
6—法兰；7—石棉垫片；8—法兰螺栓；9—填料；10—压盖螺栓；
11—填料压盖；12—阀杆衬套；13—手轮；14—阀杆螺母

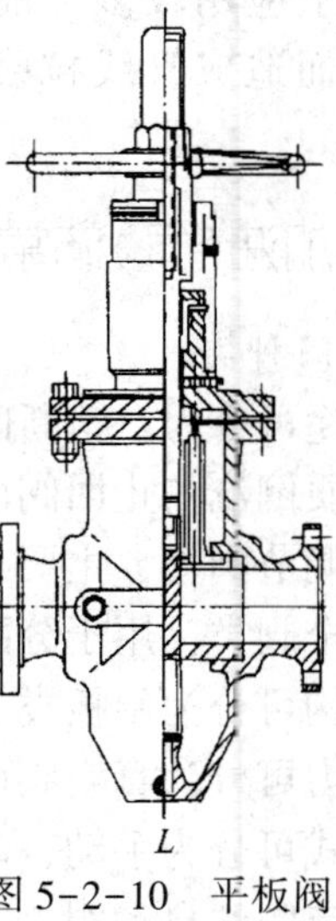

图 5-2-10　平板阀

(5) 平板阀

如图 5-2-10 所示，这是一种新型闸阀，它具有密封性好、启闭轻便、摩阻小、寿命长、能通清管球等优点。适用于大型、高参数和有自动化要求的管路上。

3. 截止阀

如图 5-2-11 所示，这种阀的阀芯是垂直落于阀座上的，阀座与管路中心线平行，其阀芯在阀杆的作用下沿阀座通道中心线做升降运动，从而启闭阀门。流体在阀中流动时呈 S 形，流体阻力较大。

截止阀可以用来调节流量，因为阀芯上升与流量有一定的比例关系。但若主要用作流量调节时，可采用节流阀，节流阀的结构特点是将截止阀的盘形阀芯制成抛物线状，如图 5-2-11所示。

4. 转心阀

阀体内具有圆锥形或圆柱形的阀座，阀座内塞以能转动且带孔的旋塞的阀件叫做转心阀(也称旋塞或考克)，如图 5-2-12 所示。

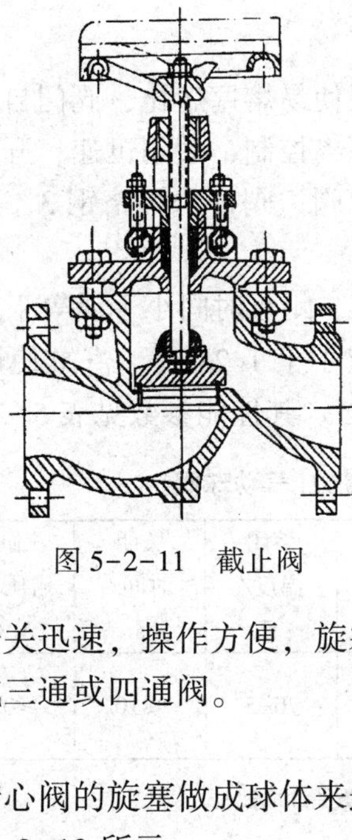

图 5-2-11　截止阀

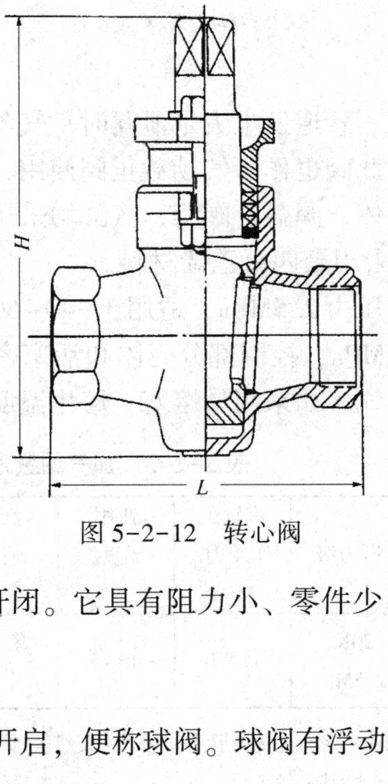

图 5-2-12　转心阀

转心阀开关迅速，操作方便，旋塞 90°即可开闭。它具有阻力小、零件少、重量轻等特点，并可做成三通或四通阀。

5. 球阀

如果将转心阀的旋塞做成球体来进行关闭和开启，便称球阀。球阀有浮动球式和固定球式等，如图 5-2-13 所示

加气站常用气动球阀作为紧急切断阀，其性能如表 5-2-3 所示。

6. 安全阀

(1) 弹簧式安全阀

安全阀是一种自动阀门，它通过向系统外排放介质来防止管路或设备内的介质压力超过规定值。如油罐进出油管线上的胀油管、机场气压罐式管线加油系统中的气压罐等，一般都装有安全阀。安全阀的型式有多种，在油库中使用的主要是全封闭的弹簧式安全阀。图 5-2-14所示为其中的一种。

(2) 紧急气动切断阀

这是一种安全保护阀。安装在液化石油气加气站液相与气相管路上，与氮气储气罐或空

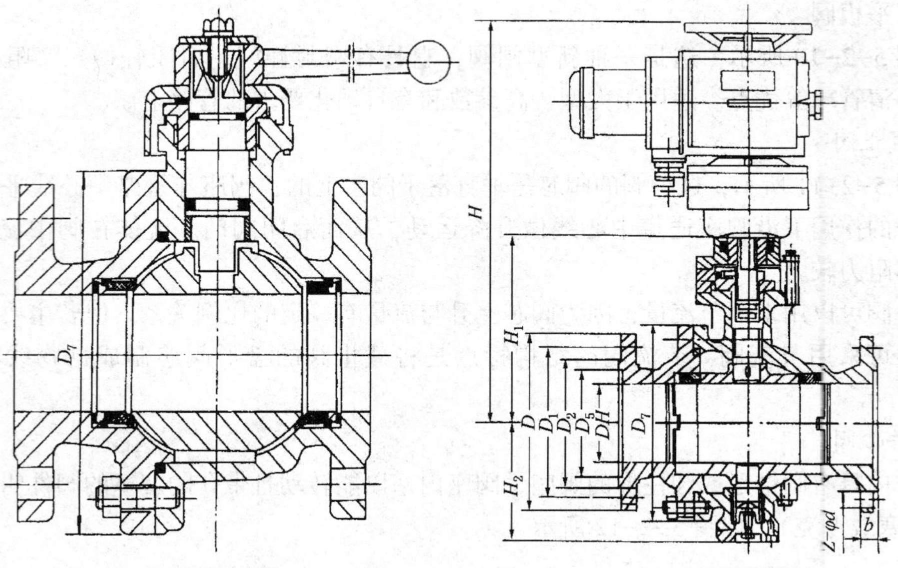

(a) 浮动球球阀　　(b) 固定球球阀

图 5-2-13　球阀

压机配套使用。管道发生大量泄漏时，气源泄压或高温使易熔塞熔化，阀门自动关闭，起安全保护作用。此阀也作为气动截止阀使用，可实现远距离控制，关闭迅速，开启灵活。

该阀的阀体、阀盖、阀瓣、汽缸均采用碳钢；先导阀、阀杆采用铬钢 3，弹簧采用铬钒钢 3，密封圈采用聚四氟乙烯材料。

该阀公称压力 2.5MPa，适用于-40～50℃环境温度，闭止时间小于或等于 5s。汽缸使用压力 0.3～0.5MPa，控制部分壳体和活塞密封耐压不应小于 1.2MPa，汽缸使用介质可是空气，但多为氮气。如采用易熔塞，熔化温度为 70℃±5℃。其性能参数见表 5-2-3。

表 5-2-3　加气站紧急切断阀性能参数(气动球阀)

型　号	压力级	汽缸工作压力/MPa	使用温度/℃	汽缸使用介质	使用介质	熔闭温度/℃	关闭时间/s	汽缸开启压力/MPa	接口法兰公称直径/mm
QDq421f-25	20K，2.5MPa	≤4.0	-40～50	氮气、空气	天然气	70±5	≤10	≥0.4	150

注：引自安瑞科能源装备控股有限公司《天然气加气站建设解决方案》. 2005。

(3) 防撞(拉断)阀

拉断阀是一种防止意外发生的保护阀。拉断阀在外力作用下可自行分开，两端必须自行密封；由此引发的液相管道口的液体泄漏量和气相管道口气体泄漏量不得大于 0.3L，加气机不得大于 50mL。

LPG 加气站卸车胶管与固定管线连接处、加气机加气胶管与加气机机体连接处应设此阀，防止汽车卸车或被加气车辆在没有断开接头时自行发动行驶，造成拖拽事故而引发液化石油气大量泄漏事故发生。

目前，应用较多的有美国 PGI 公司 1999 年研制的专门用于加气机的安全保护阀门，如图 5-2-14 和图 5-2-15 所示。安装在加气机底部的管路上，它由上下两部分组成，分别安装有单向阀。下部分阀体外缘有一个抓卡螺母(3)，这个螺母抓住上部分阀体的三爪阀口

(4)，两部分靠摩擦力连接在一起，外密封圈(5)起到密封作用，内部的单向阀门被顶开，使液化气通过。当加气机被撞时，两部分脱开，单向阀门在弹簧的作用下迅速封闭上下管路，内密封圈(8)防止液化气外泄。

该阀材质多为合金材料，卸车口管路用 *DN*50，加气机管路用 *DN*25。

7. 止回阀

(1) 油站常用止回阀

止回阀又称单向阀，有升降式、旋启式、对夹式、定压式等多种形式。油库中目前使用的主要为升降式和旋启式两类，如图 5-2-16 所示。

(2) 气站常用止回阀

止回阀的作用是控制管路液相或气相介质按所规定的方向流动，不允许反向通过。安装于潜液泵出口、卸车泵出口、储罐进液口端头、加气机的气液分离器出口或计量器后。材质有锻钢或铜质：大口径为锻钢，小口径为铜质。有法兰或螺纹连接两种方式：大口径法兰连接，小口径螺纹连接。螺纹连接应采用锥管密封螺纹。该阀的耐压应据工艺管路设计压力确定。常用规格有 *DN*50、*DN*25 两种。

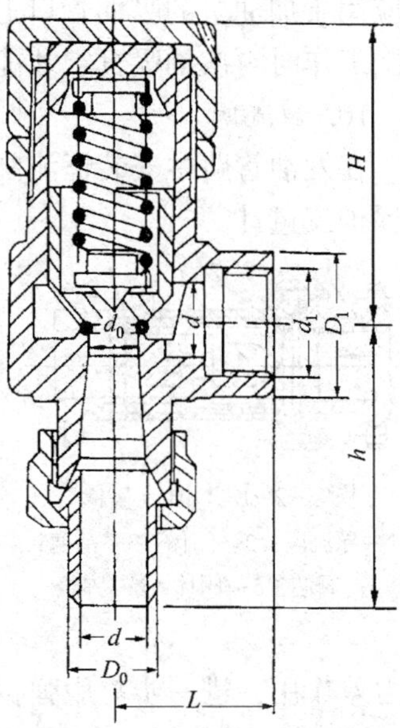

图 5-2-14 弹簧式安全阀

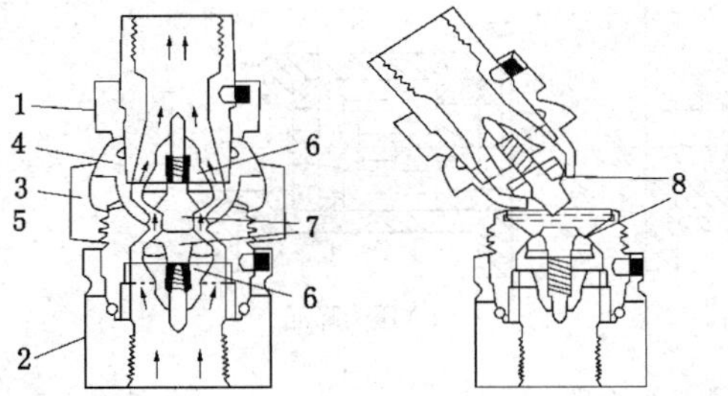

图 5-2-15 防撞阀

1—上阀体；2—下阀体；3—抓卡螺母；4—三爪阀口；
5—外密封圈；6—阀座；7—阀芯；8—内密封圈

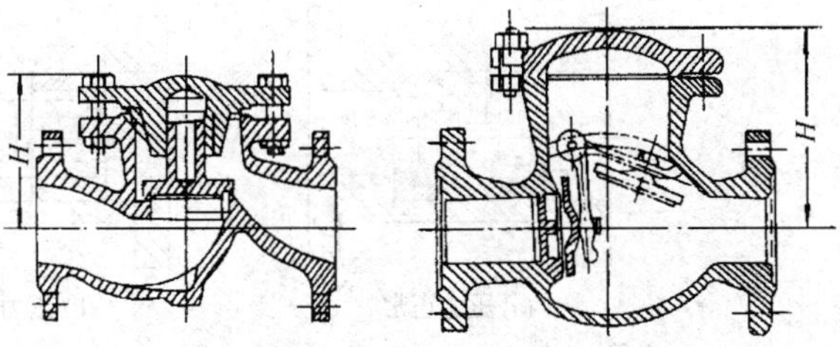

(a)升降式止回阀　(b)旋启式止回阀

图 5-2-16 止回阀

8. 过流阀

过流阀如图 5-2-17 所示。其作用是防止意外事故造成管路断裂，液化石油气大量泄漏。一般安装在潜液泵入口、加气机入口、罐内气相回管端头、排残管中段。加气机内部管路也设有小规格过流阀，其耐压多为 2.5MPa。连接方式有法兰连接和螺纹连接两种：小口径多采用螺纹连接，且应用 NPT 管密封螺纹；大口径多采用法兰连接。常用规格有 5.08cm、2.540cm、1.092cm、1.27cm(分别为 2in、1in、3/4in、1/2in)。

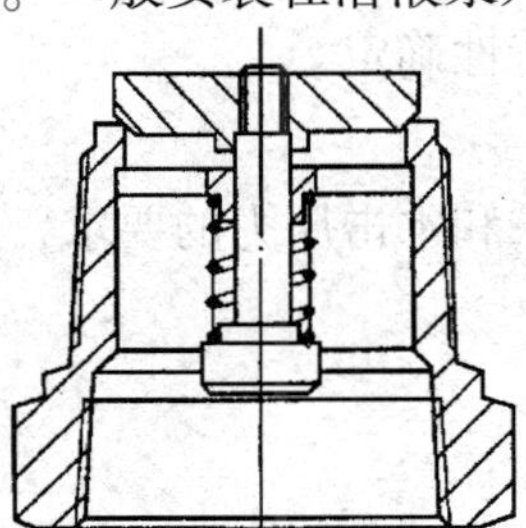

图 5-2-17 过流阀结构剖面示意图

9. 底阀

底阀实质上是一种止回阀，也分为升降式和旋启式两种，只不过在构造上有别于普通的止回阀，其只有一端与管道相连接，另一端为其端头。它主要应用于泵的垂直吸入管端部，以防停泵时吸入管中的液体介质流失，减少灌泵的麻烦。加油加气站内主要应用于加油机的吸油管口上，以使加油要停止工作时，油品不至于倒流罐内，以免加油机下次工作时再次抽吸真空才能工作。

10. 恒流阀

在发油管路中安装恒流阀，能使流量计在稳定的流量下工作，可显著提高计量精度，还可保护流量计。

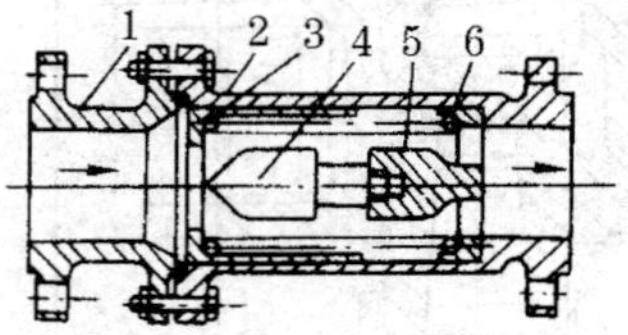

图 5-2-18　恒流量阀
1—导流段；2—阀体；3—活塞；4—阀芯；5—阀体；6—弹簧

恒流阀是靠流体自身压力的变化来调节阀内通道的截面积，从而使管道中的介质流量保持恒定不变的一种调节阀。结构如图 5-2-18 所示。

定流量阀的工作原理，如图 5-2-19 所示。

介质由阀前流向阀体时，在活塞与阀芯之间的通道处受到节流，压力下降，活塞在压力差作用下，克服弹簧力，向后移动并在某一位置上和弹簧力相平衡。此时阀后便有一个相对应的压力和流量。若阀前压力升高，定流量阀的活塞受到较大的压力差作用，进一步克服弹簧力向后移动，并由于活塞移动到新的平衡位置，通道截面积减少，流通速度增大，节流作用加强，压力降也增大，使阀后压力稳定在原压力值上，同时保持流量不变。反之，如阀前压力降低，活塞所受的压力变小，弹簧将活塞推向前面新的平衡位置，通道截面积增大，流动速度下降，节流作用变弱，压力降减小，而使阀后的压力和流量保持不变。

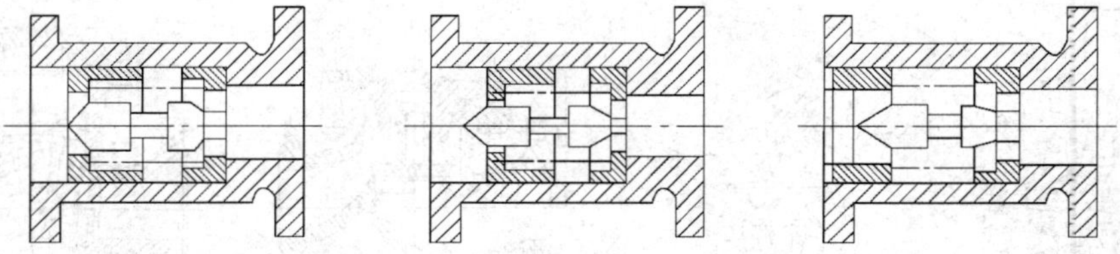

(a) 压力正常　(b) 压力升高　(c) 压力降低

图 5-2-19　定流量阀工作原理

11. 阀门的选用

(1) 阀门类型的选择

应根据管路流程所要求的功能、所输介质、可能的最大压力、使用环境及各种阀门的性能特点，按照“满足要求、安全可靠、经济合理、操作维修方便”的原则进行阀门类型的选择。

(2) 阀门通径的选择

阀门的通径一般与管路直径一致，也可根据设计流量和介质的特性确定。

(3) 阀门公称压力的选择

阀门的公称压力应能满足管道在该处可能出现的最大压力的要求和水击压力的要求，对于处于主要位置的阀门，应留有足够的压力余量。

五、快速接头

该部件主要用于 LPG 加气站卸车或反装车。快速管路连接，便于拆卸、接通，实现快速作业。材质为黄铜或不锈钢材料。公称压力 2. 5MPa，强度试验 3. 8PMPa，密封试验压力为 2. 8MPa，适用于-40~80℃环境温度。规格有 1 号、2 号两种。

六、胶管接头

目前常用的胶管接头，主要有 CRJ 型、CRD 型、ZHJ 型、CHS 型，如图 5-2-20 所示为 CRJ 型。其中 CRJ 型和 CRD 型具有公称通径 25～150mm 多种规格，可与军工夹布胶管、钢丝编织胶管、输油胶管、飞机加油胶管等系列胶管相配套，用于软管之间的连接，承压不大于 1000kPa。

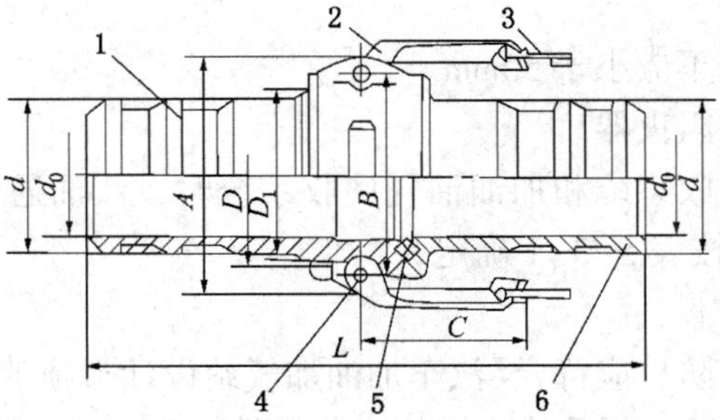

图 5-2-20　CRJ 型胶管接头

1—阳端；2—把手；3—钩环；4—销轴；5—密封胶圈；6—阴端

第三节　站内管道的设置要求和安装验收

一、油品管道的设置要求

1. 加油站内的工艺管道应符合下列规定

① 宜选用无缝钢管。在对钢管有严重腐蚀作用的土壤地段直埋的管道，可选用耐油、耐土壤腐蚀、导静电的复合管材。

② 加油站内的工艺管道应埋地敷设，且不得穿过站房等建构物。当油品管道与管沟、电缆沟和排水沟相交时，应采用相应的防渗漏措施。

③ 埋地钢管的连接应采用焊接。埋地钢管的外表面的防腐设计应符合国家现行标准《钢质管道及储罐腐蚀控制工程设计规范》SY 0007 的有关规定，并应采用不低于加强级的防腐绝缘保护层。

④ 油品工艺管道系统的设计压力不应小于 0.6MPa。

⑤ 工艺管道的布置应符合本书第二章第三节表 2-3-2、表 2-3-4 和表 2-3-6 的规定。

⑥ 与油罐相连通的进油管、通气管的横管，以及油气回收管，均应坡向油罐，其坡度不应小于 2‰。

2. 油罐车卸油油气回收管道的设置要求

油罐车卸油必须采用密闭卸油方式，且宜采用卸油油气回收系统，其管道的布置应符合下列规定：

① 油罐车上的油气回收管道接口，应装设手动阀门；

② 密闭卸油管道的各操作接口处，应设快速接头及闷盖。宜在站内油气回收管道接口前设手动阀门；

③ 加油站内的卸油管道接口、油气回收管道接口宜设在地面以上。

3. 油罐通气管的设置要求

① 油罐的通气管应符合本书第二章第七节表 2-3-2 的规定。

② 汽油罐与柴油罐的通气管应分开设置。

③ 通气管的管口应高出地面 4.0m 及以上。

④ 沿建筑物的墙(柱)向上敷设的通气管管口，应高出建筑物的顶面 1.5m 及以上。

⑤ 当采用卸油油气回收系统时，通气管管口与围墙的距离可适当减少，但不得小于 2.0m。

⑥ 通气管的公称直径不应小于 50mm。

⑦ 通气管管口应安装阻火器。

⑧ 当采用卸油油气回收系统和加油油气回收系统时，汽油通气管管口应安装机械呼吸阀。呼吸阀的工作压力宜按表 5-3-1 确定。

4. 油品管道的完好标准

① 油品管道的安装、防护应符合《汽车加油加气站设计与施工规范》GB 50156 的要求。

② 管道及附件的外表面应无重皮、夹渣、裂缝等缺陷，法兰不能直接埋入地下。

③ 煨制管的曲率半径应不小于管子外径的 3.5 倍，弯管的椭圆度应不大于 7%。

表 5-3-1 机械呼吸阀的工作压力 Pa

工作压力 / 设计使用状态	正 压	负 压
仅卸油采用密闭油气回收系统	2000~3000	200~300
卸油和加油均采用密闭油气回收系统	2000~3000	1500~2000

④ 管道对焊应符合 GBJ 236《现场设备、工业管道焊接工程施工及验收规范》的规定。

⑤ 法兰与管道焊接、密封面与管道轴线垂直度应符合要求。工作压力小于 4MPa，最大偏差不大于 2mm。

⑥ 连接法兰的两密封面应相互平行，两对称点间最大与最小间隙之差($a-b$)应不超过表 4-3-2 的规定。

表 5-3-2 连接法兰的两密封面两对称点间隙最大与最小之差

公称通径/mm	公称压力<1.6MPa
	法兰间隙($a-b$)/mm
100	0.2
>100	0.3

⑦ 连接法兰盘不允许加双垫、偏垫。垫片内径比法兰内径大 2~3mm；法兰螺栓齐整满扣，螺丝露出帽 2~3 扣。

⑧ 新安装及使用中的管道，以 1.5 倍工作压力的条件下试压不渗漏。

⑨ 站内所有管道均应有编号。

⑩ 管道检修记录、试压记录、管道平面布置图和纵断面图以及焊缝探伤检测记录等的技术资料齐全、准确。

二、液化石油气管道的设置要求

1. 液化石油气管道设置的总要求

① 液化石油气管道应选用 10 号、20 号钢或具有同等性能的材料的无缝钢管，其技术性

能应符合现行国家标准《输送流体用无缝钢管》GB 8163 的规定。

② 液化石油气管道的管件，其材质应与所选管道的管材相同。管道上的阀门及其他金属配件的材质宜为碳素钢。

③ 液化石油气管道、管件及其上的阀门和其他配件的设计压力不应小于 2.5MPa。

④ 管道与管道的连接应采用焊接。

⑤ 管道与储罐、容器、设备及阀门的连接宜采用法兰连接。

⑥ 管道系统上的胶管应采用耐液化石油气腐蚀的钢丝缠绕高压胶管，压力等级不应小于 6.4MPa。

⑦ 液化石油气管道宜埋地敷设。当需要管沟敷设时，管沟应用中性沙子填实。

⑧ 埋地管道应敷设在土壤冰冻线以下，且覆土厚度(管顶至土面)不得小于 0.8m。穿越车行道处，宜加设套管。

⑨ 埋地管道防腐设计应符合现行国家标准《钢质管道及储罐腐蚀控制工程设计规范》SY 0007的有关规定，并应采用最高级别防腐绝缘保护层。

⑩ 液化石油气在管道中的流速应符合下列规定：

a. 泵前不宜大于 1.2m/s；

b. 泵后不应大于 3.0m/s；

c. 气态液化石油气在管道中的流速不宜大于 12m/s。

2. 液化石油气储罐的管路系统的设置应符合下列规定

① 管路系统的设计压力不应小于 2.5MPa；

② 储罐必须设置全启封闭式弹簧安全阀，安全阀与储罐之间的管道上应装设切断阀。

③ 地上储罐的放散管管口应高出储罐操作平台 2.0m 及以上，且高出地面 5.0m 及以上。地下储罐的放散管管口应高出地面 2.5m 及以上。放散管应设防雨罩。

④ 在储罐外的排污管上应设两道切断阀，阀间宜设排污箱。在寒冷和严寒地区，从储罐底部引出的排污管的根部管道应加装伴热或保温装置。

⑤ 对储罐内未设置控制阀门的出液管道和排污管道，应在储罐的第一道法兰处配备堵漏装置。

⑥ 储罐应设置检修用的放散管，其公称直径不应小于 40mm，并宜与安全阀接管共用一个开孔。

3. 出液管设在储罐底部时，充装泵的管路系统设置应符合下列规定

① 充装泵的进、出口宜安装长度不小于 0.3m 的挠性管或采取其他防震措施。

② 由储罐引至泵进口的液相管道，应坡向泵的进口，且不得有窝存气体的地方。

③ 泵的出口管路上应安装回流阀、止回阀和压力表。

4. 潜液泵的管路系统设置应符合下列要求

① 泵的出口管路上应安装回流阀、止回阀和压力表。

② 安装潜液泵的筒体下部宜设置切断阀和过流阀，且切断阀应能在罐顶操作。

5. 液化石油气压缩机管路设置应符合下列规定

① 出口管道应设过滤器、止回阀和安全阀；

② 进口管道和储罐的气相之间应设旁通阀。

6. 液化石油气加气机管道的设置应符合下列规定

① 加气系统的设计压力不应小于 2.5MPa。

② 应能保证加气枪的流量不大于60L/min。

③ 加气软管上应设拉断阀，其分离拉力宜为400~600N。

④ 加气机的液相管道上宜设事故切断阀或过流阀。切断阀和过流阀应符合下列规定：

a. 当加气机被撞时，设置的事故切断阀应能自行关闭；

b. 过流阀关闭流量宜为最大工作流量的1.6~1.8倍。

c. 事故切断阀或过流阀与充装泵连接的管道，必须牢固，当加气机被撞时，该管道系统不得受损坏。

⑤ 加气枪上的加气嘴应与汽车受气口匹配。加气嘴应配置自密封阀，其卸开连接后的液体泄漏量不应大于5mL。

⑥ 每辆汽车加气时间可按3~5min计算。

三、压缩天然气管道的设置要求

1. 压缩天然气管道设置的总要求

① 增压前的天然气管道应选用无缝钢管，并应符合现行国家标准《输送流体用无缝钢管》GB 8163的有关规定。增压后的天然气管道应选用高压无缝钢管，并应符合现行国家标准《高压锅炉用无缝钢管》GB 5310或《不锈钢无缝钢管》GB/T 14976的有关规定。

② 加气站内的所有管道、管件、阀门、设备的设计压力应比最大工作压力高10%，且在任何情况下不应低于安全阀的定压。

③ 加气站内的所有与天然气接触的管道、管件、设备、阀门、法兰、垫片等的材质应与天然气介质相适应。

④ 增压前的天然气管道宜埋地敷设，其管顶距地面不应小于0.5m。冰冻地区宜敷设在冰冻线以下。

⑤ 加气站内的高压管道宜埋地敷设。若采用低架敷设，其管底距地面不应小于0.3m。管道跨越道路时，管底距地面净距不应小于4.5m。室内管道宜采用管沟敷设，管沟应用干净沙填充，并设活门及通风孔。

⑥ 埋地管道防腐设计应符合国家现行标准《钢质管道及储罐腐蚀控制工程设计规范》SY 0007的有关规定，并应采用最高级别防腐绝缘保护层。

2. 加气机的加气软管的设置要求

加气机加气软管设置应符合下列规定：

① 加气机的加气软管上应设拉断阀。拉断阀在外力作用下分开后，两端应自行密封。当加气软管内的天然气工作压力为20MPa时，拉断阀的分离拉力范围宜为400~600N。

② 加气软管及其接头应选用具有抗腐蚀性能的材料。

3. 压缩天然气管道上安全设置要求

压缩天然气管道上的安全保护应符合下列规定：

① 天然气进气管道上应设紧急截断阀。手动紧急截断阀的位置应便于发生事故时能及时切断气源；

② 天然气进站管道上宜设置调压装置、计量装置。

③ 加气站内的管道设备，凡是经过增压、输送、储存需显示压力的地方，均应设压力检测点，并应设供压力表拆卸时高压气体泄压的安全泄气孔。

④ 储气瓶组(储气井)进气总管上应设安全阀及紧急放散管、压力表及超压报警器。每个储气瓶(井)出口应设截止阀。

⑤ 储气瓶组(储气井)与加气枪之间应设储气瓶组(储气井)截断阀、主截断阀、紧急截断阀和加气截断阀(图5-3-1)。

⑥ 加气站内缓冲罐、压缩机出口、储气瓶组应设置安全阀。安全阀的设置应符合《压力容器安全技术监察规程》的有关规定。安全阀的定压 P_0 除应符合《压力容器安全技术监察规程》的有关规定外，尚应符合下列规定：

a. 当 $P \leqslant 1.8\text{MPa}$ 时，$P_0 = P + 0.18\text{MPa}$。

b. 当 $1.8\text{MPa} < P \leqslant 4.0\text{MPa}$ 时，$P_0 = 1.1P$。

c. 当 $4.0\text{MPa} < P \leqslant 8.0\text{MPa}$ 时，$P_0 = P + 0.4\text{MPa}$。

d. 当 $8.0\text{MPa} < P \leqslant 25.0\text{MPa}$ 时，$P_0 = 1.05P$。

注：P——设备最高操作压力。

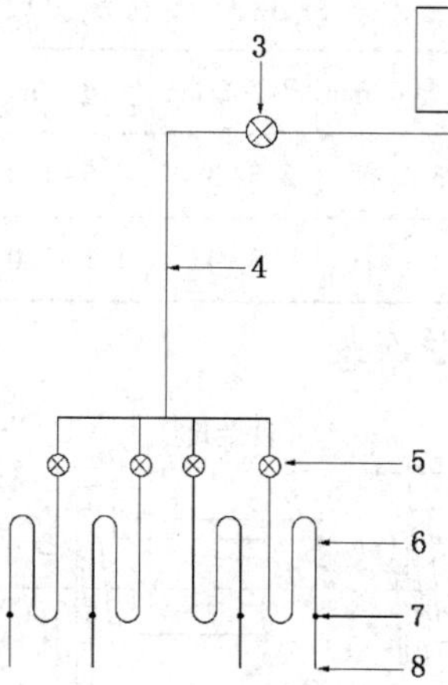

图 5-3-1　储气瓶组与加气枪间阀门设置示意图

1—储气艇组(储气井)；2—储气瓶组(储气井)截断阀；3—主截断阀；4—输气管道，5—紧急截断阀；6—供气软管；7—加气截断阀；8—加气枪

⑦ 加气站内的天然气管道和储气瓶组应设置泄压保护装置，泄压保护装置应采取防塞和防冻措施。泄放气体应符合下列规定：

a. 一次泄放量大于 500m^3(基准状态)的高压气体应通过放散管迅速排放。

b. 一次泄放量大于 2m^3(基准状态)，泄放次数平均每小时 2~3 次以上的操作排放，应设置专用回收罐。

c. 一次泄放量小于 2m^3(基准状态)的气体可排入大气。

⑧ 加气站的天然气放散管设置应符合下列规定

a. 不同压力级别系统的放散管宜分别设置。

b. 放散管管口应高出设备平台 2m 及以上，且应高出所在地面 5m 以上。

四、管路的安装

1. 管路的连接

管路的连接方式有焊接连接、法兰连接和丝扣管箍连接。丝扣管箍连接只适用于水、煤气钢管。而焊接连接和法兰连接是输油管路广泛采用的连接方法。

(1) 焊接连接

① 焊条的选择要求。焊接材料，即焊条对焊缝质量有很大影响，选用时，应满足以下两点要求：

a. 焊接金属的机械性能和化学成分应与母材相当。

b. 在任何位置均有良好的施焊性能。

② 焊接接口加工要求。输油管上的焊接接口在焊前应预先处理，以符合焊接要求。壁厚4mm 以上管子按图 5-3-2 开成 V 形坡门，其间隙、钝边及坡口角度按表 5-3-3 提供的数据，对表中所列数据可根据使用的焊条规格和性能及焊工的技术经验作适当调整，壁厚3mm 以下的不开坡口，其间隙 1~1.5mm。

表 5-3-3　V 形坡口尺寸表

壁厚 δ/mm	间隙 a/mm	钝边 b/mm	坡口角度 α
3.5~8	2.5~3.0	0.5~1.0	60°~70°
9~12	3~4	1.5~2.0	60°±5°

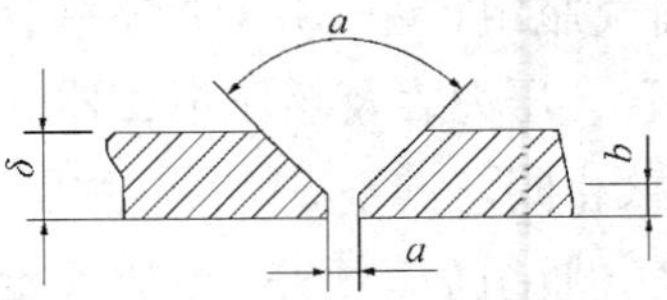

图 5-3-2　V 形坡口

（2）法兰连接

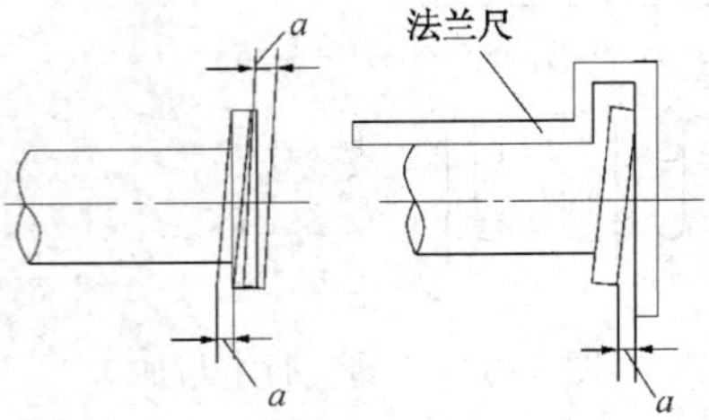

图 5-3-3　用法兰尺检查法兰垂直度

法兰连接在输油管路中的应用也很广泛，尤其是管子与闸阀、泵等设备的连接处必须用法兰连接。其优点是结合强度高，拆卸方便。法兰应按管子的公称直径和公称压力进行选择。

加油站中，油料输送压力一般不太大，属于中低压管路。中低压管路多采用焊接法兰。法兰连接的技术要求如下：

① 法兰端面与管子中心线要垂直。此垂直度可以用法兰尺来检查，如图 5-3-3 所示。检查时用塞尺测量法兰尺和法兰端面之间的间隙(按圆周测量)，此间隙 a 即为法兰端面与管子中心线之间的垂直度偏差，其允许值见表 5-3-4。

表 5-3-4　法兰端面与管子中心线之间的垂直度的允许偏差　　mm

管子的公称直径 DN		100	125	150	200	250	300	350
允许偏差 a	工作压力≤4.0MPa	±2	±2	±2	±2	±2	±2.5	±2.5
	工作压力>4.0MPa	±1	±1	±1	±1	±1	—	—

② 法兰螺栓孔与管子横断面上中心线之间的周向偏移 δ(图 5-3-4)，不应大于表 5-3-5 所列的允许偏差值。

表 5-3-5　法兰螺栓孔与管子横断面中心线之间的周向偏移的允许偏差 δ

螺栓孔的直径/mm	18	23	27	34	41
允许偏差 δ/mm	±1	±1	±1	±1.5	±2

③ 法兰上两个相邻螺栓之间的距离偏差 ΔA 不应大于表 5-3-6 所列数值。螺栓孔之间的距离按直线距离测量，如图 5-3-5 所示。

表 5-3-6　法兰螺栓孔距离的允许偏差 ΔA

管子的公称直径 DN/mm	≤125	>125
允许偏差 ΔA/mm	±0.5	±1

④ 两个对接法兰的端面之间应互相平行，其平行度偏差 ΔS(图 5-3-6)不应大于表 5-3-7所列的允许值。

表 5-3-7　对接法兰端面之间的平行度偏差 ΔS

公称直径 DN/mm	工作压力/MPa		
	<1.6	1.6~4.0	>4.0
	允许偏差 ΔS/mm		
≤100	0.2	0.1	0.05
>100	0.3	0.15	0.05

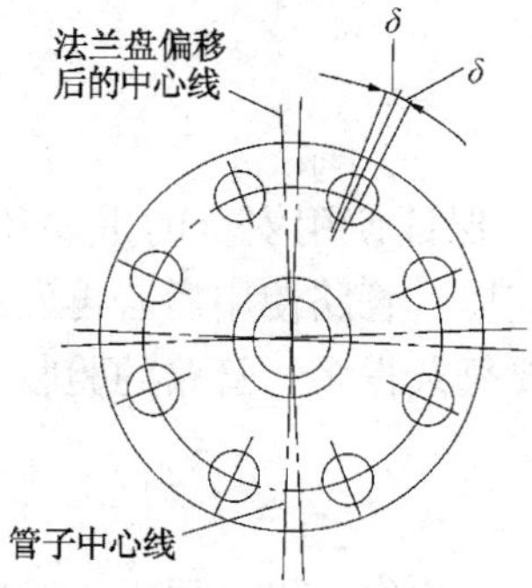

图 5-3-4　法兰螺栓孔周向偏移

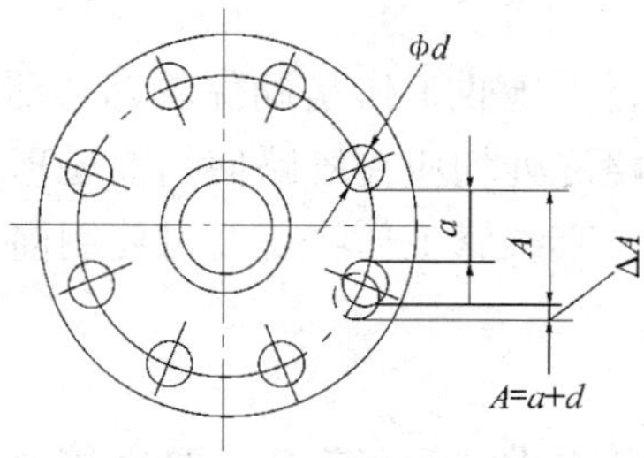

图 5-3-5　法兰螺栓之间的距离及其偏差

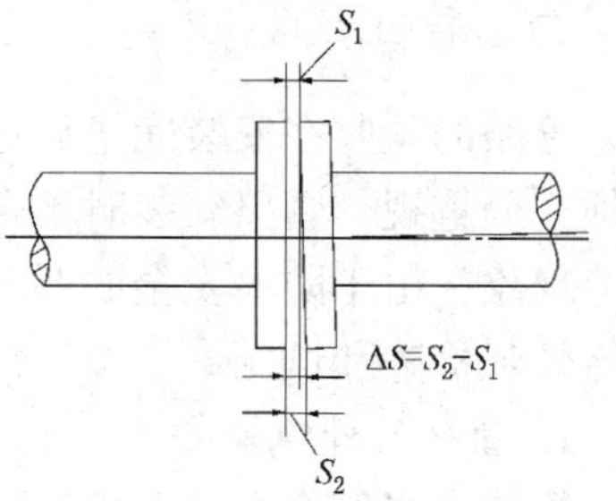

图 5-3-6　对接法兰端面之间的平行度偏差

⑤ 法兰的密封面必须加工光滑，不允许有径向方向的沟槽等缺陷。

法兰之间的连接除符合各种法兰形式自身的要求外，还应符合下列要求：

a. 法兰接口螺栓应露出螺帽外，其露出长度应小于螺栓直径的 1/2。

b. 法兰的最后连接，应在管路调整后进行，并放入永久性垫片。安装垫片前，应两面涂以 30 号机油调合的黑铅粉。

c. 法兰垫片每拆卸一次，均应更换新品，并不得使用倾斜双层垫片。垫片不得涂铅油。

（3）丝扣连接

管路用丝扣连接时，丝扣应整齐，无毛刺、歪斜、乱扣等现象。装配管子时，应有 1/3 的丝扣长度能用手旋入，不得过松或过紧。丝扣紧固后，必须外露 2～3 扣。对于介质为热水、空气的管路，允许在丝扣上绕缠一层麻丝，但对于其他管路，不得有任何绕缠物。

2. 管路安装的注意事项

① 管路安装前，首先应将管子内部焊渣、污物、沙石等清扫干净，严防堵塞。

② 管沟内有积水时，应先将积水抽净，并按设计要求清理沟底。

③ 所有工艺管路，应按设计要求的轴线、标高和坡度进行安装，不得有倒坡(反坡)或“耍龙”现象。

④ 如管路不够设计长度时，可加设一段短管，但当 $DN>100$mm 时，短管长度不得小于 200mm；当 $DN\leq100$mm 时，短管长度不得小于 100mm。

⑤ 安装有缝钢管时，应将纵缝设于易于检查的方向，管路对焊时，应使两管的纵向焊缝错开 100mm 以上。

⑥ 管路安装应保证每个管段或两个固定点间管段的中心线成为一条直线，允许偏差，每 10m 不大于 15mm，而全长在水平面上的偏差不大于 50mm。立管垂直偏差不大于 10mm，标高偏差±5mm。

⑦ 管路附件在安装前应进行试压。

⑧ 安装阀门时，应将阀门关闭，并注意阀杆的方位，以便于开关，闸阀的阀杆不得向下装设。安装单向阀时，应注意其流向，不得反装。安全阀在安装前，应根据设计要求调整到启闭压力。

⑨ 管路安装中的起点和终点两端如不能立即连接时，应用木塞或盲板临时封闭，以保护坡口和防止杂物进入。管路连通前应用铁丝缠布刷干净。

⑩ 套管必须在管路分段试压合格后安装。套管的焊接应牢固、严密。对通过路基或长

度超过 2m 的套管，应进行试压，试验压力不小于 1MPa。

五、管路的验收

管路的验收在安装完毕后进行。验收工作是确保管路质量、保证使用安全的重要环节，必须充分重视。管路安装时不合格之处均应在管路使用前处理完毕。管路使用后若再发现渗漏等现象，由于防火安全的要求，其维修工作将比交付使用前要复杂得多。管路的验收主要包括外观检查和试压。

1. 管路的外观检查

管路应当符合敷设要求和安装要求。管路支座、静电接地等均应符合设计要求。管路的接头应重点检查。

① 平焊钢法兰用 T 形焊法焊到管子上的焊接接头，应全部做外观检查。

② 焊缝的外观检查应满足下列要求：

a. 焊缝及附近焊缝金属不应有裂纹；

b. 焊缝表面应光滑，在周围没有显著的不平和孔隙；

c. 咬肉深度应不超过 0.5mm，其长度不应大于 25mm。全部咬肉长度不得大于焊缝全长的 25%；

d. 从焊缝金属到焊件间要平滑过渡，没有金属堆积现象；

e. 手工焊接时焊缝加厚不小于 1mm 且不超过壁厚的 30%。仰焊时其加厚值不应小于 2mm 且不超过管壁厚度的 40%；

f. 焊缝截面尺寸如图 5-3-7 所示，满足表 5-3-8 所列数值时认为合格；

g. 气孔渣杂物和折断面未焊透的总深度不应超过管壁厚度的 10%。

③ 当焊缝上外观有缺陷部分的长度不超过圆周长的 30%时，允许采取部分铲去缺陷的方法。否则接头应报废，要割掉重焊。

2. 管路的清扫

管路安装完毕并经外观检查合格后，在试压前应对管路内部进行清扫，以便洗掉安装时残留在管内的氧化皮、焊条头、铁渣等脏物。对于公称直径小于 150mm 的管路可以用水冲洗；当公称直径大于 150mm 时可以用压缩空气吹扫，其介质的流速越高越好(一般不小于 0.8m/s)，冲洗压力应不低于 1/4 的工作压力，这样才能保证管壁上的杂质被剥落洗出。吹扫的时间约 10~15min。吹扫的排气短管直径是吹扫管子本身直径的 50%~60%，排气短管装置在吹扫管段末端。不管水冲洗还是压缩空气吹扫，都应当由管路的高处向低处进行。凡是吹扫或冲洗不到的死角(如泵房内的管组)，在管路吹扫完毕后，应拆开进行人工擦洗。同时对每个阀门应卸下阀盖、阀芯，并清洗干净，以防关闭不严。

表 5-3-8　焊缝截面尺寸

管壁厚度/mm	b	h
3	6~8	1~2
4	8~10	
5	10~12	
6	12~15	

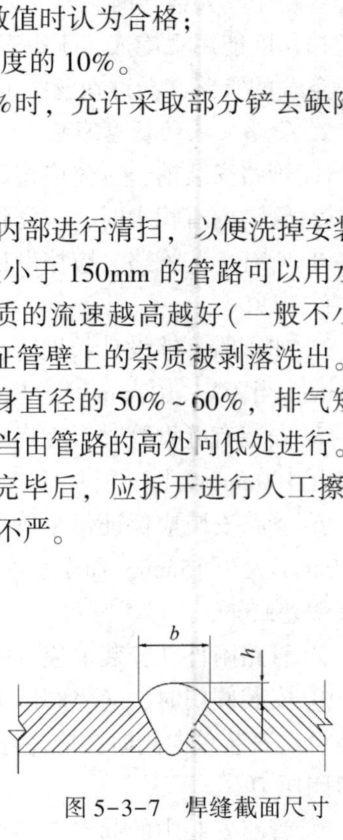

图 5-3-7　焊缝截面尺寸

3. 管路的试压

管路清洗以后，即可进行试压，方法如下：

(1) 水压试验

① 分段水压试验：试验压力应等于工作压力的 1.5 倍，试验时间保持 5min，然后降至工作压力，在焊缝周围(离焊缝 15~20mm)用 1~1.5kg 手锤轻轻敲击，检查管路，若无渗漏现象，则分段水压试验为合格。螺旋焊接管及有缝钢管在分段水压试验时应特别注意检查螺旋焊缝和纵向焊缝是否渗漏。

② 总体水压试验：试验压力为工作压力的 1.25 倍，且不得小于 0.5MPa，持续 2h，压力下降不超过工作压力的 10%，则可认为总体水压试验合格。

(2) 气压试验

工作压力在 1MPa 以下的管路，可进行气压试验。试验压力为工作压力的 1.25 倍(不得小于 0.3MPa)，时间保持 30min，然后降至工作压力。加压过程中，在管路焊接和法兰连接处，涂肥皂水进行检查，如无泄漏气泡，则气压试验合格。

4. 文件交接

管路外观检查、探伤和试压合格后，即可交付使用。管路验收时，应提交下列文件：

① 设计图纸及修改通知书；

② 隐蔽工程验收记录；

③ 材料证明书；

④ 焊缝接口试验及焊接工作日记；

⑤ 管路水压气压试验记录。

第四节　站内管道的使用及检修

一、站内管道的使用

1. 熟悉情况

为了正确地使用管道，必须熟悉管道工艺流程的布置、连接形式、坡度方向、管道规格、技术状况、附件位置及作用等情况。

2. 正确操作

建立必要的制度，按操作规程办事，这是防止事故发生的有力措施。例如阀门错开、关闭不严或不及时，就有可能发生混油、跑油事故。开关阀门过猛，可能会使水击压力过大、破坏管路和附件。

3. 合理放空

操作完毕，及时放空管路，其目的在于：

① 防止因阀门渗漏，使油料串混。

② 保证管道安全。如果管路中充满油料，当温度升高时，油料的膨胀大于管体金属的膨胀，使管内压力增高，可能引起渗漏(如法兰连接处等)，阀门开启困难，甚至胀裂管道。

③ 避免油凝结在管内，影响输转。

4. 防止渗漏

法兰、焊缝、阀门填料、伸缩器填料等处，是管道的薄弱环节，应经常检查与维护，适时更换法兰垫片和阀门填料。

地上管道的渗漏，比较直观，容易发现。但地下管道检漏比较困难，目前还没有方便可靠的检漏仪和方法，这就要求在工作中，确实掌握地下管道的技术状况。通常根据下列现象来判断地下管路是否漏油：

① 收发油时泵出口压力表读数是否有突然下降或比正常读数小的现象，入口处的真空表读数是否相应增加。

② 一次作业中收油或发油是否有不正常的差额。

③ 平时管内有无流水般的声响。

④ 管路经过的地面有无油迹，周围植物生长是否正常。

上述方法在管路大量漏油时，是能及时发现的，但微小渗漏时，就不易发现了。为了防止长期漏油的损失，地下输油管路应进行周期性的试压，以发现管路有无渗漏现象。

5. 适时清洗

管路在安装、检修后，内部存在一些焊渣等杂物，应进行冲洗。管路经过一定时间使用后，在管路的内表面上会覆盖一层铁锈或自油料中析出的沉淀物，这样就会减少管路横截面积，并增加流动阻力，降低输送能力及油品质量。所以，管路使用一定时间后，必须根据情况适时清洗。

6. 减少腐蚀

除了采取应有的防腐措施外，平时应经常检查管路锈蚀情况，发现脱漆处，应及时补漆。为防止管路底部锈蚀，在可能时，结合大修可转动管段，使其原腹面向上。管路周围的污水、杂草应随时清除。地下管路在使用一定年限后，应在腐蚀严重地段挖坑检查地下管路锈蚀情况，以便采取相应措施。

另外，还应检查支座、管沟的状况，修理其损坏部分；检查管路的静电接地装置的连接是否牢靠，有无严重腐蚀现象。寒冷地区，入冬前应放尽闸阀及管路低凹处的积水，以防冻裂。

二、站内管道的检修

站内管路的损坏方式有腐蚀穿孔、外力冲击破坏、裂缝及因腐蚀而使管壁减薄等。检修的方式有应急抢修和正常修理两种。由于油品的易燃易爆性，油品泄漏可能会造成火灾、污染等间接事故。因此当发生泄漏时，往往首先应进行应急抢修。另外，在战时受到敌军破坏时，为了保障油料不间断供应，也须进行应急抢修。正常维修则是指有较充足的时间，可以放空油料、清洗设备后的维修。

1. 应急抢修措施

① 木塞堵漏。木塞的形状、规格，根据需要预先制作。抢修时，可根据孔径的大小选用预先制好的木塞打紧即可。经试验证明，效果良好。在试验中，用木塞堵管路穿孔用不到1min 时间，试压 0.5MPa，堵漏处正常。

② 堵漏栓。堵漏栓是用于抢修管路穿孔时的一种简便方法。携带方便，制作简单，操作时几分钟即可完成，效果较好，其结构如图 5-4-1 所示。

当管道穿孔后，可根据孔洞的大小，来选择使用堵漏栓。使用时先使螺杆和活动杆平行，对准孔洞穿进去，然后慢慢拉动螺杆，使活动杆和螺杆相互垂直，紧紧挂在管子内壁，接着转动元宝螺母，上紧即可。

③ 链卡固定堵漏。链卡固定堵漏是一种抢修任意直径的管路双面穿孔的简便方法，结构如图 5-4-2 所示。

④ 堵漏环箍。当油管道穿孔两侧漏油时抢修使用。结构如图 5-4-3 所示。

⑤ 法兰卡子。抢修时法兰孔距规格不一致，可用法兰卡子固定。结构如图 5-4-4 所示。

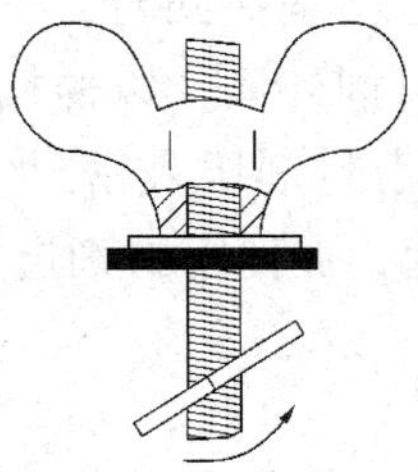

图 5-4-1　堵漏栓

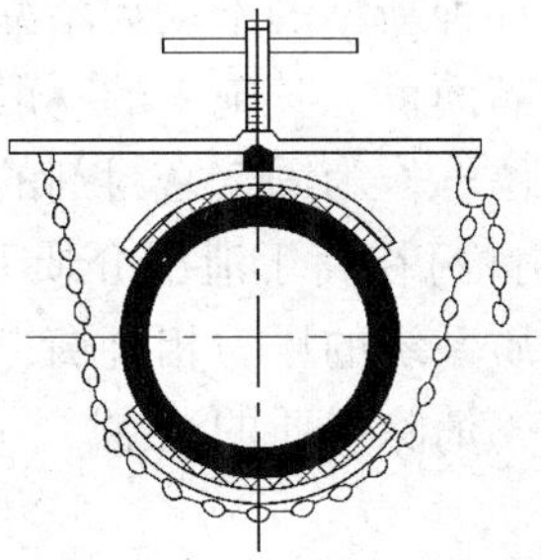

图 5-4-2　链卡固定堵漏器

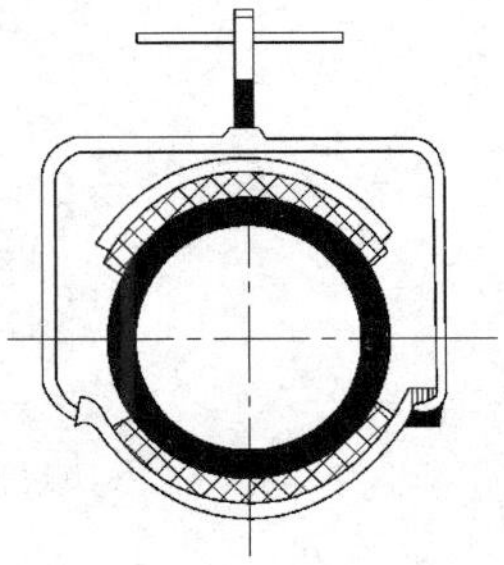

图 5-4-3　堵漏环箍

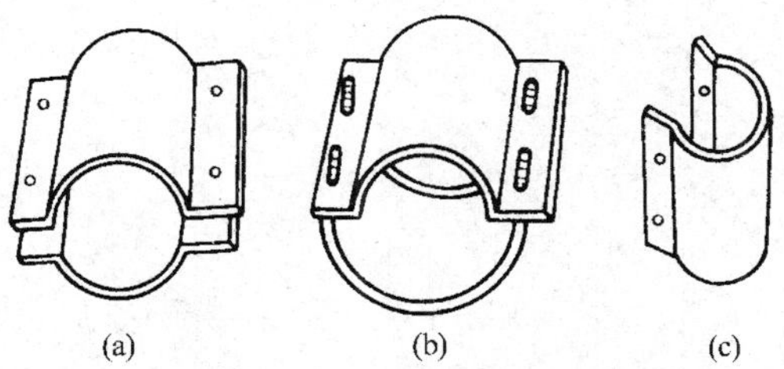

图 5-4-4　几种常用的法兰卡子

2. 正常检修

(1) 焊接法

焊接法适用于钢管穿孔、裂纹等引起的渗漏，对于低压管道小的穿孔和宽度小于 10mm 的裂纹，可加工坡口后直接焊接；对大面积因腐蚀而使管壁减薄情况，一般采用整段管更新。

由于油料易燃易爆性，对于轻油管路，采用焊接法维修时，必须采取一定的安全措施。修理管段及与其相连的油罐及各种附件必须全部放空油料，切断所有与之相联系的系统，并一定要确实切断，不能在切断处有任何漏油漏气现象。为此，一般是在连接法兰处拆卸，在不需修理端的法兰处用盲板法兰封堵，即使阀门能够关严也要采取盲板封堵措施。最好将需要修理的管段在其他地方预制好后在现场只进行安装，如果由于各种原因，必须在现场动火焊接时，则必须采取下列措施：

① 在现有管道系统上，先将与需焊管连接的所有法兰拆开，不需焊接管的法兰盘接口用盲板法兰封堵；

② 把被焊接的一端与大气相通，如果管口在室内或井内应用临时管引至室外或井外；

③ 必须在坑内或井内进行焊接时，应首先用蒸汽吹刷被焊管件及洒在地面上的可燃介质，经过 3h 后，检测需焊管件内部及施工的检查井内下部的油蒸气浓度，确认已低于爆炸下限时，才允许焊接，但在施焊以前要求再吹刷一次。若施焊时间超过 4h，则从开始焊接后，每 4h 检测一次。采用电焊作业时，电焊机的工作接地应直接接在距所焊管道的焊接点

1m 以内，绝不允许用其他管路或设备作为电焊机的工作接地回路。

（2）密封剂堵漏

密封剂堵漏是一种新型的不动火堵漏技术，可进行带压堵漏，近几年来，该项技术发展较快，已有多种产品面世。其施工的一般方法是：当管道出现泄漏时，可制作专用的套管，套于管子的泄漏部位，作为固定密封剂的外套，防止密封剂外溢，以便构成新的密封空间。用注入器（密封剂射枪）在高于泄漏介质系统的压力下将密封剂压入密封空间，使注入密封剂的压力与泄漏介质系统的压力相抗衡，并维持一定温度，促使密封剂迅速固化，使之构成一个新的密封机构，消除介质的泄漏。

（3）其他方法

在无法施焊或施焊困难很大或难以保证安全的情况下，除可以采取密封剂补漏外，也可以采取管卡堵漏等方法。

第六章　加油机与加气机

第一节　加油机简介与选型

一、加油机的发展简史

1. 普通自吸式加油机

美国吉尔巴克(GILBARCO)公司于1920年生产出了世界上第一台机械加油机之后不久，我国上海于1923年引进了第一台机械燃油加油机。1974年世界上出现了第一台电脑加油机，我国于1976年推出了由电子计数取代机械计数的电子加油机，1985年我们就有了自己生产的电脑加油机。自从电子计算机技术在加油机上应用以后，加油机的功能比以往的加油机增加了很多，如数码液晶显示、金额计算、数据存储、单价更改等，甚至可以将交易数据远传，以及远程控制等。

2. 税控加油机

1970年，法国新闻记者罗兰·莫雷诺提出将集成电路芯片镶在塑料卡上的想法；1972年，法国制造出世界上第一张IC卡；1976年，法国布尔(Bull)公司将一个小到不足1cm^2、厚0.2mm的电脑芯片嵌入到卡片上，生产了第一代具有电脑功能的智能卡(又称CPU卡，目前国内通称为IC卡)。

1982年，IBM等公司为了扩大信用卡的使用空间，方便顾客加油，将磁卡付费终端置于加油站，实现了用信用卡、公司卡等非现金证件加油消费。1985年，吉尔巴克公司将加油站内的加油机控制中心和磁卡付费终端集成于一体，实现了加油站收银系统和银行系统的直接联网，完成了用户信息确认到加油扣款的全过程。加油机由简单的计量设备变成了具有金融功能的电子付费终端。1997年，美国TI公司和吉尔巴克公司合作，生产出了采用无线射频信息钮代替磁卡的加油机，用户加油的过程简单到只有停车、提枪、挂枪三个动作。

1996年，布尔公司的CP8智能卡出现在国内的石油零售业，被认为是可以取代在市场价格变动缺点较多的纸质油票的电子油票。国内陆续出现了由IC卡控制的加油机及其网络系统；加油站、石油公司开始和银行联网。标志着我国成品油零售业加油IC卡应用时代的开始。1999年，中国石油开始启动了IC卡工程；2000年，中国石化也开始了IC卡工程；2001年国家质检总局颁布了“IC卡税控燃油加油机定型鉴定试验补充项目”的规定。截止到2004年5月底，仅中国石化和中国石油的加油站，全国就有4000座可以使用IC卡加油；发放用户加油卡累计60万张。中国石化目前发放的是石化加油卡，中国石油已经在部分地区使用了石油加油卡和工商银行联合发放的加油卡以及工商银行发放的牡丹司机卡。

加油卡在刚插入卡终端时，卡终端必须确认其合法性。磁卡加油卡加油时，卡终端必须通过网络和卡中心确认，对于非信用卡，还必须确认数据中心内此账户的余额，所以，必须联网才能使用；IC卡(CPU卡)加油时，卡终端内预先放有安全认证模块，所以可以实现非联网情况下的身份确认，也可以获得卡的余额。加油卡是通过卡终端和加油机电脑系统的通讯口来控制加油过程的。

IC 卡上存有用户的基本信息、余额、交易的必要条件、最近交易的历史明细，同时还存有各种数据读写的权限和认证密码。所有和卡进行的数据交换，必须经过卡内的 CPU；所有操作的数据都是加密的；加密的操作是由卡终端内的安全模块完成的。错误的操作次数将被 IC 卡记录，当操作次数大于规定的数值时，IC 卡将自锁、甚至毁掉自身的数据，以保证对全局的安全。因此，IC 卡失密的可能性远远小于磁卡。

3. 潜泵型加油机

自吸式加油机安装地点距油罐的水平距离和垂直高度受到其自吸能力的限制，若其吸入管路的摩阻过大时，加油机将会产生气阻，无法给汽车加油，因此其使用受到一定限制。为克服自吸式加油机的这一缺点，人们创造出了潜泵型加油机。潜泵型加油机分为两种，一种是自带泵型，另一种是不自带泵型。

二、加油机的分类和结构组成

1. 分类

加油机种类很多，品牌繁杂，归纳起来如表 6-1-1 所列。

表 6-1-1　加油机的分类

分类法	加油机种类
计数方法	机械式加油机、电子式加油机、电脑加油机、磁卡加油机
加油枪数量	单枪加油机、双枪加油机、多枪加油机
结构和安装	落地式加油机、潜油泵型加油机、悬挂式加油机
油气回收否	普通型加油机、油气回收型加油机
动力方式	机械(手动)式加油机、电动加油机

2. 结构

加油机一般由以下几部分组成：

① 液压部分。主要由电机、叶片泵、油气分离器、油槽、油滤等组成。有一部分加油机中不使用叶片泵，而是使用的齿轮泵或潜油泵，这类加油机中的油气分离器与使用叶片泵的也有所区别。

② 输加油部分。主要由胶管、回收装置、阀门、加油枪等组成。

③ 计量控制部分。主要由流量计、电脑计数系统、控制系统、显示打印系统等组成。

普通电动加油机 JY85、JD60 型的总体构造如图 6-1-1 所示。

电脑加油机 JZK-60 型总体结构如图 6-1-2 所示。

双枪电脑加油机如图 6-1-3 所示。

为了改善加油机的吸入性能，从而使加油机可以扩大其与油罐间的距离，有利于安全，出现了一种加油机本身不带油泵，而采用潜油泵，将潜油泵安装在储油罐上。该加油机的内部结构如图 6-1-4 所示。

三、常用加油机简介

目前，我国常用的品牌加油机有长吉牌、正星牌、长空牌、天喻牌、吉尔巴克牌等。

1. 长吉牌加油机

北京长吉加油设备有限公司，是美国吉尔巴克在远东的生产基地。该品牌加油机分为两大类：一是机械式加油机，又分为计价式加油机和不计价式加油机两种；二是电脑式加油机，又分为标准型、羊角式、高架式和潜泵式多种。

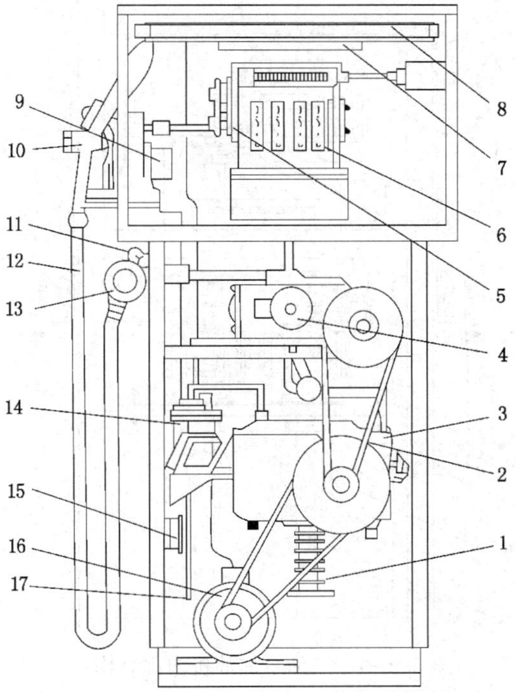

图 6-1-1　加油机总构造图

1—挠性管；2—叶片泵；3—油气分离器；4—流量计；5—复位机构；6—计数器；7—防爆灯；8—灯管；9—防爆行程开关；10—自封加油枪；11—照明开关；12—防静电输油胶管；13—视油器；14—防爆继电器盒；15—防爆接线盒；16—防爆电机；17—排气管

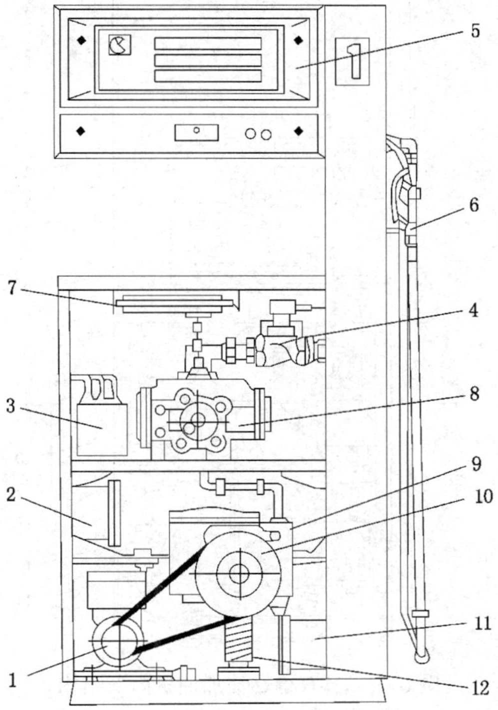

图 6-1-2　JZK-60 的结构

1—电动机；2—防爆接线盒；3—防爆接触器；4—电磁阀；5—控制显示箱；6—油枪；7—光电传感器；8—流量计；9—油气分离器；10—叶片泵；11—通讯盒；12—挠性管

2. 天喻牌加油机

武汉天喻信息产业股份有限公司生产的天喻牌加油机,采用先进的背光液晶大屏显示数据;操作简便,可实现定量、定金额加油;能开机自动检测;并具有较强的扩充能力,内含 IC 卡售油系统、加油站网络管理系统及远程报税系统,预留空间大,可供客户管理升级;电磁兼容性强,确保整机在各种恶劣天气因素干扰时能正常工作,突然断电时能保持各种加油数据。

3. 正星牌加油机

郑州正星机器有限公司生产的电脑加油机，采用了模块化技术、软活塞计量器、专用组合泵、铝合金压力铸造，无易损件，无故障运行可达 600 万 L 以上。计量精度可达 300 万 L 的漂移小于 0.1%。并且具有加油站网络管理、IC 卡结算和税控管理等功能。

正星牌加油机有四枪双油品同面单显机(CS40J421)、四枪双油品独立多显机(CS40J424)、六枪三油品同面单显机(CS40J631)、六枪三油品独立多显机(CS40J636)、都市双枪单油品双显机(CS41J212)、都市双枪单油品单显机(CS41J211)、都市双枪税控燃油加油机(CS41J222)、都市四枪双油品多显机(CS41J424)、都市四枪双油品双显机(CS41J422)等多种规格型号。

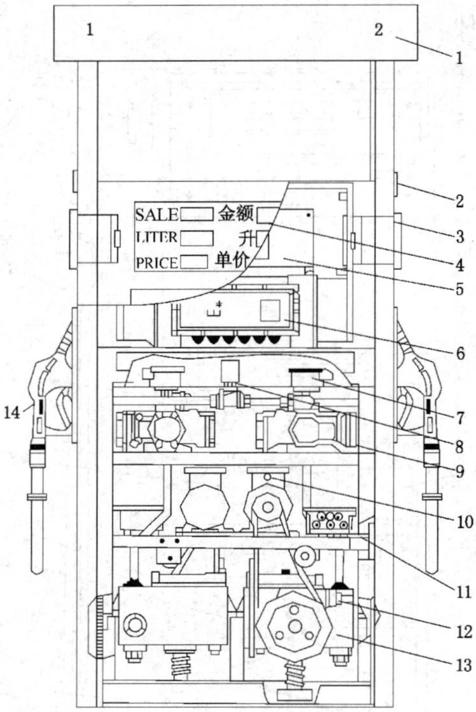

图 6-1-3　双枪燃油加油机内部结构

1—油枪编号；2—报税接口；3—键盘盒；4—显示屏；5—税控电脑主板；6—防爆电源盒；7—信号传感器；8—防爆电磁盒；9—流量计；10—防爆电机；11—防爆接线盒；12—分体泵；13—油气分离器；14—油枪

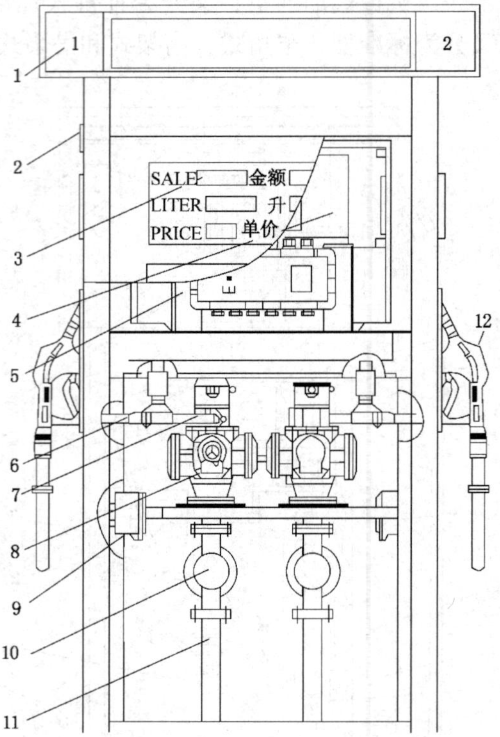

图 6-1-4　潜油泵加油机内部结构

1—油枪编号；2—报税接口；3—显示屏；4—税控电脑主板；5—防爆电源盒；6—防爆电磁盒；7—信号传感器；8—流量计；9—防爆接线盒；10—过滤器；11—切断阀接盘；12—油枪

4. CH 系列计量加油机

CH 系列加油机有电动加油机、自流加油机、电脑加油机等产品。

此外，还有长空牌加油机，在国内应用也较广。

四、加油机的选型

选择加油机类型品牌时，应遵守以下几个原则：

1. 先进性原则

首先应考察加油机的技术先进性，主要看其功能是否先进；采用的控制技术是否先进；应用的元器件备件是否先进；整机设计理念是否先进。

2. 可靠性原则

应考察加油机的运行整体可靠性，主要看其核心机械部件无故障运行可靠性高低；控制系统实施控制的可靠性好坏；计量系统的计量精度是否符合要求，运行是否可靠；电脑系统与外界接口是否稳定可靠。

3. 实用性原则

选择加油机首先应满足该加油站加油任务的需要，同时应与加油站所处地理位置和加油站客观条件相适应。譬如，加油站地处偏辟，远离城市，计算机网络尚未建立，若选用目前最先进的 IC 卡加油机，看似符合选型的第一条先进性原则了，但是对于上述加油站而言却是不适用的，即使买来安装上了，也很难发挥其功能。又如，加油站的布局为单侧加油时，一般说来双枪加油机就不适用。

4. 经济性原则

所谓经济性，说白了就是要在能满足加油站加油业务要求的前提下，尽可能地少花钱，切不可花冤枉钱、浪费金钱。当然，也不可只顾廉价，不顾质量、不问功能是否满足要求，一味追求廉价货，结果反而造成浪费。

第二节　加油机的安装

一、安装的技术要求

加油机是固定性加油设备，安装的正确与否，对其使用和充分发挥其加油能力、保证安全等方面均有重要的意义。因此，安装时应慎重，装好后还应调试。

安装的内容概括地说是“一机一管一罐”。也就是说一部加油机的配套器材为一条输油管线和一个储油罐。

1. 安装的技术要求

① 整机与地下油罐的水平距离最好不大于 20m，油罐最低油面与加油机进油口间垂直距离小于 4m 为宜，与建筑物、铁路等防火间距应符合《建筑设计防火规范》的有关规定。

② 机座应安装在专设的水泥基础上，用地脚螺栓固定的位置如图 6-2-1 所示。水泥基础设孔，以引进油管(ϕ38. 1mm)、电源线(4×0. 7+2)及接地线，然后该处用黄沙填满。

③ 吸油管直径应不小于 ϕ38. 1mm，管路系统不漏气，如果管路上设有分支管道，本机供油时，必须将分支管道阀门关闭，以防与另一台设备或大气相通。在油罐内的吸油管底部应安装底阀。

④ 从油罐引出的吸油管中心与本机进油口中心应基本对准，高度适当便可拧上法兰盘(孔为锥管螺纹 ϕ38. 1)。放入密封垫后即可与挠性管下口连接，安装示意图如图 6-2-2 所示。

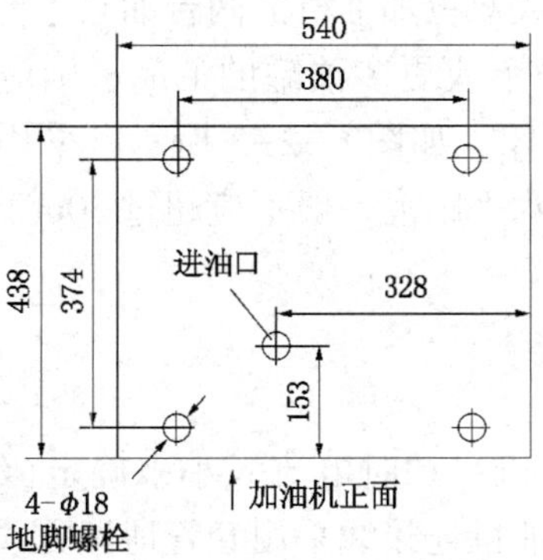

图 6-2-1　加油机安装示意图

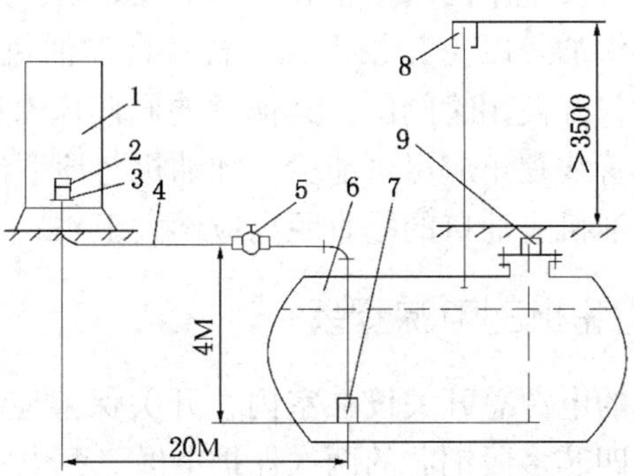

图 6-2-2

1—加油机；2—挠性管；3—下法兰；4—输油管路；5—阀门；6—油罐；7—双向止回阀；8—通气帽；9—管盖

2. 安装时的注意事项

① 不要在加油机管路上另加分支管路。

② 不要两台机用一条管路分支供油。

③ 加油机管路法兰盘处，不得用不耐油的橡胶垫。

④ 在新设管路加压试验时，不允许将加油机连接在管路上，以免损坏机件，试验完后清洗管路，然后再接加油机。

⑤ 加油机应设挡雨棚，免受雨淋日晒。

二、加油机的验收和固定

1. 开箱后的验收

加油机安装前必须检查使用维护说明书和应配备的零配件及器材，检查随机出厂的检验合格证是否齐全，并按说明书检查加油机内部结构和部件在运输中有无损坏，各部分是否松动。

2. 加油机的固定

加油机应安装在室外的雨棚下，雨棚的大小应保证在任何季节都不会使加油机遭受雨淋和正午太阳光直射，加油机与周围建构筑物间要有足够的距离，保证载货卡车驶入后畅通和加油员的安全操作。加油机主机座应安装在加油岛的水泥基础上，用地脚螺栓固定好。水泥基础应设孔，以便引入输油管线和接地线。设加油岛是为避免车辆对加油机的碰撞和加油机底座高于地面，以利提高防爆安全性能。

三、加油机的管线与油罐安装

加油机单机管线一般应为40cm镀锌钢管，管道的法兰两端均应跨接导线，整个油罐及管道系统应有良好的接地，并进行耐压试验。加油机应避免使用高位油罐(油罐液位高于加油机进油口)，若使用高位油罐，应将油气分离器排气孔封死以免溢油。若加油机安装不能满足上述要求则应采用潜油泵加油机。进油管线口与加油机进油管线间的法兰处加入耐油密封垫。油罐内的出油管线底部应安装40cm的单向阀(双门底阀)，单向阀下端距罐底不小于100mm。安装单向阀前应仔细清理油罐和单向阀内杂物，用油液测试单向阀密封性能，以免加油机启用时发生单向阀堵塞和漏油情况。两台加油机或双枪加油机的两台油泵不要共用一条管线分支供油，以免互相干扰。若一台加油机抽取两个或更多油罐的油品，则应设置阀门，使用时只开使用罐阀门，其他罐的阀门应有效地关闭，如图6-2-3所示。采用自吸式加油机时其管线拐角应尽可能少，加油机与地下油罐的水平距离一般不应超过30m，油罐最低液面与加油机进油口的垂直距离应不大于4m。

四、加油机的电源安装

加油机的电源总开关设在室内，开关保险应根据电机启动时电流大小来确定(约6A)。电源线选用四芯多股铜芯的两次保护电缆。配电室与加油机连接线采用套管地埋方式。从加油机底座孔中穿入的电缆出口处，设下开口的耐油弯头，禁止在电缆出口处至接线盒的中途再设任意接头。用户电源线接入加油机防爆接线盒内，应与本机接线盒的三相电源和地线相对应，电缆线接入盒后应拧紧丝堵，务必将电缆夹紧，以保证接线盒的防爆性能。若油泵转向不正确，只需将A、B、C三条相线中任意两条调换即可，也可在电动机防爆接线盒内调线，效果相同，如图 6-2-4 所示。加油机应设单独地线，测试接地电阻不大于 40Ω，油枪对地电阻不大于 100Ω。使用单相电机时(如图 6-2-5)，用户电源线应为截面积不小于 $6mm^2$ 的铜芯护套线。

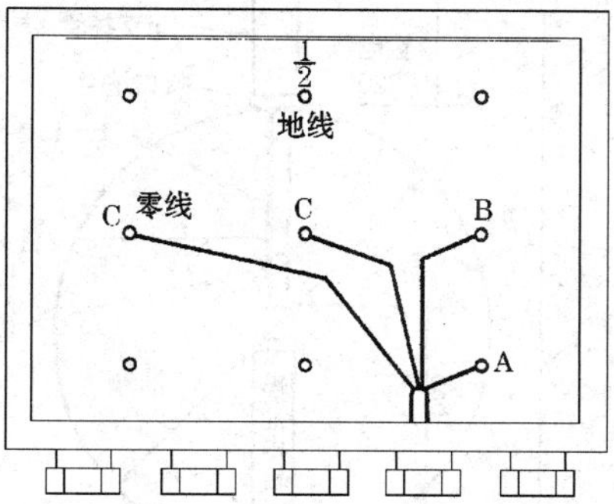

图 6-2-3　加油机接线图(三相)

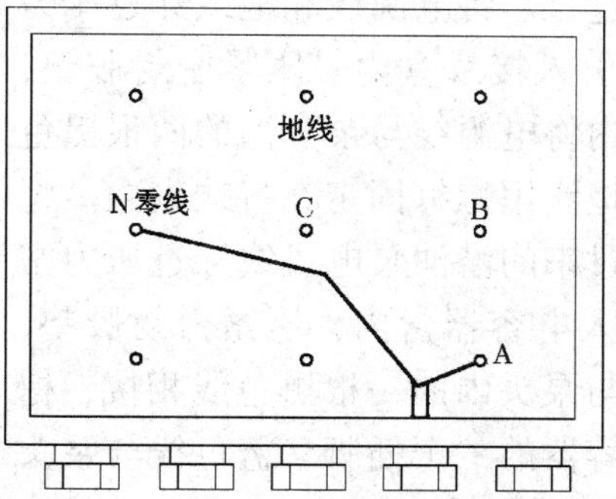

图 6-2-4　加油机接线图(单相)

五、潜油泵加油机的安装

加油机的主机至埋地油罐的水平距离一般不超过 50m，垂直距离一般不超过 5m，弯头拐角应尽可能少，输油管应设不小于 0.002 的坡度，且坡向埋地油罐。电源线与控制线、通讯线应分别走管。潜油泵加油机必须配装紧急切断阀，安装位置如图 6-2-5 所示，将固定架安装紧固在油池槽壁预埋螺栓上，然后将紧急切断阀与随机所配进油管和吸油管连接牢固，调整至要求的方向，用 U 形螺栓将紧急切断阀与矩形管连接，再用连接板将矩形管与固定架连接。

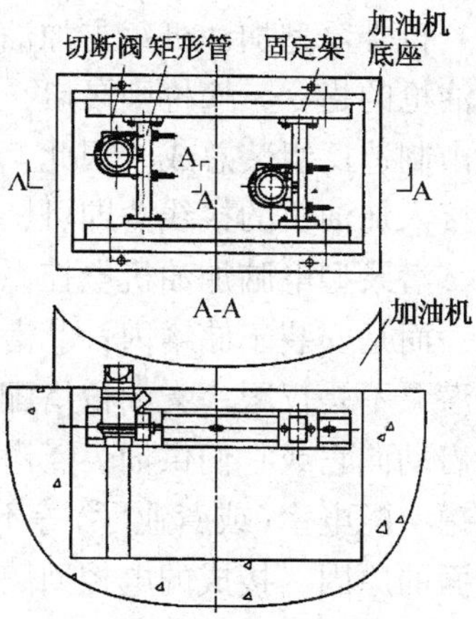

图 6-2-5　潜油泵加油机安装示意图

1. 电源的安装

电源线选用 3 芯塑料护套铜芯电缆，导线截面积不小于 $1.5mm^2$，电缆外径约 8mm。用户电源线(单相三线)及信号电缆接入加油机的防爆接线盒内，电源进线分别接火线(L)、零线(N)和地线(GND)。

2. 潜油泵的安装

潜油泵通过导油管与泵头相连，泵头通过支撑管固定在油罐口。泵头分为上体和下体两大部分，上体内有电容器盒、压力调节阀等，下体内有接线盒、底部有支撑管口、进油口，侧面有出油口。安装时，将 108mm 支撑管与接口法兰焊好后固定在油罐口，将泵头的下体旋到 108mm 支撑管上。将潜油泵马达的三根线套入 15mm 走线管内，管内一端装入活塞及“O”形橡胶圈，将 15mm 走线管套入 40mm 导油管内，旋到潜油泵接头上，将 40mm 导油管的一端旋到潜油泵接头上，在活塞及“O”形橡胶圈上涂上黄油，将 40mm 导油管的另一端旋到泵头上。将 8mm 呼吸管与泵头的 8mm 螺纹连接，用管卡固定在导油管上。潜油泵出油口与 50mm 出油管对接。

在泵头上体的电容器盒内接好潜油泵电机线，在泵头下体的接线盒内接入外电源线，将潜油泵、导油管通过泵头下体套入 108mm 支撑管，放到油罐内，用螺钉将泵头的上体与下体连接好，如图 6-2-6 所示。

在潜油泵安装前需将所使用的油罐规格尺寸提供给加油机厂家，以便制定导油管、走线管及呼吸管尺寸。潜油泵的接线在泵头内进行。将电源线和地线穿过压力密封胶垫引入接线盒内，压紧密封胶垫，在接线盒内将电源线与泵头内的两根黑色线相接，地线用螺钉固定在接线盒内。将走线管引过来的潜油泵电机线穿过压力密封胶垫引入电容器盒内，压紧密封胶垫，将黑色线与泵头内的一根黑色线相接，棕色线接电容器的一个插脚，蓝色线与泵头的另一根黑色线相接后插到电容器的另一插脚上。

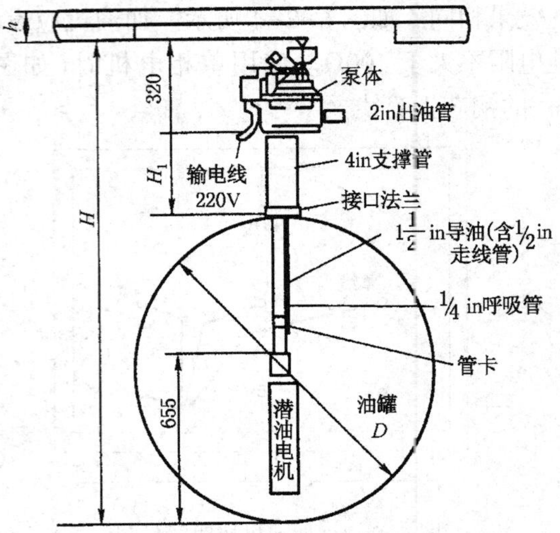

图 6-2-6　潜油泵安装示意图

注：1in＝2.54cm

六、加油机潜油泵电控接线

潜泵型电脑加油机，相对于自带泵型加油机，具有结构简单、故障率低和噪声小等优点，但潜泵的电控接线却容易出错，并可造成一个加油站内多台加油机电脑板成群地损坏，应引起注意。

1. 电脑加油机潜泵电控系统的构成

自带泵型加油机每支加油枪均配备一只专用油泵为其供油。该油泵的启停仅接受该配对加油枪的指令，摘枪则泵启，挂枪则泵停。油泵、泵用接触器及电控接线等均装于机内，全部由制造厂组装总成。因此，自带泵型加油机在安装时，现场的电气接线十分简单，将电源线接入加油机的接线盒即可，安装中不存在油泵电控接线出错的问题。

潜泵型电脑加油机电控系统的构成与以上情况有很大不同：①潜油泵不是安装在加油机内，而是安装于储罐内；②潜油泵并非按加油枪一对一配置，而是按油罐配置，一罐一泵；③潜泵不是仅跟一支油枪搭配，而是跟多支同油品油枪搭配，其中的任何加油枪摘枪，潜泵就启动向它或它们供油；④潜泵、接触器及电控接线不是集中装在加油机内，而是分散置于油罐、配电室(或营业厅)等不同处所，潜泵的电控系统要在现场完成安装。由于以上几个方面的原因，接成的电控回路常常因供货厂商售后服务人员的指导或各设计图纸的不同而有差别。

2. 潜泵电控接线错误的危害

某加油站配备了潜泵电脑加油机 4 台、地下油罐 4 只，每只罐装有一只潜泵。原先的潜泵电控接线如图 6-2-7 所示。该站建成后已正常运营了两年，但前不久，发生了多台加油机电脑板相继烧坏的事故。加油站因此被迫暂停营业，直到加油机修复，造成了较大经济损失，其原因在于潜泵的电控回路上。

加油机控制潜泵的原理是：当加油员将加油枪从枪托上提起并扳动枪托时，枪托后面的磁性开关接近动作，从而向加油机电脑板发出摘枪信号，电脑板经过一系列处理，然后将控制潜泵启停的电子开关闭合，遂送出 AC220V 的控制信号，从而使接触器吸合，潜泵运转。此信号在图 6-2-7 中就是从加油机内防爆接线盒的端子(A6、A12、B6、B12)处送出的。为实现多支同油品加油枪控制一台潜泵，在图 6-2-7 中就是将多台加油机送出的这一控制信号，分别经过各台加油机到配电室的控制线路的传送，最终在配电室里潜泵接触器处进行并接，从而构成一个控制阀门。这样的接线，在控制逻辑上是成立的，但从电路上看却有以下问题，有可能使加油机电脑板成群损坏。

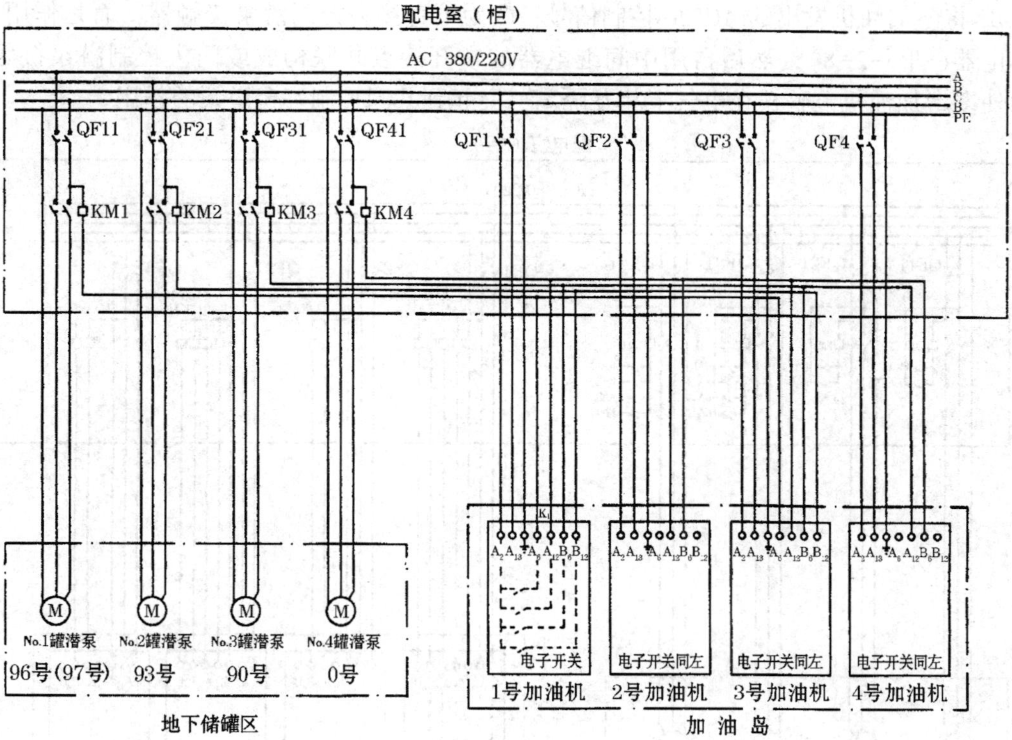

图 6-2-7 HZLX 加油站潜泵电控接线图

① 控制电路中存在寄生回路。在图 6-2-7 的控制回路中，很明显地将电脑板里电子开关线路及其机外至配电室的控制信号传送线路，在多台加油机之间电气上无隔离地直接联通了。而各加油机送出的控制信号又是含有电源的 AC220V 电位，它们虽然相位相同，但分别来自于不同的配电断路器。这样，就在控制电路中形成了有害的寄生回路。

当控制回路里某处一旦发生故障，例如，图 6-2-7 中，在 1 号加油机的电子开关处 K_1 点发生接地故障，1 号加油机电脑板将烧坏，对应的电源断路器 QF1 也可能跳闸。若此时 2 号加油机进行加油作业，提起加油枪，其电子开关闭合，随之送出 AC220V 电位。它除了有流向潜泵接触器线圈这一路径外，还有另一寄生回路，即流向 K_1 点而接地短路，从而引起 2 号加油机电脑板烧坏。同理，3 号机和 4 号机电脑板也会因此而烧坏。

② 加油机作业中出现的冲击涌浪过电压各机互通，使电脑板遭受过电压袭击的几率成倍地增加。加油机正常作业时，通常伴有电源开关、电子开关、接触器等元器件的开、合动作，它们将在电子线路里产生冲击浪涌过电压；此外，电路中有故障时，也会产生冲击过电压。多台加油机的电脑板通过潜泵的电控接线直接联通在一起，因此，某一处产生的冲击过电压将传播到所有联通的其他各处，各机相互影响，于是加油机电脑板遭受过电压冲击的几率将成倍增加。可控硅、晶体管和集成电路等又是过电压的敏感易损件。若发生一次足以击穿器件的强过电压，不难想象可引起多机电脑板成群损坏。或是由于过电压的直接击穿，或是某一台机首先被击穿，而后继发如上文所述的其他机的接连损坏。

3. 潜泵电控的正确接线方法

多台加油机电子开关及其连接线路相互之间电气上无隔离地直接联通是造成电脑板成群烧坏的条件和原因，防范的对策有以下几点：

① 将各加油机发出的AC220控制信号，改为不直接去控制潜泵接触器，而是作用于中间继电器(图6-2-8)，然后再用中间继电器的常开接点并联构成或门去控制潜泵接触器，从而使多台加油机电脑板在电气上相互隔离，又起到共同控制一台潜泵的作用。

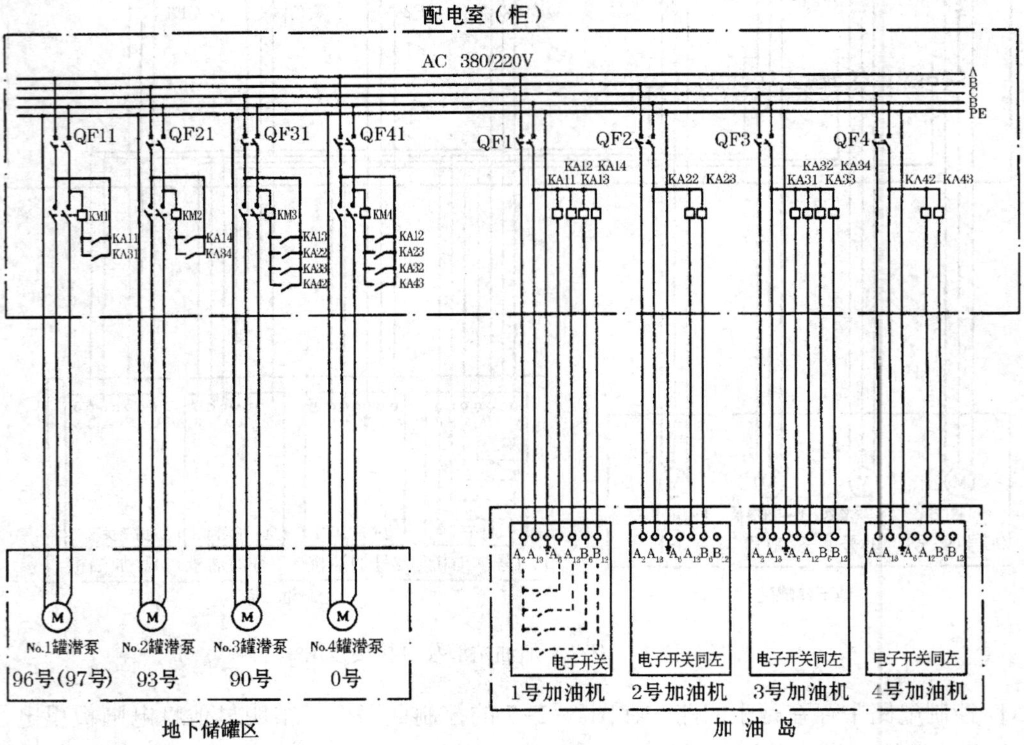

图6-2-8 加油站潜泵电控接线改进图

某些厂商出品的加油机，在其说明书中没有明确要求用中间继电器，甚至提供与图6-2-7相似的接线图，误导了客户，建议更改。

需要指出的是，某些设计院绘制的加油站电控线路图(如图6-2-9)，虽然在潜泵控制回路中加上了中间继电器，但不是为每个AC220V控制信号配一只，而是共用一只。它不能产生使多台加油机电脑板相互隔离的作用，因而成群烧坏的隐患依然是存在的。

② 中间继电器以装在加油机内为好。现在市售的潜泵式加油机，尚未见到有机内装中间继电器的。在加油站工程中，要给潜泵电控回路加装中间继电器，只好装在机外(如配电室内)。

若机内装了中间继电器，首先是确保了电脑板与机外控制电路之间的分隔，从源头上杜绝了上文所述的出错问题；其次，电脑板上电子开关与中间继电器间的连接导线不再延伸到机外，长度缩减到很短，又是在制造厂里装配的，可靠性高。与中间继电器装在机外配电室里相比较，连接导线的故障率大大降低，十分有利于电脑板的安全使用；再者，从加油机送出的潜泵控制信号只是一对中间继电器的常开接点，不再含有电源，因而多个控制信号(即常开接点)的并接可以不用再担心相位不同，对各加油机的电源也可取消只能使用同一相序的限制，这样就有利于加油站用电负荷三相均衡分配，尤其是完全避免了安装接线和日后维修时，万一将相序弄错可能发生的短路毁机事故。

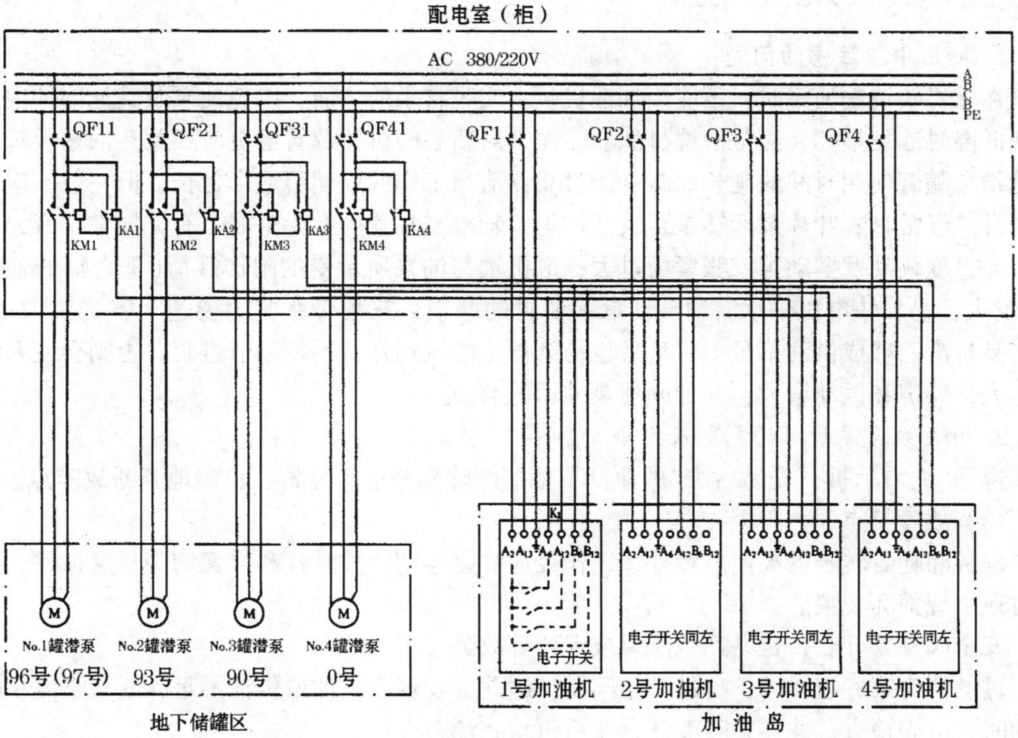

图 6-2-9　NBLQ 加油站潜泵电控接线图

第三节　加油机的使用与维护

一、加油机在使用维护中的注意事项

① 油气分离器内装有过滤器，它由铜丝滤网及厚 0.5mm 的毛毡网套组成，每周应洗涤网套一次，破了应更换，以保护泵及流量计。

② 计数器、复位传动机构以及其他外露的互相摩擦部位，应经常润滑。

③ 检修电气，必须先断开电源，切忌带电拆修。

④ 使用中电机各部件螺钉要紧固，电机线盒不得随便打开，如需检查接线，查后应按原位接好，防爆接合面不得碰伤，不得加其他黏合物或水分，要保持接合面的光洁度，每年应在隔爆盒的接合面擦一次凡士林，防止生锈。

⑤ 电机在使用存放过程中，不得受潮或有水分侵入，应特别注意勿使油滴落在电机上，以防渗入引起电机绝缘体损坏。

⑥ 电机在启动或运转过程中，有异常声响或气味时，应立即停机检查。

⑦ 电机要定时检修，一般每半年左右检修一次，主要是更换轴承润滑油、磨损件和老化的电气绝缘件等。

⑧ 控制部分由行程开关、继电器组成，它是启动、运转、停机的主要执行件，在使用

中应尽量减少过于频繁的操作，以延长其使用寿命。

二、叶片泵的使用与维护

1. 使用中应注意的问题

在试机及清洗油罐时，不能用加油机吸水或吸含水的油液，以免油泵及其他部件内部锈蚀和低温时冻裂损坏。经常清洗过滤器，尤其对新装的机器及管道更应如此。油罐及管道内的脏物会随着使用时间的延长而减少，过滤器清洁工作的周期可适当延长，但一般不应超过一个月。经常查看叶片泵运转是否灵活均匀，轴端与泵盖处有无渗漏，有无异常杂音，皮带轮有无过度跳动及摆动等。张紧力过大，电机轴与油泵所承受的附加载荷(垂直轴的轴线方向)增大，易加快电机轴承、油泵轴承和油封的磨损；三角带张紧力要适当，张紧力过小，皮带易打滑，造成供油不足，三角带也易磨损。溢流阀弹簧不可调节过紧，否则会使系统压力过大，噪声和振动增大，并加剧油泵轴承的磨损。

2. 叶片泵常见故障的判断及排除

遵循“先看后拆、先易后难”的原则，根据故障现象进行分析，正确地判断故障点。

(1) 故障特点

刮板除随着转子的高速旋转外，还作径向往复运动，故叶片和弹簧均为易磨损件，甚至有时还出现损坏现象。

安全阀频繁开合，也易产生滞留或卡死等故障。

过滤器为第一道屏障，也易产生问题，因此，发现不供油或供油不足，或真空度小吸不上油时，应先检查过滤器是否清洁，然后再检查油泵。

(2) 主要故障及排除方法

① 泵轴反转：泵轴的正确旋转方向是从皮带轮方向观察为顺时针方向旋转，如果反转将表现为整机不出油。

解决方法：改变电机转动方向。

② 泵轴与转子之间松动。泵轴与转子是用静配合的办法连接在一起的，如果装配不当或遇有特殊障碍，使转子受阻或卡死，轴则空转。此时表现为整机不出油，泵轴发热，声音不正常。

对此应首先找出转子卡死的原因，并予以排除，如轴与转子松动应进行修理(最好返厂修理)或更换新品。

③ 皮带与皮带轮打滑。这时表现为整机不供油或供油不足，停车后手感皮带及皮带轮温度过高，长时间打滑皮带易起毛。

此时应移动张紧轮来调整皮带的紧度，如张紧轮已到极限位置无法调整时，则应更换皮带。若上皮带紧、下皮带松时，则可将泵和油气分离器结合面上的螺栓松开，将泵轴位置适当提高，反之则降低。

④ 弹簧片断裂。此时刮板不能与泵壳紧密结合，造成供油不足，断裂后的弹簧片可以刮伤其他机件，并能使其他机件卡死，派生出更为严重的事故。卡死刮板则可能使刮板折断；卡死安全阀，则使安全阀关不严或打不开。溢流阀的失效会造成大量泄油或高压油无处泄漏，其宏观现象为供油不足，吸程不够，吸不上油来，或噪音显著增加，断裂后的弹簧片还可能流窜到其他部件中去，如到油气分离器、计量器、加油枪等，造成这些部件产生各种故障。

此时应分解叶片油泵或有关部件，将折断的弹簧片取出，更换新的弹簧片。

⑤ 刮板严重磨损。当机器使用的时间过长，刮板严重磨损，造成泄漏增多，降低泵的效率，使供油量减小，吸程减小。

此时应更换刮板，在更换时刮板与转子槽之间应进行研配，特别是刮板的长度尺寸，应与转子长度一致，否则泄漏过大。此外，泵盖与泵体之间无任何特殊密封装置，完全靠加工精度和密封胶来保证密封，所以在拆卸泵盖时，要保护好泵盖与泵体结合面的精度与光洁度，装泵盖时，应将原有密封胶清洗干净，使用新的密封胶密封，但应防止将刮板粘住。

⑥ 泵轴轴颈和轴承严重磨损。该故障表现为开机时泵轴振动乃至抖动。这种情况应更换泵轴或轴承(最好返厂更换)。

⑦ 溢流阀调整不当或失效。溢流阀弹簧过硬或过软，调整得过松或过紧，或有异物卡死，均会使溢流阀失效。

此时应拆下取出异物或更换弹簧或调整弹簧的松紧度。

⑧ 外泄漏或外部漏油。故障多为结合处的密封装置失效，或结合面处有严重的损伤，应具体对症施治。

三、油气分离器的使用与维护

油气分离器的功能是将混入油中的气体分离出来，凡是发生不能有效分离气体的现象，首先应是油气分离器的故障所致。当然，也有可能是其他部件的故障，油气分离器发生故障时，不仅引起油中混有气体，而且还会产生供油不足、噪声大等现象。

油气分离器主要故障部位是一个过滤器、二个浮子、三个阀门。

1. 油气不能分离

自油气分离器以下的挠性管开始，直至油罐内的底阀，在整个管路上任何一个接头、阀门漏气均会引起油中混有大量的气体，就会超出油气分离器的排气能力。

对此必须找出真正漏气部位，将其修复。

2. 过滤器失效

过滤器堵塞会造成供油不足、油路喘振、噪声过大等故障，因此，应定期清洗过滤器及低压油腔内积存的污物。清洗后重新装入时应注意密封，若密封不好，会使过滤器失去作用，杂物混入油道，卡死某些部件，增加磨损。

3. 出口阀失效

由于出口阀下方与低压腔相通，低压腔的污物很容易进入此处，将阀芯卡死。若出口阀打不开，则会出现不供油或供油不足、噪声过大等现象；若出口阀不能关闭，则会造成油气不能分离。所以，应对出口阀下方定期清洗。

此外，由于出口阀频繁启闭，经常的振动易使出口阀芯上的螺钉、垫圈、胶垫等零件脱落，在液流的推动下，脱落件进入计量器，造成计量器故障。

4. 出气阀失效

若浮子有孔洞或破裂等，油液进入浮子内，使其重量增加，不能按原设计即当液面升高到一定高度时关闭出气阀。或者，由于磨损或其他原因使出气阀和出气阀座不能紧密贴合，上述两原因严重时使出气阀座上的 0. 3mm×0. 4mm 槽不能发挥应有的作用，使大量油液通过 ϕ3mm 孔进入常压腔。这使高压腔内不能建立起应有的压力值，这时外供油量减少，若进入常压腔的油液过多，回油阀又来不及回油，油液会从出气管溢出。此时应立即停机，将上盖卸下，找出原因并排除之。出气阀与出气阀座的贴合处，其贴合面积不应小于应有面积的75%。可用着色法预装进行检查，若达不到要求，可用钳工的办法进行修理。

5. 锥阀失效

锥阀为回油之用，其失效原因有下列三种：①大浮子渗漏，重量增加，不能浮起，将小孔堵塞不能回油，此时油液将从出气管溢出；②由于浮子轴变形，不能落入原孔处，或有异物垫起，或因撞击平行阀座从壳体上脱落，均造成锥阀不能关闭，使常压腔和低压腔接通，大量空气通过出气管经常压腔进入低压腔，供油中混有大量气体。低压腔内积存的污物多，可能会使平行阀堵塞，不能回油，这时也将从出气管溢油。解决方法是清洗低压腔和平行阀，焊修浮子和校正浮子轴等。

6. 外泄漏

油泵与油气分离器壳体交界处、上盖与壳体交界处、过滤器端盖与壳体交界处、出口阀下弹簧与壳体交界处、挠性短管与壳体交界处，均用耐油橡胶石棉垫密封；平行阀下螺堵、弹簧座下螺堵均用O形密封圈密封；出油管与壳体交界处用耐油橡胶垫密封。上述部位漏油时应修复结合面或更换密封件。

四、计量器的使用与维护

计量器常发生的故障及排除方法如下：

1. 计量不准

连接块孔径磨损，使活塞行程增大，造成出油增加，此时可用调量机构进行调整，若调整无效，则应拆开重配接块，保证孔间隙为18.55mm，并保证孔与小孔配合间隙为0.005~0.06mm；大小铜套磨损后高压油能通过间隙漏向低压区，使油液未经计量器排出，从而增大计量误差。若误差超过±0.15%，就应更换磨损件，其配合间隙为0.001~0.03mm；连杆两端紧固螺钉松动，不能保证活塞定距离移动。

解决办法是拆开边盖，拧紧螺钉。

2. 排油正常，但传动轴不转

若胶木轮掉轴、磨损过度、传动弯头小孔磨透、传动销子切断或丢失等，均能造成此故障，应更换已损件。

3. 计量器不排油

由于加油机长期停放不用，使活塞、连杆锈蚀而卡死，使计量器不排油。这时应卸下除污锈；如运行中的外物卡在活塞与大铜套之间，造成计量器不排油时，应拆下排除；如活塞松动脱出，使连杆偏斜或由于掉轴的胶木轮卡住，调量杆销子卡小铜套等均应重新装配或更换损坏零件。

4. 传动轴转动不均匀

若胶木轮外圆严重磨损成不规则状态，使传动不均匀造成传动轴转动不均匀，应更换重装。

5. 调量杆调节无效

若由于端盖位置不对使调整螺钉与调量杆错位，应更换端盖位置；若由于大端盖位置不对使调整螺钉与调量杆错位，应更换端盖位置；若由于大铜套磨损严重，使计量器内泄漏太大，以至调整量值与泄漏量相差悬殊，应更换大铜套。

五、自封油枪的使用与维护

1. 使用注意事项

① 使用自封油枪时应轻拿轻放。

② 主阀杆部位要时常加注润滑油以保证灵活可靠。

③ 借助限位板加油，但放枪时一定要使挡片脱离限位板，以免下次提枪加油时油液从畅通的油枪嘴喷出而发生事故。

④ 保持自封油枪内油路气路畅通，防止杂物阻塞油路、气路。

⑤ 由于加油过程中，空气不断从枪口小孔中补入，故注油时产生的泡沫较多，当泡沫将枪口淹没时，油箱未满也会自动关枪，需要补注，这是此类油枪的不足之处。

2. 加油枪故障及排除

(1) 加油枪关不住

① 顶杆位置不当。新的加油枪易发生此故障，原因是顶杆过高，顶住油阀使之不能关闭。此时，应先使顶杆保持灵活，再调其位置。调整密封螺钉使它下端与顶杆接触。同时油阀关闭而开关把尚保持适当间隙，调整后必须用锁片将密封螺钉锁住，以防其松动移位。

② 油阀与阀座间夹入异物使阀不能关闭，应清除异物或更换油阀。

(2) 打开油枪时排油量过小

① 油管接头处被管内脱落的胶层堵塞，应截去障碍段后重接。注意：胶管内静电导线的位置，务必使枪体与整机导电良好。

② 密封螺钉移位造成顶杆下端的托垫丢失，减少了开关的有效行程，阀门开度变小。应重新调整密封螺钉位置或补件，使顶杆工作位置下移。

③ 顶杆不灵活，开关不能完全开启，油阀开度小，应调松压紧螺母，活动顶杆，使其灵活。

(3) 结合面漏油

① 油阀锥面划伤渗漏，应更换；

② 加油枪体 O 形密封圈处渗漏，应拧紧或更换密封圈。

③ 油枪嘴根部渗漏，应更换密封胶垫并拧紧根部螺母。

(4) 加油枪不自封

① 膜片压盖连接不严漏气，原因是压盖螺钉松动，压不紧膜片，造成真空塞漏气，油满时不能产生真空，这时可拧紧压盖钉或更换膜片。

② 密封垫圈损坏，这是由于自封油枪真空室只有气路与大气相通，其他部分不允许有漏气现象。若斜阀处两个密封圈失效后，空气将通过油枪嘴与大气相通，使油枪不能自封。

排除方法：更换密封圈。

③ 膜片连接不严漏气，这是由于膜片上部和下部空气相通，使膜片上部不能形成真空。排除方法是更新固定膜片。

④ 气管两接头松动或损坏，排除方法是拆下油枪嘴，更新固定或更换。

(5) 自封慢

① 油枪嘴气孔有异物堵住(此孔不能小于 2mm)，自封慢。

排除方法：清除异物。

② 膜片气孔错位。

排除方法：校正气孔位置。

自封油枪常见故障及排除方法汇总于表 6-3-1 中。

表 6-3-1　自封加油枪的常见故障与排除方法

故障现象	部位	原　因	排除方法
加油枪不自封	自封装置	1. 膜片压盖连接不严漏气 2. 膜片与膜片轴的连接不严造成上、下窜气 3. 膜片损坏 4. O 形防气、防油密封圈损坏，造成漏气、窜油 5. 膜片将枪体内气道孔封死 6. 连通管两端连接不严 7. 枪管锁紧螺母拧得不紧，造成漏气	1. 拧紧压盖螺丝 2. 拧紧压紧螺母 3. 更换膜片 4. 更换密封圈，一时无密封圈用石棉线代替 5. 重新安装对准气孔 6. 卸下枪管接通固牢 7. 拧紧锁紧螺母
空心沉头螺钉处喷油	自封装置	O 形防油密封圈损坏	更换 O 形防油圈
油枪主体漏油	主阀与阀杆填料	1. 油阀关不严，从枪管内漏油 2. 油阀顶杆填料处漏油	1. 拧紧油阀压紧螺母或更换橡胶垫 2. 更换或用石棉线代用

六、电脑加油机的使用与维护

随着计算机技术的不断普及和发展，电脑加油机的功能更加齐全，操作更加安全方便。但由于加油机的操作人员和维修人员在使用和维护电脑加油机时遇到许多问题，以至于由于使用和维护不当而发生事故。

1. 电脑加油机电子部分工作流程

电脑加油机电子部分主要由电源板、传感器板、接线板、主板、控制板、显示板、键显板、键盘等板块组成。电源板向其他板块提供 5V 或 12V 直流电源，开关板、传感器板、键盘等向主板提供输入信号，主板根据接受到的信号，经过整形、运算、检测、储存处理后，向控制板、显示板发出相应的操作指令信号。图 6-3-1 为电脑加油机电子部分工作流程图。

① 挂上油枪，开机信号 SW 中断，主板停止向可控硅板或继电器板发出开机指令信号，同时保持显示屏上显示的加油数据不变，一次加油过程结束。

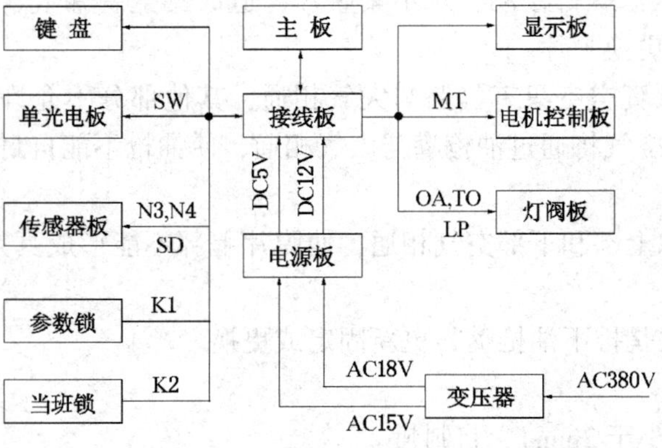

图 6-3-1　电脑加油机电子部分工作流程图

② 提起油枪，开关盒内的单光电板或微动开关通过接线板向主板发出开机电流信号 SW，主板接收到 SW 信号，向显示板发出清屏指令，向电源盒内的控制板发出打开电磁阀和启动电机的指令信号，这时电机启动，加油机进入待加油状态。

③ 开启油枪，油液经流量计时，流量计的输出轴转动带动传感器内的分

度盘转动，切割光槽，使双光电板产生计数脉冲信号，信号进入主板，然后再显示和储存加油数据。

④ 外电网电源由配电室经防爆接线盒进入防爆电源盒，经防爆电源盒内变压器降压，电源板的整流、滤波、稳压、扩充输出后，通过接线板向主板和其他板块输出稳定的5V和12V直流电源。这时各电路板进入工作状态，主板对键盘进行扫描程序，等待接收键盘输入的信号，同时通过显示板显示相关数据。

⑤ 上述加油过程为非预置加油，若为预置加油，则先由键盘向主板输出预置量，加油数量达到预置量，主板向可控硅板发出关机指令，即完成一次预置加油。

2. 操作使用举例

以长吉牌电脑加油机为例说明具体操作使用方法。

（1）该加油机功能特点

① 任意加油：按容积或金额任意加油。

② 预置加油：按容积或金额预置加油。

③ 单价设定：单价可以设定或修改。

④ 全流量和慢流量转换值设定：预置加油时全流量结束前的慢流量值，可以设定或调整。

⑤ 掉电复显：加油时因故停电而中断加油，当次已加油量值可维持至少15min的显示。

⑥ 累计量显示和保存：加油容积和金额值均有总累计功能，并可通过键盘命令调出显示，累计值在掉电后能可靠保持，重新上电后仍能读出显示；总累计计数是重要的长久保存的数据资料。

（2）电脑系统结构

电脑系统正面和背面设有液晶显示窗口，装有带背光源液晶显示器。侧面设有预置显示窗口，装有带液晶显示屏的预置操作用薄膜开关。电脑计数系统的正面中部设有带锁的可拉出、放回的经理操作用薄膜键盘开关。

（3）显示术语约定

① 显示面：加油机进线接线盒安装面，称为“A”面，也叫“1”面；相反的一面称为“B”面，或叫“2”面。双枪加油机工作时，从接线盒面看，左方显示器的正反两面读数相同，对应“A”面；右方显示器的正反两面读数对应“B”面。

在做单价设定、观看累计值等操作时，显示开始总是对应“1”面、“1”油品(或油枪)的情况，相当于单枪型加油机设置。对双枪以上加油机就要选面、油品(或油枪)，但无论何面，选定后总在显示器正面观看。例如，双枪型有左、右两显示器都在正面，将同时显示一个面的状态，这点不同于工作时的显示方式。

② 加油机每次上电显示状态识别。图6-3-2是电脑加油机液晶显示器上电时的显示状态。该状态停留2~3s后即变成正常工作状态：第一行全“0”，第二行全“0”，第三行显示当前单价值。对上电瞬间显示状态，加油站不必注意，只要关注正常工作状态即可。正常工作状态时，第一行显示加油金额计数，计数位数是小数点后有两位数，整数位数4位，全行共6位数；第二行显示加油容积计数，全行也是6位数，但小数点后有3位数；常用容积计数单位是“升”，也可根据用户需要由厂家设定“加仑”等其他容积计量单位；第三行显示单价值，全行共4位数，小数点后有3位，单位是“元/升”。

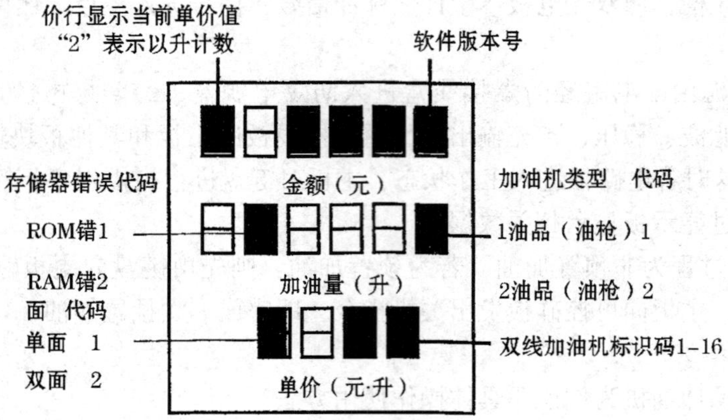

图 6-3-2

（4）操作

① 电脑加油机正常工作状态。取下油枪时，枪套处安装的接近开关即接通，向电脑系统发出启动信号，电脑将首先做显示器测试，显示全“8”、全“白”、全“0”三种状态，之后启动电磁阀、泵电动机。这时打开油枪阀门即开始加油计数，金额和升行将自动从零开始计数，单价显示当前单价值。

②任意加油操作

a. 摘下油枪启动加油机。

b. 开油枪阀门即开始加油，加油金额数将根据所设单价自动计算出，并和加油容积数同时在加油机的正、反两面液晶显示器上对应显示。

c. 关闭油枪阀门即停止加油计数，显示器上保留已加油时计数显示。

d. 放回油枪则停止加油泵工作。

③ 预置加油操作。使用如图 6-3-3 所示预置键盘操作。

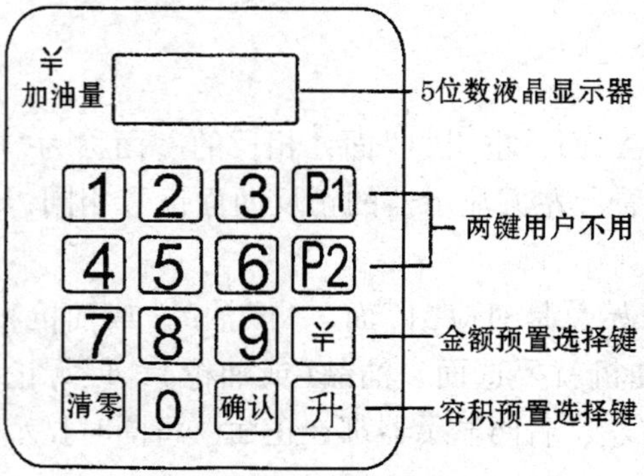

图 6-3-3 预置键盘操作

a. 金额预置按“¥”键，预置显示屏左方箭头指向“¥”；容积预置按“升”键，显示屏箭头指向“加油量”。

b. 按“数字键”输入所需加油量值；预置整数时，由于预置显示器小数点后始终保留两位，所以必须补满“0”；例如，预置 1 元钱或 1L 容积，操作时应按“1”、“0”、“0”3 个数字键，显示自动变成 1.00。

注：如发生输入按错数字时，可按“清零”键后重新输入。

c. 按“确认”键后，预置的数字值将在预置显示器上闪动保存。

d. 摘油枪，启动加油机。

e. 开油枪阀门开始加油计数。

当加油计数值接近加油预置数时，加油计数从显示器上看，将有明显的变慢过程(尽管油枪阀门仍处在最大开启位置，流量却明显变小)，直至到达预置数时自动停机。

f. 放回油枪，预置显示器将自动清零。

④ 掉电复显功能。电脑加油机在突然断电情况下，可以在 15min 之内直接在显示器上观察掉电前加油数值。

⑤ 在显示器上观察加油机总累计值。电脑加油机整机外侧板上设有机累计窗口，只能看“L”累计值；在显示器上则可分别观看“金额”、“容积”两种累计值，简称“电累”。

操作时，使用经理键盘，按其上的任一总累计选择键即进入总累计显示状态。

a. 经理键盘(如图 6-3-4)

b. 看总累计的操作举例和在显示器上读数时的图示说明

例 1：看第 1 面，第 1 油品的金额总累计值读数为 1215. 63 元(如图 6-3-5)。

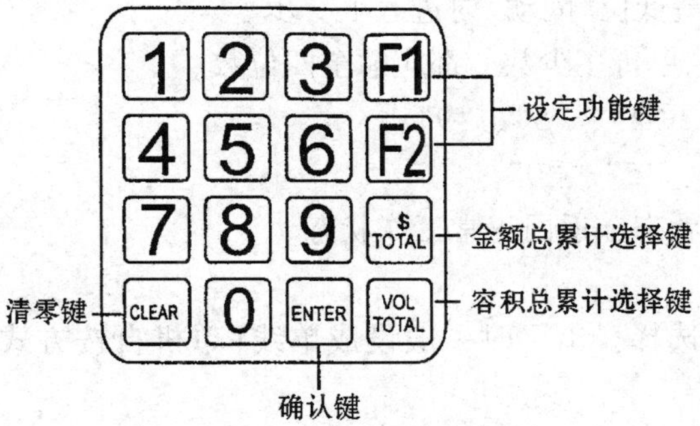

图 6-3-4　经理键盘

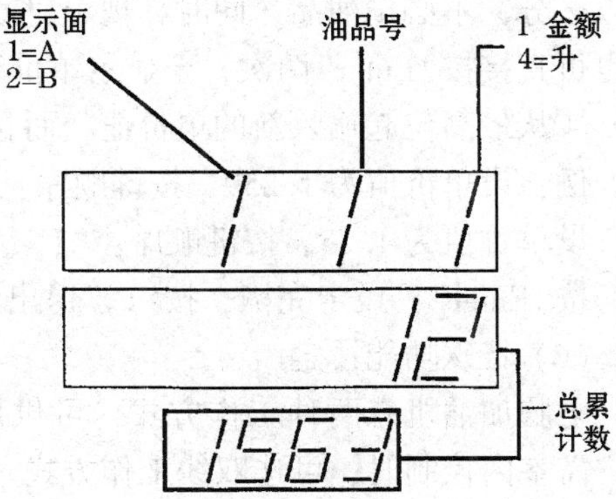

图 6-3-5　读数显示

例 2：看第 1 面，第 1 油品的升(容积)累计读数为 977. 199 升(如图 6-3-6)。

操作顺序：按“金额总累选择键”→按“数字键”选面→按“数字键”选油品之后自动显示金额累计值。

按“容积总累选择键”后，同上选择顺序，最后就显示升累计值。

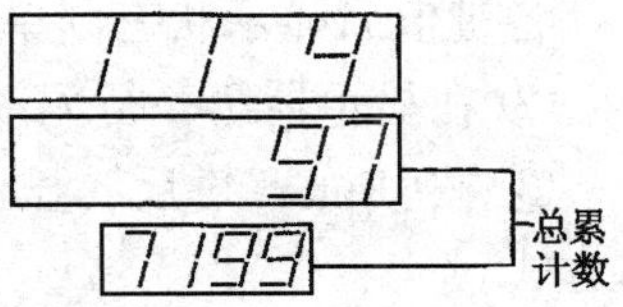

图 6-3-6　累计数值

c. 按“清零”键可退出观察总累计状态。

(5) 单价设定

使用经理键盘可设定、修改售油单价数值。

操作顺序：

① 输入标识码，按“1”，按“Enter”。

a. 按“F_1”，显示器第一行显示“小数点”。

b. 按“2222”四位标识码，显示器第一行显示四个“0”。

c. 按“Enter”，显示器第一行闪“8”。

d. 按“1”，显示器第一行显示“01”。

e. 按“Enter”，显示器第一行显示“1、空格、0、1”，左“1”闪动，表示当前“显示面号”。

②选面后“Enter”。

面	对应数字键
A	1
B	2
双面	3

a. 按面对应数字键，显示器第一行显示“闪动的面号”。

b. 按“Enter”，显示器保留第一行显示，同时第二行显示“1，空格，空格，1”，左“1”闪动表示第一油品单价数。

③选油品启按“Enter”。

a. 按“油品号”，显示器第二行左方闪动所选“油品”。

b. 按“Enter”，显示器第二行右边第一位闪动“1”表示现金支付方式。

注：油品选择取决于用户所购电脑加油机的配置类型。一般单、双枪配置的加油机，都由厂家设好只有一种油品的方式，双枪加油机如实际出售两种油品，则以选面对应的油枪来加以区分，不必选油品，同时，现金付款方式也是生产厂设置好的，不必再选。所以，“C”步也可直接按“Enter”两次，至显示单价行的最低位“闪动”时进入下一步。

④从最高位起输入新的单价值，而且无论单价多少数，都应输全四位数。

例：设单价值为 1.259，按键顺序：“1”、“2”、“5“、“9”；

设单价值为 1.25，按键顺序：“1”、“2”、“5”、“0”。

按“Enter”；设定完毕，按“F_2”退出设定状态，返回正常工作状态。

(6) 特殊功能设定

电脑加油机有两种工作方式，可供用户选择，出厂时一般设成单线(单机自按方式)，用户需室内控制时，可选双线工作方式。

操作方法(使用经理键盘)如下：

① 按“F_1”，按“2222”四位标识码，按“Enter”。

各键值后显示状态同单价设定所述。

② 在显示器第一行闪动全“8”时，即可按“2”数字键。

③ 按“Enter”键后，显示器第一行显示左方有一闪动数字，即对应当前加油机的设置工作方式：

单机自控方式(单线方式，没有室内控制台)：0；

室内控制方式(双线工作方式)：1。

④ 按“1”后，按“Enter”，即设置了双线工作方式。

⑤ 按“F_2”后，返回正常工作状态。

(7) 电脑加油机维修注意事项

① 具有单板机维修经验的技术人员，才有资格对其进行维修。

② 现场应以备份板更换方式排除故障。

③ 换板一定要断电后进行，并应注意防止静电可能造成的电路板损坏。

④ 硬件电路板自身的维修排故应交回厂家进行。

3. 电源电路常见故障检修

电脑加油机电源电路可分为强电电路与弱电电路两部分。前者是电网电源的输入部分，后者是电源板的输出部分。

(1) 强电电路

电脑加油机的外接电源大部分为 380V 的三相交流电，通常见到的输电线为四根。

接线盒、接触器盒、电源盒三者之间的联系，如图 6-3-7 所示。

防爆接线盒、防爆接触器盒与防爆电源盒的进线口装有电源线引入部件，可防止电源线在引入处由于弯折和摩擦而产生损伤电源线拔脱或扭转的现象。注意非专业人员不得随意打开或拆装防爆电器。

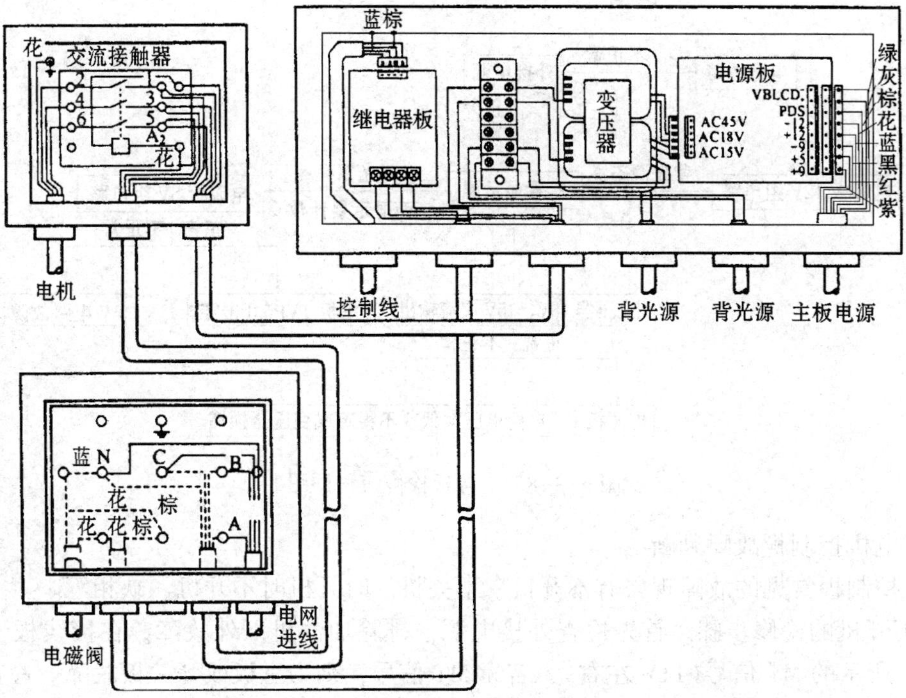

图 6-3-7　电源接线图

（2）弱电电路

电脑加油机大部分电子电路所需的电源为低压直流电源，不能直接使用 380V 或 220V 的外接交流电源。因此，需要一个降低电压的变压器和一块将交流电转换为稳定的直流电的电源板。其作用是将变压器次级输出的 18V、15V 交流电通过整流、滤波、稳压、扩充、输出转变为稳定的 12V、5V 直流电，12V 直流电源供主板、双电光板、键显板、开关板、显示屏的背光源等板块使用，5V 直流电源供主板、显示板、编码板、参数锁、当班锁等使用。

（3）电源电路常见故障检修

电源电路故障分为电源板故障和外接电源故障，检查顺序为：首先检查外接电源是否有故障，排除了外接电源故障后，再检查电源板故障。电源电路故障的现象一般为加油机整机没电、时开机时不开机或电机启动缓慢。

① 加油机整机没电。外接电源故障造成 380V 交流电源未送到机器上。打开防爆电源盒盖，检查变压器次级 18V 和 15V 交流电压，若有 18V 和 15V 交流电压，则为电源板损坏，若无 18V 和 15V 交流电压，则为变压器损坏。

② 时开机时不开机或电机启动缓慢。电源电路故障、开关故障和机械故障均可造成此类故障现象，这里只分析电源电路故障。首先检查外接电源，电网电压太低或不稳、自备发电机电压低或不稳，均可造成时开机时不开机或电机启动缓慢的现象。若外接电源正常，按图 6-3-8 所示进行检修。

4. 可控硅板的故障处理

可控硅板又叫控制板，有电磁控制板、电机控制板和灯光控制板三种，分别控制防爆电机、电磁阀和防爆灯的开启与关闭，相当于一个无触点电子开关。

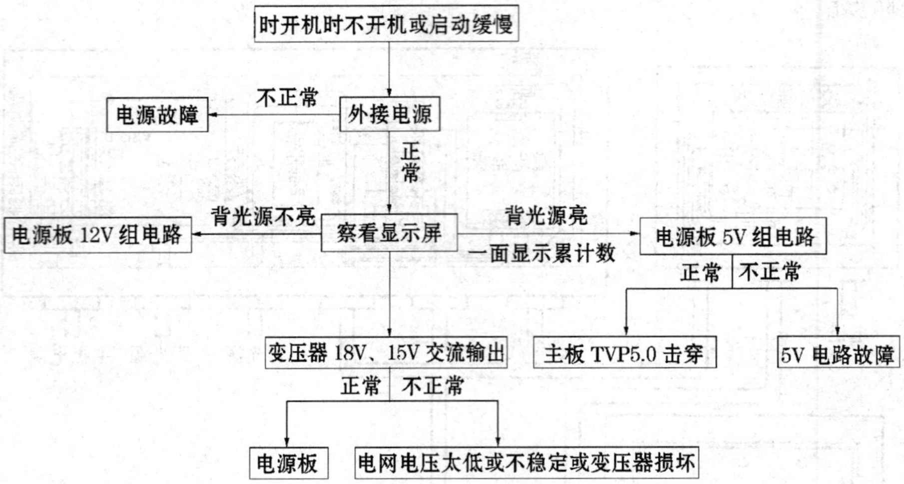

图 6-3-8　电源板检修流程框图

（1）电机控制板故障判断

电机控制板常见的故障现象有不开机、不关机、时开机时不开机、缺相等。

① 不开机的检修步骤。首先检查外接电源，排除加油机以外故障。在接线板上检查如图 6-3-1 所示的 MT 信号(11V 左右)，若无 MT 信号，则为主板或开关板故障。检查控制板输出端，输出端有 380V(或 220V)交流输出，一般为电机故障，输出端没有交流输出，可判定为可控硅板故障。

② 不关机的检修步骤。首先在接线板上检查 MT 信号。若无 MT 信号，则可判定为可控硅板损坏，一般是可控硅板被击穿，需更换可控硅板；若有 MT 信号则为开关板或主板故障。

③ 缺相的检修步骤。在三路电机控制板中，若有一路断路或两路可控硅板被击穿，可能烧坏电机。因此，在更换电机时，一定要检查可控硅板输出口是否缺相。

（2）灯阀板的故障判断

如图 6-3-1 所示电机控制板有一个 MT 控制指令信号，电机控制板的强电进线一般为三相交流电或个别采用单机交流电，灯阀板有电磁阀主阀信号 OA，电磁阀副阀信号 TO，灯光控制信号 LP 三个控制指令信号。灯阀板只需从三相交流电取出一相电，分别进入各自电路的可控硅板，所输出的三路火线单独使用，分别与防爆接线盒的零线合并，为电磁阀主副阀及防爆灯提供 220V 交流电，使电磁阀及顶灯工作。灯阀板的常见故障没有小流量、电磁阀关不住和电磁阀打不开。

① 没有小流量。一般情况下为电磁阀的控制信号线或电磁阀主副阀引出线装反,更换即可。

② 电磁阀关不住。产生电磁阀关不住的原因是在关机状态下，主板不能停止电磁阀主、副阀指令信号，或是灯阀板可控硅被击穿。如果 OA、TO 一直有 11V 左右信号电流，为主板故障，如果在关机时，电磁阀主阀信号 OA 和副阀信号 TO 为零电平时，为灯阀板被击穿。

③ 电磁阀打不开。电磁阀是控制油路的一个开关，分主、副两个阀。开关机是否有电磁阀启动的声音及振动，若有说明电磁阀能启闭，应检查控制电路。如果电磁阀打不开，首先应判断是电磁阀的原因还是电磁阀控制电路的原因。

采用可控硅板无触点开关的优点是不会出现“打火”现象，缺点是可靠性较低，现用继电器板代替可控硅板，用来克服这个缺点。

5. 信号电路的故障检修

信号电路中的板块较多，有主板、单光电板(开关板)、双电光板(计数板)、显示板、键盘等。其中主板为信号电路的核心，作用是收到其他板块发送来的信号后，对其所包含的信息进行整形处理、运算、储存，根据接收的给定要求输出指令信号，控制、协调加油机整机的工作。

(1) 单光电板的故障检修

单光电板又称开关板，是一个无触点的电子开关，主要由光槽、三极管等组成。开关的机械部分包括开关支架、油枪托板、光电挡板、导向板和复位弹簧等。

① 开关板损坏时的故障现象。不开机，提起油枪电机不启动，显示板数据也不清零；不关机，放下油枪，电机仍在运转；开机时不开机，开关板不起开关作用。

② 检修步骤。首先检查光电挡板能否可靠地落入和脱离光槽，光槽内是否有脏物。再在光电挡板在落下和上升的两种状态下，用万用表的直流电压挡测量开关板电压，检查两种状态下电压有无变化或变化范围，说明单电光板损坏，一般情况下更换光槽即可。

(2) 传感器板的故障检修

传感器板是测量变换器的重要组成部分，它的故障现象主要有加油机出油不计数和计量准确度降低。造成出油不计数和计量不准是双光电板故障、机械故障、电脑主板故障等，在检修时要注意正确判断。

① 检修步骤。出油不计数，首先应检查流量计传动轴是否转动，若不转动，检修流量计。若转动则检查脉冲输出端有无变化的信号，有脉冲信号，可判定为主板故障，无脉冲信号，可判定为双光电板故障。计量不准说明传感器分度盘倾斜或松动，旋转时忽快忽慢，或者是双电光板的光槽内有污物，使传感器输出端计数脉冲信号不准或丢失计数脉冲，造成计数不准。

② 解决方法。重新调整分度盘，紧固松动部分，清除污物或更换光槽。

(3) 显示板的故障处理方法

显示板故障表现比较直观，常见的有LCD(液晶显示)液晶数字缺笔画、字符显示模糊、动态不显示、背光块不亮等。

检修过程：LCD液晶数字缺笔画，主要是LCD液晶本身损坏造成的，更换LCD的液晶显示即可。字符显示模糊，主要原因是没有对称方波送入LCD液晶，一般是集成电路及其外围元件损坏造成。解决方法首先更换集成块，若不行再检查其外围电路。动态不显示，表现为加油机显示屏数字不变化，这是因得不到驱动信号而不工作，应首先检查连接主板的排线是否接触良好，主板送来的三路显示字码是否正常，若不正常则为主板故障，再检查驱动电路集成块是否损坏。背光块不亮，有两种现象，一是只是一块背光块不亮，这种情况一般为背光块本身损坏或连接排线接触不良或为其供电的电阻损坏；另一种情况是所有背光块都不亮，这时应先检查12V电源是否正常，再检查主板排线与背光块的连接情况。

6. 加油机整机电子部分故障判断

① 在定量加油时，加油机不能自动停机时，首先观察加油机是公升定量不停机，还是金额定量不停机，如果金额定量不停机，一般为主板单价丢失，重新输入单价即可；如果是升定量与金额定量均不停机，一般为主板故障，应更换主板。

② 加油机箱顶灯光不亮时，是由于镇流器与启辉器损坏；灯阀板损坏造成灯管不亮；

防爆灯丝断路；如防爆灯有关配件均正常，应测量接线板上 LP(见图 6-3-1)端子是否有灯光控制电压输出，如无则为电脑主板或芯片问题。

③ 加油机显示屏在提枪或放枪有跳数现象时，以下诸原因都可能引起此故障：加油机输油胶管随意加长或更换时使用非标准胶管；加油机管线漏油漏气与底阀关闭不严；传感器的传动轴转动过于灵活，维修时应在传感器轴上套装阻尼油封以降低其转动的灵活性；传感器中的双光电板(计数板)装配位置错误；出油阀弹簧弹力过小，关机时流量计中的油液倒流，带动传感器反转产生关机跳数现象。

④ 加油机放枪时不能关机，是由于接线板 MT 有信号，开关板(单光电板)损坏造成加油机不能关机；接线板 MT 无信号，加油机电机控制板上的可控硅击穿造成加油机不能关机；主板损坏使 MT 信号失控，造成加油机不能关机。

⑤ 加油机在关机前没有小流量，是由于电磁阀的主阀(OA)控制线没有接到接线板相应的位置上，如主副阀控制线反接；加油机主阀的提前量调整过少；若是加油机主板故障造成关机前没有小流量，应更换主板。

⑥ 加油机漏电，是由于加油机的电动机因内部线圈绝缘破损而漏电；或因加油机未设可靠的地线与漏电保护电路；或因外电源输入线绝缘外皮破损又与加油机外壳相接触；或因加油机内部电路由于其他原因而造成漏电；或因接线盒进水或接线板绝缘能力下降。加油机漏电时，极易造成火灾与人身伤害事故。

⑦ 加油机开机时有缺相报警声，电动机不运转，或是由于电源不缺相，只是电源盒内的缺相检测板上的两组检测变压器有一组损坏造成；或是由于加油机三相电源缺相，造成缺相检测电路启动而发生报警声；或是由于缺相检测板损坏。

⑧ 加油机有电，但不能开机，首先检查当班锁是否处于关的位置，接线板旁路电容是否漏电，电锁本身是否损坏；测量主板 5V、12V 电源电压是否正常，如有一组偏低，则应更换电源板；测量 SW 开关信号是否正常，如不正常应更换单光电板(开关板)；测量 MT 开机信号是否正常，如 MT 无信号则为主板损坏，应更换主板。

⑨ 加油机在加油过程中，经常有停机现象，首先测量接线板 5V、12V 电源电压是否正常，如偏低则应更换电源板；有可能是因为可控硅板损坏；或接线板上接线不良(压线螺钉未拧紧)致使加油机在加油过程中停顿；或加油机配线电压不稳。

⑩ 加油机出油正常，显示板(一面或两面)不显示加油数据，首先更换不显示加油数据的显示板，看更换新板后显示是否正常；如更换新板后，故障依旧，更换电脑主板。

⑪ 加油机加油正常，但键盘失灵或键盘中个别键失灵，更换键盘，如更换后正常，一般为原键盘内部断线或黏连造成此故障；如更换键盘后故障依旧，应更换主板。

七、加油机的维护检查要求

对加油机的维护检查要求汇总见表 6-3-2。

表 6-3-2　加油机的维护检查

检查频率	项　目	要　求
每周	总检查	检查所有地方，是否有损坏征兆，检查所有警告标志，铅封安全
	输油胶管	检查渗漏和损坏，胶管外层有无开裂、溶解、凸出、扁平软黑点和加厚现象
	外渗漏	检查胶管、油枪、视油器、旋转弯头、管接头、铸件有无渗漏，有渗漏立即修理
	胶管回收器	检查绳索有无磨损和断裂

续表

检查频率	项　目	要　求
每月	内部渗漏	检查所有液压连接处和密封处，包括流量计、阀、泵等
每周或半个月	更换或清洗油滤	清洗泵内油滤，清洗或更换精油滤
每个月 或按需要	清洗加油机	切断电源，清除机内污物 清洗外表面 严禁用汽油、煤油等可燃液擦抹加油机 不要用各种溶剂擦抹油漆表面
每六个月	门锁 流量计 油枪 泵皮带轮 累计计数器 齿轮和软轴 接地线	用锁油润滑 检查校准 检查操作状况，如果需要可用硅润滑脂润滑 检查软轴和齿轮工作是否正常 用硅润滑脂润滑 整机接地线要可靠、牢固

八、加油机的常见故障与排除方法

常见品牌加油机的常见故障与排除方法汇总于表6-3-3至表6-3-6中。

表6-3-3　长吉牌加油机常见故障与排除方法

故障代码 （单价行显示）	故障原因	排除方法
10	（T17331预置板）ROM或RAM错误	1. 检查电缆连接是否良好 2. 检查更换预置板 3. 更换（T18904）主控板
11	预置板通讯丢失	1. 检查电缆连接是否良好 2. 检查更换预置板 3. 更换（T18904）主控板
12	和加油机没通讯	1. 检查电缆连接是否良好 2. 检查更换预置板 3. 更换（T18904）主控板
20	单面计数脉冲失效	1. 检查电缆连接是否良好 2. 检查I. S安全栅板（T19301） 检查T1～F6快速熔断器是否有熔断的，如有，更换此板 3. 更换脉冲发生器
	双面计数脉冲失效	1. 同“单面计数脉冲失效” 2. 更换主控板 3. 更换接口板
21	无当前寄存器	1. 进行主复位，重新设置 2. 更换主控板
31	总累计数错	1. 主复位后，重新设置并输入 2. 更换主控板
32	脉冲计数错	1. 检查电缆连接是否良好 2. 更换接口板 3. 更换主控板

续表

故障代码 (单价行显示)	故障原因	排除方法
35	配置数据错	同"31"中的1、2
36	整机类型码更改	1. 重新设置编程 2. 更换主控板
37	一级PIN(标识码)改变	同"36"1、2
38	二级PIN改变	同"36"1、2
39	现金/信用卡可选更改	同"36"1、2
40	(T17962)主显跳线块位置错误	重新设置跳线块位置
41	面选更改	同"36"1、2
42	单价可选更改	1. 重新设定单价 2. 主复位后重新设置 3. 更换主控板
44	上电时油枪不在枪套内	1. 油枪放回枪套处再上电 2. 更换接口板 3. 更换主控板

说明：排除方法中凡需主复位，重新编程设置的项目应由厂家或特约维修代理的工程技术人员来做。

表6-3-4　太空牌加油机常见故障及排除方法

故障	原　因	排除方法
不供油	1. 泵轴旋转方向相反	打开电气接线盒，调整三根火线任意两相位置
	2. 泵轴与转子松动	检查泵腔内异物，修复卡伤处，更换泵轴
	3. 溢流阀处于常开状态、过滤网失效	拆下溢流阀取出异物，清洗或更换滤网套
	4. 叶片严重磨损、弹簧片折断	分解油泵盖，将损坏的叶片、弹簧片更换
	5. 油气分离器出口阀卡死或锈死	拆下出口阀，取出异物或除锈
	6. 柱形浮子浮起后回不到原位	打开油气分离器上盖，取出柱形浮子进行校正或更换
	7. 油气分离器三腔相通壳体有沙眼	更换分离器
	8. 计量器连杆小轴脱落，将计量器卡住	分解计量器，将连杆取出，重新配制小轴
	9. 计量器胶木轮铜套脱开，将计量器卡住	分解计量器，将连杆取出，重新配制小轴
	10. 计量器活塞松动	打开计量器端盖，紧固活塞顶部螺钉
	11. 计量器内有异物卡住或锈死	分解计量器，取出异物或除锈
	12. 油罐内逆止阀堵塞、开度小	清理逆止阀
	13. 管路长，管径细、漏气	改进管路，密封漏气处
外泄漏	1. 泵轴处漏油	更换铜套、油封
	2. 泵盖与泵体结合处漏油	清理结合面，修整划伤处，涂适当的密封脂
	3. 泵油堵处漏油	更换油堵处的O形密封圈
	4. 泵与分离器结合面漏油	更换密封垫或涂适当的密封脂
	5. 油气分离器石棉垫、胶垫、O形密封圈处漏油	更换损坏的垫或涂5#耐汽油密封脂
	6. 计量器石棉垫、O形密封圈失效	更换损坏的垫或涂5#耐汽油密封脂
	7. 油枪嘴根部漏油	拆下油枪嘴，在螺纹处缠密封带

续表

故障	原　因	排除方法
流速慢	1. 油泵弹簧片断裂	更换弹簧片
	2. 叶片严重磨损，叶片在转子槽内不灵活	更换叶片、修整叶片
	3. 皮带打滑，泵达不到额定转速	调整压紧轮，或调整电机底座位置，使皮带松紧适度
	4. 溢流阀处于半开半闭状态，被异物卡住	拆开溢流阀，清理异物
	5. 油枪主阀开度小	调整主阀的调整螺丝，往里拧，使主阀开度加大
	6. 油枪前阀严重变形或锥形体脱落	拆下油枪嘴，取出锥形体，更换胶阀或固紧锥形体
	7. 油枪下面背母移位或托垫丢失	固紧背母，安上托垫
	8. 油枪胶管内层脱落，油不畅通	将发生内层脱落的一段胶管剪去，重新安装胶管
	9. 管径细、管路长、漏气	改进管路，密封漏气处
	10. 油罐内逆止阀开度小	清理逆止阀
	11. 过滤器堵塞	清洗滤网套或更换滤网套
	12. 分离器出口阀失效	清理出口阀
噪声大	1. 泵内溢流阀座松动	取出阀座，重新配制或用502#胶粘固
	2. 溢流阀卡死，总处于关闭状态	清洗溢流阀中的异物，清洗过滤网
	3. 泵铜套严重磨损，转子偏向一方，划伤泵体	更换铜套、油封，修整划伤处
	4. 泵轴与转子脱落	更换转子组件或泵轴
	5. 油罐内逆止阀开度小	清理逆止阀中的异物
	6. 管路长、管径细、漏气	改进管路，密封漏气处
	7. 过滤网堵塞	清洗过滤网
	8. 分离器出口阀失效	清理出口阀
	9. 分离器三腔相通，但不严重	更换分离器
排气管出油	1. 油气分离器柱形浮子浮不起来	校正浮子，浮子开焊，将油倒出后补焊
	2. 回油阀失效，被异物卡住	清理回油阀
	3. 球形浮子开焊渗油；浮子与阀杆脱落造成出气阀失效	浮子补焊；将浮子与阀杆固定好
	4. 管径细、管路长、漏气	改进管路密封漏气处
	5. 油气分离器过滤网堵塞	清洗过滤网
油气不能分离	1. 出气阀失效，阀座的 $\phi 3$ 出气孔堵死	清理阀座 $\phi 3$ 通气孔
	2. 出口阀被异物卡住，处于常开状态	清理油气分离器出口阀的异物
计量精度超差	1. 连接板孔径磨大，使活塞行程增大	分解计量器，更换连接板、调整调量螺丝
	2. 活塞与缸套磨损间隙增大，造成内泄漏	更换计量器
	3. 调量杆与小铜套间隙磨大，造成内泄漏	更换调量杆
	4. 上下连杆端头O形密封圈失效	更换8×2的O形密封圈
计量器传动弯头不传	1. 胶木轮铜套脱落	更换胶木轮组件
	2. 胶木轮磨损严重	更换胶木轮组件
	3. 传动轴与弯头固定销丢失或切断	检查原因，重新安装销子
	4. 传动弯头小轴脱落	更换小轴或传动弯头组件
计数器不计数	1. 计数器有关齿轮与轴联结销子脱落或切断	更换销子
	2. 进位轮严重磨损，计数轮严重磨损，计数轮间轴向间隙大	更换进位轮，调整计数轮间隙、加垫圈
	3. 计数轮的棘爪压簧断，棘爪与孔配合过紧	更换压簧，修整棘爪与孔
	4. 计数器立轴粘连	修整轴和铜轴
油枪关不死自封油枪不自封	1. 顶杆与主阀配合不好	将主阀上的调整螺丝往外拧，使阀能够关闭
	2. 主阀与阀座间有异物卡住	取出异物
	3. 顶杆上下运动不灵活	松动顶杆下部的锁紧背母
	4. 自封油枪气路堵塞或漏气	清理气孔、气管，固紧气管
	5. 真空室漏气	固紧真空室上盖

续表

故障	原　因	排除方法
电气系统故障	1. 行程开关失灵，不能停机或开机	调整压盘的行程，更换失灵的微动开关
	2. 继电器失灵，继电器触点粘连	用水磨沙纸将触头白金磨光，重新安装或更换继电器
	3. 电动机不转或达不到额定转速	检查电源是否缺相，将缺相接好
	4. 电机烧坏，多数是由电源缺相造成	更换电机，把电源检查好，不能缺相，再工作
	5. 照明灯不亮，开关失灵；灯管坏；灯管与灯座接触不良；启辉器烧坏	更换微动开关；更换灯管；调整，使灯管与灯座接触好；更换启辉器

表 6-3-5　正星牌加油机常见故障与排除方法

故　障	原　因	排除方法
加油机不出油或出油量小	1. 输油管道密封不严	检修输油管
	2. 电机不转或反转（面对带轮顺时针转为正常）	检修电机、电路及控制系统，将任意两根火线对调
	3. 皮带过松	调整张紧轮或更换三角带
	4. 滤网堵塞	清洗滤网
	5. 油气分离器出油阀被卡住、打不开	清洗出油阀使阀芯运动自如
	6. 油气分离器锥形阀关不严	检修锥形阀
	7. 溢流阀弹簧过松	调整溢流阀更换损坏的零件
	8. 叶片泵内叶板磨损、弹簧损坏	更换损坏的零件
	9. 计量器被卡死	检修计量器
	10. 液压系统中的密封元件损坏	更换损坏的密封元件
油气不能分离	1. 输油管路中漏气太大	检查管路、排除漏点
	2. 油气分离器排气管被堵	清理排气管
	3. 油气分离器锥形阀关不严	检修锥形阀
	4. 泵内的浮子阀关不严	检修浮子阀
排气管出油	1. 球形浮漂脱落	重新装好球形浮漂
	2. 球形浮漂或回油浮漂进油	更换浮漂
	3. 油气分离器体与分离器盖之间的密封垫损坏	更换密封垫
计量不准	1. 计量器内零件磨损（包括机械零件的磨损及橡胶件的老化）	调整计量器的调节螺钉，更换损坏的零件
	2. 传感器板损坏	更换传感器板
	3. 主板损坏	更换主板
不开机	1. 外电源电压过低	排除外电源电路故障
	2. 电源板损坏	检修或更换电源板
	3. 开关板损坏	检修或更换开关板
	4. 可控硅板损坏	更换可控硅板
	5. 主板损坏	更换主板
	6. 电机损坏	更换电机
不停机	1. 开关板损坏	检修或更换开关板
	2. 可控硅板损坏	更换可控硅板
	3. 主板损坏	更换主板

表 6-3-6 长空牌 J-60A、JD-60A 常见故障及排除方法

故　障	原　因	排除方法
整机不出油	1. 电气故障或开关触头，传动杠杆不灵活，使电机不能启动 2. 机外吸油管连接不严，漏进大量空气 3. 电动机皮带过松而失速 4. 油罐内单向阀不严，或因泵内零件严重磨损，使泵泄漏过大 5. 泵内零件卡死 6. 泵或分离器低压腔漏进大量空气	检查电气或相应部位 检修吸油管接头 调整或更换皮带 检修单向阀或泵内零件 检修泵或流量计 检修有关盖、油管
出油量显著减少	1. 同上(3)、(4)、(6) 2. 过滤器毡套堵塞(较常见) 3. 单向阀滤网及进油管不畅	同上相应方法 清洗毡套 清理
出油量偏多已调整无效	1. 连接块的孔磨损，使活塞行程增大 2. 流量计内零件磨损，漏油过多 3. 胶木轮或传动弯头损坏	更换连接块 检修流量计 更换或修复
出气管喷油	1. 回油浮漂掉落，油渗入内部 2. 大浮漂不灵活或油渗入内部。使它漂不起来 3. 进油管不畅通或分离器内滤网套堵塞	检修相应部位 检修大浮漂 清理或清洗
出油含气泡	1. 分离器低压腔漏进空气 2. 分离器内的阻尼缝或小孔堵塞 3. 机外吸油管连接不严、漏进空气	检修有关盖、法兰 检修出气阀 检修吸油管
取下油枪计数轮不回零	1. 计数轮内的回零键不灵活 2. 放油枪时，油枪支板未压到水平位置 3. 复位机构的小钩或小铜轮磨损	再放、取油枪一次 放枪轻压支板达水平 修理或更换被磨损件

第四节　IC 卡加油机

一、IC 卡加油机的结构

IC 卡加油机主要由电动机、油泵、油气分离器、计量器、开关、信号传感器、油枪和 IC 卡键盘等电脑装置组成。

二、IC 卡加油机网络系统功能

加油机上应用 IC 卡，可以实现加油站自动化，方便管理，提高效率，减少现金交易。其网络系统的功能主要有三项。

1. 自动操作功能

(1) 可实现卡机联动

凭 IC 卡加油机才加油，不插卡不加油。

(2) 可自动结算

在加油过程中自动计算金额，自动从 IC 卡中扣除。

(3) 可实时传送

加油过程中，卡号、加油量、金额、卡内余额等交易数据，能实时传送到加油站管理机。

（4）实现交易记录管理

加油站管理中心控制机能对加油机传送来的每笔交易进行记录，包括日期时间，并进行汇集、统计、列表、查询、保存、打印等，且可与上层信息处理中心联网。

2. 安全保密功能

（1）有“黑名单”（挂失卡）管理功能

可对“黑名单”浏览、查询、添加、修改、删除、打印等。

（2）有识别功能

自动识别加油卡，判断其是否是无效卡、黑卡等，假卡禁止加油。

（3）个人密码识别功能

输入个人密码后可进行操作，连续三次输入错码，加油机自锁不加油。

（4）加油机电脑程序可加密

（5）防篡改加油交易记录

（6）防透支功能

加油卡余额不足单价款时，加油机拒绝启泵加油。

（7）防误操作功能

加油过程中拔卡，加油机自动停机并提示插卡。若不插回 IC 卡，此卡则被锁住。加油过程中，加油机键盘操作无效。

（8）断电保护功能

加油机内装有充电电池，停电时它可对数据存储器芯片提供维持电流，使机内的加油交易记录数据不会丢失。

3. 系统管理功能

（1）有多台控制功能

可控制 16 台加油机同时加油，并可扩展。

（2）监控管理功能

管理机可对各加油机实时监控，显示各台加油机的实时工作状态，并随时可对任一台实施干预。

（3）自动脱机功能

管理机出现故障时，IC 卡加油机能自动脱机，并独立进行加油作业，保存数据，待管理机恢复后，继续回到联机状态。

（4）加油累计数读取功能

通过加油站管理机可随时读取加油机的加油累计数。

（5）单价修改功能

通过管理机可修改油品单价。

（6）中文提示功能

IC 卡加油机的任一步操作，显示窗上均有中文提示。

（7）加油班（员）日销售管理

包括交接班、当班、每人、每机的销售量、销售额、班累计、各加油枪起始、终止泵码显示等功能。

三、IC 卡加油机操作使用

1. 加油准备

① 加油员上岗首先应擦拭 IC 卡加油机，包括读卡器，并查看加油机运转是否正常。

② 上岗前用员工卡签到。

2. 加油操作

① 在将 IC 卡插入读卡机前，应先检查 IC 卡是否有异常现象，观察芯片是否脱落、移位，IC 卡是否折断、严重弯曲、玷污、过期等。

② 将卡上的芯片朝上，芯片一端朝里插入读卡机中。客户使用 IC 卡来加油时，必须等加油机键盘液晶屏显示出卡内余额，并向客户讲明卡内显示的金额，才能在键盘上设定客户的加油数量，即在插入 IC 卡前不能按键盘上的任何一个键。

③ IC 卡定额加油。

a. 插入 IC 卡，加油机液晶显示屏显示卡中结余金额。

b. 根据客户要求的加油金额按相应的数字键，再按“元”键，液晶显示屏显示相应金额（定额加油不能设定角和分）。

c. 提枪、翻板，油泵启动后加油。

d. 加油结束后，搁枪，等 IC 卡加油机键盘显示屏显示指定符号或读卡机蜂鸣器鸣叫后方可拔卡，否则将产生“灰卡”（指上次加油金额尚未扣除的 IC 卡）。

④ IC 卡定量加油。

a. 插入 IC 卡，加油机液晶显示屏显示卡中结余金额。

b. 根据客户要求的加油升数，按相应的数字键，再按“升”键（或按液晶显示器下显示的相应键），液晶显示屏上显示相应数量。

c. 提枪、翻板，油泵启动后加油。

d. 加油结束后搁枪，待 IC 卡加油机键盘液晶显示指定符号或读卡机蜂鸣器鸣叫后方可拔卡。

⑤ 随机加油。

a. 插入 IC 卡，加油机显示屏显示卡内结余金额。

b. 按“*”键，液晶显示屏显示“FULL”。

c. 提枪、翻板，油泵启动后加油。

d. 加油结束后搁枪，等 IC 卡加油机显示屏显示指定符号或读卡机蜂鸣器鸣叫后方可拔卡。

3. 注意事项

① 除电脑管理员及站长均在现场的情况外，任何人不得打开 IC 卡读卡机。加油员应对 IC 卡读卡机负责。

② 应妥善保管员工卡，若遗失，应立即报告站长。补卡需办理相关手续，按规定交纳办卡费。

③ 严禁产生“灰卡”（即上次加油金额尚未扣除或“灰标记”未清除的 IC 卡。在补扣款、解锁前暂时不能使用），违者按有关规定处理。

④ 加油过程中，禁止取卡，否则将产生“灰卡”。加油尚未结束，或虽结束但显示未结束时，取出 IC 卡，就会产生“灰卡”。“灰卡”由在 24h 内原锁卡的加油站进行解锁（即将

CPU 灰卡插入 IC 卡读卡机即可解锁)；48h 后可在任一联网的加油站补扣款及解锁。将 CPU 灰卡插入 IC 卡读卡机，首先对灰卡补扣款及解锁，然后照常使用。对存储器卡(MEMORS)灰卡，客户须持卡到产生灰卡的加油站解锁。

第五节　液化石油气加气机

一、LPG 加气机的功能要求

液化石油气加气机是给燃气汽车充装液化石油气的，是 LPG 加气站的重要设备，其功能应达到以下要求。

1. 安全性好

应符合国家有关技术规定，适用于液化石油气的工作介质，并在防火、防爆、防泄漏、防静电等方面采取有效的技术措施，达到技术规范和设计标准。

2. 可靠性好

机械工作及电子器件的整体可靠性好，连续无故障工作时间长，寿命试验不应小于 100h(36 万 L)，适应频繁启动，小排量，故障率低，保证随时处于良好的可工作状态。每支枪日加气量一般都在 1.5~2.5t，工作次数可 100 次以上。

3. 计量精度好

加气机是进行车用液化石油气商品贸易结算的计量设备，是《计量法》规定实行强制检定的计量器具；能有效地进行气液分离，避免气液混输，精度应少于或等于 5‰，容积式计量器或质量流量计技术参数应达标，计量准确度的重复性要好。

4. 显示性好

实际流量应同数字显示相一致，流量显示与累加计数要同步联动，现场显示与远传显示记录应一致，保证各卖点业务数据的一致性，尽可能避免机械累计数误差的弊端，保证实际流量同显示流量(同累积流量)、现场显示同远传显示的一致性。

5. 数据处理好

加气机应具有流量总累计功能，所记数据在一定期限内不可消失，以便为加气站业务(日用、月用等)提供数据，为机械检修校对提供参考。

6. 充装密封性好

液化石油气在一定条件下具有气液转换的特性，加气机的整个工作过程是密闭作业，且承受一定压力，不允许有泄漏，一旦发生超量泄漏，可自行关闭，自我保护。

7. 操作性好

根据人体功能学原理，结合汽车、车行道、作业特点等操作灵活，位置适当，便于观察，便于操作，让员工轻松工作，提高工作效率。

8. 为车服务

加气机是为车辆加注燃料的机械，且在带压密闭状态下工作，要求加气枪接口与汽车储气瓶接口要匹配，口径、螺纹标准相一致。流量流速与车辆需要相适应。

二、工作原理

加气机与加油机形似，但有本质的区别。

加油机自身带泵，泵为自吸容积式刮板泵，抽真空度为负压40kPa左右，负压抽吸油品，垂直4m吸程。空气分离器分离出的气体在机内排放，加油作业为敞口常压加油，无气相回流管；系统工作压力低，并单根液相管系统布置，无气相回路(如图6-5-1)。

加气机自身不带泵，入口为正压，压力由充装泵提供，管路系统形成回路，且中压运行，压力一般为1.0~1.8MPa，加气枪出口需大于汽车储气瓶蒸气压0.2MPa才能正常工作。车载储气瓶内气相经液相置换后，通过加气机回至储气罐。

液态LPG从储罐区通过充装泵加压0.6~0.9MPa，保证LPG呈液态下送至加气机入口，液态LPG经过流阀、截止阀后，进入气液分离器，依次通过单流阀、计量器、差压阀并接安全阀后，经拉断阀，通过加气胶管和加气枪进入汽车储气瓶，汽车储气瓶内气态LPG经回流口和加气胶管气相空间与加气机安全回流和气液分离器出口并联，汇总后通至LPG地下储罐，形成工艺管道的系统回路(如图6-5-2)。

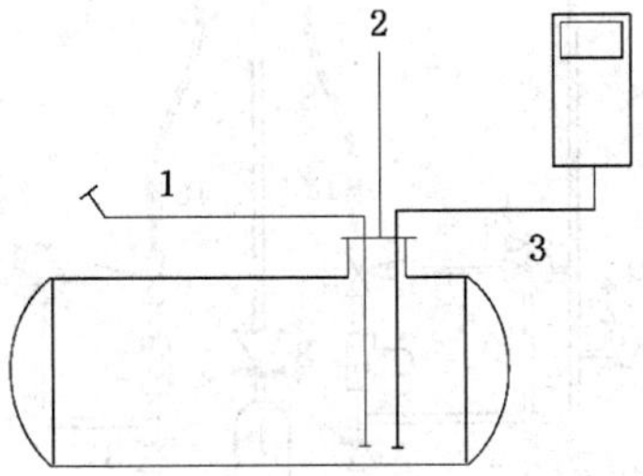

图6-5-1 加油站工艺流程示意图

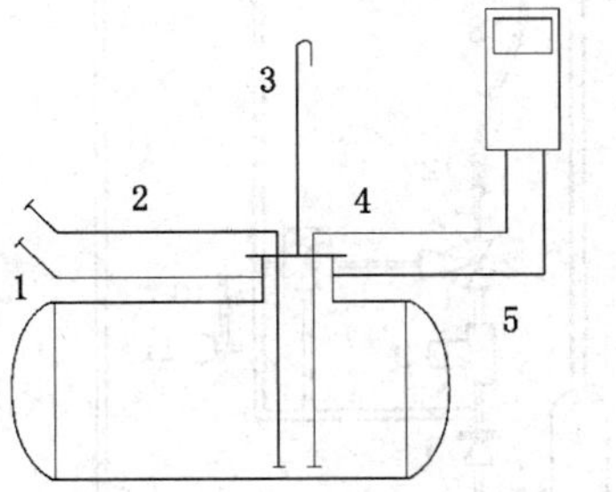

图6-5-2 加气站工艺流程示意图

1—卸车气相管；2—卸车液相管；3—安全放散管；4—加气液相管；5—加气气相管

三、加气机的分类

加气机是加气站的主要设备之一，它具有充装和计量功能，依据不同的分类标准可将其划分为不同类型。

1. 依据流量计类型划分

依据不同的流量计类型，可将加气机划分为两大类：一类是容积式流量计加气机，车用液化石油气经气液分离进入流量计。容积式计量加气机的计量器采用双作用缸或四作用缸循环进行液体体积计量，缸体循环一次容积是1000cm^3。体积计量是计量设备广泛采用的计量方式，但因液化石油气受温度变化明显，应采取措施，随着温度变化进行系数修正，以保证其精度。目前，多数加气机采用容积式计量方式计量，有的有温度补偿功能，有的无温度补偿功能。这类加气机通常以升(L)为单位进行流量显示和工作累积，比较符合人们的习惯。

另一类是质量流量计加气机，可直接测流体的质量，也可以换算成体积。与容积式流量计相比具有无磨损、寿命长、精度高的优点，其工作不受内部流动介质的密度影响，具有温度自动补偿功能，并可随时提供气源的压力、密度、温度、流量指示。缺点是工作稳定性差，价格偏高，适宜大流量长时间工作状况。其显示单位可是体积单位(L)，也可是质量单位(kg)。

2. 依据加气枪数量划分

根据加气机的加气枪数量多少，可划分为单枪、双枪、多枪。

单枪加气机较为普遍，是加气机的基本机型。优点是利用率高，同充装泵易配合，效果好，性能稳定,比较经济;缺点是一机、一枪、一车服务,占用面积多,加气作业时只能为加气岛一侧车辆作业,另一侧闲置,出现故障时本身不能互为备用。其工作流程如图 6-5-3 所示。

双枪加气机是一机双枪，除具有单枪的优点外，可同时为加气岛两侧车辆同时作业加气，一枪出现故障，另一枪可代用，土地利用率高，设备选型时可作为首选机型采用，尤其适合加气量比较大、作业频繁的加气站；缺点是价格较单枪加气机贵约近 1 倍。单枪每分钟加气量大，双枪同时作业互有一定影响，与充装泵应进行合理匹配，充分利用充装泵工作效率。气液分离器后应安装分流阀，分两路进行计量加气工作，工作效率较单枪高。其工作流程如图 6-5-4 所示。

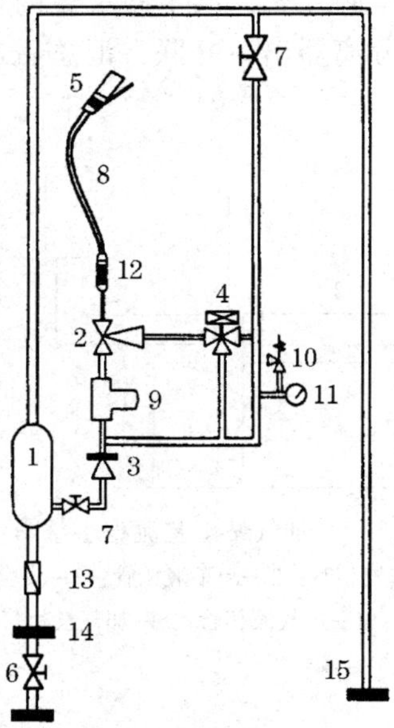

图 6-5-3　单枪加气机工作流程图

1—气体分离器(2L)；2—差压阀；3—单向阀；4—三级电磁阀；5—液化石油气喷嘴；6—液体管路主球阀；7—维修阀；8—液体软管；9—流量计；10—溢流阀；11—压力表；12—断开式偶联器；13—过滤器；14—蒸气管路凸缘；15—液体管路凸缘

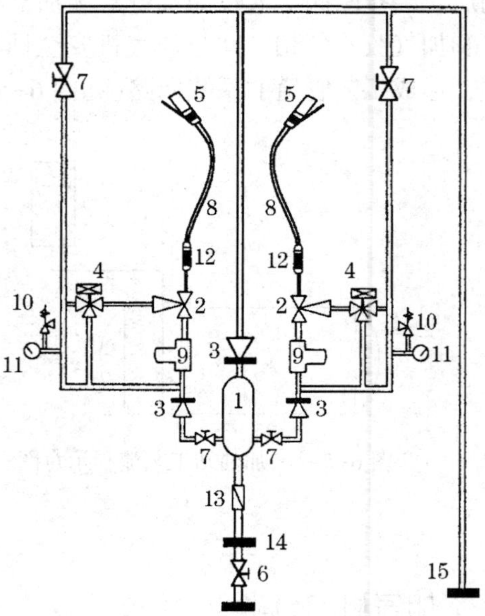

图 6-5-4　双枪加气机工作流程图

1—气体分离器(2L)；2—差压阀；3—单向阀；4—三级电磁阀；5—液化石油气喷嘴；6—液体管路主球阀；7—维修阀；8—液体软管；9—流量计；10—溢流阀；11—压力表；12—断开式偶联器；13—过滤器；14—蒸气管路凸缘；15—液体管路凸缘

多枪加气机是指双枪以上的加气机。其特点是一机多枪，可同时为多辆车加气作业，工作效率高，占地面积小，互为备用，可加注多个品种的石油液化气，有的可司时充装民用液化气(国外有工程实例，国内目前尚无应用实例)。

四、加气机构造

加气机通常由下列主要部件组成，如图 6-5-5 所示。

1. 开关截止用球阀

位于 LPG 液相管路的入口处，作用是开启关闭管路入口，有球阀和角阀两种类型，有的截止阀内置过流阀，当意外事故发生、大量 LPG 泄漏时，可自行关闭。

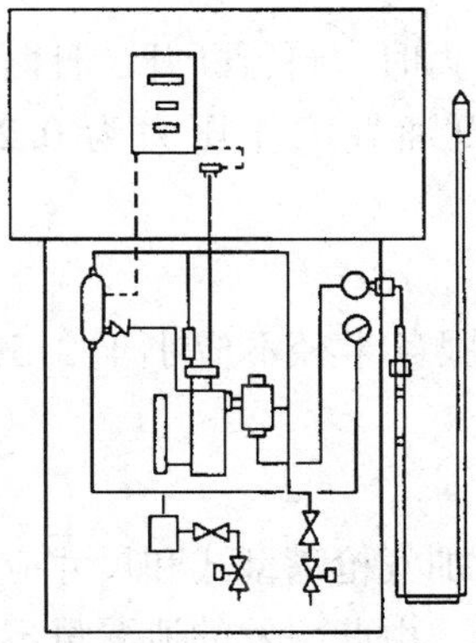
图 6-5-5 加气机组成示意图

2. 过滤器

防止杂质进入加气机，保护气质清洁，保护加气机。面积为 400cm^2，每平方厘米 1166 千目。过滤器应能阻止粒度大于 0.2mm 的固体杂质通过。过滤器网眼的流通面积必须大于管道截面积 5 倍以上。

3. 气液分离器

有两种型式，一种是浮子式，另一种是比例常开式。容积一般为 2L，双枪及多枪加气机应加大容积，至少不应小于 3L，其作用是消除液体汽化气泡，避免气液混量造成的计量不准，保证计量精度。

4. 单向阀

只允许气液分离后的液体正向通过。

5. 压力表

显示液相管道压力，其作用可判断系统工作是否正常，一般压力在 1~2MPa 范围内。

6. 流量计

双作用缸或四作用缸，缸循环容积为 1000cm^3，精度应满足±0.5%，精度偏差可通过汽缸顶部位调节螺钉进行校正。

7. 安全阀

应具有压力调节功能，回流阀的控制压力应同充装泵出口的回流阀的控制压力匹配，一般应低于充装泵最高压力 0.15~0.20MPa，加气机系统管路内超过其最大设计压力（一般 2.4MPa）时安全阀开启，释放超出的压力以保证安全。

8. 脉冲发生器

将计量器的机械转数转换成电脉冲数发送至电脑计数。将代表容积的机械转动数转换成电脉冲数代表计量容积，表示流量。

9. 电脑

显示单价、体积、质量及相关数据。一般用升（L）为单位显示加气计量，最小分度值为 0.1L。它装有两个无法清零的累加器，一个用于体积累加，另一个用于对应量的累加。电脑经温度补偿可将体积自动换算成相关温度为 15℃时的质量，计算出体积和相关密度的修正值。修正值取决于液体的温度和膨胀系数，LPG 膨胀系数是很高的，每 1℃达 0.3%。该系统设有不间断电源，断电 100h 后应仍能显示数据，并不丢失内存数据。

10. 压差阀

作用是保持流量计液相压力远远大于 LPG 蒸气压力，避免 LPG 汽化。当差压值小于设定值，加气作业会出现汽化现象，该阀会关闭，停止 LPG 的输送。

11. 观察孔

直接观察液体的流动状况及有无杂质。

12. 挠性支架

设在加气机顶部。其呈 45°角时，使用 1000 次不发生脆裂。作用是使加气管在一个弹性范围，避免受到外力拖拽。

13. 拉断阀

亦称防撞阀，连接在加气机和加气枪的胶管中段，当其受到外力时，自行断开，且两端自行密封。由此引发的泄漏量不大于 50mL。加气胶管内液化石油气工作压力为 0.2~0.8MPa，拉断阀的分离拉力不应大于 400N。

14. 加气胶管

双层通道，内液外气，双通路，承压不应小于 9.6MPa，有效服务半径不应小于 2.5m，胶管长度不应大于 5.0m。

15. 加气枪

用于与汽车液化气储气瓶联接，有螺纹、卡套两种连接方式。加气枪嘴型式和尺寸应与液化气钢瓶瓶口相匹配，加气嘴应配置自封阀，断开后应自行关闭，由此引发的泄漏量不大于 5mL。

16. 校准口

位于加气机气相回流管处，用于调校加气机精度或加气系统安装试车用。

17. 截止阀

装于校装准之后，其内有小型过流阀，作用是关闭气相管路，用于管路或加气机设备检修。

18. 进液口、球阀

作用是控制加气机进液状态，当加气机检修时可关闭，以保证安全，实施在线维修。

五、加气机的主要技术参数

1. 设计压力

2.4MPa。

2. 加气速度

① 额定压差下的单枪加气速度不应小于 30L/min，双枪加气速度不应小于 50L/min。

② 最小工作压差为 0.2MPa 的单枪加气速度不宜小于 15L/min，双枪加气速度不宜小于 25L/min。

③ 在最大工作压差为 0.8MPa 时的单枪加气速度不应大于 60L/min。

④ 最小流速不宜低于 0.5m/s，最大流速不宜大于 3.5m/s。

⑤ 额定流量是在一定条件下加气速度的流量反映，随不同机型有不同范围，一般在 40~45L 为宜。

3. 计量精度

容积活塞式计量器应设有可调节精度的调速螺钉，调节范围 0.05%~0.1%。

4. 计量显示

① 加气量一般以升(L)或公斤(kg)显示，最小分度值为 0.1L 或 0.1kg。

② 加气机可以金额显示，最小分度值应为 0.01 元。

③ 单项计量显示的范围 0~9999.99L(或 kg 或元)。

④ 累计计数范围 0~999999.99L(或 kg 或元)。

5. 流量预置

有的加气机可进行业务预置，预置可以升(或公斤或元)为单位进行流量预置。预置范围为 1~9999 之间。加气量达到定值或车辆储气瓶加满后自动停止加气。

6. 密度设置范围

电脑加气机可进行密度预置，其范围在0.5~0.9999之间，容积式计量器通常以升(L)为单位，没有密度预置功能。

7. 液体温度范围

加气机应在-30~50℃范围内工作。

8. 过滤精度

应能避免0.2mm固体杂质通过。

9. 噪声

应小于45dB。

10. 电磁阀

高排量加气机的电磁阀直径一般是20mm，低排量加气机一般是10mm。

11. 加气软管

管长一般为4~5m。

12. 拉断阀

拉力大于400N自动分离。

13. 电源

电脑电源220VAC(10%~15%)20~50W，照明应适用于(220±22)V，40W。

14. 防爆形式

隔爆或本安混合型。

15. 重量

单枪约150kg，双枪为250kg。

16. 有效文件

生产企业应有计量器具生产制造许可证，产品应具有防爆检验合格证，产品应具有产品质检合格证书。

六、常见PLG加气机简介

1. 美国清洁燃料公司(CFT)最新推出的Advantage系列、Legacy系列和Performe系列加气机，电脑部分采用GILBARCO公司原加油机上的先进技术，液压系统保持了CFT公司的原有技术优势。

(1) 基本功能

① 两套电子脉冲系计量系统分别精确地计量每支加气枪的加注量、单价和总价。

② 具有蒸汽消除系统和压差阀。

③ 具有电子自动温度补偿装置。

④ 具有电子校准计量系统。

⑤ 输出软管上安装有紧急切断装置。

⑥ 加气量和金额，可以预先设定。Advantage系列加气机可以预留IC卡/磁卡接口，为今后实现自助售气和加气站联锁管理提供技术支持。

(2) 技术参数

① 流量：13~68L/min

② 流量计精度：±0.125%

③ 适应温度：-40~52℃

④ 最大工作压力：2400kPa

⑤ 电源：220V，50Hz

⑥ 接口尺寸：液相输入管径(19 mm)

　　　　　　气相输出管径(19 mm)

⑦ 加气枪口径：1-3/4ACME 快接螺纹

⑧ 加气枪拆装泄量：小于 1.9cc

(3) 液化气加气枪

① 结构如图 6-5-6 所示。

② 特性：

a. 不会向空气中泄露，只有与加注接头连接后才能出气。脱开时枪嘴自动关闭。

b. LG5SL 板柄磨损小，保证加气枪长期使用后不影响流量。板柄活动灵巧，不需施加很大力就可操纵加气枪。

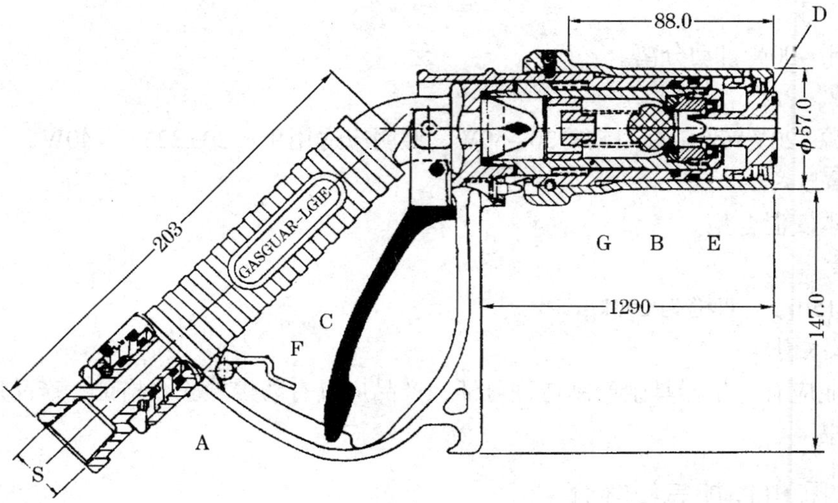

图 6-5-6　加气枪结构示意图

A—枪体组件；B—阀体组件；C—板柄组件；D—枪口组件；
E—枪口螺纹接头；F—板柄卡件；G—过滤器

c. 当加气结束，卸下加气枪时枪口处的泄漏量非常小。

d. 重量轻，枪体平衡，易于操作。

e. 与软管的接口尺寸为 15mm(1/2″)或 20mm(3/4″)NPT 内螺纹。

f. 可以提供使板柄处于“开”位的卡件。

g. 独特的塑料“O”形圈，牢固地放置在枪嘴处，与加注阀密封紧密，即使连接器垫片脱落，也不会影响密封效果。

h. 枪内安置了细密的过滤器，防止阀座受到液化气中杂质的影响。

③ 技术规格：

a. 枪口螺母耦合件　1-3/4″ACME(美标)快速接口。

b. 入口螺纹 15mm(1/2″)或 20mm(3/4″)NPT。

c. 净重　　　　　　2.1kg

d. 最大工作压力　　2400kPa
e. 枪口拆装泄量　　1.9cc
f. 密封材料-阀座　　　　　　　耐低温腈
　　枪嘴和"U"形密封　　　　　聚氨酯
　　　　"O"形密封　　　　　　耐低温腈

2. 其他国内外加气机

应用较多的型号有：澳大利亚俊(Batchen)加气机、意大利新比隆加气机。目前，加气机国产设备已较成熟。国内外主要液化石油气加气机性能比较见表6-5-1。

表6-5-1　国内外主要液化石油气加气机性能一览表

制造国	功能							性能价格比	国内实用情况
	机室恒温装置	预设单价体积金额	多级泄流保护	机泵连锁控制	通讯接口	计算机自检	流量计特点		
意大利	有	有	3	有	有	有	活塞式	较好	较多
澳大利亚	有	有	2	无	无	无	活塞式	一般	较多
中国	有	有	2	有	有	无	活塞式	较好	较多

第六节　压缩天然气加气机

用于压缩天然气加气站给车辆充气并进行计量的设备称为压缩天然气(CNG)加气机。从外观看加气机与加油机类似，但二者对所流过介质的计量原理不同，其他诸如计费、打印、税控、插卡结算、数据查询等功能及原理是相同的。

一、系统组成

压缩天然气(CNG)加气机的具体结构形式与地面瓶组的设置方式及加气站类型有关，在加气站技术发展的不同阶段其设计思想和方法也不一样。目前的加气站一般采用地面设置高、中、低三组储气瓶的工作方式，使用的加气机系统基本构成如图6-6-1所示。加气机有三根进气管，分别与地面上的高、中、低压储气瓶相连，故称为三线进气加气机。加气机系统的核心部件是流量计量装置，附属部分包括电磁阀组、加气机枪、电脑控制仪等。电脑控制仪的作用是根据实际工作情况控制电磁阀组的启闭，以尽快完成对车辆的充气，同时决定充气结束时车辆气瓶内的压力，通过其设置面板可以设定加气机的运行参数，如天然气的标准密度，每立方米气的单价等。同时控制仪也将加气机的气量、单价等实时工作参数送至显示板，直观、动态地显示给用户。压力变送器的作用是采集车辆气瓶内的压力，以作为电脑控制仪的决策参数之一。如果加气机上安装了压力表，还可同时显示充气压力。充气压力也可由电脑控制仪直接显示在显示板上。

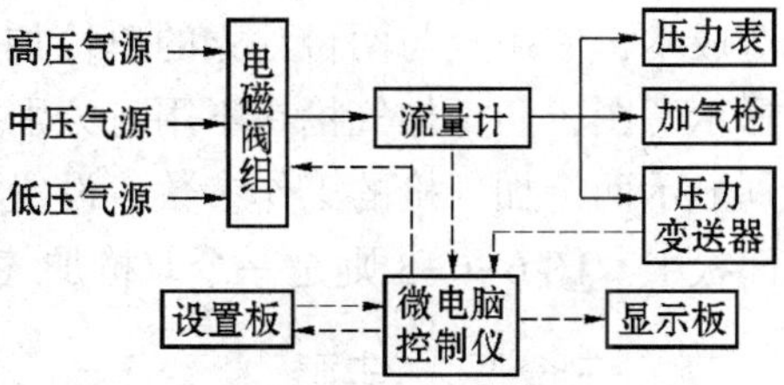

图6-6-1　三线进气加气机系统构成

车辆来加气时，将加气枪与车辆气瓶相连，压力变送器首先感受车辆气瓶内的压力并将这一压力信号传给电脑控制仪进行运算，以决定先从地面上的哪一组气瓶取气。如果车辆气瓶压力较低，电脑控制仪首先开启低压进气管线上的电磁阀，由地面瓶组中的低压气瓶为车辆充气。随着车辆气瓶压力的升高和地面低压瓶组压力的下降，充气速度逐渐减慢，当充气速度慢到一定程度时，电脑控制仪便切断低压进气管线电磁阀，同时打开中压进气管线电磁阀，使用地面中压瓶组为车辆充气。当中压瓶组的充气速度又降低到一定程度，而此时车辆气瓶还未充至设定压力时，则电脑控制仪关闭中压进气管线电磁阀，同时打开高压进气管线电磁阀，使用地面高压瓶组再给车辆气瓶充气，以达到设定的充气压力。然后高压进气管线电磁阀自动关闭，加气过程结束。操作者也可在加气机自动关闭之前的任何时候关断加气枪上的手动开关而停止加气。显然，因加气车辆气瓶的初始压力不同，不一定每次加气都是由地面瓶组按低、中、高压的顺序依次为车辆充气，如果车辆气瓶的初始压力较高，可以一开始就直接由中压气瓶甚至是高压气瓶为其充气。此外，如果某一时刻恰好地面瓶组的低压或中压或高压气瓶的压力偏低，也可能出现这种直接开启较高压力瓶组的情况。

加气机给车辆充气是靠地面瓶组与车辆气瓶之间的压差进行的。理论上讲，应该是当低压管线的流量为零，即地面低压瓶组与车辆气瓶压力平衡后再切换至中压瓶组，当中压瓶组与车辆气瓶压力平衡后再切换至高压瓶组，这样可最大限度地提高地面瓶组的容积利用率。但这样做延长了车辆充气时间，因为在地面瓶组与车辆气瓶压力接近时，充气速度变得很慢。所以为节省充气时间，当某一组气瓶的充气速度降到一定值时，电脑控制仪便将加气枪切换到高一级压力的瓶组，以保证充气速度。这一切换速度一般设置为50g/s，当然，也可通过电脑控制仪设置板来调高或调低这一参数，相应充气总时间会缩短或延长，地面瓶组的容积利用率则会降低或增大。

不同厂家生产的加气机，除具有上述最基本的加气和计量功能外，还设置了其他一些外围设备和附加功能以方便用户。比如在加气机面板上设置指示灯，显示当前给车辆充气的地面瓶组类型；在流量计的进气管线上设置过滤器以保护流量计；在加气机上设置远传通讯接口，以便外接计算机进行远程监控和集中管理；设置超载保护功能、定压力切断气源功能、掉电显示功能、IC 卡结算功能、手动控制功能、账单打印功能、定量售气功能、数据查询功能、税控接口功能等。实际上这些功能绝大多数都移植于加油机。

加气机的每个加气枪对应于图 6-6-1 的一套系统，只有一个加气枪的加气机称为单枪加气机。也有些加气机有两个加气枪，但实际上每个加气枪仍独立对应一套电磁阀组、显示板、压力变送器等，最多只是如电脑控制仪、设置板、外壳等少部分设备可以共用，以降低制造成本，使用上与两台独立的单枪加气机没有什么差别。图 6-6-2 是一个双枪加气机的外形示意图，两个加气枪在不用时分别挂在加气机两侧板上，面板上有两套独立的显示板以分别显示两个加气枪的工作参数，设置板、工作指示灯、压力表、紧急开关等一般设在机器侧面板上。图 6-6-3 则是一个双枪加气机的实物图片。

二、安全保护装置

压缩天然气加气站属于危险工作场所，所以对其使用的所有设备都有很高的安全要求，加气机也不例外，如防雷、防静电等。此外，加气机最重要的安全装置及功能主要有两项，一是防止软管被拉断时造成事故的装置；二是防止气瓶因温度变化而引起瓶内压力超限造成事故的装置。

1. 紧急拉断阀

加气机的加气枪是通过一根软管与加气机内部的流量计连接在一起的，如果在加气还没有完成时车辆意外开动，就有可能将加气枪连接软管拉断，或由软管进一步将加气机拉倒，进而拉断气体管线，造成危险事故和设备损坏。为防止这种情况的发生，在连接软管上设有一个在较大外力下能够自动脱开并关闭管道口的装置，称为拉断阀。拉断阀在被拉开后，重新连接之前，需要由专门人员进行检修方可重新使用。尽管理论上讲紧急拉断装置能够避免这类事故的发生，但首先还应从其他安全措施着手，以杜绝这类事故，如避免软管缠绕加气机、加强司机的安全意识等。

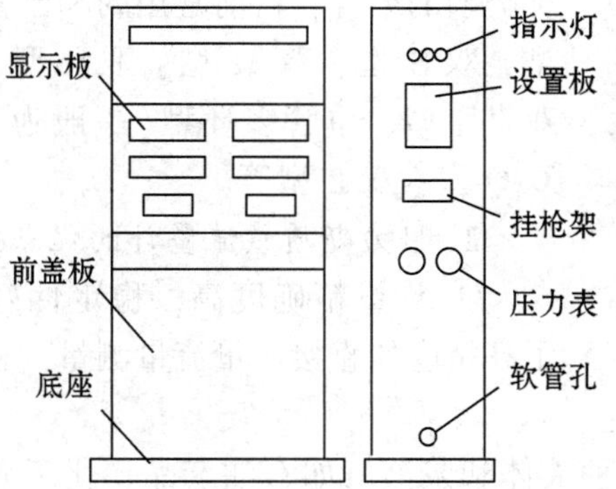

图 6-6-2　双枪加气机外形示意图

图 6-6-3　双枪加气机

2. 压力-温度补偿系统

众所周知，液体的体积随温度的变化极小，但一定压力的气体的体积随温度的变化却很大，一定容积的封闭空间内的气体压力会随温度的升高而上升。比如，某个车辆的气瓶在-40℃的寒冷天气中被充装到 20.8MPa，这符合车载瓶的压力要求。但如果充气完毕后，该车辆立即进入一间温度为 21℃的室内车库，那么气瓶内的压力就会在温度升高后上升到 30.5MPa，这已经超过了多数气瓶的设计压力，存在一定危险。所以加气机必须能够根据环境温度自动调整充气结束时的压力，防止充气过度，因而这套系统也称为防过充系统。

三、计量装置

1. 科力斯质量流量计的结构和类型

压缩天然气加气机的核心装置，是如图 6-6-4 所示的流量计。压缩天然气加气机一般使用科力斯(Coriolis)质量流量计，亦称科里奥利质量流量计，这种流量计实际上直接测得的是质量流量。我们在显示板上所见到的，以及我们所使用的计量单位均为体积流量，这实际上是通过一定的公式计算出来的。这一计算过程难免带来误差，所以国外的压缩天然气加气机直接用质量流量进行计量，这就更为合理。图 6-6-4 是一种科式质量流量计的外形结构图，其外形也可做成其他许多种形状。

科力斯质量流量计简称 CMF，是利用流体在振动管中流动时能产生与流体质量流量成正比的科里奥利力原理制成的一种直接式质量流量仪表。

这种质量流量计已有多种形式。根据检测管的形状来分，有直管型、弯管型、单管型、多管型(一般为双管型)四类。弯管型仪表管道刚度小，自振频率也低，可以采用较厚的管壁，仪表耐磨、耐腐蚀性能较好，但易存积气体和残渣引起附加误差；直管型仪表不易存积气体，流量传感器尺寸小，重量轻，但自振频率高，为使自振频率不至于太高，往往管壁做

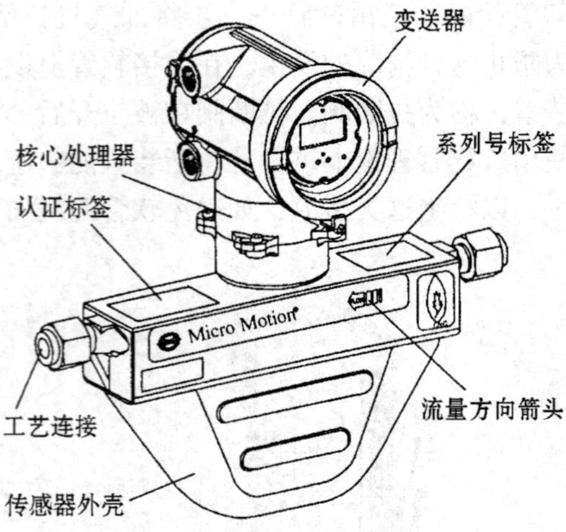

图 6-6-4　一种科力斯质量流量计外形

得较薄，易受磨损和腐蚀；单管型仪表不分流，测量管中流量处处相等，对稳定零点有好处，也便于清洗，但易受外界振动的干扰，仅见于早期的产品和一些小口径仪表；双管型仪表由于实现了两管相位差的测量，可降低外界振动干扰的影响。通常检测管形状总是上述几种类型的结合，目前常用的和已开发的有双 U 型、双 S 型、双 Ω 型、双环型、单直管型、双直管型、单管多环型(一般为双环)、单管双 Q 型、双 B 型等。

2. 科力斯质量流量计的优点

① 计量精确度高，稳定性好，真正实现了高精度的直接质量流量测量，且不受被测介质物理参数的影响；

② 对介质的适应性较广，可以测量多种液体和浆液，如石油产品、化工介质、食品介质、带纤维液体及高黏浆液等；

③ 不受管内介质流动状态的影响，无论是层流还是湍流都不影响测量精度，对上游侧的流速分布不敏感，在流量计前后不必设置很长的直管段，为工业应用在安装上提供了更多的方便；

④ 检测管内无可动部件，也无阻碍流体流动的部件，从而使得流量计更便于维护和清洗，使用寿命更长；

⑤ 测量范围大，多数流量计的流量范围在(10∶1)~(50∶1)之间，有些则高达 100∶1；

⑥ 可进行多参数测量，在测量质量流量的同时，还可同时测得介质密度、体积流量、温度等参数。

3. 科力斯质量流量计的缺点

① 不能用于测量密度太低的流体介质，如低压气体，当液体中含气量超过某一值时也会显著影响测量值；

② 对外界振动干扰较敏感，为防止管道振动的影响，大多数 CMF 的流量传感器对安装固定有较高要求；

③ 不能用于大管径流量测量，目前大致局限于 *DN*150~*DN*200mm 以下；

④ 测量管内壁磨损腐蚀或沉积结垢会影响测量精度，尤其对薄壁测量管的 CMF 更为显著；

⑤ 大部分型号的 CMF 有较大的体积和重量，压力损失也较大；

⑥ 价格较高，约为同口径电磁流量计的 2~5 倍或更高。

为了使科力斯质量流量计能正常、安全和高性能地工作，正确安装和使用是非常重要的。流量传感器应安装在坚固的基础上；多台流量计串联或并联使用时，各流量传感器之间的距离应足够远，管卡和支撑物应分别设置在各自独立的基础上。要保证使用时流量传感器内不会存积气体或液体残渣。连接传感器和工艺管道时，一定要做到无应力安装。

四、其他形式加气机

除前述的三储气瓶三线进气加气机外，在加气机发展的不同阶段，在不同类型的压缩天然气加气站还有其他形式的加气机。

早期的三储气瓶系统曾使用单线进气加气机，所谓单线进气加气机就是将图 6-6-1 所示的三线进气加气机系统中的“电磁阀组”部分移到加气机外部，从而只有一根管线进入加气机。从加气机移出的“电磁阀组”被制作成一个单独的硬件，置于地面瓶组附近，称为顺序控制盘，专门用于切换加气机的进气来源。顺序控制盘一般与压缩机出口用于向地面各瓶组分配气体的优先盘阀组做成一体，称为优先/顺序控制盘。当然，顺序控制盘的阀组切换信号仍来源于管线中的流量，如果流量信号是从流量计获得，就需要从加气机引信号电缆到顺序控制盘，显得有点麻烦。早期的单线进气加气机顺序控制盘的切换信号实际上并不是来源于流量计，而是来源于管线内的压力，认为当管线压力达到一定值后便应该切换，显然这没有顾及车辆气瓶和地面瓶组的实际压力的动态变化特性，不尽合理。因此，目前三储气瓶系统倾向于采用三线进气加气机。

对于只设置一组地面储气瓶的加气子站，或采用液压式加气子站由槽车直接为车辆灌装，气瓶不分组，其使用的加气机根本就无需进气切换阀组和顺序控制盘，只为单线进气，比三线加气机简单得多。

加气母站给槽车充气和槽车给加气子站卸气都需要计量，这种计量装置也可认为是加气机，与普通加气机的原理是一样的，只是不需要切换阀组，其功能和结构更为简单。

五、加气机的安装

1. 安装前的准备工作

加气机安装前应进行充分细致的准备工作，特别是已投入运营的加气站在进行加气机更换安装时，更应重视安全防范工作的检查。

① 应特别注意确保 15m 范围内没有明火源存在；

② 安装区域应采取措施，如用警戒绳或隔板与公共场所分开，避免外部人员通过；

③ 应由有经验的技术人员进行安装指导，新手不可单独工作，有条件时请加气机制造厂人员共同工作；

④ 供电的电控箱开关应挂上警示牌，防止他人误操作；

⑤ 备齐需用工具、耗材，如垫片、密封胶等。

2. 安装前的检查清理

① 拆箱检验。检查加气机有无碰伤，合格证、产品说明书、随机配件是否齐全，并应妥善保管，存入工程设备安装技术档案；

② 工艺管道是否清洁，有无污物，管线接口法兰规格、标高、位置是否同加气机产品说明书相一致；

③ 清除加气机入口处临时保护片，保证其通畅。

3. 安装工作的实施

① 加气机地脚螺栓应牢固，事先预埋，不宜用膨胀螺栓进行设备固定。加气机地脚螺栓应用双螺母锁紧，防止其松动，以避免加气机震动，减少噪声。设备基础应是混凝土材料，不可用砖砌抹灰方式。

② 加气机安装应水平垂直。水平两端点可用水平尺测量，水平高差不宜大于3mm；加气机垂直误差(垂线上下偏差)不宜大于5mm。

③ 加气机液相和气相口同工艺管道液相和气相口应平行，中线对正，平行度不宜大于1mm，中线垂直度不宜大于2mm。如果尺寸偏差较大，则法兰连接易泄漏，不利于安全。

④ 管道试压可用肥皂水或发泡剂，仔细检漏。每一次修理或调整后均刷肥皂水检漏，不允许有任何泄漏。

⑤ 加气机下端机坑内液相和气相管线应用铁制管道支架固定紧，中间加装橡胶片，防止长时间振动造成螺栓松动，管线产生共振。加气机液相管应装过流阀。加气机下部地下空间不宜大于$0.1m^3$，如大于$0.1m^3$，则应用粗沙填装。

⑥ 单枪加气机安装时应将加气枪位置安装于便于加气工操作的方向，顺向车行道。

⑦ 加气机安装位置同罩棚柱子应保持间距，以方便人员通过，其净距离不宜小于80cm。加气机上端应设有防雨罩棚，防雨防晒。

⑧ 同一加气岛上两台加气机距离不应小于4m，根据加气车型确定合理位置。

⑨ 系统试压时，加气机与管道间应隔开，不可串接试压，以防杂物进入加气机。

⑩ 加气机拉断阀应注意其是否在正常位置，如不在正常位置，可手动复位。

⑪ 加气机电器安装必须由有资格且有经验的电工进行，作业时不应少于2人。

⑫ 电气接线作业前，应熟悉产品说明书中关于接线的要求，并检查设备接线柱所接位置、方式与说明书是否一致。

⑬ 电气接线作业应在加气机无液状态下进行。接线后应用仪表进行测试，判断正确与否。

⑭ 电气接线后应将接线盒密封好，穿线管与接线盒处应用密封胶封堵，防止液化气随穿线管空隙窜入营业室配电盘。

⑮ 所有电气接线作业应有人进行复检，确保接线正确。加气机设备的接地保护线，务必接牢可靠。

4. 试车

① 试车前应再次复检管道安装、电气接线、设备细节部位，确认无误后，才能进行试车。

② 试车前必须确认周围确实没有易燃易爆因素，试车必须在绝对安全状态下进行。若给汽车加气，应先确认发动机是否熄火，然后再进行加气。

③ 加气机试车的前提是充装泵试车工作先行完成。

④ 加气机无负荷试车合格后，应带液进行下列各项试车：

a. 自由加气，将加气枪接至校装回流口打循环，排净管道口内空气，运行10min；

b. 急停止加气，看其能否快速关闭；

c. 预置数量加气，以升(L)为单位预置数量，检验其能否到值自动停机；

d. 设定金额加气，以元为单位预置数量，检验其能否到值自动停止加气；

e. 设置重量加气，以公斤(kg)为单位预置数量，检验其能否到值自动停上加气；

f. 功能键加气，各项功能键加气工作是否准确；

g. 整数定值加气，以升、公斤、元的整数单位数量加气，看其动作准确性。

5. 精度调试

加气机属计量设备，安装后应请当地技术计量监督部门检查确认，确认后方可投入使用。

计量方法通常有 3 种：一种方法是用标准容器进行计量检查；另一种方法是用高精度流量计串接检验；第三种方法是自身检验，通过理论计算来判断。下面重点介绍第三种方法。

计算法精度计量的步骤是：

① 测量取样气体相对质量密度和温度；

② 查表，换算出相对质量密度 F；

③ 测量并记录空容器的质量 C；

④ 用被测的加气机向容器内注入一定数量天然气、石油气，显示器上显示的加气量为 E；

⑤ 测量加气后容器的质量 B；

⑥ 计算出加气量和加气机的计量误差，即

$$实际加气量\ A=B-C$$

$$理论加气量\ D=E\times F$$

$$加气误差=(A-D)\times 100$$

⑦ 根据计算出的计量误差判断其是否合格，如不合格，可调整计量调校装置，直至达到标准为止。

不同类型的流量计，其误差调整方法不同。具体调校方法详见产品说明书。

第七节　液化石油气卸车泵和充装泵

一、液化石油气卸车泵

卸车作业是加气站的一项经常性的作业。用于进行液化石油气卸车作业的专用设备称为卸车泵。卸车泵的作用是将运输液化石油气罐车中的液化石油气抽出并加压，安全、平稳地充注于 LPG 储罐内。当液化石油气罐车自带泵，并且加气站仅有一个储罐时，可不设卸车泵。若液化石油气罐车不带泵，或加气站内设有不止一个储气罐时，有倒罐作业需求时，应设卸车泵。该泵既可用于卸车作业，又可用于倒罐作业，同时可兼及装液化石油气罐车作业。

加气站卸车有 3 种方式：液化石油气罐车带泵，以站内电源供电；地面泵(液化石油气滑片式刮板泵)和液化石油气压缩机。在此仅对滑片式刮板卸车泵作简要介绍。

1. 作用

加气站卸车多用滑片式刮板转子泵，该设备主要用于输送液化石油气或性质类似的其他挥发性液体及石油产品。最适合于地上罐的液化气瓶的灌装以及加气站卸车和倒罐用。

2. 结构

该泵主要由泵体、内套、轴、转子、侧板、端盖、轴承座、销孔、水量、机械密封和安全阀组成。

该泵具有较多的滑动摩擦面，如滑片与转子槽、滑片与内套、转子与侧板、滑片与侧板等。为保证泵有较高的容积效率，要求转轴或滑板摩擦副套件表面之间间隙很小，因此对有关零件的制造精度要求较高，故装配、拆修需要格外小心。

该类泵机械密封系多重平面型，由托盘、定位套、密封圈、外套等组合而成的静环与硬合金制成的动环，以酚醛树脂制环组成，机械密封性能可靠，使用寿命长。

3. 工作原理

该泵的转子为圆柱形，具有径向槽道，槽道中安放滑片，滑片数一般为4~10片，滑片能在槽道中自由滑动。泵转子在泵壳内偏心安装，转子表面与泵壳内表面构成一个月牙形空间。转子旋转时，滑片依靠离心力或弹簧力(弹簧放在槽底)的作用紧贴在泵内腔。在转子的前半转时，相邻两滑片所包围的空间逐渐增大，形成真空，吸入液体；而在转子的后半转时，此空间逐渐减少，就将液体挤压到排出管。为保护管路系统，保证泵正常运转和延长使用寿命，此类泵设有安全阀。当出口管路系统压力超出安全阀已调好的额定压力时，内置式安全阀可自动打开，使液体在泵内循环，起到保护管路系统安全的作用，使泵能正常转动，延长使用寿命。

4. 技术参数

加气站所用卸车泵应注意下列基本参数。

(1) 流量

不宜小于10~15m^3/h。过小，卸车速度慢，作业时间长；过快不利于安全。

(2) 出口管径匹配

泵的流量及出口管径应与工艺管径匹配，保证液化石油气以稳定的安全流速输送，口径一般以50mm为宜，不宜过大。

(3) 额定工作压差

一般在0.35~0.5MPa。

(4) 最大允许压差

一般在0.5~0.7MPa。

(5) 额定功率

一般5.5~7.5kW。

(6) 密封方式

应有可靠密封措施，通常应至少两道密封，不能用橡胶“O”形圈密封。

二、充装泵

1. 定义

所谓充装泵，泛指LPG加气站工艺系统中用于将储罐内车用液化石油气提升、增压并输送至加气机，通过加气机注入汽车储气瓶内的加气站最关键的泵类设备，是与加气机最重要的关联设备，可以比喻为加气站的“心脏”。

2. 作用

液化石油气具有气液二相性质。常温常压下呈气态，一定压力或低温条件下呈液态。LPG加气站是以液态向汽车储气瓶加压充装的。充装泵的作用一是增压，保证泵出口的液化石油气在压力条件下为液体；二是输送，将被液化的石油气送到加气机；三是给加气机工作提供动能，加气机在此压力推动下进行工作。充装泵与加气机配套联动，构成加气作业的工艺系统，完成给汽车加注液化石油气的任务。

3. 工作特点

由于加气机输送的是低黏度、易汽化、易温升的介质，加之频繁启动的间断工作状态，以及小排量中压和密闭的运行方式，所以要求充装泵能承受一定压力，耐液化石油气中有害成分腐蚀，耐气蚀，不气阻，可靠性高，维修性好。

4. 分类

充装泵有多种，大致可分为3类：一类是国内外应用较普遍的潜液式充装泵，又分离心式和涡轮式两种；二类是地面涡轮泵或螺杆泵；三类是压缩机性质的充装泵。按泵的运行工况及结构又可分为多级离心泵、涡轮泵、屏蔽泵、滑片泵、双螺杆泵等多种。前3种属于叶片泵，而后两种均属于容积泵。

5. 几种主要充装泵介绍

(1) 潜液式充装泵

该泵的最大特点是其竖向垂直安装于加气站液化石油气储罐中。泵入口在储罐底部，距罐底70~120mm，且正压吸入，有效防止液化石油气气蚀现象发生，保证液化石油气是在液态下工作，泵的运行相当可靠。尤其适用于地下储罐布置方式，节约土地，有效解决了液化石油气气蚀对泵工作的影响，技术比较成熟，国外广为使用。

潜液泵依据工作原理和结构的区别，有离心式和涡轮式两种类型。离心式潜液泵采用竖向多级离心机原理，在潜水泵和潜油泵的基础上发展设计而成。

一般离心泵启动前泵内应灌满液体。当电机带动泵轴和叶轮运转时，腔内液体一方面随着叶轮作圆周运动，同时在离心力作用下自叶轮中心向外缘抛出，从而获得压力能和速度能。当液体流经泵壳环道排液口到下级时，部分速度能转变为静压能。在液体自叶轮抛出时，叶轮中心部分造成低压，而形成一定的相对负压，于是液体不断地被吸入并逐级以一定的压力递增排出，从而达到所需要的排出压力与流量。潜液式充装泵置于储罐液化石油气中，且正压吸入，保证泵腔始终充满液体。

离心式潜液泵是电机与泵为一体的紧凑结构设计，体积相对较小，重量轻，便于安装，维护方便。它的电机功率小(2.2kW)，耗电量省，节约运营成本，运行平稳，噪声低，与其他类别潜液泵比较，价格便宜，经济性能好，因其综合优势明显，所以在国内外加气站大量使用。

(2) 多级离心式潜液泵

本书以美国制造REDJACKET牌(红茄克)潜液泵为例给予介绍。

① 工作原理。该泵利用潜油泵的成熟技术，依据流体力学原理，针对液化石油气液态特性，设计出非常合理的转动叶轮，通过电机轴带动长轴由其推动叶轮与液化石油气作相对运动，在离心力作用下将液化石油气逐级增压，达到提升、增压、输送的目的。

② 构造。红茄克潜液泵由电机、叶轮、泵头、支架和轴承等部件组成。

a. 电机。潜液泵工作动力装置，作用是通电后驱使轴杆带动叶轮转动。电机具有良好的防爆安全性，功率在2.2~3.7kW，电机线圈应采用耐液化石油气腐蚀，且性能稳定的专用材料，长期在压力环境下不破坏，绝缘性能不降低，这是潜液泵的关键技术之一。

电机转动会使温度升高，如何有效降温是潜液泵工作寿命长短的技术关键。潜液泵电机采用液化石油气表面循环流动的方式消除温升，流动的液化石油气通过足够的面积进行降温散热。电机线圈的绝缘材料、电机工作的可靠性、电机温升的巧妙消除及合理的结构设计、精密的加工配合是潜液泵制造技术的关键。

潜液泵电机功率因泵的型号不同，有所差别。21级叶片潜液泵是2.2kW，最大工作电流是5.9A；24级叶片潜液泵功率是2.9kW，最大工作电流是6.2A。电压可根据情况选择220V或380V。

电机与外部电源线的接线穿管的密封应格外小心，必须是有效密封，不得有微小的渗泄，否则将带来安全隐患。

b. 叶轮由轻质非金属复合材料制造，耐液化石油气腐蚀。其形状依流体力学优化设计，且材质非常轻，功率损失非常小。转动时，叶轮上浮因而转动阻力小，摩擦热被流动的液化石油气吸收。每一级叶片可增加压力约 0.04MPa，叶轮间逐级递增，达到设计要求。其对液化石油气的流向要求十分严格，严禁任何原因造成的液体反向流动。另外，对液化石油气的杂质含量要求较严格，许多潜液泵损坏的原因多是杂质超标，造成叶片轴严重阻塞，效率下降，无法升压而报废。

c. 轴承及支架由硬化处理过的金属材料制造，泵的润滑冷却靠输送的介质流经冷却系统冷却，无需其他降温材料润滑。但不允许固体杂质进入，杂质超标将会加大其磨损，会使使用寿命大大缩短。

d. 泵头由球墨铸铁机加工制成，泵外部为不锈钢板整体成型，除叶轮外，其他部件无需修复，一次性使用。

③ 技术参数。根据升压需要，潜液泵有 19 级、21 级和 24 级三种规格。叶片越多，增压效果越好；压力越高，流量越大。潜液泵的选型并非压力越高，排量越大越好，应根据工艺管道设计需要，与加气机合理匹配。图 6-7-1 是潜液泵压差流速特性曲线图。

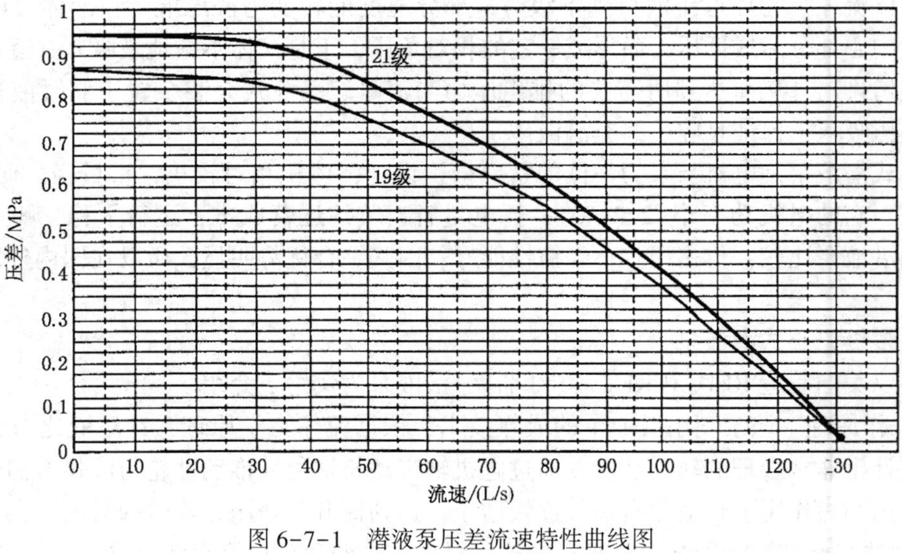

图 6-7-1　潜液泵压差流速特性曲线图

压差/MPa

（15℃；40%丙烷/60%丁烷）

（3）循环式涡轮泵

涡轮泵系由带有环形流道的泵壳及铣有一定数量叶片的涡轮组成。根据液态流体在其内的流动情况称为涡流泵或旋涡泵。工作时，通过旋转的涡轮叶片对流道内液体进行三维流动的动量交换而输送液体。一般泵内液体流动分为两部分，即叶片间的液体和流道内的液体。当涡轮旋转时，轮内的液体受到的离心力大，而流道内的液体受到的离心力小，使液体产生径向旋转运动[图 6-7-2(b)]，同时又由于液体随着涡轮转动，使液体产生周向旋转运动[图 6-7-2(a)]，这两种旋转运动合成泵内液体产生与涡轮旋向相同的“纵向旋涡”[图 6-7-2(c)]。此纵向旋涡使流道中的液体逐次返回到涡轮叶片间，再受到离心力作用，且每经过一次离心力的作用，压力(扬程)就增加一些。所以，涡轮泵具有其他叶片泵所不能达到的高扬程，无须多结构。

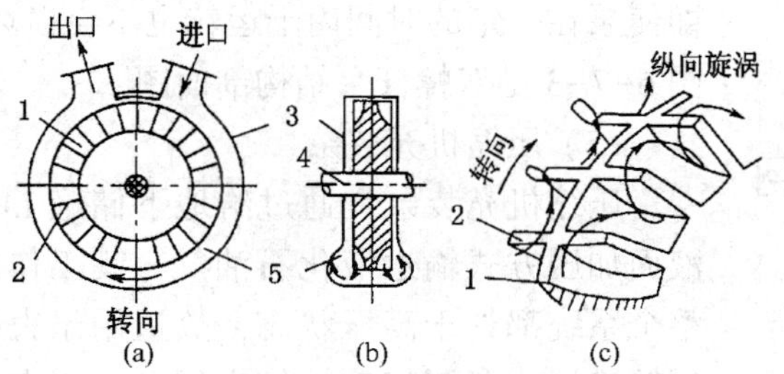

图 6-7-2　涡轮泵结构示意图

1—涡轮；2—叶片；3—泵壳；4—轴；5—流道

涡轮泵可用作地面泵，也可采用特殊结构及保护设计而用作潜液泵。虽为单级，就其流量及增压足以满足 LPG 加气站使用工况。用作地面泵时，由于自吸能力有限，通常安装于储罐人孔盖上或距罐小于 2m 距离的位置，同时要求吸液管口处设底阀，对泵入口管路设计要求苛刻。

该泵有主动式和循环式两种。两种方式均能产生压力差，克服 LPG 管道阻力，实现增压，将 LPG 输至加气机。该泵可用于地下或地面罐的高压、大流量，可供两个以上的加气机，也可用于 LPG 运输罐车的转卸或加气站灌装作业。

循环式涡轮泵的工作性能较好，能在短时间的干燥条件下工作，工作噪声低，能较好地克服蒸气的聚集。该类泵体为锻钢，可经 7.0MPa 的压力试验，所有钢管零部件都经过锡锌处理，耐 LPG 腐蚀，无火花，适宜 LPG 运营场所使用。

该泵最大流量(压力 2.9MPa)可达 130L/min，最大压力差 1.375MPa。泵的输出压力应限定在 LPG 储罐式槽车储罐的额定压力下工作。两个问题应予注意：一是输出流量不得超过太多，泵进出口之间的压力差不能太大，否则会引起超量的燃料经过管路返回流至储气罐，造成功率损失；二是管道阀开启压力调得太高，会导致管道压力升高，产生振动，管道阀的压力定值在 0.5~0.7MPa 为宜。

涡轮式增压潜液泵结构精密，功率大，排量大，效率比较高。但其泵体偏大偏重，维护不便，价格偏高。在目前我国液化石油气气质不稳定的情况下，泵体的有些材料应进行更换，预防硫对金属零部件的腐蚀。

无论是多级离心泵还是涡轮泵，用作潜液泵时，不仅采用特殊结构(即利用输送的介质进行自动润滑冷却)，还需设有专用泵腔，且在泵腔上配置液相入口球阀及过流阀，在泵腔上部设置气液平衡系统，对其控制操作可在人孔盖上进行，以便于维修，减少损失。此外，对泵运行的自动监控要求也较高。

(4) 螺杆泵

螺杆泵属于容积式转子泵，主要有螺杆、泵体、同步转动齿轮、轴承及其密封件等组成。其特点是输送介质过程中流量、压力基本无脉动，运转平稳，寿命长，效率高，适用的液体种类和黏度范围广。缺点是制造加工要求高，对介质黏度变化敏感。

螺杆泵按螺杆数量分为单螺杆、双螺杆、三螺杆、五螺杆，分别适用于输送相应介质黏度、流量、压力的场合。如单螺杆泵适用输送黏度高、非牛顿流体或含有固体颗粒的液体，流量可达 $150m^3/h$，压力可达 20MPa；双螺杆泵适用输送介质的运动黏度小于 $1500mm^2/s$，压力一般在 1.4~3MPa 的液体；三螺杆泵等适用于输送大流量高压液体。

双螺杆泵能够输送低黏度的液化石油气(介质的运动黏度小于 $1mm^2/s$)。其工作原理：主动螺杆、从动螺杆及与泵体之间形成密封腔，随着螺杆的回转运动，密封腔里的液体随密封腔一起作轴向运动，平衡而又连续地输送到泵出口处。能够气液混输，无压力脉动。尤其进口流道的特殊设计，当停泵时，泵腔内保留有足够的介质，使泵有很强的自吸能力，而且

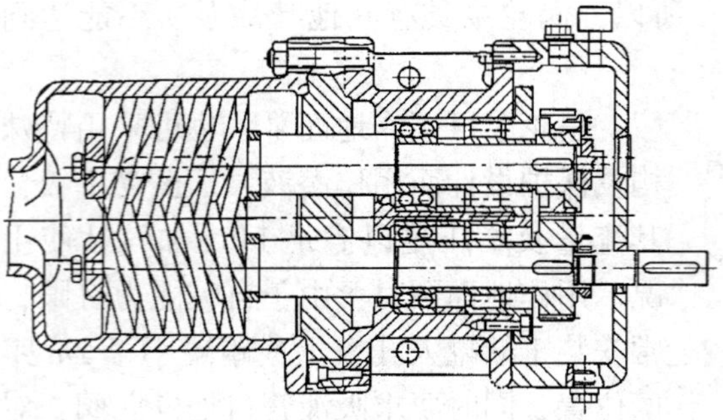

图 6-7-3 双螺杆泵结构剖面图

结构上保证了螺杆间、螺杆与泵体间无金属接触，从而达到了输送液体的高可靠性。即使泵在一定的时间内干运转也不会损坏。图 6-7-3 是双螺杆泵结构剖面图。

(5) 压缩机充装泵

压缩机充装泵是通过给地下储罐 LPG 液面加压方式输送液化石油气，其工作时整个系统都处于高压状态，故适用于大排量转输站，车用加气站较少用。其优点是压力大，无气蚀现象。缺点是体积大，耗电多，运行噪声大，不适合小排量工艺系统采用。

6. 充装泵的选型

地面泵多为容积式泵(螺杆泵和滑片泵)，目前国产泵技术已较成熟。应用较多的型号有：澳大利亚 EbsrayRB10 型地面泵、美国 Blackmer 地面泵、德国 Steling CEH/7-4106。天津瑞德专门为加气站设计的螺杆泵 2HA360-32。潜液泵多为多级离心泵，进口产品占主导地位。应用较多的型号有：澳大利亚 Ebsray RXl0 潜液泵、美国 Redjacket 潜液泵。国内外主要液化石油气充装泵性能比较见表 6-7-1。

表 6-7-1 国内外主要液化石油气充装泵性能一览表

产品型号	生产国	0.5MPa 压差下流量/(L/min)	设备安装形式	优 点	缺 点
RX10	澳大利亚	100	潜液泵(离心泵)	结构紧凑，占地面积少，噪声小	维修难度大，电机易烧坏，只能供 1 台加气机
RB10	澳大利亚	70	地面容积泵	安装维护简单	高温下不能正常工作，只能供 1 台加气机
RS300S 17-3-21	美国	80	潜液泵(离心泵)	结构紧凑，占地面积少，噪声小	维修难度大，电机易烧坏，只能供 1 台加气机
CEH/7-4106	德国	160	地面多级离心泵	安装维护简单；特殊结构(气液分离器)和系统设计，输出为液态 LPG，可供 2~3 台加气机工作	价格较高
2HA360-32	中国	150	地面双螺杆泵	安装维护简单，吸上高度大，可供 2 台加气机工作	存在气相可进入加气机

第七章　站用压缩机

压缩天然气加气站最关键、最重要的核心设备是压缩机，它的运行可靠性对整个加气站的运行起着决定性作用。压缩机若选择不当将会给加气站带来无法弥补的后患；压缩机若使用不当，亦将会给加气站运营带来重大的经济损失。下面对压缩机的基本构造、选型、使用、维护等有关问题，作简要介绍。

第一节　压缩机的类型与选型

一、分类与型号

1. 分类

压缩机是一种应用广泛的通用机械，因应用场合的不同而有很多种型式，如注复式、离心式、螺杆式、旋涡式等。天然气汽车加气站使用的大都是具有曲柄连杆的往复活塞压缩机，简称往复压缩机或活塞压缩机。活塞压缩机主要用于一些流量不太大但压力相对较高的场合，这种压缩机对运行参数改变的适应能力较强，可较好地适应加气站频繁变化的工作参数。

活塞式压缩机从不同角度区分有不同类型，见表 7-1-1。其结构示意如图 7-1-1 所示。

表 7-1-1　活塞式压缩机的分类

<table>
<tr><th>分　类</th><th colspan="2">名　称</th><th>说　明</th></tr>
<tr><td rowspan="4">接排量</td><td colspan="2">微型</td><td>排气量<1m³/min</td></tr>
<tr><td colspan="2">小型</td><td>排气量为 1~10m³/min</td></tr>
<tr><td colspan="2">中型</td><td>排气量为 10~100m³/min</td></tr>
<tr><td colspan="2">大型</td><td>排气量>100m³/min</td></tr>
<tr><td rowspan="5">按排气压力</td><td colspan="2">鼓风机</td><td>排气压力<3×10⁵Pa</td></tr>
<tr><td>低　压</td><td rowspan="4">压缩机</td><td>排气压力为(3~10)×10⁵Pa</td></tr>
<tr><td>中　压</td><td>排气压力为(10~100)×10⁵Pa</td></tr>
<tr><td>高　压</td><td>排气压力为(100~1000)×10⁵Pa</td></tr>
<tr><td>超高压</td><td>排气压力>1000×10⁵Pa</td></tr>
<tr><td rowspan="2">按压缩级数</td><td colspan="2">单级</td><td>气体经一次压缩即达排气终压</td></tr>
<tr><td colspan="2">多级</td><td>气体经多次压缩达排气终压</td></tr>
<tr><td rowspan="3">按汽缸排列方式</td><td rowspan="2">直列式</td><td>立式</td><td>汽缸中心线与地面垂直，机型代号 Z(图 7-1-1a)</td></tr>
<tr><td>卧式</td><td>汽缸中心线呈水平，且汽缸只布置在机身的单侧。机型代号 P(图 7-1-1b)</td></tr>
<tr><td colspan="2">角式</td><td>汽缸中线互成一定角度，分别以其汽缸排列的方式呈 Z、V、W 型，为其机型代号(图 7-1-1c、d、e)扇形用 S 表示(图 7-1-1f)</td></tr>
</table>

续表

分类	名称		说明
按汽缸排列方式	对置式	对动型（或对称平衡型）	汽缸水平置于机身的两侧，且相邻的曲拐相差180° 其中汽缸在电机的单侧者，机型代号为M(图7-1-1g) 汽缸在电机的两侧者，机型代号为H(图7-1-1h)
		对置型	汽缸水平置于机身的两侧，且相邻的曲拐相差非180°，机型代号DZ(图7-1-1i)
按汽缸的工作容积	单作用式 双作用式 级差式		仅活塞的一侧汽缸为工作容积(图7-1-1a) 活塞的两侧汽缸均为工作容积，并实现同一级次的压缩(图7-1-1b) 同一汽缸与活塞各端面形成几个工作容积，并实现不同级次的压缩(图7-1-1c)
按冷却方式	风冷 水冷		汽缸用空气冷却 汽缸用水套冷却
按润滑方式	汽缸有油润滑 汽缸无油润滑		汽缸内注油润滑，简称有油润滑 汽缸内不注油润滑，简称无油润滑
按用途	动力用 工艺用		提供动力或仪表用压缩气源 在工艺流程中输送工艺气体

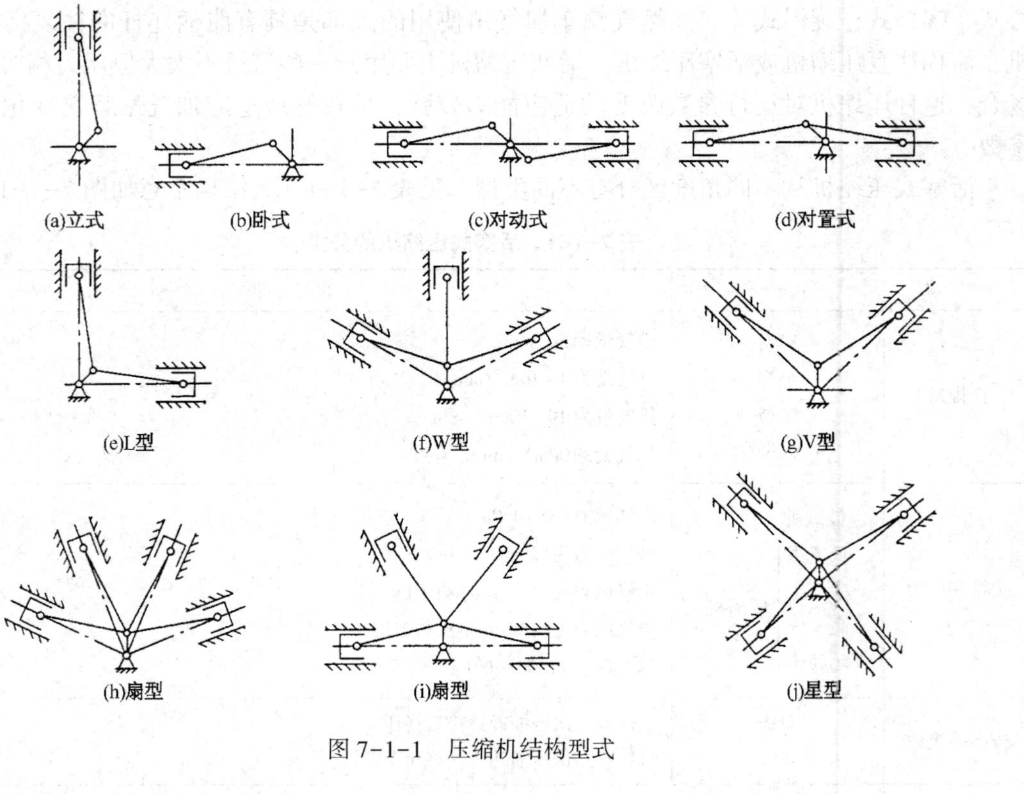

图7-1-1　压缩机结构型式

2. 型号

其型号命名见表7-1-2和表7-1-3。

二、选型注意事项

天然气压缩机和压缩机组的选型应结合整个加气站的工艺流程、气源情况、环境条件、气候状况、业务量、业主投资规模等因素综合考虑，不能简单凭哪个公司的产品或哪种型式产品的好坏来选型。每一压缩机产品的合理性和适应性总是相对的，不同的加气站应有所差别。从压缩机和整个加气站的运行可靠性、经济性、安全性、投资规模等方面综合考虑，选型时应注意下述几方面。

表 7-1-2　活塞式压缩机的结构代号

特征代号	结构代号的涵义	代号来源
V	V 型	V-V
W	W 型	W-W
L	L 型	L-L
S	扇型	S-SHAN(扇)
X	星型	X-XING(星)
Z	立式(汽缸中心线均与水平面垂直)	Z-ZHI(直)
P	卧式(汽缸中心线均与水平面平行，且汽缸位于曲轴同侧)	P-PING(平)
M	M 型	M-M
H	H 型	H-H
D	两列对称平衡型	D-DUI(对)
DZ	对置型	D-DUI(对)　Z-ZHI(置)
ZH	自由活塞	Z-ZI(自)　H-HUO(活)
ZT	整体型摩托压缩机	Z-ZHENG(整)　T-TI(体)

表 7-1-3　活塞式压缩机特征代号

特征代号	代号的涵义	代号来源	特征代号	代号的涵义	代号来源
W	无润滑	W-WU(无)	D	低噪声罩式	D-DI(低)
WJ	无基础	W-WU(无)，J-JI(基)	Y	移动式	Y-YI(移)

1. 结构的选择

在加气站目前的供气量范围内,无论 D 型、L 型、W 型、V 型、倒 T 型、立式都能适应。对于各种压缩机的可靠性问题,关键取决于生产厂的制造质量,而与结构型式没有太大关系。

2. 产地的选择

是选进口的还是选国产的问题上，目前，国产压缩机在设计方面并不逊色于国外产品，有些国内厂家的制造质量也能得到很好保证，选择的依据主要看产品的性能价格比，及一次性投资与运行费用总支出来决定。

3. 转速的选择

转速高低是相对的，要受到活塞平均速度的制约，压缩机能长期可靠工作的转速取决于其制造精度与选材。国外产品一般可达 1450r/min，也有 1800r/min 的；国内产品大多在 740r/min 以下，也有企业生产更高转速的压缩机。

4. 润滑方式的选择

各种汽缸润滑方式只要设计合理、选材得当、油量控制正确，都能可靠工作。而且从长期来看，其设备投资和运行费用总和相差不多。但无油压缩机免去了油对后续设备的影响之忧，少油润滑压缩机处理不当容易导致密封元件寿命变短。

5. 冷却方式的选择

全风冷机组对寒冷、缺水等气候条件的适应能力较强，但受季节变化的影响，级间压力与温度可能有较大的波动。而水冷系统则首先要在有水并且寒冷季节短的地方为宜，但运行工况稳定性较好。中冷器也为水冷的混冷方式，其特点更接近于水冷机组，避免了高压风冷换热器较易损坏的缺点，并且压缩机工况也较稳定；而中冷器直接风冷的混冷机组其特点更接近于全风冷机组，主要优点是能维持较低的缸壁温度，有利于汽缸的润滑。

6. 传动方式的选择

目前的天然气压缩机多采用直联传动，其传动效率高。而采用皮带传动可选用高转速电动机而降低电机成本，同时压缩机转速也不会因直联而受到电机限制，可灵活选择压缩机转速。但后者传动效率较前者低3%，并要支付皮带的定期更换费用。

7. 机身承压与否的选择

承压机身可回收填料漏气，但制造要求较高，不仅机身要承受较高的压力，且机身主轴功率输入端必须有良好的旋转密封装置，只有在汽缸、活塞完全为单作用式结构情况下，才显得有此必要性。对于有十字头压缩机，在活塞杆填料密封部分可采用前置填料的方法使填料泄漏的气体得到回收，由此使机身结构简化。

8. 级数与配置的选择

压缩机的使用工况不同，其级数与配置应有所差别。因加气站类型的不同，天然气压缩机有三种类型，即常规站压缩机、母站压缩机、子站压缩机。

（1）常规站压缩机

常规站压缩机的额定排气压力为25MPa(G)，吸气压力一般为0.2~0.5MPa(G)，排气温度一般限定不超过180℃，所以这种压缩机基本都采用四级压缩。也有个别常规站的吸气压力达到0.7~1.5MPa(G)，此时多采用三级压缩，也有采用四级压缩方案的，这多是在原有四级压缩机的基础件上改型的。极个别常规站的吸气压力甚至达到2.5MPa(G)，这时一般采用两级压缩即可满足升压要求。常规站压缩机在绝大多数情况下都工作在不足25MPa(G)的排气压力下，所以各级实际压力比一般在2.5~3.5之间。

（2）母站压缩机

母站压缩机的额定排气压力有两种情况。如果母站只给槽车充气，而不同时给汽车加气，则为20MPa(G)；如果同时也要给汽车加气，则要设计成25MPa(G)。母站压缩机的吸气压力多在0.8~1.6MPa(G)之间，所以基本上都设计成三级压缩方案。个别公司生产的母站压缩机采用四级压缩，是因为该产品在设计时考虑了强度因素，能同时满足常规站和母站的使用要求，当然这样的方案相对而言结构就要复杂一些，易损件多一些。

（3）子站压缩机

子站压缩机的排气压力与常规站压缩机相同，额定值为25MPa(G)。其进气压力取决于转运槽车的气瓶压力，转运槽车气瓶的初始压力是20MPa(G)，早期的做法是把其节流到7.6MPa(G)，再供给压缩机，当气瓶压力降至7.6MPa(G)以后当然就无需节流了，直至槽车气瓶压力被抽至3.5MPa(G)以下便告结束。现在的做法是把压缩机的吸气压力区间直接设计成3~20MPa(G)，而无需节流，以减少功耗。可见子站压缩机的最低吸气压力为3MPa(G)，所以这类压缩机基本都设计成两级压缩方案，当实际吸气压力较低时采用两级压缩，而实际吸气压力较高时将压缩机切换成单级压缩。

第二节　机组工艺流程及附属设备

一、系统工艺流程

1. 天然气常规站压缩机组工艺流程

常规天然气加气站压缩机组的系统工艺流程，如图7-2-1所示。系统中压缩机为一台

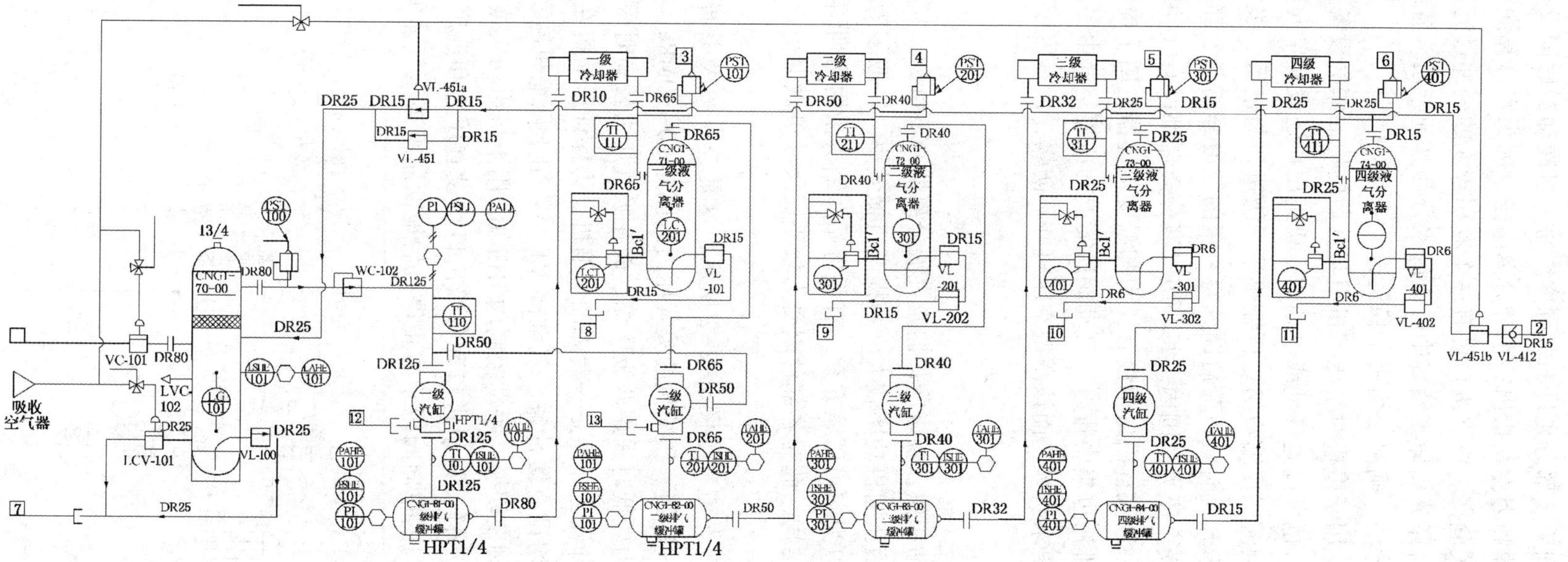

图 7-2-1　常规站压缩机组工艺流程

部　位	进气洗涤罐	一级排气缓冲罐	一级液气分离器	二级排气缓冲罐	二级液气分离器	三级排气缓冲罐	三级液气分离器	四级排气缓冲罐	四级液气分离器	一级冷却器	二级冷却器	三级冷却器	四级冷却器
设计压力/MPa	1.6	1.38	1.6	4.3	4.0	13.75	13.1	28	30	1.5	5.1	13.5	27.5
设计温度/℃	-18~95	-18~180	-18~180	-18~180	-18~180	-18~180	-18~180	-18~180	-18~180	-18~160	-18~160	-18~160	-18~160
外径/mm	φ520	φ325×8	φ273×8	φ219×10	φ219×10	φ133×13	φ159×16	φ108×12	φ133×13	—	—	—	—
容积/L	235.6	33	54.5	12	35.6	3	13.6	0.8	9.6	—	—	—	—

四级两列压缩机，其作用是将天然气从0.2~0.5MPa压缩到25MPa，它的每一级出口都设有一个气体冷却器，使天然气的温度降到后续部分允许的范围内。每一级冷却器后都设有一个气液分离器，将天然气中带有的润滑油和因冷却析出的水分分离出去。因为水分和润滑油会对加气机和车辆燃料供应系统产生较大危害。机组进口设有一个容积较大的缓冲过滤器，给压缩机创造一个平稳的吸气压力，同时还分离掉天然气中带有的水分和其他杂质。各级汽缸排出口设有缓冲罐，以减小气流压力脉动，确保压缩机平稳运行。

整个机组进、出口均设有截止阀，用于停机时将压缩机组与其后的地面储气设备及前面的天然气管道隔断，它可以是手动的，也可以是气动或电动的。机组出口还设有单向阀，防止停机时地面储气装置中的高压气体倒流回压缩机组。压缩机第一级进口与最后一级出口之间设有由气动阀控制的旁通管路，用于开机时减负荷启动。每一级的气液分离器上都设有安全阀，其整定压力可保证前面设备在安全压力范围内。每一级气液分离器都设有气动阀控制的排污装置，进行定时自动排污。每一级汽缸出口都设有压力和温度传感器，用于检测相应信号。两列填料漏气集中放空，各处排污也集中排放。气动阀所需要的压缩空气由另外的微型空气压缩机提供，天然气压缩机组要求防爆，而该微型空压机并不防爆，而是置于离机组比较远的位置。

2. 天然气母站压缩机组工艺流程

母站压缩机组的系统构成与常规站相似，各级冷却器及气液分离器必不可少，只是母站压缩机缸体和中冷器一般采用水冷。因压缩机功率较大，为提高机械效率，一般多为有油润滑。母站压缩机的吸气压力较高，所以为三级压缩方案。有些母站压缩机采用两列结构，也有些排量较大的母站压缩机采用四列结构，此时各部件因受力较小而尺寸可做得小一些。

3. 天然气子站压缩机组工艺流程

压缩天然气加气子站压缩机组的工艺流程如图7-2-2所示，这是一台两级压缩机，用于将天然气从转运槽车转移到地面储气瓶组。压缩机的吸气压力区间是20~30MPa，额定排气压力是25MPa。该压缩机在吸气压力较低时采用两级压缩，而在吸气压力较高时采用单级压缩。压缩机每一级出口只设置了冷却器，显然是一台无油压缩机。为保证压缩机在剧烈变化工况下能平稳工作，每一级进出口均设有缓冲罐。气动阀V1~V4用于压缩机减负启动、停机卸载、正常工作等工况的联合控制及切换。手动控制阀B1、B2用于机组初次或维修后启动前的空气置换。同常规站压缩机一样，机组进口和各级出口均设有压力和温度检测装置，以作为机组控制的依据。机组出口的单向阀用于防止停机后地面瓶组高压气体的倒灌。

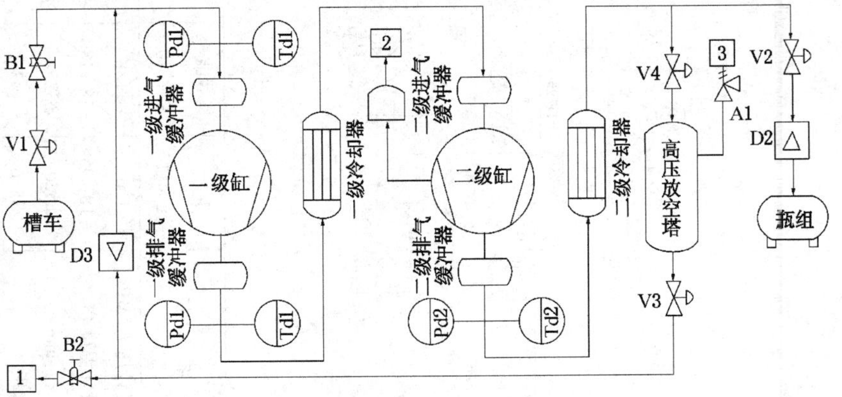

图7-2-2　子站压缩机组工艺流程

不同公司生产的子站压缩机组系统构成差别很大，早期及目前产品的差别也很大，起因在于不同的设计思路。显然，同常规站压缩机组相比，子站压缩机组中的部件要少一些，但其控制也较复杂。

二、系统附属设备

天然气常规站、母站和子站压缩机组的组成设备有所不同，但基本上是一致的。下面对其主要设备作些简单介绍。

1. 冷却器

冷却器有三种形式，一为水冷，二为风冷，三为油冷。

(1) 水冷却器

水冷却器多采用管壳式结构，如图 7-2-3、图 7-2-4 所示，它主要由换热管束、外壳、用于固定换热管的端板(也称管板)、热膨胀补偿装置以及折流板、封头、法兰等构成。

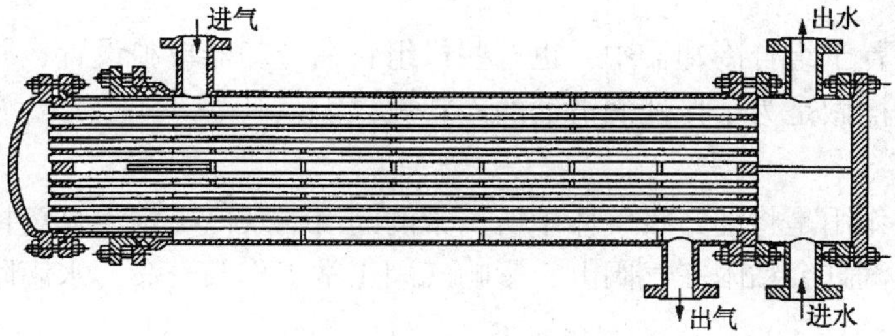

图 7-2-3　低压管壳式冷却器

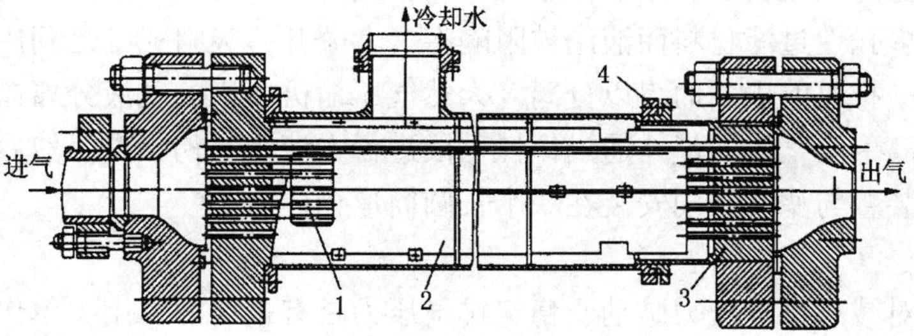

图 7-2-4　高压管壳式冷却器

1—管束；2—壳体；3—端板；4—热膨胀补偿机构

水冷却器也有采用图 7-2-5 所示的蛇管结构，各级冷却器均绕制成螺旋蛇管形，同心地置于同一个水箱中。管径较大的低压管盘在外圈，管径较小的高压管盘在内圈，各蛇管设有支撑与夹紧件，水由水箱下方进入，由上方溢出。这种冷却器结构简单、制造方便，但水侧流速较低，换热效果稍差。因结构简单紧凑，供气量小时也常被使用。

(2) 风冷却器

多级天然气压缩机的各级冷却器及油冷却器组合成一个整体，共用一个风机，构成冷却器组件。风冷却器的换热元件如图 7-2-6 所示的双金属整体轧制翅片管，这种翅片管分内外两层，外层一般采用延展性好、抗大气腐蚀能力强、具有良好传热性能的金属，如铝材等轧制；内层可使用耐腐蚀的不锈钢管。经轧制后，内外管紧密结合在一起，有较高的传热效率，同时翅片整体性和刚度都较高，肋化效果较好，对震动的抵抗力也较强，使用寿命较长。

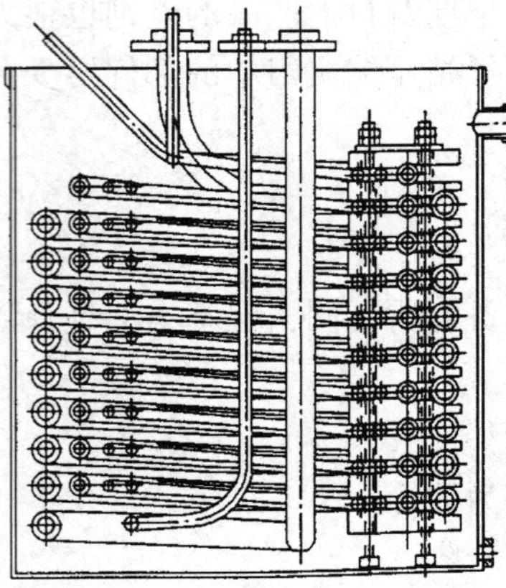

图 7-2-5　组合蛇管式冷却器

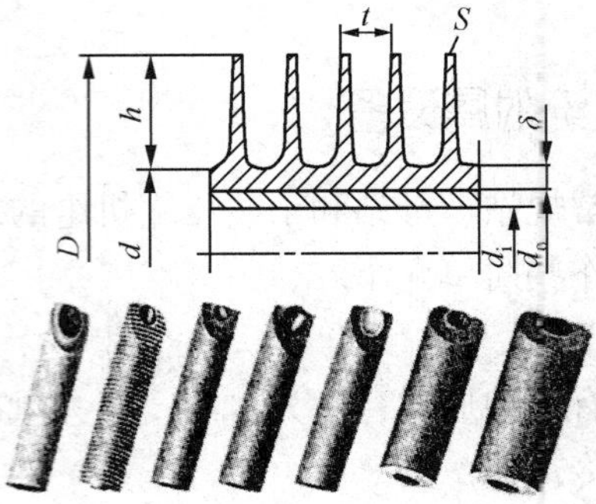

图 7-2-6　双金属整体轧制翅片管

（3）油冷却器

油冷却器一般置于组合冷却器中，也有些机组将油冷却器单独设置，并用一个小的风机专门进行冷却，这样做是为了保证润滑油的冷却效果。

2. 气液分离器

气液分离器的作用是将前一级气体中所携带的润滑油及冷凝水滴分离掉，因为这些油滴和水滴进入下一级汽缸会粘附在气阀上，影响气阀正常工作及寿命，水滴附在缸壁上还会导致润滑恶化。

气液分离器按作用原理分为惯性式、过滤式及吸附式三种。惯性式主要靠液滴和气体分子的质量不同，通过气流转折利用惯性进行分离；过滤式主要依靠液滴和气体分子的大小不同，使气体通过多孔性过滤材料而液滴被阻隔将二者分开；吸附式则是利用液体的黏性使之吸附在容器或某一材料的表面而得以分离。天然气压缩机使用的气液分离器一般同时使用惯性和过滤两种分离手段，先使气体通过惯性手段进行大液滴的初分离，然后利用过滤材料进行精分离，折流装置与滤芯共同安装在一个长圆筒形壳体内。

3. 缓冲罐

排气缓冲罐对减小排气压力脉动、稳定排气压力具有重要的作用。单作用汽缸缓冲罐的容积可取汽缸工作容积的 10~15 倍，双作用汽缸缓冲容积可取容积流量相同的单作用汽缸缓冲容积的 1/2. 5，相位差为 90°的两个双作用汽缸共用的缓冲罐，其容积可取单作用汽缸缓冲容积的 1/6. 2。缓冲器越靠近汽缸安装，其缓冲效果越好，越远离汽缸安装，其缓冲效果越差。在安装空间允许的情况下，缓冲器尽量直接与汽缸进、排气口法兰直接相连。缓冲器进出口位置对缓冲效果的影响也较明显，如图 7-2-7 所示。方案Ⅰ缓冲效果不明显，方案Ⅱ的缓冲效果可提高 15%~20%，方案Ⅲ比方案Ⅱ的效果提高 2~3 倍。另外，缓冲器平卧安装比竖立安装的效果要好。缓冲器有圆筒形和球形两种形式。容积相同时，球形缓冲器的缓冲效果优于圆筒形，尤其是高压级采用球罐更优越。多台压缩机并联运行时，还要使用集管器，以控制脉动气流的压力不均匀度在许用范围之内，集管器的通流面积要足够大，且要注意分支管的长度，避开一阶和二阶气柱共振。

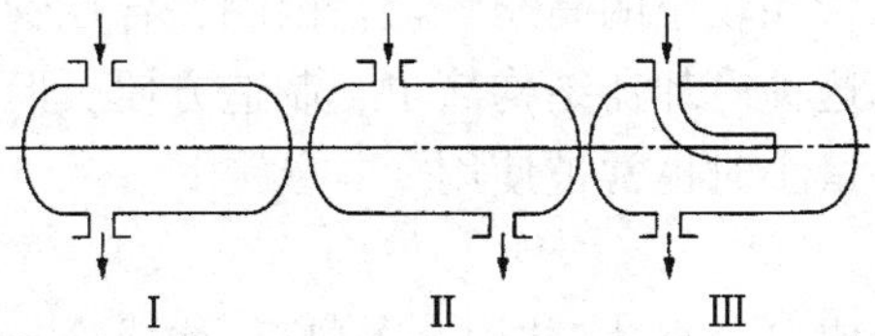

图 7-2-7　缓冲器进出口配置方式

4. 机组进口缓冲过滤器

机组进口缓冲过滤器的容积很大，有时达到汽缸工作容积的上百倍，内部中上端设有金属丝网过滤器。机组进口缓冲罐容积较大的另一个原因是在机组启动阶段形成闭合回路，稳定压缩机吸气压力。进气缓冲过滤器应竖立放置，对于排量较大的母站压缩机，有时单个进气缓冲罐的容积不够用还要多个并联使用。

5. 气动阀

机组系统中设有若干个气动阀，用于控制天然气管道的通断。气动阀的气源有两种，一种是由另外的微型空压机提供的压缩空气，一种是直接使用合适压力的天然气。前者符合气动行业的一般习惯，空气因没有易燃易爆性而被认为是安全的；后者应用较少，因为一般认为天然气有易燃易爆的危险。实际上用天然气作为气动控制的动力源也是很安全的，因为这部分天然气也同整个系统中其他部分的天然气一样是与外界空气隔绝的，不存在燃烧和爆炸所必需的氧气。目前国内天然气压缩机气动阀采用压缩空气驱动，或直接用天然气驱动气动阀的都有。后者则省却了空压机和空气管路。此外，还有些国外的天然气压缩机组直接用防爆电动阀取代了气动阀，这可能导致成本增加。

除上述附属设备外，还有油冷却器、油泵、注油器、管道、照明、取暖、漏气监测等装置。

机组系统的电控部分一般单独置于控制室内，便于管理人员操作，另一个原因是将电控部分从机组中拉出可以不采用防爆元件，以降低成本。但全罩式机组则置于罩壳面板上。

第三节　天然气压缩机的基本构造

压缩机是加气站最主要的设备，要了解和掌握压缩机的选型和运行操作，就需要具备压缩机的结构方面的基本知识。而活塞式压缩机的结构是各种压缩机中最复杂的，组成零件是最多的。

一台天然气压缩机有数百个零部件，但按功能可基本划分为四大部分。下面对四大部分作些介绍。

一、汽缸部分

1. 汽缸结构形式

压缩机汽缸的构造如图 7-3-1 所示。活塞两侧的工作腔称为双作用汽缸，属同一级。两个不同级的汽缸和活塞串连在一起的结构称为级差式汽缸，压力较高的一级若位于缸盖一侧称为正级差结构，若压力较高的一级位于填料一侧则称为倒级差结构。显而易见，正级差结构的填料部位需要密封的压差较小，而倒级差结构填料部位需要密封的压差较大。

2. 汽缸组成及作用

汽缸部分包括汽缸、缸盖、缸座、活塞、气阀、填料等。填料安装于活塞杆穿出汽缸部位，其作用是对汽缸内外进行密封，防止汽缸内压力较高气体漏出。汽缸的工作腔容积增大时，相应的吸气阀自动打开，低压气体进入工作腔；当工作腔容积达到最大时吸气阀关闭，活塞反向运动，压缩过程开始；当工作腔内压力升高到一定程度时，相应的排气阀自动打开，并开始排气直至活塞运动到极限位置而排气结束。

3. 缸套

气体的吸入、压缩和排出是由活塞在汽缸内的往复运动实现的。活塞与汽缸之间必然存在着滑动摩擦。从材料学考虑，有些材料适合于配合在一起组成滑动摩擦，有些材料却不适合。所以，有时因为配磨材料不合适而需要在汽缸内加入一个缸套，如图 7-3-1(a)所示。加入缸套的另一个目的是缸套被磨损后，可以换一个缸套，而不致于使整个汽缸报废。缸套与汽缸内壁间采用过盈配合，不会脱落。

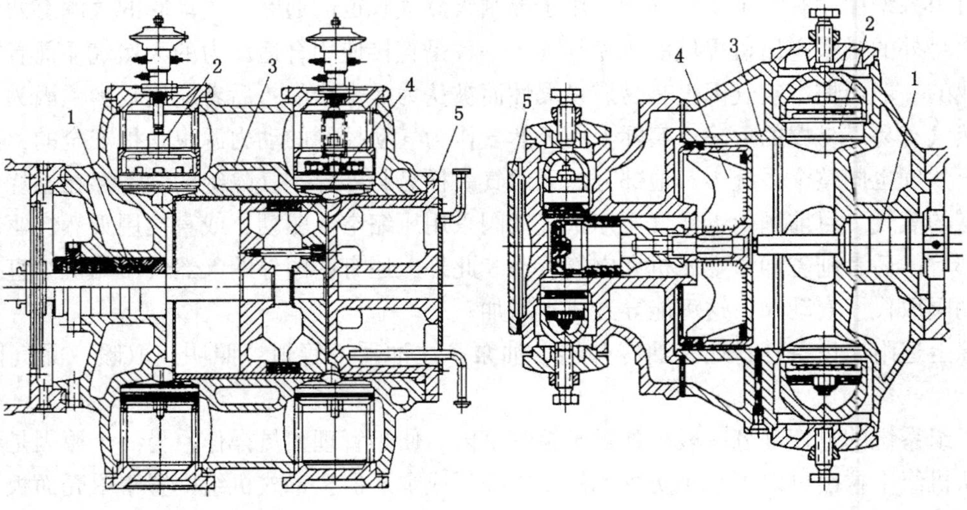

图 7-3-1 压缩机汽缸部分构成示意图

1—填料；2—气阀；3—汽缸；4—活塞；5—缸盖

4. 冷却装置

气体在压缩过程中温度可能升高，进而造成缸壁温度升高，若温度过高，会使汽缸内壁上的润滑油变质；另外，过高温升还会导致相应部位热变形增大，影响运动部件的运动精度，增大摩擦，加剧磨损；同时，汽缸温度过高，也会对吸进的气体产生加热作用，从而使排气温度和压缩机功耗上升。因此，需对工作中的汽缸进行冷却。冷却方式有两种，一种是图 7-3-1 中所示的在汽缸外周设计一个水套，在其中通入冷却水，可以把缸壁的温度控制得较低；另一种是用风扇把空气引到汽缸表面进行强制对流换热，有时为了增强散热效果，还在汽缸外表面设置一些散热片。此外，对于温度不太可能升得特别高的汽缸，为简单起见，不采用任何冷却措施，仅靠其自然散热。

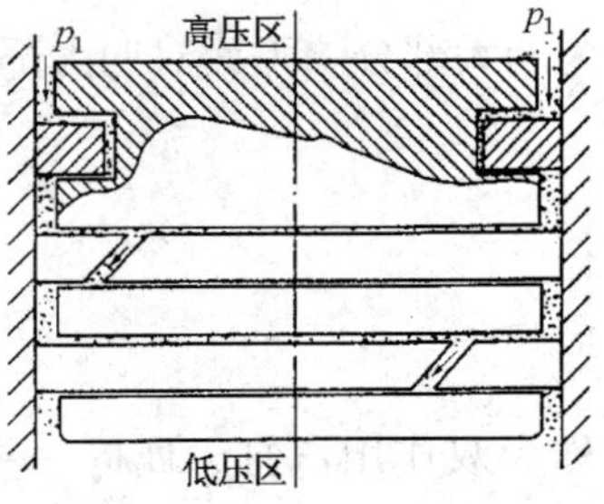

图 7-3-2 活塞环结构及安装示意图

5. 活塞环

活塞与缸套之间属于间隙配合，但这个径向间隙一般较大，以防两者相互擦伤，故对这个较大的径向间隙需要采用如图 7-3-2 所示的方法进行密封，在活塞外圆上开一些环形槽，在环形槽中放置一个有弹性的圆环，靠圆环外周压紧汽缸内壁实现活塞与汽缸径向间隙的密封，这个起密封作用的圆环称为活塞环。活塞环放入活塞上的环槽后，受到工作腔一侧气体压力的作用而贴向环槽的另一侧端面，理论上可将活塞两侧的高低压隔开，能够实现密封。

实际上为了能将活塞环放入活塞上的环槽，如图 7-3-3 所示，活塞环上都有径向开口，以便安装时能将活塞环解开，非金属活塞环还可能将一个活塞环分成几瓣，以便于安装。显然，活塞环上的径向开口又带来了新的泄漏通道，因而实际压缩机中一个活塞上需要设置若干道活塞环，并将各道活塞环的切口错开，才能达到一定的密封效果。此外，设置多道活塞环的另一个目的是当前一道环损坏时后一道环还能起到候补作用，以延长两次拆机维修时间间隔。活塞环对汽缸内部的压紧力有两个，一是本身的预弹力，一是进入活塞环背部气体产生的压力，后者是主要的。因此，活塞环的工作原理是逐级节流降低压力。活塞环的切口形状越复杂，密封效果越好，如搭接口，但加工则要相对复杂。活塞环一般是由性能比较好的材料制成的，如铸铁、铜合金、非金属复合材料等。对于有些直径较大、重量也较大的活塞，有时还需要设置一道支撑环，用以保证活塞与汽缸在整个圆周上的间隙均匀，同时防止活塞与汽缸刮擦。如果活塞重量很大，且又是水平放置，有时还需要在活塞底部涂以基底较软且自润滑性较好的合金材料，一般是巴氏合金，以支撑活塞并将其与汽缸隔开。

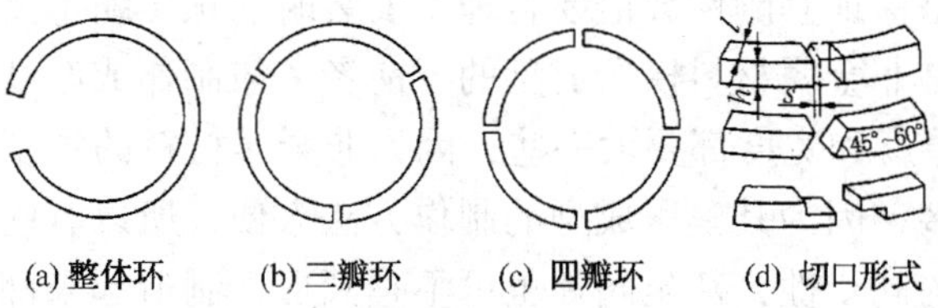

图 7-3-3　活塞环结构和切口形式

6. 活塞杆密封

活塞杆从缸座上的开孔穿出汽缸，这个部位的圆周间隙靠填料来密封。填料的结构及安装方式如图 7-3-4 所示，一个薄圆环被三个径向切口等分成三瓣，便于安装在活塞杆外周上，另一个薄圆环被分成六瓣，同样也能在不拆卸活塞杆的情况下卡在活塞杆外周上，这两个元件分别称为三瓣填料和六瓣填料，它们被套在活塞杆上以后外周要箍上螺旋弹簧，以防散落并产生一个对活塞杆的箍紧密封力。三瓣填料和六瓣填料要端面贴合成组使用，因而称为三六瓣填料。三瓣填料位于压力较高的一侧，用以挡住六瓣填料的三个径向切口，所以组合后二者要用一个销钉进行周向定位，以防两者径向切口对到一起形成泄漏通道，六瓣填料三个径向切口的端部则靠自身的三个圆缺状零件来挡住。由此可见，这种填料真正起密封作用的实际是六瓣填料，三瓣填料的作用是从轴向挡住六瓣填料的缺口。同活塞环的使用一样，填料一般也是多组并在一起使用的，以增强密封效果，一般每一组填料置于一个碗形的金属盒内，称为一组填料函，也有将所有填料都置于一个金属筒内，而将各组填料用隔距环和薄圆板隔开的。填料也有其他的结构形式，如锥形填料，但不常用。填料的材料与活塞环差不多，主要是灰铸铁和填充聚四氟乙烯，后者也简称为 PTFE，主要用于一些不希望或不允许润滑的场合，这种材料本身有一定的自润滑性能。对于非金属填料，其本身的导热性较差，有时还需要在填料周围用水或润滑油进行冷却，以防其温度升得过高。

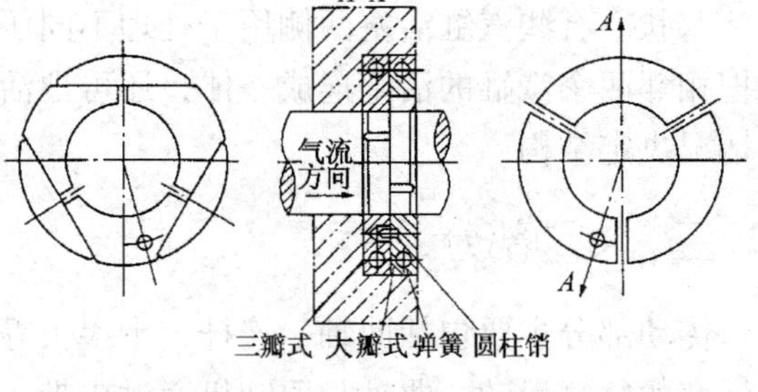

图 7-3-4　三六瓣填料结构及安装方式

7. 自动气阀

气体进出汽缸是通过气阀的启闭实现的。压缩机中使用自动阀，其原理和构成如图 7-3-5 所示，主要包括阀座、阀片、弹簧和升程限制器四部分。气阀靠阀片的开启和关闭使工作腔与外界管道接通或断开，阀片的开启和关闭是由汽缸内外的压力差决定的。当作用在阀片上的压力差产生的推力 F_g 大到足够克服弹簧推力 F_s 时，阀片便会打开，气体流入或流出汽缸；当作用在阀片上的压力差产生的推力 F_g 小于弹簧力 F_s 时，阀片便会关闭，吸气或排气过程便告结束。弹簧的作用主要有两点，一是减轻阀片开启时与升程限制器的撞击，二是帮助阀片及时关闭。气阀的结构形式很多，有环状阀、网状阀、舌簧阀、菌状阀等，天然气压缩机中一般使用环状阀，其结构如图 7-3-6 所示。气阀可安装在汽缸上，也可安装在缸盖或缸座上；既可径向安装，也可端面安装，还可倾斜安装，完全根据结构需要设置。气阀比较重要的零件是弹簧，弹簧的参数主要是保证其刚性数值要合理，安装时的预压缩量要适当。阀片的材料可以是钢板切制的，也可是非金属材料模压成型的。前者一般制作成厚度为 1~3mm、宽度为 5~8mm 的圆环；后者的厚度和宽度都要大一些，因为非金属材料的强度要低于钢材。近年来非金属阀片应用日益增多，因为其模压成型的制作方法方便，所以有些厂家将各环用筋连成整体，以改善各环启闭的同步性，甚至阀片也可不是圆形，制造起来都很方便。有些结构尺寸紧张的压缩机有时还将进排气阀设计成一体，称为组合阀。

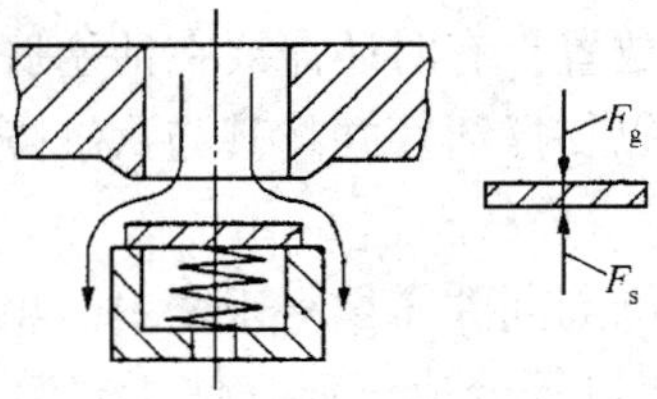

图 7-3-5　气阀结构及工作原理示意图

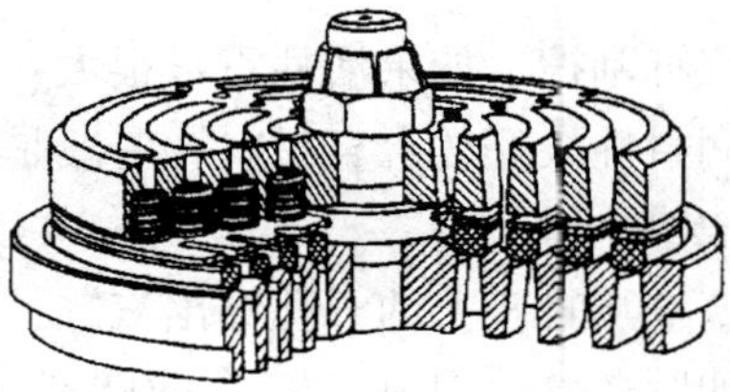

图 7-3-6　塑料阀片环状阀结构实例

8. 活塞

活塞的作用是实现工作腔的分隔，因而只要有一定的强度和足够的活塞环安装尺寸即可，其形状可灵活设计。单作用的活塞只有一端工作，因而往往设计成筒形。双作用活塞则两端都要工作，在直径较大且压力不高时可做成圆盘状，直径不太大时可做成鼓形，尺寸非常大时还可用薄钢板焊接成空心结构，尺寸非常小时甚至可做成与其他零件无任何机械联结的柱塞状。有些汽缸活塞两侧用于处理不同压力的气体，此时则将活塞做成直径不等的两段或把相邻两个汽缸的活塞连成一体，还可把活塞制造成若干段，再组装成整体，完全根据实际情况决定结构。

二、传动部分

传动部分主要包括曲轴、连杆、十字头等部件，其功能是把原动机输入的旋转运动转化成活塞的往复运动。曲轴与原动机通过皮带、联轴器或其他变速机构相联，活塞杆的大头套在曲轴上，小头通过十字头销联结在十字头上，故活塞杆的一端与十字头联结，另一端则与活塞相联。对传动部分各零部件的要求主要是强度和刚度方面的，对于活塞杆还有受压时的稳定性问题。同时要求满足一定的结构关系即可。

1. 曲轴

曲轴是压缩机中最关键的零件之一，如图 7-3-7 所示，它主要由主轴颈、曲柄和曲柄销三部分组成，曲柄和曲柄销构成的弯曲部分称之为曲拐，一根曲轴可能有一个或几个曲拐。主轴颈、曲柄和曲柄销三部分可能是一个整体，也可能分开制造再组装成整体，这主要是针对很大型的压缩机。在曲柄上曲柄销相反方向一般装有平衡重，用以抵消压缩机中的惯性力，相应曲轴、平衡重及其连接件共同构成曲轴组件。曲轴上一般开有纵横交错的油孔，以将润滑油导入主轴承、连杆大小头轴瓦、十字头滑道等部位。曲轴一般多为锻钢材质，尺寸不大和形状复杂的曲轴也有采用球铁铸造的。平衡重一般与曲轴分开制造，再用螺钉、键等联结在一起，对于铸造曲轴也有做成一体的。一般而言，曲柄销的两侧各有一个曲柄和一段主轴颈，但也有些比较小的压缩机曲柄销的一端悬臂，没有曲柄和主轴颈，这样的曲轴一般称为曲柄轴，主要用于小型的制冷和空气压缩机中。对曲轴的要求有强度和刚度两个方面，实际设计的曲轴一般安全系数都超过3，所以实际曲轴的过载能力都比较强。

2. 连杆

连杆与曲轴相连的一端称为大头，而与十字头相连的一端则称为小头，连杆的大头孔内衬有薄壁轴瓦，小头孔内一般衬有整体轴套，起到滑动轴承的作用。连杆的大头一般做成剖分结构，以便于安装，小头多做成整体结构，以减轻重量并提高强度。如图7-3-8所示，整个连杆杆身、被剖分开的大头盖、轴套等零件组装在一起称为连杆组件。连杆杆身上一般开有油孔，以将润滑油从大头导入小头，或相反方向流动。连杆的杆身载面有多种形状，如果可能，尽量做成工字形，以增加其抗压折能力。负荷较大的连杆应采用锻钢制造，负荷和尺寸较小的连杆可采用铝合金模压成型，生产规模较大的连杆还用高强度球墨铸铁直接铸造而成，这可减少加工工作量，同时还可减轻重量。连杆受力后最薄弱的环节一般在小头两侧的外部，杆身多是从刚度方面满足设计要求。有些连杆的形状比较特殊，如小头做成叉形，这有利于减小压缩机在汽缸轴线方向的长度，用于立式压缩机中则可降低整体高度。还有些连杆上又带了一个小连杆，称主副连杆结构，用于一些特殊场合。

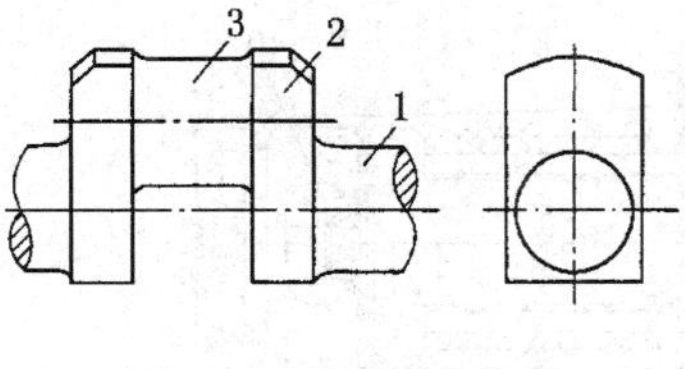

图7-3-7　曲轴组成

1—主轴颈；2—曲柄；3—曲柄销

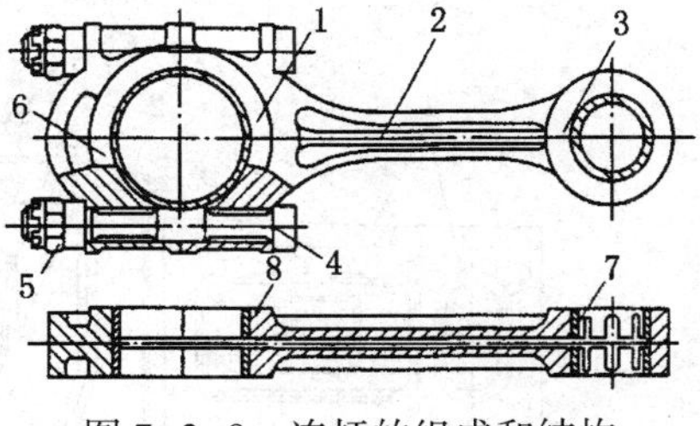

图7-3-8　连杆的组成和结构

1—大头；2—杆身；3—小头；4—螺栓；5—螺母；6—大头盖；7—小头衬套；8—大头瓦

3. 十字头

十字头的结构有开式和闭式之分，开式要与前述的叉形连杆配合使用，实际应用较少。所谓闭式十字头的形状及结构如图7-3-9所示，连杆小头被包容在十字头内，故称闭式，它主要同两段弧形滑履、侧壁与销座及活塞杆紧固部位三者组成，也称十字头体。对于一些不太重要的压缩机，如空气动力压缩机，十字头体一般采用灰铸铁材料整体铸造而成，如图7-3-9(a)所示，灰铸铁成分的滑履表面润滑性较好，但十字头滑履磨损后不易修复。有些十字头体在滑履上涂一些巴氏合金，这样可在合金材料被磨损后再涂一层，用于一些较大型压缩机中。对于一些比较重要的使用场合，如图7-3-9(b)所示，有些十字头的滑履是用铝合金或其他润滑性好的材料单独制造并镶嵌上去的，以便在滑履磨损而导致十字头间隙增大后，在滑履下面垫入一张薄铜皮以把十字头与滑道的间隙调整到合理的范围内。大型压缩机的十字头有时也采用球墨铸铁或铸钢制造，以提高其强度。十字头与活塞杆的联结部位是压缩机中最容易出现问题的部位之一，此处处理得不好可能导致活塞杆断裂，也会导致填料寿命大幅度缩减，还可能加速汽缸的磨损。十字头与活塞杆的联结有螺纹联结、法兰联结、凸缘联结等。

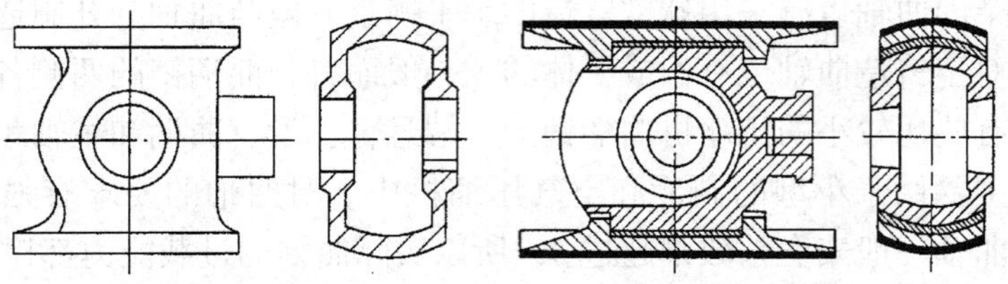

(a)整体十字头　　　　(b)带单独滑履十字头

图 7-3-9　闭式十字头体结构

三、机身部分

机身是支撑和容纳汽缸部分和传动部分的零件，同时安装其他辅助设备，包括曲轴箱、中体等，所谓中体就是曲轴箱与汽缸的中间连接件，有时曲轴箱本身也被单独称为机身或机座。一个完整的机身组件如图 7-3-10 所示，此处的一个机身安装了两个中体，在有的压缩机中也有将中体和机身直接铸造成整体的，以简化加工并有利于保证加工精度。机身的结构型式有立式、卧式、角度式等几种，对于中小型压缩机一般曲轴箱内底部也兼做润滑油池，大型压缩机往往另设油箱。对机身的要求主要是刚度方面，所以内部往往围绕轴承座设有纵横交错的加强筋。曲轴箱中中体一般采用灰铸铁材料，非常小型的有时也采用铝合金铸造，以减轻重量。天然气压缩机的主轴承多采用滚动轴承，大型压缩机则多用滑动轴承。

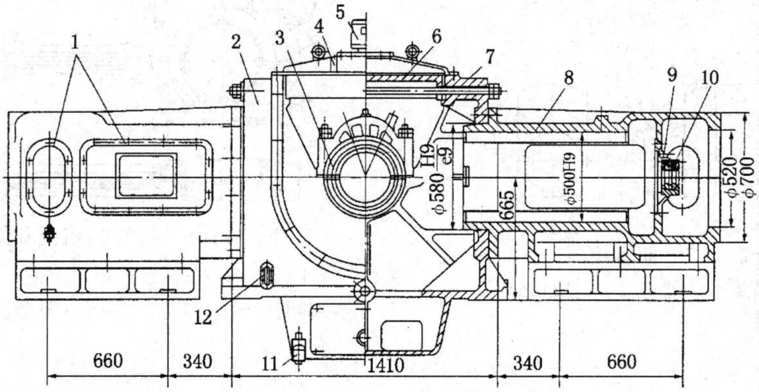

图 7-3-10　中体分开的对置式机身结构

1—中体侧窗盖；2—机身；3—主轴承；4—机身上盖；5—呼吸器；6—撑块；7—拉紧螺栓；8—中体；9—挡油板；10—刮油圈；11—放油阀；12—示油窗

四、辅助设备

压缩机主机本身由上述三方面的零部件构成，但仅有主机还无法工作，压缩机系统还必须有气体净化装置、气体和压缩机冷却装置、润滑油循环装置、流量调节装置等辅助部分才能正常工作。气体净化装置一般在压缩机各级进口前及压缩机出口后都需要设置，其作用是将气体中的水分、灰尘、润滑油及其他固体杂质分离掉，以保证汽缸吸入和输送给用户气体的洁净度。

1. 冷却设备

冷却装置的作用有两个，一是对压缩机各级排出的气体进行冷却，以便给下一级提供合适的吸气温度或给用户提供能接受的用气温度；二是对汽缸、填料等部位进行冷却，冷却汽缸的目的是防止汽缸温度过高而导致润滑油结焦和积炭，冷却填料的目的是防止填料温度过高而导致活塞杆表面或填料烧毁。气体和汽缸的冷却有水冷和风冷两种方式，有时汽缸也采用空气自然冷却。填料部位的冷却多采用润滑油进行，当然也有不冷却的；有些大型的压缩机还采用在中空活塞杆内通油的办法来冷却填料。

2. 润滑设备

润滑油在机器内的循环是必需的，一般通过油泵和注油器来实现。需要润滑的部位有主轴承、连杆大小头、十字头滑道、汽缸与活塞配合面、活塞杆与填料配合面等。主轴承、连杆大小头、十字头滑道的润滑是通过主轴及连杆上的油孔构造润滑油回路的，油循环使用；汽缸部分则要靠专门的注油器缓慢注入，油一次使用；填料部分往往是靠飞溅或爬行的少量润滑油进行润滑。一般汽缸与机身部分使用的润滑油是不同的。无论哪种压缩机，曲轴、连杆、十字头这些部位都必须润滑，但有些压缩机的汽缸和填料部分可以不润滑，以减小所输送气体的含油量，相应称为有油和无油压缩机。

3. 调节设备

天然气压缩机中一般不设流量调节装置，但有些压缩机其流量能根据实际需要而变化，那么就需要一套流量调节装置来实现。

第四节　压缩机组的操作与维护

不同的加气站因采用的压缩机不同，其操作规程也有所不同。使用者在操作前，应认真阅读压缩机生产厂家提供的使用操作说明书，严格按说明书中的要求进行实际操作。下面以自贡产的通达 L-12/s-250 型压缩机为例加以说明其操作程序。

一、压缩机组的操作

1. 准备工作

① 检查压缩机曲轴箱和注油器液位是否在规定范围内，并启动注油器；

② 打开冷却水总进水阀，在总出口处调节好水量；

③ 检查气路各处阀门的开关情况，满足压缩机处于空载启动的状态；

④ 检查各种仪表、安全阀和继电保护装置，应处于完好状态；

⑤ 检查机组附近应无杂物、地面应无油渍，保护装置和消防器材等齐全并放在指定位置；

⑥ 盘车一圈以上，各运动机构应轻巧无卡阻；

⑦ 检查供电电压应在(380±10%)V 的范围内。

2. 运行步骤

① 完成上述准备工作后方可开车；

② 压缩机空载运转 1~2min，注意机组油压是否正常及有无异响或振动，正常后即可缓慢加载；

③ 供气量小于排气量时，应加强监视和检查，正常运转时要求各级温度、压力以及油压等均应符合机组说明书所规定的各项指标；

④ 压缩机在正常工作期间，各级油水分离器应每隔 1~2h 排放一次；

⑤ 检查调整汽缸及填料的注油量，使耗油量保持在最小值；

⑥ 机身油池不应在运转中加油，压缩机如连续运转，加油应有规律、定期定量加油，油液位保持在 2/3 左右为准；

⑦ 监听压缩机各部位的响声是否正常，如电机、吸气管、各级进排气阀、气流、运动机构、油泵等，如有异常应及时排除。

3. 运行时主要工作参数

① 机油压力 0. 1~0. 3MPa(G)；

② 冷却水压力不低于 0. 2MPa(G)；

③ 曲轴箱内机油温度不高于 70℃；

④ 最大负荷工况下各级吸排气压力和温度见表 7-4-1。

表 7-4-1　通达 L-12/s-250 吸排气温度和压力

级　次	吸气压力/MPa(G)	排气压力/MPa(G)	吸气温度/℃	排气温度/℃
Ⅰ	0. 5	1. 40	35	120
Ⅱ	1. 40	3. 85	45	133
Ⅲ	3. 85	9. 80	45	130
Ⅳ	9. 80	25. 10	45	129

4. 停机步骤

(1) 正常停机

① 减负荷至不排气，并注意不得过快；

② 按由高压级到低压级的顺序缓慢打开各级油水分离器排污阀使压缩机卸载；

③ 按正常停机按钮，使压缩机停止运转；

④ 关闭冷却水，如长期停用，应排除各级汽缸和冷却器中的冷却水。

(2) 紧急停机

发现有下列情况之一时，须紧急停机并进行检查和处理：

① 任意一级排气压力超出允许值并继续升高；

② 突然停水、断油、电机缺相或断电，如因断水而停车，应待机器自然冷却后再通水；

③ 有严重的不正常响声，或发现机身、汽缸有裂纹甚至断裂等情况；电动机出现明显的故障；

④ 压缩机任一部位温度升高异常；

⑤ 危及机器或人身安全的情形发生时。

二、压缩机的维护要求

压缩机需要定期维护保养，其时间间隔取决于其环境条件、承载负荷及气质情况，同时与机组是进口或是国产也有直接关系。每台机组应保留一个维修保养记录本，每次维护项目的具体内容都应进行记录。下述内容仅仅是个原则，或许根据压缩机工作条件不同而不同。时间间隔从机组启动之日算起，建议定期分析机油成分和各项指标，如果发现问题，应当立即更换机油、查明原因。下面以自贡通达公司 L-12/S—250 型压缩机组为例，对维护保养要求加以说明。

1. 小修

时间间隔为 800~1500h，内容为：

① 清洗吸排气阀，检查汽缸套；

② 检查气阀的严密性，必要时研磨阀座；

③ 检查所有运动机构的紧固程度；

④ 检查连杆螺栓的紧固程度；

⑤ 检查和调整轴颈与轴瓦的间隙；

⑥ 清洗粗、精过滤器；

⑦ 检查活塞、活塞环和汽缸的磨损情况并进行清洗；

⑧ 检查维修密封填料函；

⑨ 检查油路中的逆止阀、注油器、油泵和油管；

⑩ 检查压力表、温度计和安全阀等安全附件。

2. 中修

时间间隔为 3200~6000h，除小修内容外还应包括：

① 更换吸排气阀中已损坏的零件；

② 清洗冷却水套及冷却器；

③ 除去排气管道上的积垢；

④ 检查曲轴颈、打磨毛刺或重新修磨；

⑤ 检查和调整各部位间隙，必要时修理或更换轴瓦；

⑥ 修磨活塞、活塞杆、密封环及紧固螺钉；

⑦ 更换活塞环和连杆螺栓；

⑧ 检修十字头，必要时更换十字头销和十字头体；

⑨ 清洗机身、缸体，修理或更换密封环；

⑩ 检查压缩机与电动机联轴器的同轴度、水平度和端面间隙等，检查或更换柱销、弹性套；

⑪ 检修油泵及更换油泵部分零件；

⑫ 部分表面涂漆。

3. 大修

时间间隔 12000~26000h，除中修内容外还应包括：

① 机器全部进行分解拆洗；修理大头瓦、主轴轴承、轴承座；

② 更换各部轴承、活塞环、密封环，并调整其间隙；

③ 更换冷却器损坏的管子和管板；

④ 清洗、修理或更换前后过滤器；

⑤ 清洗油管、油泵、注油管，更换已损坏的零件；

⑥ 清洗和修理各部管道、冷却器、油水分离器；

⑦ 修理和更换管道附件；

⑧ 校验安全阀、各部仪表；

⑨ 更换或紧固各部连接螺栓；

⑩ 检查联轴器，更换柱销、弹性套；

⑪ 检验机身和基础状态，并清除缺陷；

⑫ 试压与全部油漆并试运转。

三、天然气压缩机故障及排除

在压缩机的日常运行中会出现一些小的问题。最常见的故障原因为液体、灰尘、不当的调整或者操作人员对压缩机不够了解。这种类型的故障原因可以通过清洁机器、适当的调整、消除有害的环境、更换相对质量较差的零件和对操作人员进行适当培训来消除。

主要的问题通常是由于超长期的服役、润滑不充分、操作粗心大意、没有进行定期维护，以及将压缩机用于非设计状态所致。

记录好多级压缩机级间的压力和温度是非常重要的，因为当压缩机工作在给定的负荷点上时，任何异常变化均表明在某一级有异常情况出现。由于不可能列出所有可能出现的故障，表 7-4-2 所列的仅是一些经常出现的故障现象及其可能的原因及相应的解决措施。

表 7-4-2　常见故障及分析与解决措施

序号	故障现象	可能原因	解决措施
1	排气量达不到设计要求	a. 一级吸气压力过低 b. 气阀泄漏，特别是第一级吸气阀泄漏 c. 一级活塞环磨损或折断 d. 填料漏气 e. 排污阀泄漏或安全阀起跳	a. 提升吸气压力 b. 检查低压吸排气阀阀座、阀片、弹簧等注入煤油做渗漏检查 c. 检查活塞环的磨损情况，有无折断或装配错误 d. 检查填料的密封情况，确定故障所在并采取相应措施 e. 检查与更换
2	功率消耗超过设计值	a. 气阀阻力太大 b. 一级吸气压力过高 c. 压缩机间的内泄漏	a. 检查气阀弹簧力是否恰当，气阀通道面积是否足够大。检查管道和冷却器，如阻力太大，应采取相应措施。检查吸排气压力是否正常，各级气体排除温度是否增高，并采取相应措施 b. 设法降低吸气压力 c. 提高泄漏部位的密封可靠性
3	级间压力超过正常值	a. 后一级的吸排气阀损坏 b. 第一级吸入压力过高 c. 冷却器冷却水压力过低 d. 活塞环泄漏，高压级气体漏到低压级 e. 与后一级间的管路阻力太大	a. 检查气阀，更换损坏件 b. 设法降低吸气压力 c. 提高冷却水压力 d. 更换活塞环 e. 检查管路使之畅通
4	级间压力低于正常值	a. 第一级吸排气阀不良或第一级活塞环泄漏过大 b. 前一级排出后或后一级吸入前的机外泄漏 c. 吸入管路阻力太大	a. 检查气阀更换损坏件，检查活塞环 b. 检查泄漏阀并整改 c. 检查管路，使之畅通

续表

序号	故障现象	可能原因	解决措施
5	运动部件发出异常声音	a. 连杆螺栓、轴承盖螺栓、十字头螺母松动或断裂 b. 主轴承、连杆大头瓦或小头轴承、十字头与滑道等处的配合间隙过大 c. 各轴瓦与轴承座接触不良，有间隙 d. 曲轴与联轴器配合松动	a. 紧固或更换易损件 b. 检查并调整间隙 c. 刮研轴瓦瓦背 d. 检查并采取相应措施
6	汽缸内发出异常响声	a. 气阀损坏或漏气，气阀放置不当或密封垫损坏 b. 汽缸余隙容积太小 c. 润滑油太多或气体含水太多，产生水击现象 d. 异物掉入汽缸内 e. 汽缸套松动或活塞断裂 f. 活塞杆螺母或活塞螺母松动 g. 填料破损 h. 活塞环或支撑环磨损或损坏	a. 检查气阀并消除故障 b. 适当加大余隙容积 c. 适当减少润滑油注油量，提高油水分离器效果，或在汽缸加排泄阀 d. 检查并清除之 e. 检查并采取相应措施 f. 紧固之 g. 更换填料 h. 检查更换
7	汽缸温度过高	a. 冷却水太少或冷却水中断 b. 汽缸润滑油注油太少或注油中断 c. 由于脏物带入汽缸，汽缸镜面拉毛	a. 检查冷却水供应情况并采取相应措施 b. 检查汽缸润滑油注油情况并采取相应措施 c. 检查汽缸镜面并采取相应措施
8	轴承或十字头发热	a. 配合间隙太小 b. 轴和轴承接触不均匀 c. 润滑油压力太低或断油 d. 润滑油太脏	a. 调整间隙 b. 重新刮研轴瓦 c. 检查油泵及油路情况 d. 更换润滑油
9	油压不够或没有压力	a. 油泵吸油管路连接处不严密，管内吸入空气 b. 油泵泵壳和填料不严密，漏油或油泵端部间隙不合适 c. 油泵吸油管堵塞、油粗滤器堵塞 d. 油箱内润滑油太脏、油粗滤器堵塞 e. 油箱内润滑油液位太低 f. 油箱内润滑油液位太高，平衡块撞击机油面起沫 g. 机油温度低 h. 有关轴承磨损过大 i. 油泵旁通阀调节不当 j. 机油压力表坏或低油压开关设定不当 k. 油压表或油压传感器失灵	a. 整改管路连接，排除空气 b. 检查并消除之 c. 检查并消除之 d. 更换清洁的润滑油、清洗粗滤器 e. 添加润滑油 f. 放油至规定液位 g. 启动机油加热器 h. 检查间隙，必要时更换轴承 i. 检查调节 j. 检查或调校与重新设定 k. 检查、维修或更换油压表或油压传感器

续表

序号	故障现象	可能原因	解决措施
10	汽缸部位发生不正常的振动	a. 汽缸支撑不牢固 b. 填料或活塞环磨损 c. 级间管路振动升起 d. 垫片松动 e. 汽缸内有异物	a. 调整支撑间隙 b. 调整或更换填料或活塞环 c. 检查并消除之 d. 调整垫片 e. 清除异物
11	机架发生不正常的振动	a. 各轴承或十字头与滑道配合间隙过大 b. 汽缸振动引起 c. 各部位联结螺栓松动	a. 检查调整各部位配合间隙 b. 消除汽缸振动 c. 检查紧固各部位联结螺栓
12	管道发生不正常的振动	a. 管卡松动或断裂 b. 支流脉动引起共振 c. 支撑刚性不够 d. 配管架子振动	a. 紧固之或更换管卡(考虑管子的热膨胀) b. 用预留孔改变其共振面 c. 加固支撑 d. 加固配管架子
13	填料漏气	a. 油气太脏或因润滑不良或流量不足将活塞杆拉毛 b. 回气管不通 c. 填料脏 d. 填料环装配不当 e. 填料环侧面或端面间隙不当 f. 填料排放系统堵塞 g. 活塞杆划伤、变细或变成椭圆 h. 活塞杆过度偏心 i. 填料未放置到位或磨合不当	a. 检查天然气管路吸气过滤器和级间过滤器有无破坏或泄漏，更换润滑油，修复活塞杆或更换之 b. 疏通回气管 c. 检查与清洗 d. 检查重装 e. 检查、调整、更换 f. 检查与清洗 g. 检修与更换 h. 检查与调整 i. 检查与更换
14	自动启机多次才能正常启动起来	a. 空气压力低导致气动阀打不开 b. 压缩机入口调压阀故障	a. 检查仪表风系统压力 b. 检修压缩机入口调压阀
15	气阀外泄漏	a. 气阀压盖O形密封圈破损 b. 气阀压盖破裂	a. 检查更换O形密封圈 b. 检修或更换气阀压盖
16	排气压力低	a. 压缩不足 b. 填料磨损漏气 c. 天然气吸气压力低 d. 压力表故障 e. 气阀泄漏 f. 旁通阀泄漏 g. 管线泄漏	a. 检查活塞环和汽缸套的磨损情况，更换活塞环和汽缸套 b. 检查更换填料 c. 设法提高吸气压力 d. 检修校验压力表 e. 拆检气阀 f. 检修旁通阀 g. 检修排气管线泄漏点
17	汽缸过热	a. 机组通风不良 b. 汽缸冷却表面脏	a. 检测机组所处环境温度，改善通风条件 b. 清洗汽缸冷却表面
18	机组噪声大	a. 单向阀损坏 b. 活塞与缸头间的死点间隙太小 c. 曲轴末端游隙过大 d. 轴承烧坏 e. 连杆轴承磨损 f. 活塞销衬套磨损 g. 曲轴箱内缺油 h. 活塞环磨损 i. 压缩比过高 j. 连杆螺母松动	a. 检查或更换单向阀 b. 检查和调整死点间隙 c. 检查调整 d. 更换因润滑油不足或太脏引起的磨损或烧坏的轴承 e. 拆下连杆帽检查轴承(如有磨损) f. 拆下连杆和活塞总成，检查或更换过度磨损的活塞销或活塞 g. 缺油引起的润滑不足将导致轴承的过度磨损 h. 拆检活塞环 i. 调整尺寸、增大汽缸余隙 j. 拆下缸盖、检查连杆螺母

续表

序号	故障现象	可能原因	解决措施
19	填料过热	a. 润滑失效 b. 润滑油不合适或油流量不正确 c. 填料环磨损 d. 填料脏 e. 填料环侧面或端面间隙不正确 f. 活塞杆划伤、变细或变成椭圆 g. 活塞杆过度偏心	a. 检查供油情况 b. 检查调整或更换 c. 检查与更换 d. 清洗 e. 检查调整或更换 f. 检修或更换 g. 检查调整
20	气阀严重积炭	a. 润滑过度 b. 润滑油不当 c. 进气系统或前级携带润滑油 d. 气阀破损或泄漏导致高温 e. 汽缸压缩比过高	a. 减小油流量 b. 检查更换 c. 检查分离器液位 d. 检查与维修气阀 e. 检查与调整吸气压力
21	安全阀起跳	a. 安全阀误跳 b. 下一级吸气阀或排气阀故障 c. 排气管线堵塞或排气管线上阀门关闭	a. 调校安全阀 b. 检修与更换 c. 检查整改
22	活塞杆刮油器泄漏	a. 刮油圈磨损 b. 刮油器安装错误 c. 活塞杆磨损或有划痕 d. 刮油圈与活塞杆侧向间隙不正确	a. 检查更换刮油圈 b. 重新安装刮油器 c. 检修或更换 d. 检修与更换
23	汽缸和填料注油器不注油	a. 无油流传感器失灵 b. 注油泵故障 c. 润滑油分配器滑阀卡死 d. 安全爆破片破裂	a. 检查更换 b. 清洗注油泵滤网，检修或更换注油泵单流阀 c. 更换润滑油、清洗过滤器和分配器 d. 检修卡死的分配器滑阀
24	润滑油温度高	a. 油冷却器脏堵换热效果降低 b. 油滤器脏堵，油流小，油温升高 c. 润滑油太脏或黏度过高 d. 油路中热力阀故障	a. 检查清洗 b. 检查清洗 c. 检查更换 d. 检修
25	气阀非正常失效	a. 气体介质未采取有效过滤措施 b. 气体介质含硫化氢等酸性腐蚀气体 c. 气体带液 d. 汽缸润滑过度 e. 压缩机偏离设计工况较远长时间运行	a. 检查吸气过滤器与级间过滤器 b. 化验检测并采取脱硫措施 c. 定期检查分离器(包括级间分离器)的液位并及时排液，适当提高发生液击汽缸的进口温度 d. 检查调整汽缸注油量，避免压缩机长时间卸载造成润滑油积聚，使用人工合成油代替含灰质较高的矿物油 e. 压缩机转速、缸径、工作方式等改变后应对气阀进行调整或重新设计。检查系统工况波动(压力、介质、工艺流程等)是否改变、是否频繁启停、经常冷车启动或采取相应措施
26	PTFE 活塞环和填料环非正常磨损	a. 气体介质太干 b. 气体介质太湿影响非金属材料的着床，对磨屑有冲刷作用，进而加速磨损 c. 气体介质太脏，破坏非金属材料的着床，而且杂质本身也会加速非金属材料的磨损 d. 工作表面过于粗糙或过于致密(比如镀铬表面)，加速环的磨损或使非金属材料无法完成着床镀膜过程	a. 改用高耐磨、高硬度的材料 b. 检查气体干燥效果，控制中间冷却器的温度 c. 检查压缩机前的气体过滤器 d. 检查活塞环和填料环工作表面

注：此表引自郁永章等编著．天然气汽车加气站设备与运行．北京：中国石化出版，2006. 3。

第八章　站用安全设施及其措施

第一节　防　　火

一、加油加气站发生火灾的原因

加油加气站发生火灾，除了操作人员对防火思想不重视、麻痹大意、制度不严、管理不善、违犯操作规程外，还有其客观原因，一般来说，有下列几种。

① 违章将打火机、火柴等火种带入站区，在有油气的场所使用明火或铁器相碰撞以及穿钉子鞋登上油罐，与石头等碰撞爆发火花而引起火灾。

某加油站接收油罐车汽油，当地下油罐快满时，保管员去拔卸油胶管，刚弯腰，便从他衬衣口袋里掉出一个打火机，落在离罐口约十厘米处，打出火花，引起着火事故。

② 电气设备、设施不符合安全要求或年久失修，在使用中引起着火爆炸。

③ 未及时处理跑油、漏油及易燃、易爆物而引起着火爆炸。

④ 由于防雷设施不符合要求和防静电措施不落实而引起火灾。

⑤ 坏人纵火破坏。

⑥ 意外火灾蔓延，如加油加气站周围火灾的蔓延，周围山火的蔓延和地震等导致的火灾。

以上几种着火原因都有许多实际火灾事例可以佐证，在此不赘述了。

除上述原因发生火灾外，浸过油的棉纱、棉布、工作服等没有按规定存放，随意放在作业区或罐区，长时间不清理，也会引起自燃，造成火灾。平时加油加气站火灾多数是由于违反安全管理制度和操作规程而引起的。

二、加油加气站建筑物、构筑物防火措施

① 加油加气站内的所有建、构筑物必须符合国家有关防火的法规及规范，其耐火等级不应低于二级。

② 加气站、加油加气合建站内的门、窗应向外开；有爆炸危险的建筑物，应按现行国家标准《建筑物设计防火规范》GB J16 的有关规定，采取泄压措施。

③ 液化石油气(LPG)加气站内，具有爆炸危险的建筑物的室内地坪应采用不发生火花地面；当采用地下储罐池时，罐池底和侧壁应采取防渗措施，以防储罐泄漏影响邻罐。地上罐应采用钢筋混凝土作支座，其耐火极限不应低于 5h。

④ 压缩天然气(CNG)加气站的储气瓶间宜采用开敞式或半开敞式钢筋混凝土结构或钢结构。开敞面应设置防冲撞栏杆，屋面应采用非燃烧材料制作。

⑤ 压缩天然气(CNG)加气站的储气瓶间与压缩机房、调压气间相邻时，应用钢筋混凝土墙隔开，隔墙高度比储气瓶高出 1.0m；隔墙长度为储气瓶组总长每端延伸 2.0m；隔墙厚度不小于 20cm，且不可开口开孔。

⑥ 压缩天然气(CNG)加气站的压缩机房宜采用开敞式或半开敞式建筑，净高不宜低于4.0m，屋面应为非燃烧材料制作。

⑦ 站内主要设施在进行平面布置时，既要满足经营作业功能的要求，各设施间的防火安全距离更要严格按本书第二章第三节中表2-3-6的要求执行。

三、站内防火管理措施

1. 汽车油罐车装卸油作业时的防火措施

① 汽车灌装油站建筑及地面应为不燃材料和用撞击不产生火花的材料铺设，进出汽车的道路宜分开设置，并应有回车场。

② 装卸油站室内应有良好的通风，装油的一切金属设备应有静电接地装置，照明设备应用防爆型灯具。

③ 汽车油罐车进入装卸油站台时，必须缓慢行驶，汽车与汽车之间必须保持一定的安全距离，排气管上必须装设火花灭火器。

④ 装卸油时，汽车应停车熄火，接好接地线，非加油站工作人员不得下车随意走动，更不准在作业现场检修车辆。

⑤ 要认真检查下部卸油装置有无松动、阀门是否严密，发现问题应及时处理，并应控制流速。严禁敞盖作业。

⑥ 灌装汽、煤、柴油汽车油罐车的灌油鹤管应插到油罐底部。

⑦ 在汽车油罐车进站装卸油时，其他车辆不准进入。遇雷雨天时应停止卸油。

2. 汽车加油时的防火措施

① 严禁在发油现场和加油现场进行可能产生火花的任何作业。如严禁修理车辆、严禁敲击铁器，严禁装载有雷管、炸药、爆竹、礼花等易燃易爆物品的车辆进入加油现场。

② 所有机动车辆加(发)油时，均必须熄火，否则不予加油。摩托车、助力车油箱小，加油少，极易发生溢油，应要求这类车辆在加油前熄火，加油后推行至加油站外方可发动驶去。

③ 汽车加(发)油时，外来司机应尽量人不下车，不离驾驶室，一旦发生火警时，可以在最短时间内逃离加(发)油现场，远离危险区域。

④ 严禁给客户所带的塑料桶内灌装轻质油品。为方便顾客，可先将油加到加油站自备的铁皮桶内，然后由顾客拿至安全地带自行倒灌到自带的塑料桶内。

⑤ 进门时，应将司乘人员和顾客所带火种如火柴、打火机等交由门口警卫代行保管。加(发)油现场不得吸烟和拨打手机。

3. 电气设备的防火措施

(1)站内变、配电所(室)应采取的防火措施

① 变压器运行电压的变动，应掌握在额定电压的±5%以内。

② 油浸式变压器的最高油温应符合铭牌规定。为防止变压器油氧化过速，上层油温以不超过85℃为宜，最高不得超过95℃。

③ 变压器应保持良好的通风，夏季的排风温度不宜大于45℃，进风和排风的温度差不宜大于15℃。

④ 油断路器油箱内的油面要适当，油量不足时，应按油标线添到标准线，并应防止油箱和充油套管渗油、漏油。对绝缘油要经常监视油质的变化。发现油温过高时应采取措施，取出油样进行化验，如油色发黑，即说明触点存在故障，应及时进行检修。

⑤ 变压器的外部检查，每月不得少于两次，内容为：

a. 变压器油面是否符合规定高度，有无渗漏，油色是否变异，必要时应取样化验。

b. 变压器套管是否清洁，瓷釉有无破损裂纹、放电痕迹及其他现象。

c. 监听变压器、油开关、互感器等音响是否正常，如音响不正常，应停电查找原因，并测试绝缘情况。

d. 检查各连接头是否紧固，外壳接地是否良好，电缆头是否有漏油漏胶现象。

⑥ 每半年应停电检修，内容为：

a. 检查高低压绝缘子、瓷套管等是否清洁，有无积水、裂纹，对全部设备进行一次清扫和擦拭。

b. 检查各铜排、铝排曲线是否牢固，接触点是否压紧，有无跳火痕迹，铝/铝和铜/铝接头是否有氧化现象，并加以消除。检查各处接地线是否良好。

c. 校对并检查各仪表的正确性，对变压器、油开关、隔离开关、曲线、互感器、电容器、电缆等进行一次绝缘摇测，并作好记录。

(2) 通信设备应采取的防火措施

① 在作业区和储油区架设的通信线路宜采用绝缘性能较好的被覆线，接头要牢固，并缠好胶布，作业区不允许有架空通信线。

② 通信线路架空终端杆与坑道口之间的电话电缆埋地敷设不少于50m。

③ 凡油气场所使用的通信缆线、电话、插座、插销、接线盒必须符合防爆等级要求，并经上一级通讯部门审批，方能采用。

④ 对通信架空被覆线应及时进行维护，防止混线，对被覆层损坏的应及时进行更换，对于洞库电缆每年应进行一次绝缘检查；对防爆接线盒和防爆单机经常进行维护。

(3) 电动机应采取的防火措施

① 对运行中的电动机应建立定期的清扫和检修制度，运行中要检查轴承、滑环和绕组的温度是否过高。

② 注意电机在运转时是否有不正常的噪声和振动，锭子、转子是否相互摩擦。检查电动机的电刷，滑环是否有灼伤、磨损和不正常的火花。

③ 检查电动机绕组和电源引入线的可见部分有无松动、碰伤和灼伤等现象。电动机的接地线要牢靠。

④ 长期停用或有可能受潮的电动机在使用前应测量绝缘电阻。

⑤ 检查电动机外壳有无裂纹，各紧固螺栓是否齐全、紧固。当电动机内部发生爆炸时，绝不应破裂和变形。

⑥ 电动机起动时间不超过17s，一般为8.5s。电动机连续启动次数不能太多，一般不能超过3~5次，热状态下连续启动次数不能超过1~2次，以免电动机过热烧毁引起火灾。

第二节 防 爆

一、爆炸性物质的分类、分级和分组

1. 分类

爆炸性物质分为3类：

Ⅰ类——矿井甲烷；

Ⅱ类——爆炸性气体混合物(含蒸气、薄雾)；

Ⅲ类——爆炸性粉尘。

2. 分级

爆炸性气体在标准试验条件下，按其最大试验安全间隙(MESG)和最小点燃电流比(MICR)可分为Ⅰ、ⅡA、ⅡB和ⅡC四级，见表8-2-1。

3. 分组

爆炸性混合物按其引燃温度(指按照标准试验方法试验时，引燃爆炸性混合物的热表面的最低温度)可分为T1、T2、T3、T4、T5、T6共6组，见表8-2-1。

表8-2-1 爆炸性气体的分类、分级、分组举例表

类和级	最大试验安全间隙MESG(mm)	最小点燃电流比MICR	引燃温度t(℃)与组别					
			T1	T2	T3	T4	T5	T6
			450<t	300<t≤450	200<t≤300	135<t≤200	100<t≤135	85<t≤100
Ⅰ	MESG=1.14	MICR=1.0	甲烷					
ⅡA	0.9<MESG<1.14	0.8<MICR<1.0	乙烷、丙烷、丙酮、苯乙烯、氯乙烯、氯苯、甲苯、苯、氨、甲醇、一氧化碳、乙酸乙酯、乙酸、丙烯腈	丁烷、乙醇丙烯、丁醇、乙酸、丁酯、乙酸戊酯、乙酸酐	戊烷、己烷、庚烷、癸烷、辛烷、汽油、硫化氢、环己烷	乙醚、乙醛		亚硝酸乙酯
ⅡB	0.5<MESG≤0.9	0.45<MICR≤0.8	二甲醚、民用煤气、环丙烷	环氧乙烷、环氧丙烷、丁二烯、乙烯	异戊二烯			
ⅡC	MESG≤0.5	MICR≤0.45	水煤气、氢、焦炉煤气	乙炔			二硫化碳	硝酸乙酯

引自《中华人民共和国爆炸危险场所电气安全规程》2.2表1，劳动人事部等八部委1987.12.16。

二、加油站爆炸危险场所区域等级范围

划分其等级的主要依据是爆炸混合气体形成、积聚的可能性和危险程度，以及油气扩散的范围。

(一)加油(气)站危险区域等级

加油站、加气站经营的汽油、煤油、-35号柴油的蒸气或薄雾、液化石油气或压缩天然气与空气混合形成爆炸性气体混合物，根据其出现的频繁程度和持续时间，将爆炸危险区域划分为三个等级，其图例见图8-2-1。

0级区域(简称0区)：连续出现或长期出现爆炸性气体混合物的环境。

1级区域(简称1区)：在正常运行时可能出现爆炸性气体混合物的环境。

2级区域(简称2区)：在正常运行时不可能出现爆炸性气体混合物的环境，或即使出现也仅是短时存在爆炸性气体混合物的环境。

正常运行是指正常的开车、运行、运转、停车，油品、液化石油气或天然气的装卸、输送，密闭容器盖的开闭，安全阀、排放阀等以及设备在其设计参数范围内工作的状态。

(二) 加油加气站内危险区域的范围

1. 加油站爆炸危险区域的划分

(1) 汽油加油机爆炸危险区域的划分(如图 8-2-2)

① 加油机壳体内部空间划为 1 区。

② 以加油机中线为中心，上面半径为 3m(1.5m)、下面半径为 4.5m(3m)，高度为从地坪向上至加油机顶上 0.15m 的圆台形空间，划为 2 区。

(2) 油罐车卸汽油时爆炸危险区域的划分(如图 8-2-3)

① 油罐车内部的油品表面以上空间划分为 0 区。

② 以通气口为中心，半径为 1.5m 的球形空间，以密闭卸油口为中心、半径为 0.5m 的球形空间划为 1 区。

③ 以通气口为中心，半径为 3m 的球形并延至地面及以密闭卸油口为中心，半径为 1.5m 延至地面的空间划为 2 区。

(3) 埋地卧式汽油储罐爆炸危险区域的划分(如图 8-2-4)

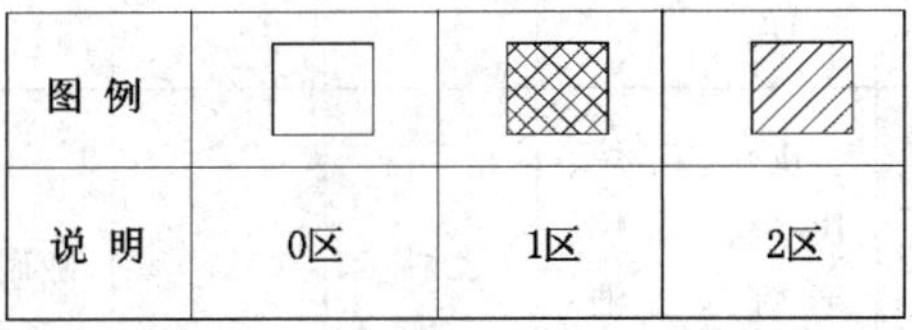

图 8-2-1　爆炸危险区域划分图的图例

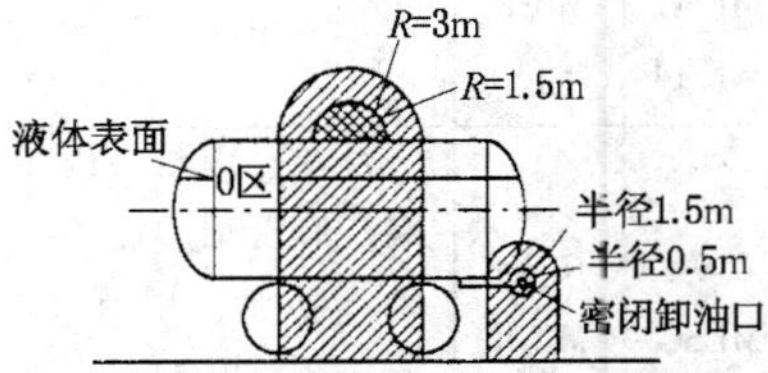

图 8-2-3　油罐车卸汽油时爆炸危险区域划分

注：采用卸油油气回收系统的汽油罐通气管管口爆炸危险区域用括号内数字

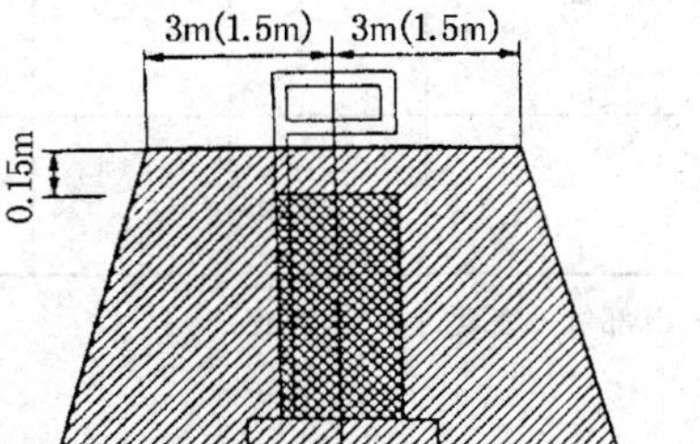

图 8-2-2　汽油加油机爆炸危险区域划分

注：采用加油油气回收系统的加油机爆炸危险区域用括号内数字

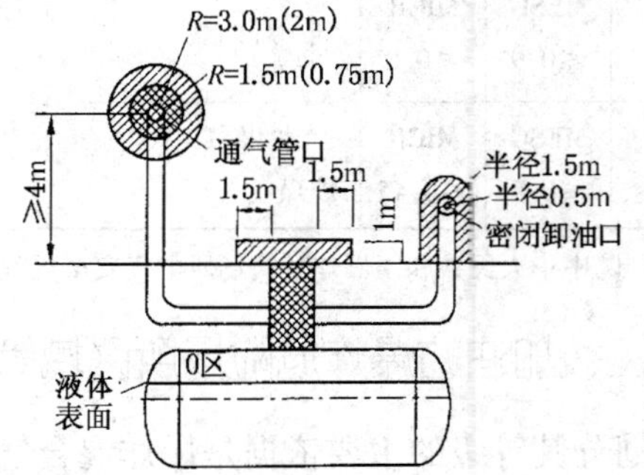

图 8-2-4　埋地卧式汽油储罐爆炸危险区域划分

注：采用卸油油气回收系统的汽油罐通气管管口爆炸危险区域用括号内数字

① 罐内部油品表面以上的空间划为 0 区。

② 阀井内部空间，以通气管口为中心、1.5m(0.75m)为半径的球形空间，及密闭卸油口为中心、0.5m 为半径的球形空间划为 1 区。

③ 距阀井外边缘 1.5m 为边界、距地坪 1m 高的圆柱体空间，以通气管口为中心、半径为 3m(2m)的球形空间，及以密闭卸油口为中心、半径为 1.5m 的球形空间并延至地面划为 2 区。

2. 液化石油气(LPG)加气站危险区域的划分

(1) 埋地液化石油气储罐爆炸危险区域的划分(如图 8-2-5)

① 罐内部液体表面以上的空间划为0区。

② 阀井内部空间，密闭卸气口为中心、半径为1m 的球形空间，划为1区。

③ 距阀井外缘3m 为边界、距地坪2m 高的圆柱体空间，以放散管管口口为中心、半径为3m 的球形空间并延至地面，以密闭卸气口为中心、半径为3m 的球形空间并延至地面划为2区。

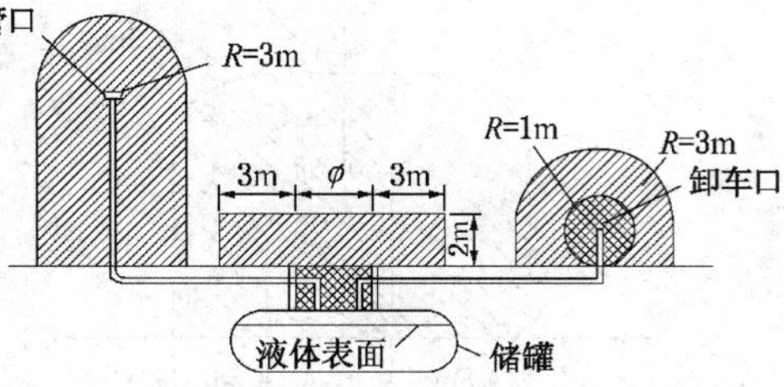

图 8-2-5 埋地液化石油气储罐爆炸危险区域划分

(2) 地上液化石油气储罐爆炸危险区域的划分(如图 8-2-6)

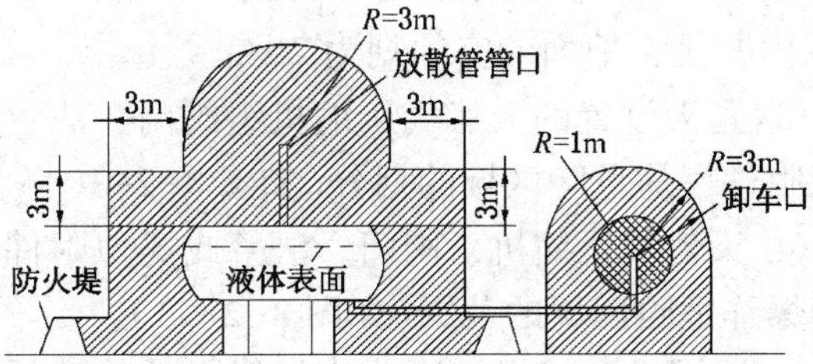

图 8-2-6 地上液化石油气储罐爆炸危险区域划分

① 储罐内部液体表面以上的空间划为0区。

② 以卸车口为中心、半径为1m 的球形空间划分为1区。

③ 以放散管管口为中心、半径为3m 的球形空间，储罐外壳3m 以内空间并延至地面、高为防火堤等高的空间和以卸车口为中心，半径为3m 的球形并延至地面的空间划为2区。

(3) 液化石油气加气机爆炸危险区域划分(如图 8-2-7)

① 加气机内部空间及爆炸危险区域内的沟或坑划为1区。

② 以加气机中线为中心，上面半径为3m，下面半径为5m，高度为从地坪向上至加气机顶上0.15m 的圆台形空间，划为2区。

3. 压缩天然气(CNG)加气站爆炸危险区域的等级划分

① 压缩天然气加气机爆炸危险区域的划分(如图 8-2-8)。

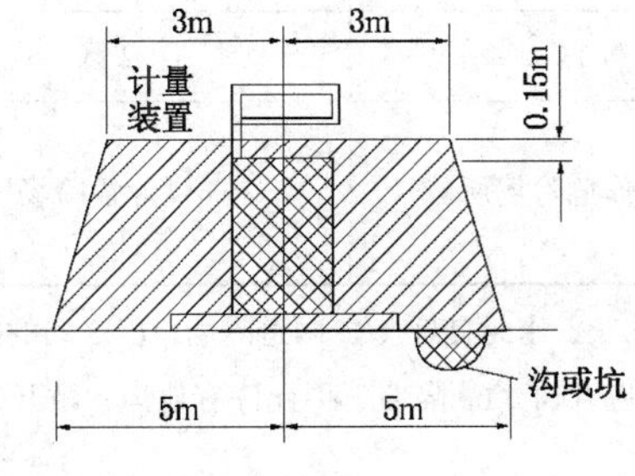

图 8-2-7 液化石油气加气机爆炸危险区域划分

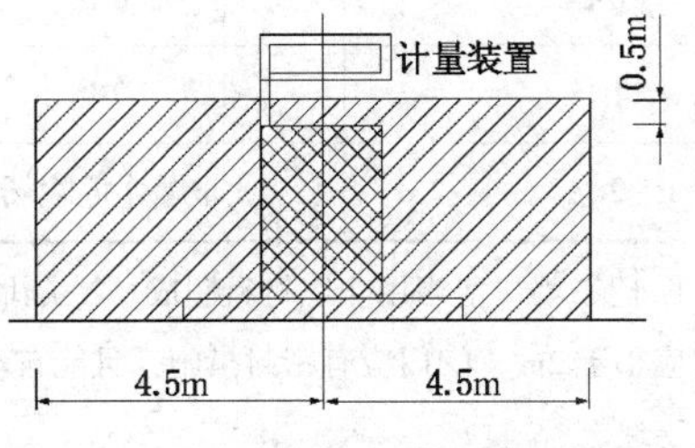

图 8-2-8 压缩天然气加气机爆炸危险区域划分

a. 加气机壳体内部空间划为1区。

b. 以加气机中线为中心，半径为4.5m，高度为从地坪向上至加气机顶上0.5m 的圆柱形空间划为2区。

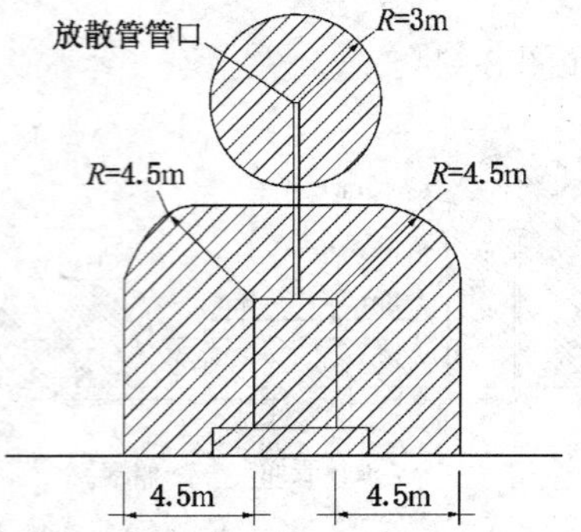

图 8-2-9　室外或棚内压缩天然气储气瓶组(储气井)爆炸危险区域划分

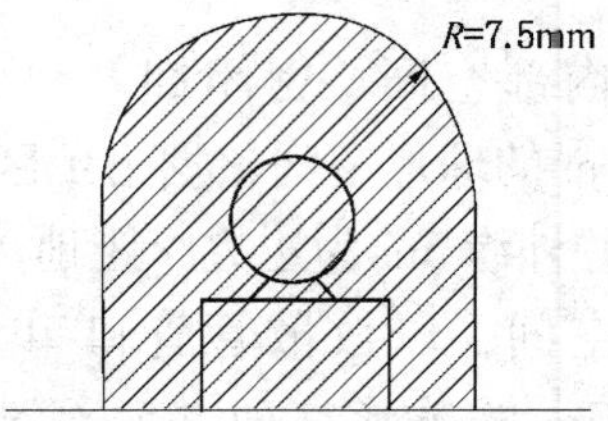

图 8-2-10　露天(棚)设置的天然气压缩机组、阀门、法兰或类似附件爆炸危险区域划分

② 室外储气瓶组爆炸危险区域的划分(如图 8-2-9)。以放散管管口为主心，半径为 3m 的球形空间和距储气瓶组壳体(储气井)4. 5m 以内并延至地面的空间划为 2 区。

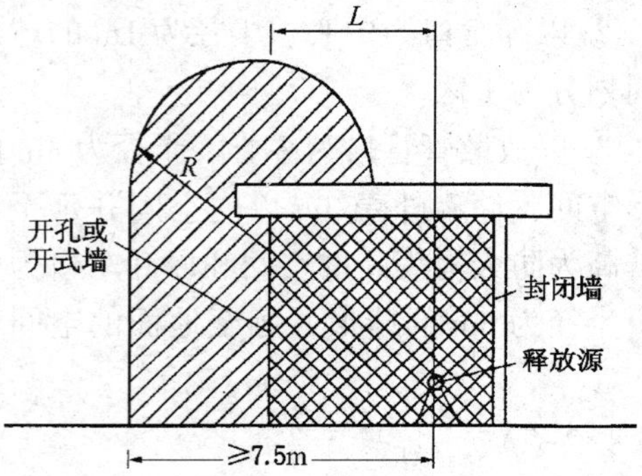

图 8-2-11　天然气压缩机、阀门、法兰或类似附件的房间爆炸危险区域划分

③ 露天设置的天然气压缩机组阀门、法兰或类似附件爆炸危险区域的划分(如图 8-2-10)。

④ 天然气压缩机、阀门、法兰或类似附件的房间爆炸危险区域的范围(如图 8-2-11)。

a. 压缩机、阀门、法兰或类似附件的房间内部空间划为 1 区。

b. 有孔或开式墙外半径 *R* 以内至地坪空间划为 2 区。

4. 与爆炸危险场所相邻场所的等级划分

与爆炸危险场所相邻场所的等级划分，见表 8-2-2。

表 8-2-2　爆炸危险场所相邻场所等级划分

爆炸危险区域等级	用有门的墙隔开的相邻区域		
	一道有门的隔墙	两道有门的隔墙	一道无门的隔墙
0 区	0 区	1 区	2 区
1 区	2 区	非爆炸危险场所	非爆炸危险场所
2 区	非爆炸危险场所		

注：1. 门、墙，应当用非燃材料制成。2. 隔墙应为实体的，两面抹灰，密封良好。3. 两道隔墙、门之间的净距离不应小于 2m。4. 门应有密封措施，且能自动关闭。5. 隔墙上不应开窗。6. 隔墙下不允许有地沟、敞开的管道等连通。

三、电气设备的防爆代号和标志类型

1. 代号

电气设备防爆类型按《爆炸性环境用防爆电气设备通用要求》(GB 3836. 1)规定有七种，

即隔爆型、增安型、本质安全型、正压型、充油型、充砂型、浇封型。其代号和含义见表8-2-3。

表 8-2-3　各型防爆电气设备的代号含义

名　称	代　号	含　　义
隔爆型	d	具有能承受内部爆炸性混合物的爆炸压力，并阻止内部爆炸向外壳周围爆炸性混合物传播的外壳的电气设备
增安型	e	在正常运行情况下不会产生电弧、火花或可能点燃爆炸性混合物的高温，采取措施提高安全程度，以避免在正常和认可的过载条件下出现危险现象的电气设备
本质安全型	i	在正常运行或发生故障情况下，产生的火花或热效应均不能点燃规定的爆炸性混合物的电路，也就是说这类设备产生的能量低于爆炸物质的最小点火能量
正压型	p	向外壳内充入惰性气体，或者连续通入洁净空气，以阻止爆炸性混合物进入外壳内部的电气设备
充油型	o	把可能产生火花、电弧或危险高温的带电零部件浸在油中，使之不能点燃油面上爆炸性混合物的电气设备
充砂型	q	把细粒状砂料填入外壳，壳内出现电弧、火焰传播或壳壁和颗粒表面的温度均不能点燃壳外的爆炸性混合物的电气设备
浇封型	m	把可能产生危险的火花、电弧、能量密封起来的电气设备

注：1. 本质安全型电气设备及其关联设备，按其使用场所和安全程度分为 ia 和 ib 两个等级。

2. ia 级是正常工作、一个故障或两个故障时，均不能点燃爆炸性气体混合物的电气设备，适用于 0 级场所；ib 级是在正常工作和一个故障时，不能点燃爆炸性气体混合物的电气设备，适用于 1 级和 2 级场所。

2. 标志

(1) 标志方法

复合类型标志

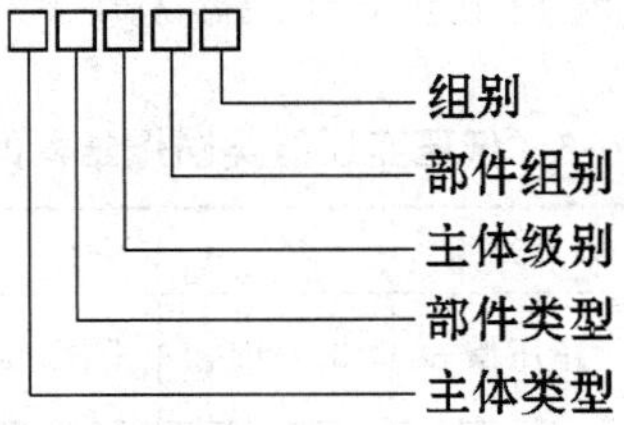

各项标志须清晰、易见并耐久。

防爆合格证编号方法如下：

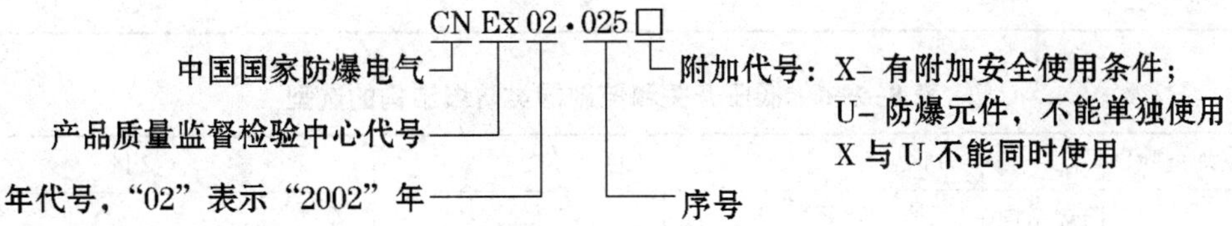

(2) 举例

Ⅰ类隔爆型——ExdⅠ

ⅡB 类隔爆型 T3 组——ExdⅡBT3

ⅡA 类本质安全型 ia 等级 T5 组——ExiaⅡAT5

Ⅱ类主体增安型并具有正压型部件 T4 组——ExepⅡT4

Ⅱ类用于氨气环境的隔爆型——ExdⅡ(NH_3)或 ExdⅡ氨

最高表面温度为 125℃的工厂用增安型——ExepⅡT4；ExepⅡ(125℃)或 ExepⅡ125℃(T4)

ⅡC 类本质安全型 ib 等级关联设备 T5 组——Ex(ib)ⅡCT5

Ⅰ类特殊型——ExsⅠ

对既适用于Ⅰ类又适用于Ⅱ类 T4 组的隔爆型——ExdⅠ/ⅡBT4

四、防爆电气设备的选型

(一) 选型要求

旋转电机、低压变压器、低压开关和控制器、灯具以及信号、报警装置等电气设备防爆结构的选型以及电缆、钢管配线的选型，应符合表 8-2-4～表 8-2-11 的规定。

表 8-2-4 旋转电机防爆结构的选型

爆炸危险区域	1 区			2 区			
电气设备 \ 防爆结构	隔爆型 d	正压型 p	增安型 e	隔爆型 d	正压型 p	增安型 e	无火花型 n
鼠笼型感应电动机	○	○	△	○	○	○	○
绕线型感应电动机	△	△		○	○	○	×
同步电动机	○	○	×	○	○	○	
直流电动机	△	△		○	○		
电磁滑差离合器(无电刷)	○	△	×	○	○	○	△

注：1. 表中符号：○为适用；△为慎用；×为不适用(下同)。

2. 绕线型感应电动机及同步电动机采用增安型时，其主体是增安型防爆结构，发生电火花的部分是隔爆或正压型防爆结构。

3. 无火花型电动机在通风不良及户内具有比空气重的易燃物质区域内慎用。

表 8-2-5 低压变压器类防爆结构的选型

爆炸危险区域	1 区			2 区			
电气设备 \ 防爆结构	隔爆型 d	正压型 p	增安型 e	隔爆型 d	正压型 p	增安型 e	充油型 o
变压器(包括启动用)	△	△	×	○	○	○	○
电抗线圈(包括启动用)	△	△	×	○	○	○	○
同步电动机	△		×	○		○	○

表 8-2-6 低压开关和控制器类防爆结构的选型

爆炸危险区域	0 区	1 区					2 区				
电气设备 \ 防爆结构	本质安全型 ia	本质安全型 ia，ib	隔爆型 d	正压型 p	充油型 o	增安型 e	本质安全型 ia，ib	隔爆型 d	正压型 p	充油型 o	增安型 e
刀开关、断路器			○					○			
熔断器			△					○			
控制开关及按钮	○	○	○		○		○	○		○	

续表

爆炸危险区域	0区	1区					2区				
电气设备 \ 防爆结构	本质安全型 ia	本质安全型 ia，ib	隔爆型 d	正压型 p	充油型 o	增安型 e	本质安全型 ia，ib	隔爆型 d	正压型 p	充油型 o	增安型 e
电抗启动器和启动补偿器		△				○				○	
启动用金属电阻器			△	△		×		○	○		○
电磁阀用电磁铁			○			×		○			○
电磁摩擦制动器			△			×		○			△
操作箱、柱			○	○				○	○		
控制盘			△	△				○	○		
配电盘			△					○			

注：1. 电抗启动器和启动补偿器采用增安型时，是指将隔爆结构的启动运转开关操作部件与增安型防爆结构的电抗线圈或单绕组变压器组成一体的结构。

2. 电磁摩擦制动器采用隔爆型时，是指将制动片、滚筒等机构部分也装入隔爆壳体内者。

3. 在2区内电气设备采用隔爆型时，是指除隔爆型外，也包括主要有火花部分为隔爆结构而其外壳为增安型的混合结构。

表 8-2-7　灯具类防爆结构的选型

爆炸危险区域	1区		2区	
电气设备 \ 防爆结构	隔爆型 d	增安型 e	隔爆型 d	增安型 e
固定式灯	○	×	○	○
移动式灯	△		○	
携带式电池灯	○	×	○	
指示灯类	○		○	○
镇流器	○	△	○	○

表 8-2-8　信号、报警装置等电气设备防爆结构的选型

爆炸危险区域	0区	1区				2区			
电气设备 \ 防爆结构	本质安全型 ia	本质安全型 ia，ib	隔爆型 d	正压型 p	增安型 e	本质安全型 ia，ib	隔爆型 d	正压型 p	增安型 e
信号、报警装置	○	○	○	○	×	○	○	○	○
插接装置			○				○		
接线箱(盒)			○		△		○		○
电气测量表			○	○	×		○	○	○

表 8-2-9 计测仪器类防爆结构选型

爆炸危险区域	0 区	1 区					2 区				
防爆结构 电气设备	本质安全型 ia	本质安全型 ia，ib	隔爆型 d	正压型 p	充油型 o	增安型 e	本质安全型 ia，ib	隔爆型 d	正压型 p	充油型 o	增安型 e
测温电阻、热电偶	○	○	○	—	—	×	○	○	—	—	
传送器类(流量、压力、液位)	○	○	○		—	×	○	○		—	△
电磁流量仪、发讯器	—	○	○		—	×	○	○			△
液体浓度仪	○	○	○		—	—	○	○		—	—
气体分析仪	—	○	○	○	—	×	○	○	○	—	△
气体报警仪	—	—	○	—	—	×	—	○	—	—	—
电动、气体变换器(定位器)	○	○	○		—	×	○	○		—	○
自动线圈式指示记录仪(包括可动铁片型)	○	○	○		—	×	○	○		—	

注：计测仪器类电气设备防爆结构的选型，我国尚无标准规定，此表供参考。

表 8-2-10 爆炸性气体环境电缆配线技术要求

项目技术要求 爆炸危险区域	电缆明设或在沟内敷设时的最小截面			接线盒	移动电缆
	电　力	照　明	控　制		
1 区	铜芯 2.5mm² 及以上	铜芯 2.5mm² 及以上	铜芯 2.5mm² 及以上	隔爆型	重型
2 区	铜芯 1.5mm² 及以上，或铝芯 4mm² 及以上	铜芯 1.5mm² 及以上，或铝芯 4mm² 及以上	铜芯 1.5mm² 及以上	隔爆、增安型	中型

表 8-2-11 爆炸危险环境钢管配线技术要求

项目技术要求 爆炸危险区域	线芯最小截面/mm²							分支盒挠性连接管	移动电缆	钢管连接要求
	铜　芯				铝　芯					
	电力	控制	照明	通信	电力	控制	照明			
1 级	2.5	2.5	2.5	0.28	×	×	×	隔爆型	重型	对 *DN*25mm 及以下的钢管螺纹旋合不应少于 5 扣，对 *DN*32mm 及以上的不应少于 6 扣，并有锁紧螺母
2 级	1.5	1.5	1.5	0.19	4	×	2.5	隔爆、增安型	中型	对 *DN*25mm 及以下的螺纹旋合不应少于 5 扣，对 *DN*32mm 及以上的不应少于 6 扣

注：1. 表中×表示不适用。
2. 控制线路包括仪表和信号回路。
3. 铝芯截面 4mm² 的导线应用多股线芯。在无多股线芯时，可用 6mm² 多股铝线或单芯铝线。

（二）危险区域电气线路的选择

爆炸危险区域电气线路应按表 8-2-12 的规定进行选择。

表 8-2-12　爆炸危险区域电气线路最小允许截面

<table>
<tr><th rowspan="3">爆炸危险区域等级</th><th colspan="7">线芯最小截面/mm^2</th></tr>
<tr><th colspan="4">铜　　芯</th><th colspan="3">铝　　芯</th></tr>
<tr><th>动力</th><th>控制</th><th>照明</th><th>通讯</th><th>动力</th><th>控制</th><th>照明</th></tr>
<tr><td>1　区</td><td>2.5</td><td>1.5</td><td>2.5</td><td>0.28</td><td>×</td><td>×</td><td>×</td></tr>
<tr><td>2　区</td><td>1.5</td><td>1.5</td><td>1.5</td><td>0.19</td><td>4</td><td>×</td><td>2.5</td></tr>
</table>

注：1. 表中×表示不允许采用。2. 钢管应采用低压流体输送用镀锌焊接钢管。3. *DN*25mm 及以下的钢管螺纹旋合不应少于 5 扣，*DN*32mm 及以上的不应少于 6 扣，并有锁紧螺母。4. 1 区接线盒、挠性连接管采用隔爆型，移动电缆应采用重型；2 区接线盒、挠性连接管采用隔爆型或增安型，移动电缆应采用中型的。

（三）火灾危险环境电气设备选型

根据区域等级和使用条件，火灾危险环境的电气设备防护结构的选型应符合表 8-2-13 的规定。

表 8-2-13　火灾危险区域电气设备防护结构选型表

<table>
<tr><th colspan="2">项　　目</th><th>21 区</th><th>22 区</th><th>23 区</th></tr>
<tr><td rowspan="2">电　　机</td><td>固定安装</td><td>IP44</td><td rowspan="2">IP54</td><td>IP21</td></tr>
<tr><td>移动式、携带式</td><td>IP54</td><td>IP54</td></tr>
<tr><td rowspan="2">电器和仪表</td><td>固定安装</td><td>充油型 IP54、IP44</td><td rowspan="2">IP54</td><td>IP44</td></tr>
<tr><td>移动式、携带式</td><td>IP54</td><td>IP44</td></tr>
<tr><td rowspan="2">照明灯具</td><td>固定安装</td><td rowspan="4">IP2X</td><td rowspan="4">IP5X</td><td rowspan="4">IP2X</td></tr>
<tr><td>移动式、携带式</td></tr>
<tr><td colspan="2">配电装备</td></tr>
<tr><td colspan="2">接线盒</td></tr>
</table>

注：1. 在火灾危险环境 21 区内固定安装的正常运行时有滑环等火花部件的电机，不宜用 IP44 结构。

2. 在火灾危险环境 23 区内固定安装的正常运行时有滑环等火花部件的电机，不应采用 IP21 型结构，而应采用 IP44 型结构。

3. 在火灾危险环境 21 区内固定安装的正常运行时有火花部件的电器和仪表，不宜采用 IP44 型结构。

4. 移动式和携带式照明灯具的玻璃罩，应有金属网保护。

5. 表中防护等级的标志应符合国家标准《外壳防护等级的分类》的规定。

6. 表 8-2-4~表 8-2-13 引自《油库电气实用技术》，杨艺、王祥主编，中国电力出版社，2003 年 8 月第 1 版。

五、加油(气)站防爆措施

（一）设计方面的防爆措施

1. 平面和空间布置上防爆

加油(气)站，在总平面布置和建筑物的平面和空间布置时，都应从防止爆炸事故的发生和减少爆炸事故所造成的损失考虑。

(1) 站区平面布置

应根据其功能和性质分区布置，一般分为加油区、油罐区、营业区和辅助区。CNG 加气站可分为加气常规站、加气母站和加气子站，站区内可分为加气区、储气瓶组、生产区和辅助区。LPG 加气站可分为加气区、储罐区(包括卸液点)、营业区和辅助区。布置时既要满足经营和作业功能的要求，又必须符合安全规定，满足防火安全距离要求。站内各主要设施的布置都应满足防火安全要求。

（2）建筑物平面及空间布置

防爆建筑物的形状不宜变化过多，一般应为矩形，面积不宜过大，其内部应用防火、防爆建筑物加以分隔，以便发生事故时，可减少损失。有爆炸危险的工作场所不宜设地下室或半地下室。防爆建筑物内不应设办公室、休息室等辅助用房。防爆建筑物应有良好的自然通风或机械通风。防爆房间宜单独设置，如必须和非防爆房间毗邻时，只能有一面毗邻，两者之间应用防火墙或防爆墙隔开，相邻两者不应有门窗相通。易发生爆炸的设备在建筑物内布置时，应尽量避开建筑物的主要承重构件，以免发生事故时造成房屋的倒塌。

2. 建(构)筑物的结构上防爆

（1）设置防爆泄压设施

在有爆炸危险的建筑物中设置泄压的轻质屋顶、轻质外墙、泄压门窗等建筑构件。当发生爆炸时，这些耐压最薄弱的建筑构件，将最先爆破向外释放大量的气体和能量，使室内压力迅速下降，因而可以减轻爆炸压力的作用，承重结构不至于倒塌，所有这些面积称为泄压面积。泄压方向宜朝向上空，避免朝向人员集中的地方和交通要道及储存易燃、可燃物的建筑物。泄压面积的确定，根据规范要求，我国对有爆炸危险厂房泄压面积与厂房体积的比值采用 $0.05 \sim 0.10 m^2/m^3$。

（2）选用耐爆较强的结构型式

有爆炸危险的建筑物尽可能采用敞开式或半敞开式建筑型式，以防燃气或可燃蒸气积聚。有爆炸危险的建筑结构要用耐火性好(其耐火极限不应低于 5h)、耐爆性强的结构型式，可以避免建筑物的破坏。钢筋混凝土框架结构的建筑，耐爆性强、耐火性好。装配式钢筋混凝土结构的建筑，有柱、梁、楼板互相连接，整体刚性较差，耐爆强度不如钢筋混凝土框架结构。钢结构的耐爆强度虽然高，但耐火极限很差，当发生火灾爆炸事故时，受到一定高温就会变形倒塌。

（3）防渗及地坪要求

具有爆炸危险建筑物内的室内地坪应采用不发火花地面。当采用地下储罐池时，罐池底和侧壁应采取防渗漏措施，以防储罐发生泄漏时对邻罐的影响。

3. 压缩天然气建筑物防爆具体要求

① 压缩天然气(CNG)加气站的储气瓶间与压缩机房、调压气间相邻时，应用钢筋混凝土隔墙隔开，隔墙高度比储气瓶高出 1.0m 。隔墙长度为储气瓶组总长每端延伸 2.0m，隔墙厚度不小于 20cm，且无开口。

② 压缩天然气(CNG)加气站的储气瓶间，宜采用敞开式或半敞开式钢筋混凝土结构或钢结构。敞开面应设置防冲撞钢栏杆，屋面应采用非燃烧材料制作。

③ 加气站、加油加气合建站内的门、窗应向外开，有爆炸危险的建筑物，应按规定采用泄压措施。

④ 压缩天然气(CNG)加气站的压缩机房宜采用单层敞开式或半敞开式建筑，净高不宜低于 4.0m，屋顶应为非燃烧材料的轻型结构。

（二）管理方面的防爆措施

业务管理上防爆的基本措施有两个方面，一是防止形成爆炸性油气混合物，二是消除引爆源。一般说来，可采取以下措施。

1. 减少油品蒸发

在作业过程中，可以采取不同的措施，来达到减少油品蒸发的目的。

（1）防止油品泄漏

防止设备腐蚀穿孔及破损，以免油品泄漏或加大油品通风蒸发量。收发油作业时，应防止油品超过高液位溢出油罐或罐车。检修设备时应注意阀门的关闭，剩油不能任意排放及露天存放。

（2）降低油罐内外温差

在夏季可以对油罐设法降温，减少小呼吸的频率。

（3）进行油气回收

对那些不可避免蒸发的油气进行回收转变为油品，以防逸入大气中，又可以改善作业卫生条件，降低损耗。

（4）改进设备及操作

对油罐车发油时可采用密闭装油。收发油作业时应避免分散装油和喷溅式装油，可以在油槽车装卸油作业时，在口部盖上石棉毡(被)。

2. 通风和惰化

（1）通风

通风就是使油气浓度保持在低于危险浓度以内。通风后的可燃气体在空气中的浓度一般要小于或等于爆炸下限的1/4。而且，还应控制在小于国家工业卫生标准规定的最高允许浓度。

危险区域内的通风设备应符合防爆防静电等各方面要求。排气管应伸出室外，高出附近屋顶，并注意附近有无火星和高压电源等引爆源。除考虑主导风向和安全间距外，还应适当注意附近烟囱高度。通风口或通风管应设置阻火器，以防止火灾蔓延。排气管不应造成负压，也不应阻塞。

（2）惰化

在可燃气体与空气混合物中充入惰性气体，可以缩小以致消除爆炸危险和制止火焰蔓延。使用惰性气体的目的是降低含氧量，当氧含量降到某一值，燃烧便不能进行，即使已燃着的火焰也会熄灭。

3. 控制与消除引爆源

对于明火引爆源，必须严格遵守明火管理制度，办理动火作业证等相关手续，控制明火的使用范围及使用时间，动火场所必须进行动火分析后方能进行明火作业。电气引爆源存在于加油加气站的各作业场所，一般采取电气设备整体防爆的措施，将其危险限制在最小程度。

防爆电气设备应进行正常的日常巡视和定期检查，巡视日常运行情况，检查并处理运行记录上提出的有关问题。大修后的防爆电气设备必须具有国家指定的检验单位签发的合格证，并由主管部门存档。大修和小修周期，可视实际设备运行状态自行规定，但不应低于对一般电气设备的要求。非电工或检修人员，在发现运行故障时，不应自己检修，而应通知有关人员进行检修。

（三）在爆炸危险区域内工作时，对使用的工具及音像设备的要求

1. 在爆炸危险场所必须使用防爆工具(铝青铜或铍青铜合金工具)

在0级场所，必须经过充分通风后，才准许使用防爆工具。

为了特殊情况的需要，在1级、2级场所，通过有效的措施确认爆炸性混合气体浓度在爆炸下限15%以下时，经领导批准后，允许临时使用普通工具。

在爆炸危险场所，严禁穿着金属钉子鞋。在上罐测量、槽车上装卸油作业时，人体及服装上禁止携带金属物件(如钥匙、钢笔、手表、金属框眼镜等)。

2. 使用音像设备的要求

在爆炸危险场所严禁使用照相机、摄像机、收音机、录音机、对讲机、手机等音响、声像器材。如工作特需必须使用时，应采取严密的安全措施，确认场所内无爆炸性混合气体，经领导批准后方可进行，而且尽可能避开油气场所内进行。

第三节　防　雷　击

一、加油加气站防雷要求

① 加油加气机的0区和1区，以及储油罐口周围的1区和储气罐(瓶)周围的建筑物属第一类防雷建筑物。

加油加气场所和储油储气区域属第二类防雷建筑物。

营业区、生活区等建筑物属第三类防雷建筑物。

② 油罐、液化石油气罐和压缩天然气储气瓶组必须进行防雷接地，且接地点不应少于两处。

③ 站内覆土油罐液化石油气罐，应与露出地面的工艺管道，以及呼吸阀、量油孔等金属附件做电气连接，并接地。

④ 装卸油(气)设施防雷要求：

a. 进入装卸作业区的输油、输气管道在进入点应接地。

b. 输油、输气管道的法兰连接处应跨接。当不少于5根螺栓连接时，在非腐蚀环境下可不用金属线跨接(跨接电阻在0.03Ω以下者)，但必须构成电气通路。

c. 站房和罩棚需防直击雷时，应采用避雷带(网)保护。

d. 信息系统应采用铠装电缆或导线穿钢管配线。配线电缆金属外皮两端、保护钢管两端均应接地。

e. 当液化石油气罐采用牺牲阳极法进行阴极防腐时，牺牲阳极的接地电阻不大于10Ω，且阳极与储罐的铜芯连接线横截面积不小于$16mm^2$；或者液化石油气罐采用强制电流法进行阴极防腐时，接地电极采用锌棒或镁锌复合棒，接地电阻不大于10Ω，接地电极与储罐的铜芯连线横截面积不小于$16mm^2$，可不再单独设置防雷和防静电接地装置。

⑤ 关于接地装置设置及其电阻的要求：

a. 站内防雷接地、防静电接地、电气设备的工作接地、保护接地及信息系统的接地，宜共用接地装置，其接地电阻不应大于4Ω。

b. 当各自单独设置接地装置时，储油储气容器设备的防雷接地装置的接地电阻、配线电缆金属外皮两端和保护钢管两端的接地装置的接地电阻均不应大于10Ω。

c. 保护接地的接地电阻不应大于 4Ω。

d. 地上油品、液化石油气和天然气管道始、末两端和各分支处的接地装置的接地电阻不应大于 30Ω。

⑥ 380/220V 供配电系统宜采用 TN-S 系统，其电缆金属外皮或电缆金属保护管两端均应接地，在供配电系统的电源端应安装与设备耐压水平相适应的过电压(电涌)保护器。

⑦ 站用信息系统的配电线路始、末端与电子器件连接时，应装设与电子器件耐压水平相适应的过电压(电涌)保护器。

⑧ 可燃气体回收和排放管路必须装设避雷针，其保护范围应高出管口不小于 2m，避雷针距管口水平距离不得小于 3m。

二、避雷针的保护范围

(一)单支避雷针的保护范围

① 当避雷针高度 h 小于或等于 h_r 时

a. 距地面 h_r 处作一平行于地面的平行线；

b. 以针尖为圆心，h_r 为半径，作弧线交于平行线的 A、B 两点；

c. 以 A、B 为圆心，h_r 为半径作弧线，该弧线与针尖相交并与地面相切。从此弧线起到地面止就是保护范围，保护范围是一个对称的锥体；

d. 避雷针在 h_x 高度的 xx′平面上和在地面上的保护半径，按下列计算式确定：

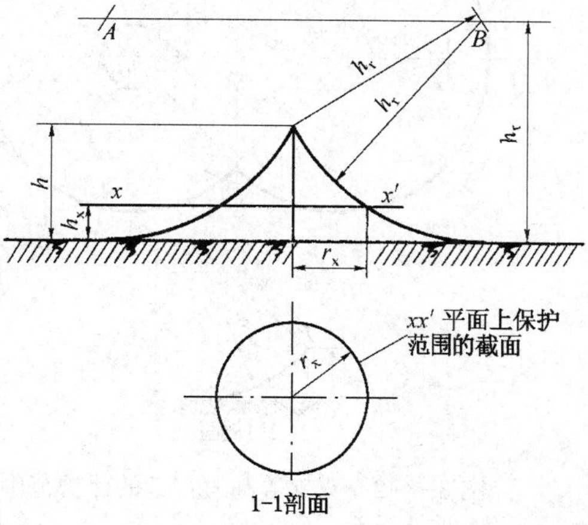

图 8-3-1　单支避雷针的保护范围

$$r_x = \sqrt{h(2h_r - h)} - \sqrt{h_x(2h_r - h_x)} \qquad (8-3-1)$$

$$r_0 = \sqrt{h(2h_r - h)} \qquad (8-3-2)$$

式中　r_x——避雷针在 h_x 高度的 xx'平面上的保护半径，m；

h_r——滚球半径，m；

h_x——被保护物的高度，m；

r_0——避雷针在地面上的保护半径，m。(见图 8-3-1)。

② 当避雷针高度 h 大于 h_r 时，在避雷针上取高度 h_r 的一点代替单支避雷针针尖作为圆心。其余的做法同上述。

(二)双支等高避雷针的保护范围的确定方法

双支等高避雷针的保护范围，在避雷针高度 h 小于或等于 h_r 的情况下，当两支避雷针的距离 D 大于或等于 $2\sqrt{h(2h_r-h)}$ 时，应各按单支避雷针的方法确定；当 D 小于 $2\sqrt{h(2h_r-h)}$ 时，应按下列方法确定(图 8-3-2)。

① AEBC 外侧的保护范围，按照单支避雷针的方法确定。

② C、E 点位于两针间的垂直平分线上。在地面每侧的最小保护宽度 b_0 按下式计算：

$$b_0 = CO = EO = \sqrt{h(2h_r - h) - (\frac{D}{2})^2} \qquad (8-3-3)$$

在 AOB 轴线上，距中心线任一距离 x 处，其在保护范围上边线上的保护高度 h_x 按下式确定：

$$h_x = h_t - \sqrt{(h_r - h)^2 + (\frac{D}{2})^2 - x^2} \qquad (8-3-4)$$

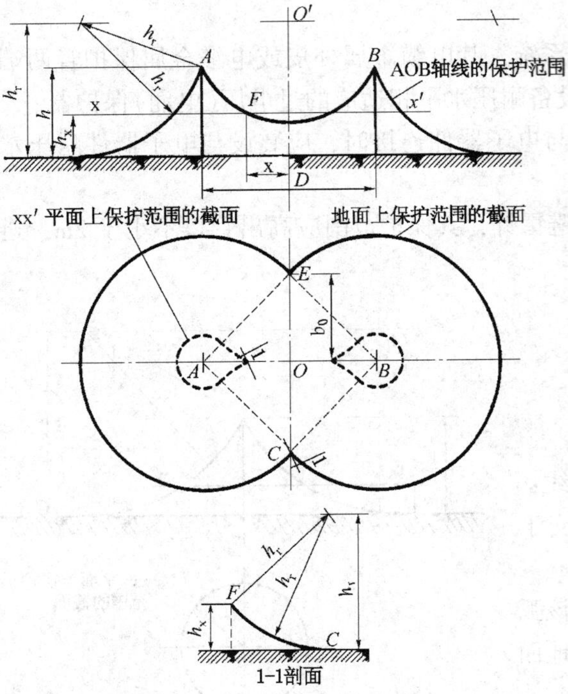

图 8-3-2　双支等高避雷针的保护范围

该保护范围上边线是以中心线距地面 h_r 的一点 O′ 为圆心，以 $\sqrt{(h_r-h)^2+(\frac{D}{2})^2}$ 为半径所作的圆弧 AB。

③ 两针间 AEBC 内的保护范围，ACO 部分的保护范围按以下方法确定：在任一保护高度 h_x 和 C 点所处的垂直平面上，以 h_x 作为假想避雷针，按单支避雷针的方法逐点确定（见图 8-2-3 中1-1剖面图）。确定 BCO、AEO、BEO 部分的保护范围的方法与 ACO 部分的相同。

④ 确定 xx′平面上保护范围截面的方法，是以单支避雷针的保护半径 r_x 为半径，以 A、B 为圆心作弧线与四边形 AEBC 相交；以单支避雷针的(r_o-r_x)为半径，以 E、C 为圆心作弧线与上述弧线相接。见图 8-3-2 中的粗虚线。

（三）单支及双支等高避雷针保护范圍的

见表 8-3-1、表 8-3-2 和表 8-3-3 单支及双支等高避雷针保护范围。

表 8-3-1　单支避雷针保护范围 r_x 表　　m

r_x \ h / h_x	10.0	11.0	12.0	13.0	14.0	15.0	16.0	17.0	18.0	19.0	20.0	21.0	22.0	23.0	24.0	25.0	26.0	27.0	28.0	29.0
3.0	9.0	10.5	12.0	13.5	15.0	16.5	18.0	19.5	21.0	22.5	24.0	25.5	27.0	28.5	30.0	31.5	33.0	34.5	36.0	37.5
3.5	8.0	9.5	11.0	12.5	14.0	15.5	17.0	18.5	20.0	21.5	23.0	24.5	26.0	27.5	29.0	30.5	32.0	33.5	35.0	36.5
4.0	7.0	8.5	10.0	11.5	13.0	14.5	16.0	17.5	19.0	20.5	22.0	23.5	25.0	26.5	28.0	29.5	31.0	32.5	34.0	35.5
4.5	6.0	7.5	9.0	10.5	12.0	13.5	15.0	16.5	18.0	19.5	21.0	22.5	24.0	25.5	27.0	28.5	30.0	31.5	33.0	34.5
5.0	5.0	6.5	8.0	9.5	11.0	12.5	14.0	15.5	17.0	18.5	20.0	21.5	23.0	24.5	26.0	27.5	29.0	30.5	32.0	33.5
5.5	4.5	5.5	7.0	8.5	10.0	11.5	13.0	14.5	16.0	17.5	19.0	20.5	22.0	23.5	25.0	26.5	28.0	29.5	31.0	32.5
6.0	4.0	5.0	6.0	7.5	9.0	10.5	12.0	13.5	15.0	16.5	18.0	19.5	21.0	22.5	24.0	25.5	27.0	28.5	30.0	31.5
6.5	3.5	4.5	5.5	6.5	8.0	9.5	11.0	12.5	14.0	15.5	17.0	18.5	20.0	21.5	23.0	24.5	26.0	27.5	29.0	30.5
7.0	3.0	4.0	5.0	6.0	7.0	8.5	10.0	11.5	13.0	14.5	16.0	17.5	19.0	20.5	22.0	23.5	25.0	26.5	28.0	29.5
7.5	2.5	3.5	4.5	5.5	6.5	7.5	9.0	10.5	12.0	13.5	15.0	16.5	18.0	19.5	21.0	22.5	24.0	25.5	27.0	28.5
8.0	2.0	3.0	4.0	5.0	6.0	7.0	8.0	9.5	11.0	12.5	14.0	15.5	17.0	18.5	20.0	21.5	23.0	24.5	26.0	27.5
8.5	1.5	2.5	3.5	4.5	5.5	6.5	7.5	8.5	10.0	11.5	13.0	14.5	16.0	17.5	19.0	20.5	22.0	23.5	25.0	26.5
9.0	1.0	2.0	3.0	4.0	5.0	6.0	7.0	8.0	9.0	10.5	12.0	13.5	15.0	16.5	18.0	19.5	21.0	22.5	24.0	25.5
9.5	0.5	1.5	2.5	3.5	4.5	5.5	6.5	7.5	8.5	9.5	11.0	12.5	14.0	15.5	17.0	18.5	20.0	21.5	23.0	24.5
10.0	0	1.0	2.0	3.0	4.0	5.0	6.0	7.0	8.0	9.0	10.0	11.5	13.0	14.5	16.0	17.5	19.0	20.5	22.0	23.5
10.5	0	0.5	1.5	2.5	3.5	4.5	5.5	6.5	7.5	8.5	9.5	10.5	12.0	13.5	15.0	16.5	18.0	19.5	21.0	22.5
11.0	0	0	1.0	2.0	3.0	4.0	5.0	6.0	7.0	8.0	9.0	10.0	11.0	12.5	14.0	15.5	17.0	18.5	20.0	21.5

续表

r_x h / h_x	10.0	11.0	12.0	13.0	14.0	15.0	16.0	17.0	18.0	19.0	20.0	21.0	22.0	23.0	24.0	25.0	26.0	27.0	28.0	29.0
11.5	0	0	0.5	1.5	2.5	3.5	4.5	5.5	6.5	7.5	8.5	9.5	10.5	11.5	13.0	14.5	16.0	17.5	19.0	20.5
12.0	0	0	0	1.0	2.0	3.0	4.0	5.0	6.0	7.0	8.0	9.0	10.0	11.0	12.0	13.5	15.0	16.5	18.0	19.5
12.5	0	0	0	0.5	1.5	2.5	3.5	4.5	5.5	6.5	7.5	8.5	9.5	10.5	11.5	12.5	14.0	15.5	17.0	18.5
13.0	0	0	0	0	1.0	2.0	3.0	4.0	5.0	6.0	7.0	8.0	9.0	10.0	11.0	12.0	13.0	14.5	16.0	17.5
13.5	0	0	0	0	0.5	1.5	2.5	3.5	4.5	5.5	6.5	7.5	8.5	9.5	10.5	11.5	12.5	13.5	15.0	16.5
14.0	0	0	0	0	0	1.0	2.0	3.0	4.0	5.0	6.0	7.0	8.0	9.0	10.0	11.0	12.0	13.0	14.0	15.5
14.5	0	0	0	0	0	0.5	1.5	2.5	3.5	4.5	5.5	6.5	7.5	8.5	9.5	10.5	11.5	12.5	13.5	14.5
15.0	0	0	0	0	0	0	1.0	2.0	3.0	4.0	5.0	6.0	7.0	8.0	9.0	10.0	11.0	12.0	13.0	14.0
15.5	0	0	0	0	0	0	0.5	1.5	2.5	3.5	4.5	5.5	6.5	7.5	8.5	9.5	10.5	11.5	12.5	13.5
16.0	0	0	0	0	0	0	0	1.0	2.0	3.0	4.0	5.0	6.0	7.0	8.0	9.0	10.0	11.0	12.0	13.0
16.5	0	0	0	0	0	0	0	0.5	1.5	2.5	3.5	4.5	5.5	6.5	7.5	8.5	9.5	10.5	11.5	12.5
17.0	0	0	0	0	0	0	0	0	1.0	2.0	3.0	4.0	5.0	6.0	7.0	8.0	9.0	10.0	11.0	12.0
17.5	0	0	0	0	0	0	0	0	0.5	1.5	2.5	3.5	4.5	5.5	6.5	7.5	8.5	9.5	10.5	11.5
18.0	0	0	0	0	0	0	0	0	0	1.0	2.0	3.0	4.0	5.0	6.0	7.0	8.0	9.0	10.0	11.0
18.5	0	0	0	0	0	0	0	0	0	0.5	1.5	2.5	3.5	4.5	5.5	6.5	7.5	8.5	9.5	10.5
19.0	0	0	0	0	0	0	0	0	0	0	1.0	2.0	3.0	4.0	5.0	6.0	7.0	8.0	9.0	10.0
19.5	0	0	0	0	0	0	0	0	0	0	0.5	1.5	2.5	3.5	4.5	5.5	6.5	7.5	8.5	9.5
20.0	0	0	0	0	0	0	0	0	0	0	0	1.0	2.0	3.0	4.0	5.0	6.0	7.0	8.0	9.0

表 8-3-2　双支等高避雷针保护范围表（内侧最低保护高度 h_0）　m

h_0 h / a	10.0	11.0	12.0	13.0	14.0	15.0	16.0	17.0	18.0	19.0	20.0	21.0	22.0	23.0	24.0	25.0	26.0	27.0	28.0	29.0
7.0	9.0	10.0	11.0	12.0	13.0	14.0	15.0	16.0	17.0	18.0	19.0	20.0	21.0	22.0	23.0	24.0	25.0	26.0	27.0	28.0
8.0	8.9	9.9	10.9	11.9	12.9	13.9	14.9	15.9	16.9	17.9	18.9	19.9	20.9	21.9	22.9	23.9	24.9	25.9	26.9	27.9
9.0	8.7	9.7	10.7	11.7	12.7	13.7	14.7	15.7	16.7	17.7	18.8	19.7	20.7	21.7	22.7	23.7	24.7	25.7	26.7	27.7
10.0	8.6	9.6	10.6	11.6	12.6	13.6	14.6	15.6	16.6	17.6	18.6	19.6	20.6	21.6	22.6	23.6	24.6	25.6	26.6	27.6
11.0	8.4	9.4	10.4	11.4	12.4	13.4	14.4	15.4	16.4	17.4	18.4	19.4	20.4	21.4	22.4	23.4	24.4	25.4	26.4	27.4
12.0	8.3	9.3	10.3	11.3	12.3	13.3	14.3	15.3	16.3	17.3	18.3	19.3	20.3	21.3	22.3	23.3	24.3	25.3	26.3	27.3
13.0	8.1	9.1	10.1	11.1	12.1	13.1	14.1	15.1	16.1	17.1	18.1	19.1	20.1	21.1	22.1	23.1	24.1	25.1	26.1	27.1
14.0	8.0	9.0	10.0	11.0	12.0	13.0	14.0	15.0	16.0	17.0	18.0	19.0	20.0	21.0	22.0	23.0	24.0	25.0	26.0	27.0
15.0	7.9	8.9	9.9	10.9	11.9	12.9	13.9	14.9	15.9	16.9	17.9	18.9	19.9	20.9	21.9	22.9	23.9	24.9	25.9	26.9
16.0	7.7	8.7	9.7	10.7	11.7	12.7	13.7	14.7	15.7	16.7	17.7	18.7	19.7	20.7	21.7	22.7	23.7	24.7	25.7	26.7
17.0	7.6	8.6	9.6	10.6	11.6	12.6	13.6	14.6	15.6	16.6	17.6	18.6	19.6	20.6	21.6	22.6	23.6	24.6	25.6	27.6
18.0	7.4	8.4	9.4	10.4	11.4	12.4	13.4	14.4	15.4	16.4	17.4	18.4	19.4	20.4	21.4	22.4	23.4	24.4	25.4	26.4
19.0	7.3	8.3	9.3	10.3	11.3	12.3	13.3	14.3	15.3	16.3	17.3	18.3	19.3	20.3	21.3	22.3	23.3	24.3	25.3	26.3
20.0	7.1	8.1	9.1	10.1	11.1	12.1	13.1	14.1	15.1	16.1	17.1	18.1	19.1	20.1	21.1	22.1	23.1	24.1	25.1	26.1
21.0	7.0	8.0	9.0	10.0	11.0	12.0	13.0	14.0	15.0	16.0	17.0	18.0	19.0	20.0	21.0	22.0	23.0	24.0	25.0	26.0
22.0	6.9	7.9	8.9	9.9	10.9	11.9	12.9	13.9	14.9	15.9	16.9	17.9	18.9	19.9	20.9	21.9	22.9	23.9	24.9	25.9
23.0	6.7	7.7	8.7	9.7	10.7	11.7	12.7	13.7	14.7	15.7	16.7	17.7	18.7	19.7	20.7	21.7	22.7	23.7	24.7	25.7
24.0	6.6	7.6	8.6	9.6	10.6	11.6	12.6	13.6	14.6	15.6	16.6	17.6	18.6	19.6	20.6	21.6	22.6	23.6	24.6	25.6
25.0	6.4	7.4	8.4	9.4	10.4	11.4	12.4	13.4	14.4	15.4	16.4	17.4	18.4	19.1	21.4	21.4	22.4	23.4	24.4	25.4
26.0	6.3	7.3	8.3	9.3	10.3	11.3	12.3	13.3	14.3	15.3	16.3	17.3	18.3	19.3	20.3	21.3	22.3	23.3	24.3	25.3
27.0	6.1	7.1	8.1	9.1	10.1	11.1	12.1	13.1	14.1	15.1	16.1	17.1	18.1	19.1	20.1	21.1	22.1	23.1	24.1	15.1
28.0	6.0	7.0	8.0	9.0	10.0	11.0	12.0	13.0	14.0	15.0	16.0	17.0	18.0	19.0	20.0	21.0	22.0	23.0	24.0	25.0

表 8-3-3 双支等高避雷针保护范围表(在 h_x 高度的平面上保护宽度 b_x) m

h_x \ b_x \ h_0	6.0	7.0	8.0	9.0	10.0	11.0	12.0	13.0	14.0	15.0	16.0	17.0	18.0	19.0	20.0	21.0	22.0	23.0	24.0	25.0	26.0	27.0	28.0
3.0	4.5	6.0	7.5	9.0	10.5	12.0	13.5	15.0	16.5	18.0	19.5	21.0	22.5	24.0	25.5	27.0	28.5	30.0	31.5	33.0	34.5	36.0	37.5
3.5	3.8	5.3	6.8	8.3	9.8	11.3	12.8	14.3	15.8	17.3	18.8	20.3	21.8	23.3	24.8	26.3	27.8	29.3	30.8	32.3	33.8	35.3	36.8
4.0	3.0	4.5	6.0	7.5	9.0	10.5	12.0	13.5	15.0	16.5	18.0	19.5	21.0	22.5	24.0	25.5	27.0	28.5	30.0	31.5	33.0	34.5	36.0
4.5	2.3	3.8	5.3	6.8	8.3	9.8	11.3	12.8	14.3	15.8	17.3	18.8	20.3	21.8	23.3	24.8	26.3	27.8	29.3	30.8	32.3	33.8	35.3
5.0	1.5	3.0	4.5	6.0	7.5	9.0	10.5	12.0	13.5	15.0	16.5	18.0	19.5	21.0	22.5	24.0	25.5	27.0	28.5	30.0	31.5	33.0	34.5
5.5	0.8	2.3	3.8	5.3	6.8	8.3	9.8	11.3	12.8	14.3	15.8	17.3	18.8	20.3	21.8	23.3	24.8	26.3	27.8	29.3	30.8	32.3	33.8
6.0	0	1.5	3.0	4.5	6.0	7.5	9.0	10.5	12.0	13.5	15.0	16.5	18.0	19.5	21.0	22.5	24.0	25.5	27.0	28.5	30.0	31.5	33.0
6.5	0	0.8	2.3	3.8	5.3	6.8	8.3	9.8	11.3	12.8	14.3	15.8	17.3	18.8	20.3	21.8	23.3	24.8	26.3	27.8	29.3	30.8	32.3
7.0	0	0	1.5	3.0	4.5	6.0	7.5	9.0	10.5	12.0	13.5	15.0	16.5	18.0	19.5	21.0	22.5	24.0	25.5	27.0	28.5	30.0	31.5
7.5	0	0	0.8	2.3	3.8	5.3	6.8	8.3	9.8	11.3	12.8	14.3	15.8	17.3	18.8	20.3	21.8	23.3	24.8	26.3	27.8	29.3	30.8
8.0	0	0	0	1.5	3.0	4.5	6.0	7.5	9.0	10.5	12.0	13.5	15.0	16.5	18.0	19.5	21.0	22.5	24.0	25.5	27.0	28.5	30.0
8.5	0	0	0	0.8	2.3	3.8	5.3	6.8	8.3	9.8	11.3	12.8	14.3	15.8	17.3	18.8	20.3	21.8	23.3	24.8	26.3	27.8	29.3
9.0	0	0	0	0	1.5	3.0	4.5	6.0	7.5	9.0	10.5	12.0	13.5	15.0	16.5	18.0	19.5	21.0	22.5	24.0	25.5	27.0	28.5
9.5	0	0	0	0	0.8	2.3	3.8	5.3	6.8	8.3	9.8	11.3	12.8	14.3	15.8	17.3	18.8	20.3	21.8	23.3	24.8	26.3	27.8
10.0	0	0	0	0	0	1.5	3.0	4.5	6.0	7.5	9.0	10.5	12.0	13.5	15.0	16.5	18.0	19.5	21.0	22.5	24.0	25.5	27.0
10.5	0	0	0	0	0	0.8	2.3	3.8	5.3	6.8	8.3	9.8	11.3	12.8	14.3	15.8	17.3	18.8	20.3	21.8	23.3	24.8	26.3
11.0	0	0	0	0	0	0	1.5	3.0	4.5	6.0	7.5	9.0	10.5	12.0	13.5	15.0	16.5	18.0	19.5	21.0	22.5	24.0	25.5
11.5	0	0	0	0	0	0	0.8	2.3	3.8	5.3	6.8	8.3	9.8	11.3	12.8	14.3	15.8	17.3	18.8	20.3	21.8	23.3	24.8
12.0	0	0	0	0	0	0	0	1.5	3.0	4.5	6.0	7.5	9.0	10.5	12.0	13.5	15.0	16.5	18.0	19.5	21.0	22.5	24.0
12.5	0	0	0	0	0	0	0	0.8	2.3	3.8	5.3	6.8	8.3	9.8	11.3	12.8	14.3	15.8	17.3	18.8	20.3	21.8	23.3
13.0	0	0	0	0	0	0	0	0	1.5	3.0	4.5	6.0	7.5	9.0	10.5	12.0	13.5	15.0	16.5	18.0	19.5	21.0	22.5
13.5	0	0	0	0	0	0	0	0	0.8	2.3	3.8	5.3	6.8	8.3	9.8	11.3	12.8	14.3	15.8	17.3	18.8	20.3	21.8
14.0	0	0	0	0	0	0	0	0	0	1.5	3.0	4.5	6.0	7.5	9.0	10.5	12.0	13.5	15.0	16.5	18.0	19.5	21.0

续表

b_x h_0 / h_x	6.0	7.0	8.0	9.0	10.0	11.0	12.0	13.0	14.0	15.0	16.0	17.0	18.0	19.0	20.0	21.0	22.0	23.0	24.0	25.0	26.0	27.0	28.0
14.5	0	0	0	0	0	0	0	0	0	0.8	2.3	3.8	5.3	6.8	8.3	9.8	11.3	12.8	14.3	15.8	17.3	18.8	20.3
15.0	0	0	0	0	0	0	0	0	0	0	1.5	3.0	4.5	6.0	7.5	9.0	10.5	12.0	13.5	15.0	16.5	18.0	19.5
15.5	0	0	0	0	0	0	0	0	0	0	0.8	2.3	3.8	5.3	6.8	8.3	9.8	11.3	12.8	14.3	15.8	17.3	18.8
16.0	0	0	0	0	0	0	0	0	0	0	0	1.5	3.0	4.5	6.0	7.5	9.0	10.5	12.0	13.5	15.0	16.5	18.0
16.5	0	0	0	0	0	0	0	0	0	0	0	0.8	2.3	3.8	5.3	6.8	8.3	9.8	11.3	12.8	14.3	15.8	17.3
17.0	0	0	0	0	0	0	0	0	0	0	0	0	1.5	3.0	4.5	6.0	7.5	9.0	10.5	12.0	13.5	15.0	16.5
17.5	0	0	0	0	0	0	0	0	0	0	0	0	0.8	2.3	3.8	5.3	6.8	8.3	9.8	11.3	12.8	14.3	15.8
18.0	0	0	0	0	0	0	0	0	0	0	0	0	0	1.5	3.0	4.5	6.0	7.5	9.0	10.5	12.0	13.5	15.0
18.5	0	0	0	0	0	0	0	0	0	0	0	0	0	0.8	2.3	3.8	5.3	6.8	8.3	9.8	11.3	12.8	14.3
19.0	0	0	0	0	0	0	0	0	0	0	0	0	0	0	1.5	3.0	4.5	6.0	7.5	9.0	10.5	12.0	13.5
19.5	0	0	0	0	0	0	0	0	0	0	0	0	0	0	0.8	2.3	3.8	5.3	6.8	8.3	9.8	11.3	12.8
20.0	0	0	0	0	0	0	0	0	0	0	0	0	0	0	0	1.5	3.0	4.5	6.0	7.5	9.0	10.5	12.0

引自《油库安全设备与设施》李曰光主编，解放军出版社，1996.8，第1版。

三、避雷装置的结构、制作与安装

1. 避雷装置的种类和用途

常见的避雷装置有避雷针、避雷线、避雷网、避雷带、避雷器。一套完整的避雷装置包括接闪器、引下线和接地装置。上述的针、线、网、带实际上都只是接闪器，而避雷器是一种专门的防雷设备。避雷针主要用于保护露天变配电设备、建(构)筑物；避雷线主要用于保护电力线路；避雷网和避雷带主要用于保护建筑物；避雷器主要用于保护电力设备等。避雷装置能防止直接雷击或将雷电流引入大地，从而保证人身及建筑物的安全。

2. 避雷针的种类结构和制作

(1) 种类结构

避雷针分为独立避雷针和附设避雷针两种。独立避雷针是离开建筑物单独装设的；附设避雷针是装设在建(构)筑物上的。

避雷针由接闪器(受雷器)、引下线和接地装置三部分组成。

(2) 接闪器的制作要求

① 接闪器又称受雷器。避雷针的接闪器宜采用圆钢或焊接钢管制成，其直径不应小于以下规定：

针长 1.0m 以下：圆钢为 12mm；
钢管为 20mm。

针长 1.0~2.0m：圆钢为 16mm；
钢管为 25mm。

烟囱顶上的针：圆钢为 20mm；
钢管为 40mm。

② 避雷网和避雷带的接闪器宜采用圆钢或扁钢，优先采用圆钢。圆钢直径不应小于 8mm；扁钢截面不应小于 48mm^2，其厚度不应小于 4mm。

③ 架空避雷线和避雷网宜采用截面不小于 35mm^2 的镀锌钢绞线。

④ 除利用混凝土构件内钢筋作接闪器外，接闪器应热镀锌或涂漆。在腐蚀性较强的场所，尚应采取加大其截面或其他防腐措施。

⑤ 不得利用安装在接收无线电视广播的共用天线的杆顶上的接闪器保护建筑物。

(3) 引下线的制作要求

① 引下线宜采用圆钢或扁钢，宜优先采用圆钢。圆钢直径不应小于 8mm。扁钢截面不应小于 48mm^2，其厚度不应小于 4mm。

② 引下线应沿建筑物外墙明敷，并经最短路径接地；建筑艺术要求较高者可暗敷，但其圆钢直径不应小于 10mm，扁钢截面不应小于 80mm^2。

③ 建筑物的消防梯、钢柱等金属构件宜作为引下线，但其各部件之间均应连成电气通路。

④ 采用多根引下线时，宜在各引下线上于距地面 0.3~1.8m 之间装设断接卡。

当利用混凝土内钢筋、钢柱作为自然引下线并同时采用基础接地体时，可不设断接卡。但利用钢筋作引下线时，应在室内外的适当地点设若干连接板，该连接板可供测量、接人工接地体和作等电位连接用。当仅利用钢筋作引下线并采用埋于土壤中的人工接地体时，应在每根引下线上于距地面不低于 0.3m 处设接地体连接板。采用埋于土壤中的人工接地体时应设断接卡，其上端应与连接板或钢柱焊接。连接板处宜有明显标志。

⑤ 在易受机械损坏和防人身接触的地方，地面上 1.7m 至地面下 0.3m 的一段接地线应采取暗敷或镀锌角钢、改性塑料管或橡胶管等保护设施。

⑥ 引下线应采取适当的防腐措施。

(4) 接地装置

接地装置是防雷装置的重要组成部分。它是指埋设在地下的接地体和接地线的总称，用来向大地泄放雷电流，限制防雷装置对地电压不致过高。

① 接地体。接地体分为垂直、水平和复合接地体三种形式。

a. 垂直接地体。垂直接地体是垂直埋设的接地体，垂直接地体的长度一般为 2.5m，太短了接地电阻过大，太长了消耗材料、增加施工难度，而且接地电阻减少甚微。垂直接地体通常由两根以上的圆钢、角钢或钢管组成，可以成排布置，也可以环形布置。圆钢、角钢或钢管上端用圆钢或扁钢连接成为一个整体。垂直接地体几种典型的布置如图 8-3-3 所示。为了减少两相邻接地体的屏蔽效应，两垂直接地体之间的距离一般应为 3~5m，当受到地形限制时可适当减少，但不得小于接地体的长度。

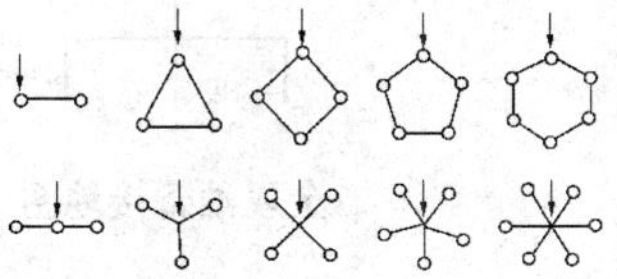

图 8-3-3　垂直接地体的布置

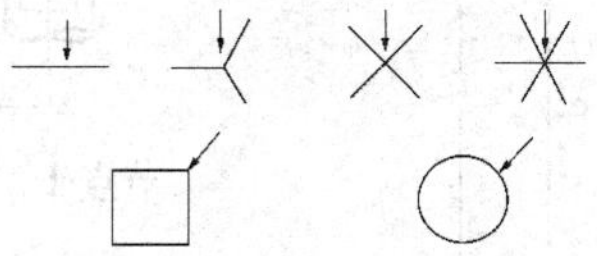

图 8-3-4　水平接地体的布置

b. 水平接地体。水平接地体是水平埋设的接地体，水平接地体多呈放射形布置，也可成排布置。水平接地体几种典型的布置如图 8-3-4 所示。

c. 复合接地体。为了提高接地装置材料的利用率，也可采用由多个垂直接地体和水平接地体组成的复合接地体。

接地体若埋设在腐蚀性较强的土壤中，应采取镀锌等防腐措施或加大接地体的截面积。为了保证不受机械损伤，并减少夏季土壤干燥而使接地电阻增大的影响，接地体埋设深度不应小于 0.5~0.8m。接地体不得埋设在垃圾、灰渣等地带，因为它们可能会造成绝缘，影响雷电流顺利入地泄放。为了防止雷电反击，接地体埋设位置距保护物水平距离不应小于 3m，并应远离受高温影响而使土壤电阻率升高的地方。为了防止跨步电压伤人，在埋设接地体的地面上应铺 50~80mm 厚的沥青绝缘层。

② 接地线。接地线一般应与接地体截面积相同。为了保证可靠的电接触，接地线与接地体的连接应采用搭接方式，焊缝长度不应小于扁钢宽度的 2 倍或圆钢直径的 6 倍。如用螺栓连接必须接触紧密，并将软绞线端头焊固在螺栓连接的接线头内，其紧固螺栓及垫圈应镀锌。

(5) 常用避雷针的制作安装图例(图 8-3-5)

3. 高土壤电阻率地区降低接地电阻的措施

土壤电阻率高的地区，为降低接地装置的接地电阻，应采取以下措施：

① 采用多支线外引接地装置，外引长度不应大于有效长度；

② 接地体埋于较深的低电阻率土壤中；

③ 采用降阻剂；

④ 换土。

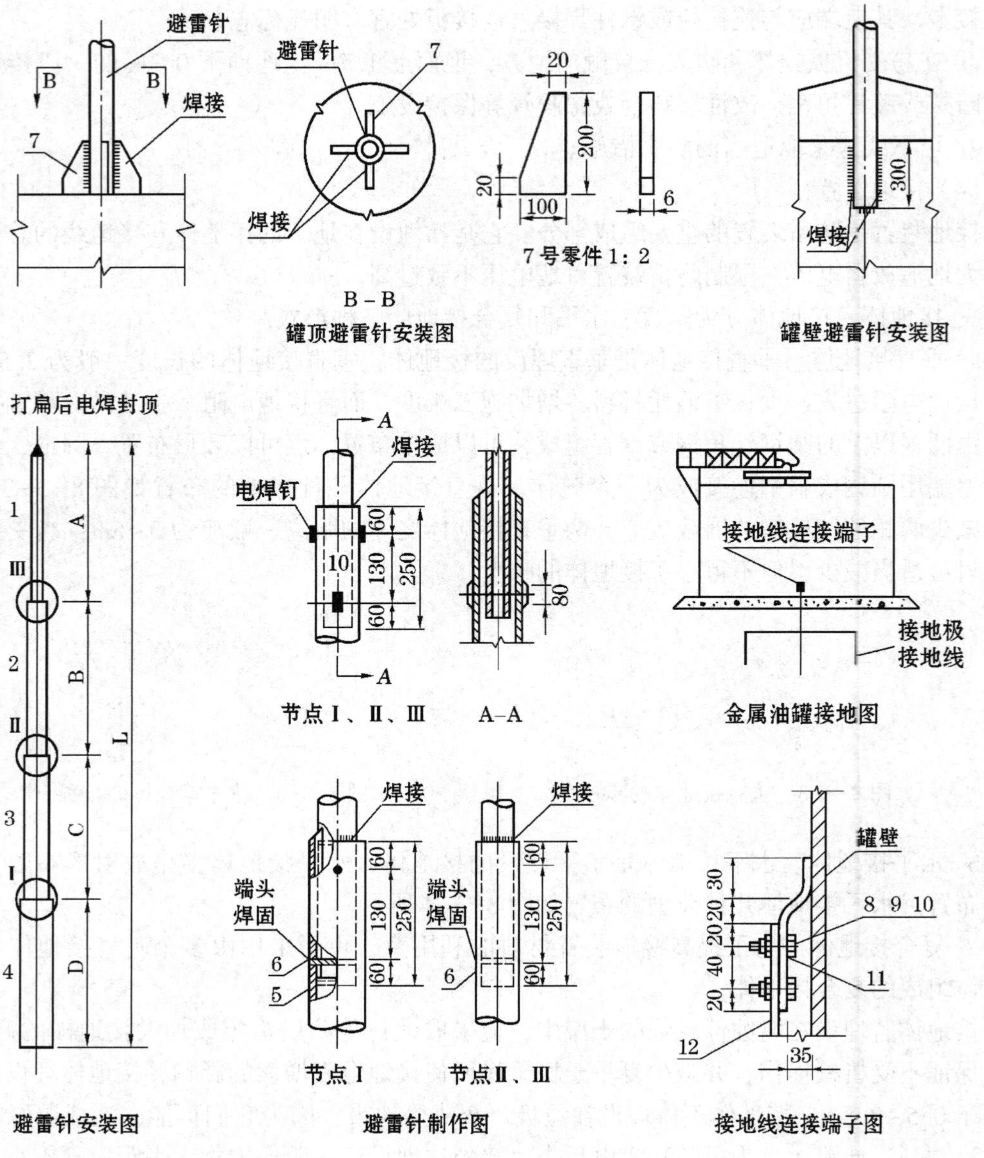

图 8-3-5　常见避雷针的安装制作

第四节　防　静　电

一、加油加气站内防静电要求

① 地下卧式油罐应在首尾两端设两组静电接地装置，其电阻值不得大于 10Ω(与防雷接地共用时不应大于 4Ω)。罐体与接地极之间的连接扁钢或导线，应采用螺栓连接，并做沥青等防腐处理。其他部位的静电接地装置的电阻不得大于 100Ω。

② 地上或管沟敷设的输油输气管道的始、末两端和分支处均应设防静电和防感应雷的联合接地装置，其接地电阻不应大于 30Ω。

③ 汽油罐车和液化石油气罐车的卸车场地应设罐车卸车时用的防静电接地装置，并宜

设置能检测跨接线及监视接地装置状态的静电接地仪。

④ 在爆炸危险区域内的油(气)管道上的法兰、胶管两端等连接处应用金属线(片)跨接。

⑤ 地下卧式油罐进油管应下伸至距油罐底15cm处，并在端部设弯头。严禁喷溅进油。

⑥ 加油(气)机、加油(气)胶管上的消除静电连接线，必须完好。

⑦ 汽车油罐卸油前，卸油胶管应与油罐跨接并接地。

⑧ 汽车油罐车到位后，应停留静置3min以上，方可接管加油。

⑨ 静电接地装置的接地电阻不应大于100Ω。

二、静电接地的做法

1. 输油输气管接地的做法

地上、管沟中的输油(气)管路其两端、分岔、交叉、变径、阀门等处以及较长管道每隔200m左右都应接地一次；输油胶管的外壁应有金属绕线；所有管件、阀门的法兰处都应设导静电跨接；平行敷设的管线之间在管道支架(固定座)处应做跨接；平行敷设的地上管线之间间距小于1m时，每隔50m左右应用40mm×4mm扁钢互相跨接。

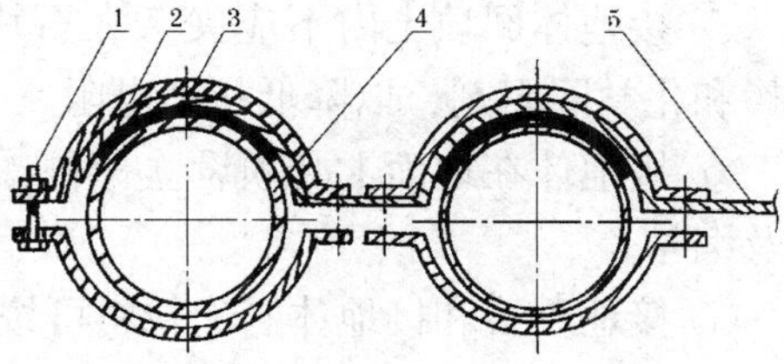

图8-4-1　管线接地不动焊粘接示意图

1—紧固螺栓；2—卡子；3—导静电粘接剂；4—输油管；5—导静电接地线

管道因输油或受场地所限制不能动火焊接接地线时，可采用不动焊粘接方法进行。不动焊粘接方法如图8-4-1所示。

地上输油管路防静电接地如图8-4-2(a)、(b)所示。

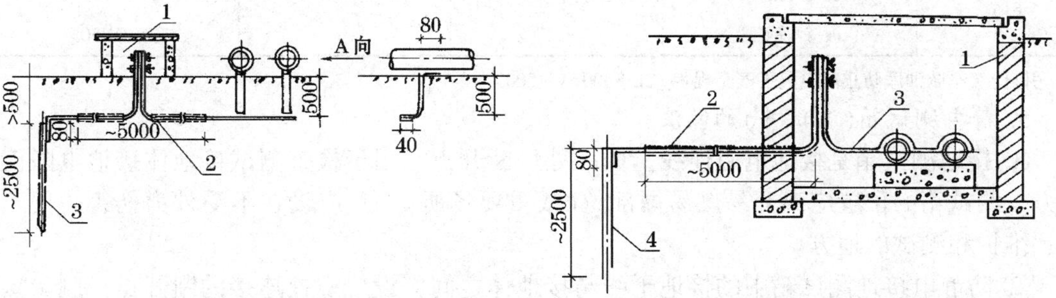

(a)地上管路防静电接地示意图

管路防静电接地示意图

1—接地测井；2—□40×4接地引线；3—接地体

(b)管沟管路防静电接地示意图

管路防静电接地示意图

1—管沟；2—沥青绝缘涂层；3—□40×4接地引线；4—接地体

图8-4-2　地上输油管路防静电接地

2. 自动化设备静电接地的做法

① 凡使用称重式计量仪表的油罐，其上罐及伸入罐内的充气管均应采用金属导管，并安装牢固，罐内钟罩应做好接地连接。

② 其他液位计量仪表及部件需与油罐体作可靠的电气连接。

③ 自动计量灌装设备的防静电联锁装置必须连接可靠、性能完好，回路接地电阻小于100Ω。自动计量用管件仪表，如流量计、电磁阀、温度传感器等，应与管路作可靠的电气连接，法兰处应按规程进行跨接。

3. 移动式接地连接线的要求

移动式的接地连接应采用绝缘护套导线，并且通过防爆开关，将接地装置与油品装卸设施相连。

4. 接地体的做法

① 一般接地体与建(构)筑物的水平距离不宜小于1.5m，独立避雷针及其接地装置与道路或建筑物的出口等的水平距离应大于3m。

② 接地体顶面埋设深度不应小于0.6m。

③ 为了减少相邻接地体的屏蔽作用，垂直接地体的间距不宜小于其长度的两倍。

④ 接地体必须采用焊接连接。如采用搭接焊，其搭接长度必须是扁钢宽度的2倍或圆钢直径的6倍。焊接部位应补刷防腐涂层，接地体引出线埋地部分应作防腐处理。

⑤ 接地体回填土内不应夹杂大石块、建筑废渣或垃圾等，在土壤电阻率较高的地区，可掺和化学降阻剂，以降低接地电阻。

⑥ 接地体在地面上必须设立标桩，标桩刷白色底漆，标黑色字样，以区别接地体的类别及编号。

⑦ 接地干线和接地体制作材料可按表8-4-1选择。

表8-4-1 接地干线和接地体材料规格

材料		地上/mm		地下/mm
		室内	室外	
接地干线	镀锌扁钢	□25×4	□40×4	□40×4
	镀锌圆钢	$\phi8$	$\phi10$	$\phi16$
接地体	镀锌角钢	—	—	L50×50×5
	镀锌钢管	—	—	DN50

引自：《军队油库防止静电危害安全规程》YLB 3002A—2003。

5. 静电测试箱(测试井)的做法

① 接地测试箱是接地电阻连线上的一处可断开点，用于检查测试接地体接地电阻值的地方。测试箱的位置应离开易燃易爆部位(或重要场所)，且应设在不受外力伤害、便于检查、维护和测试的地方。

② 防静电接地测试箱中的接地干线与接地体之间应设置螺栓连接的断开点，测量接地体电阻值时应断开连接螺栓进行测量。为保证测量的精度要求，对距测点5m长的接地干线应涂以3~5mm厚的沥青绝缘。测试箱上盖应标明其编号、类别等。测试箱的做法如图8-4-3、图8-3-4所示。

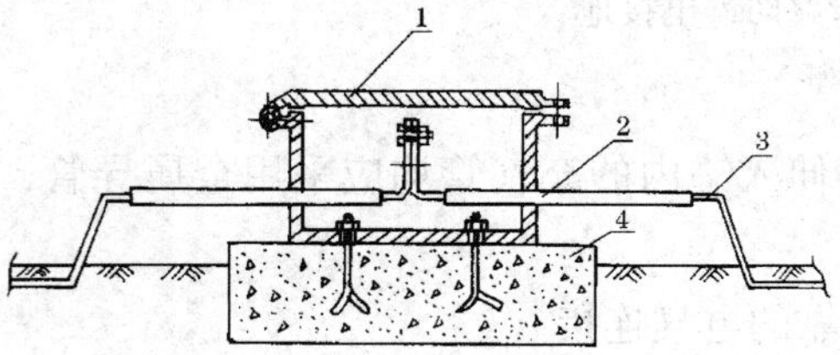

图8-4-3 地面金属式接地测试箱的安装

1—测试箱；2—绝缘套管；3—接地干线；4—测试箱砼座

③ 加油加气站应建立接地测试箱分布图，并详细记载接地点的位置、接地体的形状、材质、数量和埋设情况(即隐蔽工程情况)，以便检查测试。测试时应按图8-4-5执行。

三、接地电阻的测量

接地电阻测定仪即接地摇表，主要用于直接测量各种接地装置的接地电阻和土壤电阻

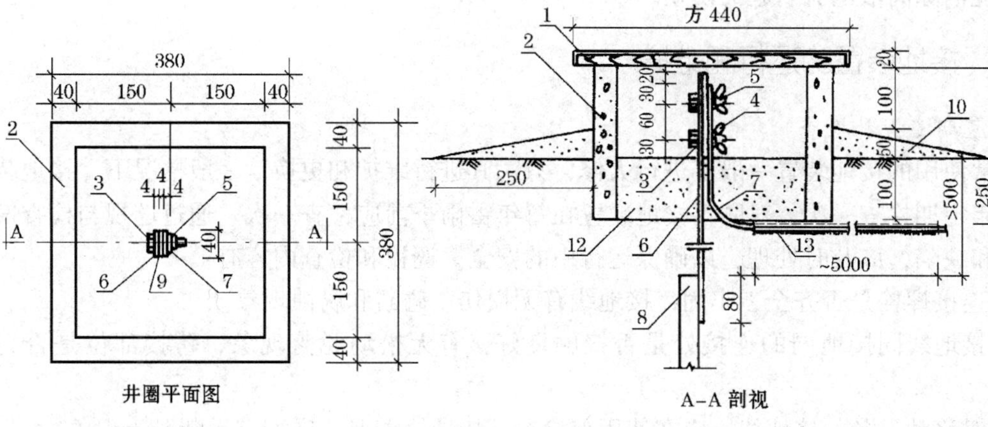

图 8-4-4　混凝土结构式测试井的安装

1—盖板；2—井圈；3—M10×25 螺栓；4—蝶形螺母；5—弹簧垫圈；6—接地体扁钢；7—接地引线；8—接地体；9—分割条；10—土护坡；11—自然地坪；12—回填土

率。接地电阻测定仪形式较多，按其工作原理可分为电桥型、流比计型和晶体管型等几种，使用方法也有差异，但基本原理是一样的。接地电阻测定仪本身能产生交变的接地电流，不需要外加电源，而且使用简单，携带方便，抗干扰性能较好，故应用十分广泛。常用的接地电阻测定仪有国产 ZC-8 型和 ZC-29 型几种。

ZC-8 型接地电阻测定仪是由一只高灵敏度的检流计、手摇发电机、电流互感器及调节电位器等组成。其工作原理是：当手摇发电机的摇把以 120r/min 的速度转动时，便发生 90~98周/s 的交流电流，电流经电流互感器一次绕组、接地极、大地和探测针后，回到发电机，电流互感器便感应产生二次电流，检流指针偏转，借助调节电位器使检流针达到平衡。

ZC-8 型接地电阻测定仪有两种量程，范围为 0~100Ω 和 100~1000Ω。它们都带有两根探测针，其中一根为电位探测针，另一根为电流探测针。测量前，先把被检测的接地电极引线与保护体脱开，将两根探测针分别插入地中，如图 8-4-5 所示。其距离沿被测接地极 E′使电位探测针 P′和电流探测针 C′，依直线相距 20m，P′插于 E′和 C′之间，然后用专用导线分别将 E′、P′和 C′接到仪表的相应接线柱上。测量时，先将仪表放在水平位置，检查检流针的指针是否指在红线上，若未在红线上，则可用“调零螺丝”把指针调整于红线。然后将仪表的“二倍率标度”置于最大倍数，慢慢转动发电机的摇把，同时旋动“测量标度盘”，使检流计指针平衡。当指针接近红线时，加快发电机的摇把的转速，达到 120r/min 以上，再调整“测量标度盘”的读数小于 1 时，应将“二倍率标度”置于较小的倍数，再重新调整“测量标度盘”，以得到正确的读数。当指针完全平衡在红线上以后，用“测量标度盘”的读数乘以倍率标度，即为所测的电阻值。

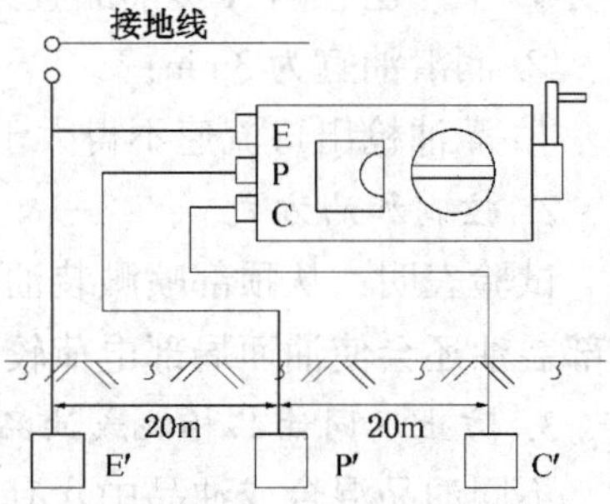

图 8-4-5　ZC-8 接地电阻测量仪工作示意图

使用接地电阻测定仪时，当检流计的灵敏度过高，可将电位探针 P′插入土中浅一些；当检流计灵敏度不够时，可沿电位指针 P′和电流指针 C′注水使其潮湿。测量时，均应将被测接地体同其他接地体或被保护体分开，以保证测量的正确性，也有利于测量工作的安全，并能防止测量电压反馈到与被测接地体相连的其他导体上所引起的事故，还能消除离散电流引起的误差。

四、接地装置的运行和维护

1. 定期巡视和检查

正常使用的接地装置一般不进行大修，只对其进行维护和更换。一般情况下，接地装置应每半年定期检查一次，对防雷接地装置在每年雷雨季前应检查一次。通过巡视与检查发现的问题和缺陷，应及时处理，以确保运行中的安全。巡视和检查内容有：

① 连接螺栓是否齐全、牢固，接地线有无损伤、碰断和腐蚀现象。

② 接地线同接地网的连接处是否接触良好，有无松动脱落现象，跨接部位是否完好有效。

③ 对移动设备的接地线，应在使用前检查其接地线情况，观察有无断股等现象。

④ 在定期检查时，对于接地线地面下 50cm 以上部位，应挖开地面进行检查，观察其腐蚀程度。

⑤ 对含有重酸、碱、盐或金属矿岩等化学成分土壤地带的接地装置部分，一般每 5 年应挖开局部地面进行检查，观察接地体受腐蚀程度，严重的应作处理。并定期测量接地装置的接地电阻值，最好在土壤电阻率最大的季节内进行，即夏季土壤干燥时期和冬季土壤冰冻严重时期，判定接地电阻是否达到要求，否则应进行降阻处理。

2. 日常维护

除对接地装置进行巡视检查外，还应加强日常维护工作。油罐车接卸场地的静电接地应经常进行外观检查，要经常查看接地体周围的环境情况，不应堆放具有腐蚀性的化学物质；明敷的接地线表面所涂的标志漆应完好无损；加油机、油罐、输油管线在每次大修后，应着重检查其接地线连接是否牢固。

五、业务作业防静电措施

（一）减少油品产生静电的一般技术措施

1. 控制流速

当油品处于层流时，产生的静电量只与流速成正比，且与管道的内径无关；当油品处于紊流时，产生的静电量与流速的 1.75 次方成正比，且与管道内径的 0.75 次方成正比。

《石油库设计规范》中规定：灌装 200L 油桶的时间应符合下列规定：

① 甲、乙、丙 A 类油品宜为 1min；

② 润滑油宜为 3min；

③ 灌油枪出口流速不得大于 4.5m/s。

2. 控制加油方式

试验表明，从顶部喷溅装油产生的静电量与底部进油产生的静电量之比为 2∶1。另外，顶部装油还会使油面局部电荷较为集中，容易发生静电放电。

3. 防止不同油品相混或油品含水和含空气

不同油品混合或油品中含有水和空气时，都会使静电量增加，这是由于不同油品之间及油品和水(或空气)之间相互摩擦而产生的。实验证明，油品中含 5%的水，会使起电效应增大 10~50 倍。

4. 经过过滤器时，留有足够的漏电时间。

为了避免把大量电荷注入容器，对接有过滤器的油品管线，在其出口要留有一定长度或流经一定时间，将其静电荷泄漏掉，再注入容器。通常规定，经过过滤器的油品必须在接地管线中继续流经30s以上的管长后，才允许进入容器。

（二）往油罐卸油时，应采取的防静电灾害措施

① 收油前，应尽可能地把油罐底部的水和杂质除净。

② 严禁从油罐上部注入轻质油料。

③ 通过过滤器的油料在接地管道中继续流经30m以上的管长后方可进入油罐。

④ 加大伸入油罐中的注油管口径，以使流速减慢，在条件允许的情况下，可设置缓冲器。

⑤ 进入油罐的注油管尽可能地水平接近罐底部，管口向上呈45°角，以减少底部水和沉淀物的搅拌。

⑥ 在空罐进油时，初始流速以不大于1m/s为宜，当入口管浸没200mm后可逐步提高流速，但最高流速应符合$v \leqslant \sqrt{0.8/D}$的关系。

⑦ 收油时，罐顶除留有定时观察油面高度的人员外，其他人员应尽量避免在罐顶活动。

⑧ 检尺、测温和采样作业，必须待罐内油料充分静置后方可进行，且检尺、测温、采样的工具必须作可靠的静电接地。严禁在进油时进行检尺、测温和采样作业。

⑨ 作业人员应穿戴防静电衣、鞋、手套。

（三）油品灌桶时防静电危害的措施

① 严格控制灌桶时的油品流速：灌装200L油桶的时间应符合下列规定

a. 甲、乙、丙A类油品宜为1min。

b. 润滑油宜为3min。

c. 灌油枪出口流速不得大于4.5m/s。

② 油桶应可靠接地，不得使油桶与大地绝缘。

③ 灌桶人员应穿戴防静电服、手套、鞋。

④ 灌桶时不得用丝绸和化纤类抹布擦拭油桶。

⑤ 不得用汽油，易挥发溶剂擦洗油桶、设备、工具和衣物。

（四）储油储气容器清洗作业时防静电危害

① 储罐或油桶改装不同油品前，必须进行清洗。

② 清洗盛装易燃、可燃液体设备、器具的“六不准”规定。

a. 不准使用汽油、苯类等易燃溶剂清洗设备器具。

b. 使用液体喷洗盛装易燃、可燃液体设备时，压力不准大于0.98MPa。

c. 不准使用压缩空气进行甲、乙类易燃、可燃液体管道的清扫。

d. 采样器的清洗，必须用所要采样的同类油品进行清洗，清洗用过的和剩余的样品不准倒回罐内。

e. 在易燃易爆场所，不准使用化纤材质制作的拖布、抹布擦拭物体和地面。

f. 不准在一个容器内同时采用人工和机械两种方法清洗。

（五）其他作业防静电危害措施

检尺、测温和采样防静电危害的措施。

① 轻质油品进入油罐（油桶）后，必须经过一定的静置时间以后，方可进行检尺、测温

和采样。其静置时间如表 8-4-2 所列。

表 8-4-2　油品在油罐中的静置时间

容　器		静置时间及操作内容			
油罐	容积/m^3	<10	11~50	51~5000	>5000
	静置时间/min	3	5	15	30
铁路油罐车		2min 后才检尺、测温、取样			
汽车油罐车		加油后静置 2min 才能提升装油鹤管、测量等			

注：引自 GB 13348 石油产品静电安全规程。

② 测温盒和采样器严禁选用绝缘绳套，应选用防静电测量绳或有色金属编织绳，使用时绳套末端应与罐体作可靠接地。

③ 储罐测量口必须装有铜(铝)测量护板，钢卷尺、测量盒绳、采样器绳进入油罐时，必须紧贴护板下落和上提。

④ 检尺、测量、采样时不得猛拉猛提，上提速度不大于 0.5m/s，下落速度不大于 1m/s。

⑤ 严禁在测量口附近用化纤布擦拭检测口、测温盒和采样器。

第五节　防　中　毒

一、石油的毒性

1. 油蒸气的毒性

油品及其蒸气具有毒性，一般属于低毒性物质，但由于中毒途径不同，使人体器官产生不同程度的急性和慢性中毒。

油品蒸气慢性中毒的结果会使人患慢性病，产生头昏、疲倦、嗜睡等病状，若皮肤经常与油品接触，会产生脱脂、干燥、裂口、皮炎和局部神经麻木，油品落入口腔、眼睛时，会使黏膜枯萎，有时会出血。

油品蒸气毒性对人体的危害程度与其浓度有关，一般随浓度的增加而增大。其现象如表 8-5-1。

表 8-5-1　油蒸气对人体作用现象

体积浓度/(mg/m^3)	作　用　结　果
500	无现象
1000	2h 内眼睛受到刺激，出现头晕、目眩症状
2000	1.5h 内眼睛、鼻、喉咙受到刺激，出现失常的症状
7000	15min 内出现象“喝醉酒”症状
10000	喝醉酒症状很快出现，时间延长，失去知觉和死亡出现
20000	瘫痪(死亡)很快出现

引自：何国根主编．油库安全技术与管理．浙江大学出版社，1992。

2. 硫化氢的毒性

虽然原油、柴油及重油的毒性没有汽油严重，但它们能产生硫化氢气体。硫化氢气体的存在，含硫油品及蒸气的毒性就显得严重。

硫化氢中毒往往表现为全身性作用，它与人体内部某些酶发生作用，影响细胞进化过程，造成组织缺氧，产生内窒息。人的中枢神经对缺氧十分敏感，首先受到影响。硫化氢对人还有局部刺激作用，这是由于硫化氢接触湿润的黏膜之后，分解形成硫化钠，以及本身的酸性所致。硫化氢随浓度和时间变化，对人体危害现象如表 8-5-2。

表 8-5-2　硫化氢对人的危害

等级	浓度/(mg/m^3)	接触时间	人体反应
轻度	0.035	接触	嗅觉可闻
	30~40	接触	臭味强烈
	70~150	1~2h	眼睛及呼吸道出现症状，吸入 2~15min，即发生嗅觉疲劳，不再嗅到气味
中度	300	1h	出现呼吸道刺激症状，能引起神经抑制，长时间接触，可引起肺水肿
重度	760	15~60min	可引起生命危险，发生肺水肿、支气管炎及肺炎、头痛、头晕、激动、呕吐、恶心、咳嗽、喉痛、排尿困难等全身症状
	1000	数秒钟	很快引起急性中毒，出现明显的全身症状，呼吸加快，很快因呼吸麻痹而死亡
	1400	倾刻	嗅觉立即疲劳、失去知觉、昏迷、死亡

引自：高维民、刘世湘主编．石油化工安全卫生监督指南．中国劳动出版社，1991。

二、油品中毒的途径

石油及其蒸气侵入人体的中毒途径主要有三种，即皮肤接触、呼吸道吸入和通过食物进入消化道，有时可单独通过呼吸道或皮肤侵入人体，有时可从二条或三条途径同时侵入人体。

(1) 呼吸道

气体毒物和易挥发液体毒物，主要是从呼吸道进入人体，自鼻、咽腔至肺泡整个呼吸道的黏膜都能不同程度地吸收有害气体、蒸气及烟尘，主要的部位是支气管和肺泡，尤以肺泡为主，肺泡壁极薄，只有 1~4μm 厚，其表面又为含碳酸的液体所湿润，接触面积大，周围又布满毛细管，对有害物质能很快地吸收并经过毛细血管进入血液循环系统，从而分布到全身。这一途径不经过肝脏解毒，因而具有较大的危险性，毒物由呼吸道吸入量的多少，与空气中毒物的浓度、肺通气量、接触时间等因素有关，毒物由呼吸道吸入的速度，则随毒物的水溶性有所不同，愈易溶解于水的毒物愈易被吸收。

(2) 皮肤接触

有些毒物像一把利箭一样，可以穿透人体完整的皮肤，经毛囊空间到达皮脂腺及腺体细胞而被吸收，一小部分则通过汗腺进入人体，毒物进入人体的这一途径也不经肝脏转化，直接进入血液系统而散布全身，危险性较大。

(3) 消化道

在下述两种情况下，毒物可由消化道进入人体，偶然情况下误食，或由呼吸道侵入人体的毒物一部分粘附在鼻咽部混在其分泌物中，无意中被吞入。毒物进入消化道后，主要在小肠内被吸收，大部分进入肝脏，经解毒转化被排出，只有一部分直接进入血液循环系统。毒物在消化道被吸收的程度，主要取决于毒物在胃液中的溶解度，由于经过肝脏的解毒作用，使进入体内的一些毒物变成了毒性较小或无毒的物质，所以，从消化道侵入的毒物，一般不及从呼吸道和皮肤黏膜吸收的毒物后果严重。

三、防中毒的一般措施

1. 一般措施

(1) 防止吸入中毒

为防止中毒，不论是轻质油品还是重质油品都不得食入或吸入。如果一时不慎弄到皮肤上，也应及时清洗干净。特别是要防止过多地吸入轻质油品的气体，因此接触溶剂汽油和车用汽油的工作人员，应十分注意不要过多地使汽油挥发到空气中，以防吸入体内，汽车司机更应注意，严禁用嘴吸油。

(2) 防止感染疾病

石油产品接触皮肤，如不及时清洗干净，则可能轻者引起皮炎、疙瘩，重者发生皮疹或皮瘤。误入口内或吸入体内，轻者发生肠胃病或肺炎，重者可能导致癌症，因而应特别注意不要把石油弄到食物上，不要弄进呼吸道里，也不要弄得满身是油或满地是油，不但给国家造成浪费，而且也有碍个人卫生和健康。

石油类中的一些致癌物质分布是极不平均的，这些物质是不挥发性的，只要注意不使进入皮肤组织，尽量避免吸入含有这些物质的尘埃或烟雾，也就不致发生问题，而且也不是接触过这些物质的人就一定会生癌，只不过是千百万人中的极少现象而已。

(3) 进行环境卫生检测

作业场所的油气浓度往往超过最高允许浓度，只要注意环境卫生检测，加强人体防护，控制油气污染程度，就不至于发生中毒事故，加油加气站的环境卫生检测主要是对作业场所的油气浓度、氧气浓度、硫化氢浓度及含铅浓度的检测，尤其应对加油加气岛和油罐清洗场所等比较容易形成油气积聚的部位加强检查。

(4) 强化有毒作业管理

对有毒作业的管理主要有以下几方面：① 加强对进行有毒作业人员的防中毒教育，使之学会正确的作业方法，正确使用个人防护用品。② 严格执行有毒作业操作规程、制度；③ 控制人员在有毒环境中的工作时间；④ 严密监测毒物浓度，一旦发现超过危险极限立即组织作业人员撤离有毒现场。

(5) 改善有毒作业的局部环境质量，采用隔离式作业

为避免油气同人体直接接触或过多地同人体接触，可采用隔离式作业。隔离式作业可从两方面考虑：一是人员经常出现的场所同油气易释放场所隔离，把一些油气释放场所设置在离人员较远的地方，中间设置隔离带，或采用隔墙形式隔离，人员在另一房间控制操作，如

泵房和发油台就可设置专门的隔离操作室，减少油气对人体的伤害；二是在人体不可避免同油品和油气接触的场所，佩戴防毒器具进行隔离，以减少或避免人体同油品及油气接触，如清罐作业，加油作业，可佩戴防毒手套、口罩及面具，在一些特别作业场所，甚至需要佩戴整套生氧呼吸器进行防护。

（6）加强健康管理

首先，对新招收的加油加气站员工进行体检，发现有禁忌症的，如对某种油品有接触过敏症的，不能将其分配去从事油品作业；其次，对从事油品业务作业人员应进行防毒教育，对他们的个人卫生进行指导，使他们了解并掌握油品中毒的预防和急救知识；第三，加油加气站内应配备相应的油品中毒急救医药器材；第四，对加油加气站作业人员应定期进行体检，特别要针对油品可能损坏的人体器官、系统认真检查，以便能对油库中毒患者及早发现、及早治疗。

（7）积极采取个体防护措施

作业时尽可能减少油品溅到手上、身上，工作时戴工作手套。防止毒从口入，必须做到不在作业场所吃饭、饮水、吸烟，坚持饭前漱口，下班后淋浴，清洗工作服。防止毒物进入呼吸道，采用呼吸防护具，尤其在存有油气的场合作业，视情况和需要配戴口罩或各种不同的呼吸护具。

2. 进储罐作业时的防中毒措施

① 打开储罐人孔、采光孔时作业人员宜戴呼吸护具。

② 进储罐检测、清洗的作业人员应内着棉质衣裤，外着整体防护服，对全身(如头、颈、臂、手、腿、脚)进行保护。

③ 储罐内的可燃气体浓度在爆炸下限的4%~40%范围内时，进罐作业人员必须佩戴自给式空气呼吸器；当可燃气体浓度在爆炸下限的1%~4%范围内时，允许佩戴防毒口罩进罐作业，每次进罐作业时间不得超过30min，间隔时间不得少于1h；当可燃气体浓度在爆炸下限1%以下时，允许在无防护条件下8h工作制进罐作业。

④ 作业过程中应适时监测罐内可燃气体浓度，超过允许值时作业人员应迅速撤离作业现场，进行通风，将可燃气体浓度降至允许值以下方可继续作业。

⑤ 作业人员佩戴呼吸护具进罐作业时应系安全绳，同时，进罐人员不得少于二人，罐外必须设专职监护员，且一人只能监护一个作业点。

⑥ 呼吸护具必须严格按“产品使用说明书”要求使用，保证性能良好，佩戴合适，供气管不应有硬件、拔脱、阻塞、漏气等现象。每次使用前应认真检查和试验，使用中内外表面不得被油类、有机涂料等污染，使用后必须清洗消毒，妥善保管。

⑦ 使用呼吸护具时，每人的供气量应不小于30L/min，多路供气的总量必须大于30L/min乘路数之积，供气时间必须保证进罐人员安全出罐。

⑧ 作业场所应配备抢救中毒、过敏、工伤用急救药箱，并有医护人员值班。作业现场应备有进罐抢救使用的呼吸护具。

⑨ 作业人员上岗前严禁饮酒。严禁在作业现场饮水、用餐。作业后应在指定地点更衣、洗手洗脸、刷牙漱口。不准穿工作服进入公共场所或回家就餐。

第六节　防　污　染

一、加油站含油污水控制

(一) 含油污水的来源

① 加油时加油枪滴洒在地面上的油品，一般轻油很快在空气中挥发散逸，残留的油品按操作规程用拖布擦干净，用水洗净，但形成了含油污水。

② 加油站地下储油罐在进行清洗、检修时，排出的含油废水。

③ 加油站内的管线、阀门、加油机等设备的跑、冒、滴漏及进行检修时，清漏清洗的废水。

④ 加油站在卸油时可能产生的跑、冒、滴、漏及进行检修时，滴漏清洗的废水。

(二) 含油污水的危害

用含油污水灌溉农田，油类物质会黏附于土壤内并粘在植物根部，危害植物生长，严重时导致植物死亡；油类物质可在水中形成油膜，阻碍大气中的氧气溶于水中，妨碍鱼类及其他生物的生长、生存；含油污水中的其他化学物质，如酸、硫化物等不仅有毒而且有腐蚀性，如不作处理让其排入江河湖海，对人、畜、家禽等动植物产生危害，并使土壤板结；加油站含油污水不仅造成城市和公路两侧的环境污染，而且还会形成安全隐患。

(三) 含油污水的处理

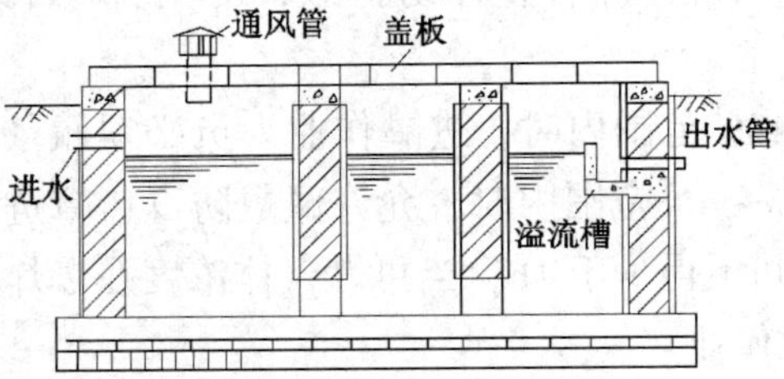

图 8-6-1　简易式三节隔油池

加油站内的地面雨水可流散排出站外，但如雨水有明沟排到站外时，在排出围墙之前，必须设置水封装置。水封井的水封高度不应小于 0.25m，水封井应设沉泥段，沉泥段高度不应小于 0.25m。

加油站在正常经营情况下，含汩污水并不多，含油污水的处理一般仅限于用水封井进行油水分离，也可用简易式三节隔油池(图 8-6-1)，收集后加以处理。但如若进行清洗油罐或由于跑冒油品清洗地面，则含油污水量很大，在这种情况下，则应采用活动式回收桶集中收集处理，严禁直接接入排水管道。

加油站设置的水封油水分离装置应经常进行检查，以保持其去污功能。

二、噪声的控制

1. 噪声的危害

环境噪声是指在工业生产、建筑施工、交通运输和社会生活中所产生的影响周围环境的声音。环境噪声污染是指排放的环境噪声标准，妨碍人们工作、学习、生活和其他正常活动的现象。噪声的危害主要在于影响人们休息，损伤听觉器官，引起心血管系统病症，导致神经衰弱和降低人们的劳动效率。

加油站中的加油机、发电间，加气站中的压缩机间、调压间等部位，尤其是 CNG 加气站的生产车间，不同程度地存在着噪声污染。噪声污染固然有害，但只要降到一定程度即可，完全消除是不可能的，也没有必要，否则会造成浪费。国家卫生部及劳动部颁布的工业安全噪声卫生标准，规定了工业企业生产车间与作业场所等工作地点的噪声标准为 85dB。国家对城市区域环境噪声的规定见表 8-6-1。

表 8-6-1　城市区域环境噪声标准　　dB

类　别	昼　间	夜　间	类　别	昼　间	夜　间
0	50	40	3	65	55
1	55	45	4	70	55
2	60	50			

0 类标准适用于疗养区、高级别墅区、高级宾馆区等需要安静的区域。

1 类标准适用于以居住、文教机关为主的区域。

2 类标准适用于居住、商业、工业混杂区。

3 类标准适用于工业区。

4 类标准适用于城市中的道路交通干线道路两侧区域，穿越城区的内河航道两侧区域。穿越城区的铁路主、次干线两侧区域的背景噪声(指不通过列车时的噪声水平)限值也执行该类标准。

在夜间突发的噪声，其最大值不准超过标准值 15dB。

2. 噪声的防护措施

噪声污染是不可避免的。控制噪声污染应从声源、传递和接受者三方面来考虑。

一般来说，加油站发出的噪声并不突出和强烈，但地处城区或居民生活区的加油站在夜间作业时产生的各种声响还是比较明显的，特别是卡车的启动声。对于 CNG 加气站的生产车间，如压缩机间和调压间在生产作业时噪声较大。

声源的控制是解决噪声污染最根本的方法，合理配置噪声源，尽可能采用无声或低噪声的工艺和设备替代高噪声的工艺和设备，从根本上解决噪声问题。在布局方面，把高噪声机械和低噪声机械分开；把生活区与作业区分开。从时间上，把白天与夜间相区别；加强机械运动部件的润滑，加固连接部件等。

对于现有设备的噪声问题，常见方法是在传递路径上采取防护措施，比如对机器设备采用隔声罩；在进出排气管或管路中加消声器；对车间、厂房的天花板或墙壁进行吸声处理；在车间、厂房的适合位置设立隔声屏障；对机组进行隔振处理等，尽可能减少或避免对周围人们的休息和工作造成影响。

三、绿化

加油加气站一般地处交通要道，位置显要，十分醒目。搞好绿化，可美化街景，协调环境，它是城市绿化的组成部分，是属于维持生态平衡的环境保护的重要组成部分。

加油加气站应在满足业务需要的前提下，尽可能地进行绿化，扩大绿化面积。一般加油加气站绿化面积应达到 20% 以上；城市中心应达到 30% 以上。加油加气站应建立绿化责任制，制定绿化、保养措施。平时要及时清除枯萎的植物、树叶，补种新的植被，保持枝叶茂盛。

加油加气站绿化应不影响加油加气业务和设备检修等工作，整个加油加气站内不得种植油性植物。在加油站的出入口，临公路一侧，不宜种植高、中灌木，以免影响司机的视线，妨碍车辆的通行，可种植低于0.4m的灌木或草坪。加油加气站内树木种植与地下构筑物和地下管线应有一定的距离。加油加气站内树木种植与地下管线的最小水平净距见表8-6-2。

表 8-6-2　绿化树木与地下管线等的最小距离

名　　称	乔木中心/m	灌木中心/m
热力管线	2.0	2.0
压缩空气管线	2.0	2.0
输油管线	1.0	1.0
给水管线	1.5~2.0	不限
排水管线	1.5~2.0	不限
电力电缆(35kW)	2.0	1.0
排水沟	1.0	1.0
建筑物外墙有窗	5.0	2.0
建筑物外墙无窗	2.0	1.5

第七节　灭　火　器

因灭火器的体积小、轻便灵活、机动性强，使用方便，所以是加油加气站灭火中理想的大众化灭火工具。

一、分类和标志

灭火器由筒体、器头、喷嘴等部件组成，借助驱动压力可将所充装的灭火剂喷出，达到灭火的目的。灭火器由于结构简单、操作方便、轻便灵活、使用广泛，是扑救各类初期火灾的重要消防器材。

灭火器的种类很多，按其移动方式可分为手提式和推车式；按驱动灭火剂的动力来源可分为储气瓶式、储压式、化学反应式；按所充装的灭火剂划分有泡沫灭火器、干粉灭火器、卤代烷灭火器、二氧化碳灭火器、酸碱灭火器、清水灭火器等。我国灭火器的型号编制由类、组、特征代号和主要参数四个部分组成。类、组、特征代号用汉语拼音字母表示具有代表性的字头，主要参数是灭火剂的充装量，其型号编制方法见表8-7-1。

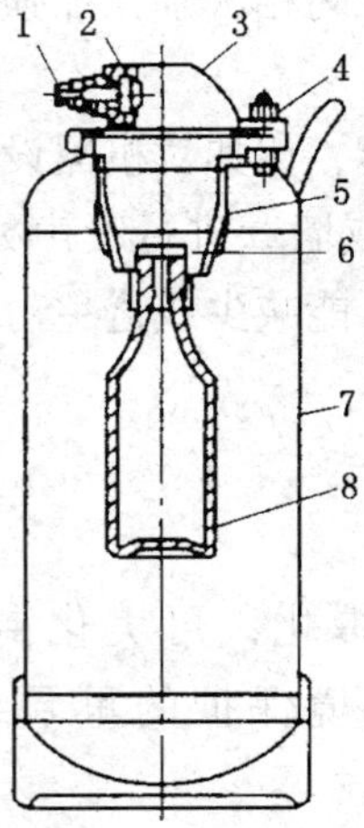

图 8-7-1　MS 型手提式
1—喷嘴；2—滤网；
3—筒盖；4—密封垫圈；
5—瓶夹；6—铅盖；
7—筒体；8—瓶胆

二、酸碱灭火器

酸碱灭火器是一种内部装有65%的工业硫酸和碳酸氢钠的水溶液作为灭火剂的灭火器。使用时，两种药液混合发生化学反应，产生二氧化碳压力气体，灭火剂在二氧化碳气体的压力下喷出灭火。手提式酸碱灭火器按灭火剂的充装量分为7L、9L两种规格，其型号分别为MS-7和MS-9。如图8-7-1所示。

表 8-7-1　各种灭火器的型号标志方法

灭火器	组	代号	特征	代号含意	主要参数	
					名称	单位
灭火器(灭)	水 S(水)	MS MSQ	酸碱 清水，Q(清)	手提式酸碱灭火器 手提式清水灭火器	灭火剂充装量	L
	泡沫 P(泡)	MP MPZ MPT	手提式 舟车式，Z(舟) 推车式，T(推)	手提式泡沫灭火器 舟车式泡沫灭火器 推车式泡沫灭火器		L
	干粉 F(粉)	MF MFB MFT	手提式 背负式，B(背) 推车式，T(推)	手提式干粉灭火器 背负式干粉灭火器 推车式泡沫灭火器		kg
	二氧化碳 T(碳)	MT MTZ MTT	手提式 鸭嘴式，Z(嘴) 推车式，T(推)	手提式二氧化碳灭火器 鸭嘴式二氧化碳灭火器 推车式二氧化碳灭火器		kg
	1211 Y(1)	MY MYT	手提式 推车式	手提式 推车式 1211 灭火器		kg

引自：石油储运与安全管理．白世贞主编．化学工业出版社，2004. 5 第 1 版。

手提式酸碱灭火器适用于扑救 A 类物质燃烧的初起火灾，如木材、织物、纸张等燃烧的火灾；不能扑救 B 类物质燃烧的火灾，也不能扑救 C 类气体火灾和 D 类轻金属火灾；也不能扑救带电场合的火灾。

使用时应手提筒体上部提环，迅速奔到着火地点，绝不能将灭火器扛在背上或过分倾斜，以防两种药液混合提前喷出。在距燃烧物 6m 左右时，将灭火器颠倒过来，并摇晃几次，使两种药液加快混合，一只手握住提环，另一只手将喷射的泡沫射流对准燃烧物体灭火。

注：自 2002 年 7 月 1 日，我国已淘汰了手提式酸碱灭火器。

三、空气泡沫灭火器

空气泡沫灭火器内部充装 90%的水和 10%的空气泡沫灭火剂，依靠二氧化碳气体将泡沫压送至喷射软管，经喷枪作用产生泡沫。按照所装灭火剂种类不同，可分蛋白泡沫灭火器、氟蛋白泡沫灭火器、抗溶性泡沫灭火器和“轻水”泡沫灭火器。虽然它们类型各异，但组成及使用方法大体相似。

MQP-3 型“轻水”泡沫灭火器由筒身、操纵机构、二氧化碳钢瓶、启闭机构和喷射系统组成。

MQP-3 型“轻水”泡沫灭火器灭火剂容量 3L，射程 6m，喷射时间 40s，使用温度在 4~55℃之间。

使用时将灭火器提至距燃烧点 6m 左右的地方，拔下保险销，一手握住喷枪，另一只手握住开启压把，将压把按下，刺穿储气瓶密封片，泡沫混合液在二氧化碳的压力下，从喷嘴喷出，与空气混合，产生泡沫，覆盖燃烧物。注意不能将灭火器颠倒或横卧使用，否则会中断喷射。

四、化学泡沫灭火器

化学泡沫灭火器内充装油酸性(硫酸铝)和油碱性(碳酸氢钠)两种化学药剂的水溶液。使用时，将两种溶液混合引起化学反应生成灭火泡沫，并在压力的作用下喷射灭火。类型有手提式、舟车式和推车式三种。

1. MP 型手提式化学泡沫灭火器

自 2002 年 7 月 1 日，我国已淘汰了手提式化学泡沫灭火器。

2. MPZ 型手提舟车式化学泡沫灭火器

手提舟车式化学泡沫灭火器的主要性能、构造、适用范围及使用方法等，与 MP 型手提式化学泡沫灭火器基本相同。所不同的是灭火器的瓶胆上装有密封瓶盖，在器盖上装有开启瓶盖的机构，这样可以防止车辆、船舶行驶时，由于剧烈振动或颠簸而使两种药剂混合。瓶盖的开启机构设在器盖的上部，由开启手柄、密封压杆和弹簧等组成。使用时，将开启手柄向上扳起，密封压杆依靠弹簧的弹力即可将密封瓶盖打开。

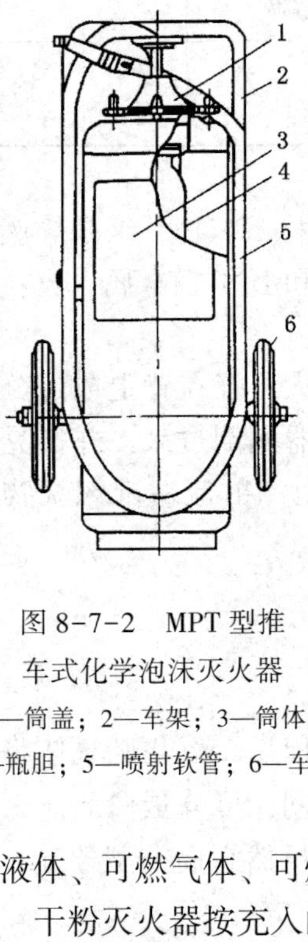

图 8-7-2　MPT 型推车式化学泡沫灭火器

1—筒盖；2—车架；3—筒体；4—瓶胆；5—喷射软管；6—车轮

3. MPT 型推车式化学泡沫灭火器

MPT 型推车式化学泡沫灭火器，按所充装的灭火剂量有 40L、65L 和 90L 三种规格。型号分别为 MPT-40、MPT-65、MPT-90。

MPT 推车式化学泡沫灭火器由筒体、筒盖、瓶胆、瓶盖、启闭机构、喷射系统和车身等组成。如图 8-7-2 所示。

MPT 型推车式化学泡沫灭火器扑救火灾的适用范围，相同于 MP 手提式化学泡沫灭火器。

使用时，一般由两人操作，先将灭火器迅速推到火场，在距着火点 10m 左右停下，由一人施放喷射软管后，双手紧握喷枪并对准燃烧处；另一人逆时针方向转动手轮，将螺杆开启到最高位置，然后将筒体向后倾倒，并将出口阀门手柄旋转 90°，即可进行泡沫灭火。

五、干粉灭火器

干粉灭火器以液态二氧化碳或氮气作为动力，将灭火器内的干粉灭火药剂喷出而进行灭火。干粉灭火器适用于扑救石油、可燃液体、可燃气体、可燃固体物质的初期火灾。

干粉灭火器按充入的干粉药剂分类，有碳酸氢钠干粉灭火器，也称 BC 干粉灭火器；磷酸铵盐干粉灭火器，也称 ABC 干粉灭火器；按加压方式分类有储气瓶式和储压式；按移动方式分类有手提式和推车式。

1. 手提式干粉灭火器

手提式干粉灭火器按充装的干粉药剂量，有 1kg、2kg、3kg、4kg、5kg、6kg、8kg、10kg 等 8 种。其型号有 MF-1、MF-2、MF-3、MF-4、MF-5、MF-6、MF-8、MF-10。

储气瓶式干粉灭火器主要由筒体、气盖、储气瓶、喷射装置组成。按储气瓶安装的位置有外挂式和内置式两种。图 8-7-3 为外挂式储气瓶干粉灭火器结构图，图 8-7-4 为内置式干粉灭火器结构图。

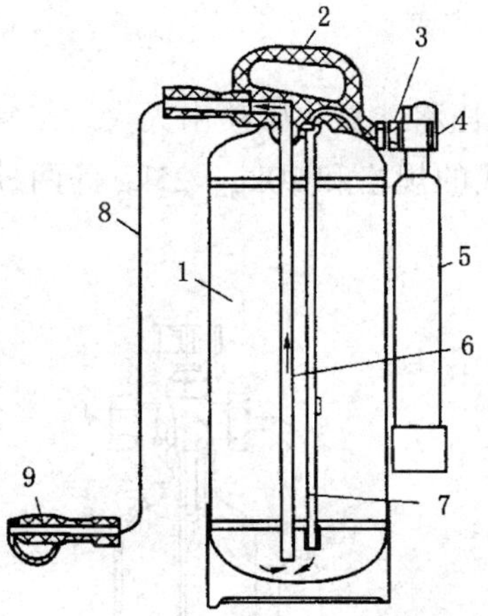

图 8-7-3 MF 型手提外挂式干粉灭火器结构图
1—进气管；2—出粉管；3—二氧化碳钢瓶；
4—螺母；5—提环；6—筒体；
7—喷粉胶管；8—喷枪；9—拉环

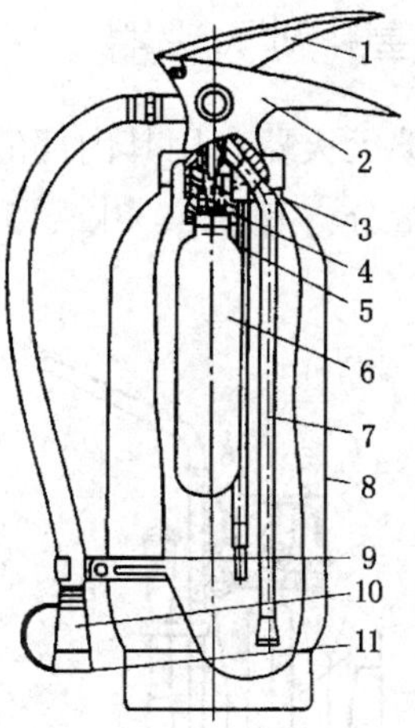

图 8-7-4 MF 型手提内置式干粉灭火器
1—压把；2—提把；3—刺针；4—密封膜片；
5—进气管；6—二氧化碳钢瓶；7—出粉管；
8—筒体；9—喷粉管固定夹箍；
10—喷粉管；11—喷嘴

储压式干粉灭火器与储气瓶式干粉灭火器结构的区别在于：储气瓶式有单独的储气瓶，而储压式则无储气瓶，但有一块显示筒体内部压力的显示器。

碳酸氢钠(BC)干粉灭火器适用于易燃、可燃液体、气体及带电设备的初起火灾扑救。

磷酸铵盐(ABC)干粉灭火器除用于扑救易燃、可燃液体、气体及带电设备火灾外，还可扑救固体类物质的初起火灾。但不能扑救轻金属燃烧的火灾。

灭火时，可手提或肩扛灭火器奔向火场，在距燃烧处 5m 左右，选择上风位置，一手紧握喷粉胶管，一手打开开启装置喷射。若是外挂式储气瓶干粉灭火器，操作者提起储气瓶上的开启提环；内置式储气瓶或储压式，操作者应先将开启把上的保险销拔下，然后将开启压把压下。

干粉灭火器扑救可燃、易燃液体火灾时，应对准火焰根部扫射。如被扑救的液体火灾呈流淌状燃烧，应对准火焰根部由近而远，并左右扫射，直至把火焰全部扑灭；如可燃液体在容器内燃烧，应对准火焰根部左右晃动扫射，使干粉雾流覆盖容器开口表面。切不能将喷嘴直接对准液面喷射，防止喷流冲击力将可燃液体溅出容器造成火势蔓延扩大。

2. MFT 推车式干粉灭火器

MFT 推车式干粉灭火器，按干粉灭火剂充装量分有 20kg、25kg、35kg、50kg、70kg、100kg 等六种；按加压气体储气方式分有储气瓶式和储压式两种；按干粉灭火药剂种类分有碳酸氢钠干粉灭火器和磷酸铵盐干粉灭火器。

推车式干粉灭火器，主要有干粉罐体、二氧化碳储气瓶、进气管、出粉管、喷粉胶管、喷嘴、压力表、开关、车架、车轮等组成。如图 8-7-5 所示。

MFT 推车式干粉灭火器灭火适用范围与 MF 干粉灭火器相同。

将灭火器推到起火地点，一人迅速打开喷粉胶管转盘，使喷粉软管完全展开，紧握喷枪对准燃烧处；另一人则迅速拔下保险销，提起拉环，使干粉药剂喷出。

六、二氧化碳灭火器

二氧化碳灭火器利用其内部的液态二氧化碳的蒸气压将二氧化碳喷出灭火。二氧化碳灭火器按充装量分，有2kg、3kg、5kg、7kg等四种手轮式的规格和20kg、25kg等两种推车式规格。

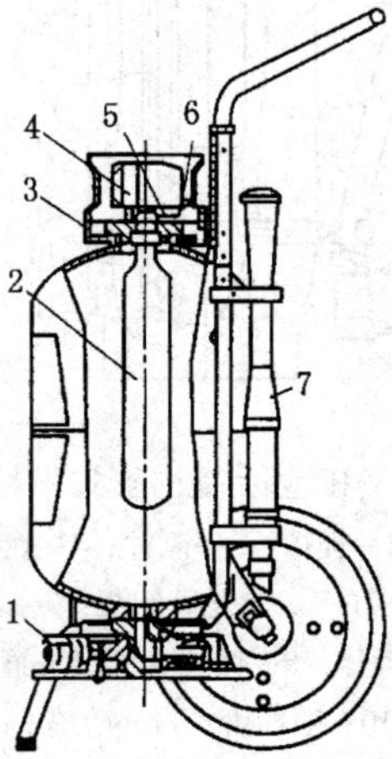

图8-7-5　推车式干粉灭火器

1—出粉管；2—钢瓶；
3—护罩；4—压力表；
5—进气压杆；6—提环；7—喷枪

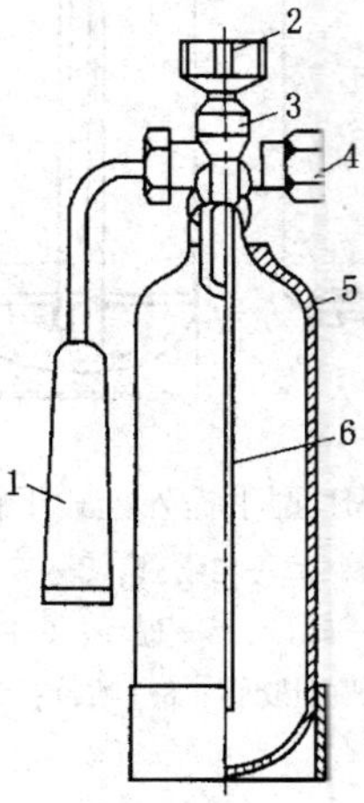

图8-7-6　MT型手轮式
二氧化碳灭火器

1—喷筒；2—手轮；3—启闭阀；
4—安全阀；5—钢瓶；6—虹吸管

1. 手轮式二氧化碳灭火器

该灭火器主要由钢瓶、启闭阀、喷筒、出液管等组成。其构造如图8-7-6。

2. 鸭嘴式二氧化碳灭火器

其构造与手轮式大致相同，只是启闭阀的开启形式不同和喷筒的钢丝编织胶管与启闭阀相连。启闭阀为手动开启，手一松开即自动关闭，又称手动开启自动关闭型。

由于二氧化碳灭火剂灭火不留痕迹，并有一定的电绝缘性等特点，它适宜扑救600V以下的带电电器、贵重设备、图书资料、仪器仪表等场所的初起火灾，以及一般可燃液体的火灾。

使用时将灭火器提到起火地点，在距燃烧物5m处，将喷嘴对准火源，打开开关，即可进行灭火。若使用鸭嘴式二氧化碳灭火器，应先拔下保险销，一手紧握喇叭口根部，另一只手将启闭阀压把压下；若使用手轮式二氧化碳灭火器，应向左旋转手轮。

使用二氧化碳灭火器不能直接用手抓住喇叭口外壁或金属连接管，防止手被冻伤。在室外使用时，应选择上风方向喷射；室内窄小空间使用时，使用者在灭火后应迅速离开，防止窒息。

七、灭火器的维修保养

1. 手提式1211灭火器的维修、保养

① 灭火器应按制造厂规定的方法和要求使用。

② 灭火器一经开启，即使喷出不多，也必须按规定要求进行再充装，充装后应检查密封性能。

③ 灭火器每5年和每二次再充装前，应进行1.5倍设计压力的水压试验，合格后方可再充装灭火剂继续使用。试验后应及时干燥处理，并检查内部，发现有明显锈蚀，不得继续使用。

④ 维修灭火器应由专业单位承担，其性能要求应符合国标《手提式1211灭火器》的规定。

2. 手提式二氧化碳灭火器的维修、保养

① 灭火器应每年至少检查一次重量。超过规定泄漏量的应检修。

② 灭火器每隔五年应进行一次水压试验，在水压试验的同时应测定残余应变率，其值不得大于6%。试验后应在灭火器筒体肩部用钢印打上试验年月和试验单位的代号。

③ 灭火器的维修、再充装应由专业单位承担，并应符合国标《手提式二氧化碳灭火器》的规定。

④ 灭火器一经开启，必须重新充装。充装前应进行全面检查，不符合国标《手提式二氧化碳灭火器》规定的，不得再充装。用户如对产品有特殊要求，应以国标《手提式二氧化碳灭火器》为基础，双方协商并在协议书中规定。

3. 手提式化学泡沫灭火器的维修、保养

① 灭火器的灭火剂应按规定方法配制和灌装。

② 灭火器应按制造厂规定的方法使用。冬季应注意防冻。

③ 灭火器应每年定期检查。若灭火剂变质应予以更换，每次更换时应清洗灭火器内部，并进行检查，不允许有明显锈蚀。每次更换灭火剂后应在灭火器上标明日期。

④ 出厂两年后，每年应进行水压试验，试验压力为设计压力的1.5倍，合格后方可充装灭火剂继续使用。每次水压试验后应在灭火器上标明日期。

⑤ 灭火器的维修应由专业单位承担，其性能要求应符合有关标准的规定。

4. 手提式干粉灭火器的维修、保养

(1) 灭火器在使用期内的保养

① 灭火器放置处，应保持干燥通风，防止筒体受潮腐蚀。

② 灭火器各连接件不得松动，喷嘴塞盖不得脱落，保证灭火器的密封性。

③ 灭火器应避免日光曝晒和强幅射热，以免影响灭火器正常使用。

④ 灭火器应按制造厂规定的要求和检查周期，进行定期检查。如发现灭火剂结块或储气瓶内气量不足，应更换灭火剂或补足气量。

⑤ 灭火器的检查，应由经过训练的专人进行。

(2) 灭火器的维修和再充装

① 灭火器一经开启，必须进行再充装。再充装应由经过训练的专人或专门单位按制造厂规定的要求和方法进行，不得随便更换灭火剂的品种和重量。

② 灭火器再充装前，其主要的受压部件，如器头、筒体和储气瓶等应按国标《手提式干粉灭火器》规定，进行水压试验，不合格者不得再使用。

③ 再充装好的储气瓶，应按国标《手提式干粉灭火器》的规定，进行气密性试验，不合格者不得使用。

④ 灭火器每五年和每次再充装前，应进行 1.5 倍设计压力的水压试验，合格后方可继续使用。筒体和储气瓶经水压试验不合格的不准用焊接的方法修复使用。

⑤ 经维修部门修复的灭火器，应有经当地消防监督部门认可的标记，并注明维修单位名称及维修日期。

注：引自《手提式干粉灭火器》GB 4402—1984。

八、加油加气站的灭火器材配置

① 每 2 台加气机应设置不少于 1 只 8kg 手提式干粉灭火器或 2 只 4kg 手提式干粉灭火器；加气机不足 2 台按 2 台计算。

② 每 2 台加油机应设置不少于 1 只 4kg 手提式干粉灭火器和 1 只空气泡沫灭火器；加油机不足 2 台按 2 台计算。

③ 地上储罐应设 35kg 推车式干粉灭火器 2 个。当两种介质储罐之间的距离超过 15m 时，应分别设置。

④ 地下储罐应设 35kg 推车式干粉灭火器 1 个。当两种介质储罐之间的距离超过 15m 时，应分别设置。

⑤ 泵、压缩机操作间(棚)应按建筑面积每 $50m^2$ 设 8kg 手提式干粉灭火器 1 只，总数不少于 2 只。

⑥ 一、二级加油站应配置灭火毯 5 块，沙子 $2m^3$；三级加油站应配置灭火毯 2 块，沙子 $2m^3$。加油加气合建站按同级别的加油站配置灭火毯和沙子。

⑦ 其余建筑的灭火器材配置，应符合现行国家标准《建筑灭火器配置设计规范》GB J140 的规定。

⑧ 汽车加油加气站在进行灭火器材配置时，还应适当考虑进站加油加气车辆的火灾扑救问题，应在满足《汽车加油加气站设计与施工规范》的有关规定外，适当增加一些。另外，加油机若为一机多枪，应视为多台单枪加油机，按能同时使用的加油枪数量计算。

摘自 GB 50156—2002《汽车加油加气站设计与施工规范》9.0.10。

九、灭火器的设置要求

① 灭火器应设置在明显和便于取用的地点，且不得影响安全疏散。灭火器应设置稳固，其铭牌必须朝外。手提式灭火器宜设置在挂钩、托架上或灭火器箱内，其顶部离地面高度应小于 1.50m；底部离地面高度不宜小于 0.15m。

② 灭火器不应设置在潮湿或强腐蚀性的地点，当必须设置时，应有相应的保护措施。设置在室外的灭火器，应有保护措施。灭火器不得设置在超出其使用温度范围的地点。

③ 灭火器的设置地点不应超出其最大保护距离(表 8-7-2 和表 8-7-3)。保护距离是指：灭火器配置场所内任一着火点到最近灭火器设置点的行走距离。

表 8-7-2 A 类火灾配置场所灭火器最大保护距离 (m)

灭火器类型 / 危险等级	手提式灭火器	推车式灭火器
严重危险级	15	30
中危险级	20	40
轻危险级	25	50

表 8-7-3 B 类火灾配置场所灭火器最大保护距离 (m)

灭火器类型 / 危险等级	手提式灭火器	推车式灭火器
严重危险级	9	18
中危险级	12	24
轻危险级	15	30

注：以上数表引自《建筑灭火器配置设计规范》GBJ 140—1999。

设置在可燃物露天堆垛、甲、乙、丙类液体储罐、可燃气体储罐的灭火器配置场所的灭火器，其最大保护距离应按国家现行有关标准、规范的规定执行。

④ 灭火器设置点的环境温度对灭火器的喷射性能和安全性能均有明显影响，若环境温度过低，则灭火器的喷射性能显著降低；若环境温度过高，则灭火器的内压剧增，有爆炸伤人的危险。因此，要求灭火器设置点的环境温度应在灭火器的使用温度范围(表 8-7-4)内。

表 8-7-4 灭火器的使用温度范围

灭火器类型		使用温度范围/℃
清水灭火器		+4～+55
酸碱灭火器		+4～+55
化学泡沫灭火器		+4～+55
干粉灭火器	储气瓶式	−10～+55
	储压式	−20～+55
卤代烷灭火器		−20～+55
二氧化碳灭火器		−10～+55

⑤ 在同一灭火器配置场所，当选用同一类型灭火器时，应采用外形及操作位置和方法相同的灭火器；当选用两种或两种以上类型灭火器时，应采用灭火剂相容的灭火器，不应采用不相容灭火剂的灭火器(表 8-7-5)。

表 8-7-5 灭火剂相容性

类　型	不相容的灭火剂	
干粉与干粉	磷酸铵盐	碳酸氢钠、碳酸氢钾
干粉与泡沫	碳酸氢钾、碳酸氢钠	蛋白泡沫
	碳酸氢钾、碳酸氢钠	化学泡沫

⑥ 为保护大气臭氧层，应按照国家的有关规定，在非必要场所限制使用卤代烷灭火器。在油库中的非必要场所指：甲、乙类液体储罐、桶装堆场；柴油、润滑油灌桶间；闪点>

60℃的油品和其他丙类液体储罐、桶装库房或堆场；油料装备、器材库房；办公楼、礼堂、门诊部等。

替代用灭火器的灭火级别应等于或稍大于被取代的卤代烷灭火器的灭火级别(表8-7-6)。

表 8-7-6　磷酸铵盐干粉对 1211 的等效替代

类型	卤代烷 1211 灭火器			磷酸铵盐干粉灭火器		
	灭火剂充装量/kg	灭火级别		灭火剂充装量/kg	灭火级别	
		灭 A 类火	灭 B 类火		灭 A 类火	灭 B 类火
手提式灭火器	0.5	-	1B	1	3A	2B
	1	-	2B	1	3A	2B
	2	3A	4B	2	5A	5B
	3	3A	6B	3	5A	7B
	4	5A	8B	4	8A	10B
	6	8A	12B	5	8A	12B
推车式灭火器	20	-	24B	25	21A	35B
	25	-	30B	35	27A	45B
	40	-	35B	50	34A	65B

第八节　其他消防设施与火灾扑救

一、消防给水设施

1. 各类加油加气站设消防给水设施要求

① 加油站、压缩天然气加气站、加油和压缩天然气加气合建站可不设消防给水系统；液化石油气加气站、加油和液化石油气加气合建站应设消防给水系统。加气站、加油加气合建站应就近利用城镇或企业已建的供水系统，如已有的供水系统不能满足消防供水的要求，应自建消防给水系统，消防供水量应按固定式消防用水量和移动式消防冷却用水量之和计算。

② 加气站、加油加气合建站的生产、生活给水管道宜和消防水管道合并设置；并且当生产、生活用水达到最大用水量时仍应保证消防用水量。

③ 液化石油气加气站、加油和液化石油气加气合建站应就近利用城镇或企业已建的供水系统，如已有的供水系统不能满足消防供水的要求，应自建消防给水系统，消防供水量应按固定式消防用水量和移动式消防冷却用水量之和计算。

2. 液化石油气加气站的消防供水设计的规定

① 采用地上储罐的加气站，消火栓消防用水量按 20L/s 设计；总容量超过 $50m^3$ 或单罐容积超过 $20m^3$ 的储罐还应设置固定式消防冷却系统，供水强度不应小于 $0.15L/(m^2 \cdot s)$，着火罐按全面积计算，距着火罐直径(卧式罐按其直径和长度之和的一半)1.5 倍范围内相邻储罐按其表面积的一半计算。

② 采用埋地储罐的加气站，一级站消火栓消防用水量应不小于15L/s；二、三级站应不小于10L/s。

③ 液化石油气储罐地上布置时，消防供水时间不应小于3h；液化石油气储罐埋地敷设时，消防供水时间不应小于1h。

当液化石油气加气站、加油和液化石油气加气合建站利用城市消防供水管道时，室外消火栓与地上液化石油气储罐的距离宜为30~50m，三级站的液化石油气储罐如果离市政消火栓距离不大于80m，且市政消火栓供水压力大于0.2MPa时，可不设室外消火栓。

当液化石油气加气站、加油和液化石油气加气合建站自建消防给水系统时，消防水泵宜设2台，当设2台消防水泵时，可不设备用泵。

二、消防报警设施

加油加气站与城镇消防站应设直通电话，以便发生火灾时，快速及时报警。设电话消防报警器。

（1）功能

电话消防报警器是一种与电话系统配合使用的人工消防报警设备，报警器依托油库内现有的(或自建专线)电话网，通过由电话总机提供的或报警器自带专用报警号码，与分布在库内的所有电话分机连通，为现有的有线通讯系统增加消防报警功能。

（2）设置方式

① 报警器接在电话总机上，相当于一台电话分机。总机分配给报警器一个专用号码作为报警号码，所有接在总机上的电话分机均可拨打这个号码，发出消防警报。

② 报警器独立应用将多个电话分机并联在一条线上，直接接入报警器。在这种情况下，报警方式为：拿起电话，拨119，报警器就报警，接着按预先设好的号码，报警器可将该号码显示出来。

三、加油加气站灭火作战预案的制定

为取得加油加气站灭火战斗的主动权，有效地扑救火灾，减少火灾损失，平时应作好灭火作战准备，根据加油加气站的具体情况制订出灭火作战预案，编制图表说明，作为训练和实战的主要依据，其主要内容是：

① 组织领导和指挥系统。

② 加油加气站地理位置，储罐位置、数量和容积，加油机位置及数量，输油管线走向，所输油品等可燃物的存放地点、数量。

③ 建筑物的结构形式、耐火等级、面积、高度、内部设施及相互间的距离。

④ 灭火作战人员的配备、分工，警卫力量的布置，物资抢救、人员疏散措施及相应的操作程序。

⑤ 各种消防器材的数量、摆放位置、应急补充措施。

⑥ 对外通讯联络及外援力量的部署、指挥等。

四、发生火灾后应注意的事项

加油加气站发生火灾后，应采取积极主动的方法，就地取用灭火器材，把火灭掉。如火势蔓延，在采取有效防范措施的同时，尽快向消防部门报警。

① 主动切断电源，停止一切作业，关闭所有阀门。

② 按照灭火预案迅速组织灭火。根据各自的分工，该报警的要报警，不能延误战机。

③ 有秩序地疏散人员、车辆，进出口两侧要有人监视和控制。

④ 及时收理票证、现金等贵重物品。

⑤ 引导外部力量支援。

五、加油站火灾的扑救方法

1. 加油站收发作业中车辆火灾的扑救

① 收油时发生火警，必须立即扑救；同时关闭油罐车放油阀门，必要时将车迅速撤离现场。

② 如果是车辆在加油中油箱口着火，可用石棉毯将油箱口堵严，使火窒息。或用干粉灭火器扑灭。

③ 如果是摩托车发动机着火，应停止加油，设法将油箱盖盖上，然后用灭火器将火扑灭。

④ 车辆发生火灾，一时不能扑灭时，必须边扑救，边将车辆撤离加油加气站，继续扑救。同时指挥在场车辆迅速疏散，防止蔓延。

2. 扑救油罐汽车火灾的方法

① 若油罐汽车在卸油时起火，应首先停止卸油，迅速驶离现场，再进行扑救。

② 如果是罐车罐口着火，应首先停止卸油，用石棉毯将罐口盖上，或使用其他覆盖物(如湿棉衣、湿麻袋)堵严罐口将火扑灭。当火势较猛时，应使用灭火器对准罐口将火扑灭。

3. 站房或操作室内火灾的扑救

① 首先应停止加油加气，切断电源，关闭储罐阀门。

② 组织人员迅速用灭火器扑救。

③ 指挥加油加气车辆立即驶离加油加气站。

4. 敞口容器内油品火灾的扑救

敞口容器蒸发面积大，如果用油盆装汽油清洗汽车或其他机械的零件是很容易发生火灾的。当敞口容器内的油品发生火灾时，其扑救方法如下：

① 不可用水浇，不要急于将盆内的零件取出，防止取零件时将油火带出盆外或将油火飞溅到人身上，或在取零件时将油盆翻倒，将油火四处流散，给扑救带来困难。

② 用加油站的干粉或泡沫、二氧化碳灭火器进行扑救。

③ 也可用石棉被或浸过水的棉被、麻袋等覆盖着火容器，使油火窒息。

5. 电气火灾的扑救

① 发生电气火灾时，首先应切断电源，然后用二氧化碳或干粉灭火器扑灭。

② 电气火灾严禁用泡沫灭火器、水和湿棉被进行灭火。

③ 当无法切断电源时，灭火人员应身着耐火并绝缘的鞋靴、服装，防止触电。然后用二氧化碳灭火器或干粉灭火器直接向电气着火源喷射灭火剂灭火，并应尽快设法切断电源，然后全面灭火。

6. 加油站因油蒸气燃烧或爆炸威胁整个加油站安全时，应采取的扑救程序

①立即停止加油，关闭阀门，切断电源。

② 清理疏通站内或站外消防道路，并进行火灾报警。

③ 指挥加油车辆迅速驶离加油站，并派人在交叉路口等待和引导消防车。

④ 组织在场人员利用站内现有灭火器材扑灭火灾，同时转移油桶等小型储油容器，最大限度地减少火灾损失。

⑤ 配合消防队按预定方案投入灭火战斗。

7. 人身上着火时的扑救

当人身上着火时，常惊慌失措或急于找人解救拔脚就跑，这种方法是错误的。因为人身上粘上油火时，一般是先烧衣服，如果人一跑，着火的衣服得到充足的空气，火就会更猛烈地燃烧起来。另外，着火的人一跑，势必将火种带到经过的地方，有可能扩大火灾。因此，人身上着火应注意以下几点：

① 衣服能脱下来时，就应迅速地脱下，浸入水中，或用脚踩灭，或用灭火器、水扑灭。

② 如果衣服来不及脱，可就地打滚，把火扑灭。

③ 如果有两个以上人在场，未着火的人要镇定沉着，立即用随手可以拿到的麻袋、衣服、扫帚等朝着火人身上的火点覆盖、扑打或浇水，或帮他脱下衣服，但应注意，不能用灭火器向人身体上喷射，以免扩大伤势。

六、液化石油气（LPG）加气站火灾的扑救

LPG 火灾的扑救主要是指对初期火灾的临场扑救。常采取的措施如下：

1. 堵塞泄漏，杜绝火种

消除液化石油气的泄漏，杜绝火种的产生，这是消除其火灾蔓延最重要的步骤。无论火灾是否发生，当液化石油气继续从工艺装置中外泄时，都要立即采取措施将泄漏点控制住，同时切断电源和严禁一切明火的发生。

① 关闭漏点管道上的阀门时，应站在上风向，并离开气雾区。要尽可能把距漏点最近的上游阀门关闭。

② 对产生泄漏还没有着火的情况，堵漏时要严防着火，不得使用非防爆电器，禁止金属物品之间产生撞击和碰撞，并在四周设立警戒区，警戒区内不得有任何火源存在。

2. 控制火区，扑灭火灾

在切断气源的同时，应启用消防器材，用喷雾水枪驱散 LPG 气体，向着火区喷发干粉或二氧化碳灭火剂，以阻断空气与火苗及液化石油气的继续接触，即使气源未能彻底切断，此项工作也要进行。

3. 严密组织，指挥得当

发生 LPG 火灾，加气站现场工作人员应保持冷静，理智处置，迅速采取相应对策，及时报警。站长应立即担负起组织扑救的责任，作到准确判断火情，合理调度指挥，正确采取对策，按灭火预案进行灭火。

第九章　站用钢管和钢罐的防腐

第一节　一般规定

一、腐蚀性分级标准

腐蚀性分级标准见表 9-1-1 至表 9-1-5。

表 9-1-1　土壤腐蚀性分级标准

指　　标	等　　级				
	极轻	较轻	轻	中	强
电流密度/(μA/cm^2) (原位极化法)	<0.1	0.1~3	3~6	6~9	>9
平均腐蚀速率/[g/(dm^2·a)] (试片失重法)	<1	1~3	3~5	5~7	>7

表 9-1-2　一般地区土壤腐蚀性分级标准

等　　级	强	中	弱
土壤电阻率/(Ω·m)	<20	20~50	>50

注：表中的电阻率采用全年的最小值。

表 9-1-3　管道及储罐内介质腐蚀性分级标准

项　　目	等　　级			
	低	中	高	严重
平均腐蚀速率/(mm/a)	<0.025	0.025~0.125	0.126~0.254	>0.254
点蚀腐蚀速率/(mm/a)	<0.305	0.305~0.610	0.611~2.438	>2.438

表 9-1-4　大气腐蚀性分级标准

等　　级	弱	中	较　强	强
第一年的腐蚀速率/(μm/a)	1.28~25	25~51	51~83	>83

表 9-1-5　土壤细菌腐蚀评价指标

腐蚀级别	强	较强	中	小
氧化还原电位/mV	<100	100~200	200~400	>400

注：以上五表引自《钢质管道及储罐腐蚀控制工程设计规范》SY 0007—1999。

二、管道及储罐采取腐蚀控制应考虑的因素

① 腐蚀检测、运行记录及表现检查记录；

② 从其他类似系统和类似环境中考查试验结果；

③ 工程设计规范及安全性和经济性。

三、腐蚀控制要求

① 埋地管道外壁必须具有良好的防腐层。站内的埋地管道及穿越车辆道坪的管道，其外防腐层应特别加强。

② 管道内壁的腐蚀控制应根据其输送介质的腐蚀性，决定是否需要采取腐蚀控制或隔离措施。管道内壁腐蚀控制应符合现行国家标准《钢质管道内腐蚀控制标准》(SY/T 0078)的规定。所选用的内防腐层或隔离层的寿命不应小于5年。

③ 架空管道的外防腐层应按所处大气腐蚀性和其他因素，选取合适的防腐材料和结构。

④ 储罐罐体的内外表面应根据所储介质和大气的腐蚀性，选择合适的防腐材料和结构，做好覆盖层。

四、覆盖层设计的一般原则

(一) 绝缘覆盖层应具有的特性

1. 有良好的电绝缘性

① 覆盖层电阻不应小于 $10000\Omega \cdot m^2$。

② 耐击穿电压强度应高于下式计算的数值：

当覆盖层厚度 $\delta>1mm$ 时

$$U = 7843\sqrt{\delta} \tag{9-1-1}$$

当覆盖层厚度 $\delta<1mm$ 时

$$U = 3194\sqrt{\delta} \tag{9-1-2}$$

式中 U——覆盖层击穿电压(也称检漏电压)，V；

δ——覆盖层厚度，mm。

2. 覆盖层应具有一定的耐阴极剥离强度的能力

覆盖层应具有一定的耐阴极剥高强度的能力，并有长期保持恒定电阻率的能力。

3. 有足够的机械强度

① 有一定的抗冲击强度，以防止由于搬运和土壤压力而造成损伤。

② 有良好的抗弯曲性能，以确保管道施工时弯曲而不致损坏。

③ 有较好的耐磨性，以防止由于土壤摩擦而损伤。

④ 针入度应达到规定的指标，以确保覆盖层可抵抗较集中的负荷。

⑤ 与金属有良好的黏结性。

4. 有良好的稳定性

① 耐大气老化性能好。

② 化学稳定性好。

③ 耐水性好、吸水率小。

④ 有足够的耐热性。确保在使用温度下不变形、不流淌、不加快老化速度。一般要求覆盖层材料的软化点应比输送介质温度高40~45℃。

⑤ 耐低温性能好。确保其在低温下堆放、搬运和施工时不龟裂、不脱落。

5. 覆盖层的破损要易于修补

（二）在覆盖层类型选择时需考虑的主要因素

① 环境的类型。

② 金属设备的可接近性。

③ 金属设备的操作温度。

④ 在使用、运输、储存、施工和压力试验时的环境温度。

⑤ 地理和自然位置。

⑥ 系统中原有设备上的涂层类型。

⑦ 装卸和储存。

⑧ 金属设备的安装方法。

⑨ 费用。

第二节　站用钢管的防腐

一、石油沥青覆盖层

石油沥青覆盖层在埋地钢质管道中，目前仍是使用量最多的一种防护覆盖层。

1. 覆盖层等级与结构

石油沥青覆盖层与土壤腐蚀性分级相对应，分为普通防腐、加强防腐和特强防腐三级。土壤为强腐蚀性的地区采用特强级覆盖层；中等腐蚀性地区采用加强级覆盖层，以此类推，各级覆盖层结构见表 9-2-1。

表 9-2-1　覆盖层等级与结构

覆盖层等级	覆盖层结构	每层沥青厚度/mm	覆盖层总厚度/mm	用 料 量
普通防腐	沥青底漆-沥青-玻璃布-沥青-玻璃布-沥青-聚氯乙烯工业膜	≈1.5	≥4.0	沥青：每道 1.5kg/m^2
加强防腐	沥青底漆-沥青-玻璃布-沥青-玻璃布-沥青-玻璃布-沥青-聚氯乙烯工业膜	≈1.5	≥5.5	汽油：0.35kg/m^2
特强防腐	沥青底漆-沥青-玻璃布-沥青-玻璃布-沥青-玻璃布-沥青-玻璃布-沥青-聚氯乙烯工业膜	≈1.5	≥7.0	玻璃布 L：每道 1.2m^2/m^2 聚氯乙烯工业膜：每道 1.2kg/m^2

2. 材料要求

（1）沥青选用要求

当油库的输油管道所输油品温度不高于 50℃时，通常可采用 I 号沥青。

石油化工行业标准 SH 0098 中规定的沥青质量指标见表 9-2-2。

表 9-2-2　石油沥青质量指标

项　　目	质 量 指 标		试验方法
	Ⅰ号	Ⅱ号	
软化点/℃(环球法)	95~110	125~140	GB 4507
延度(25℃)/cm	不小于 2	不小于 1	GB 4508
针入度(25℃，100g)/(1/10mm)	不小于 15	不小于 5	GB 4509
溶解度(三氯乙烯)/%	不小于 99.0	不小于 99.0	GB 11148
闪点(开杯)/℃	不小于 230	不小于 230	GB 267
黏附率(20℃)/%	实测	实测	SH 0098
(0℃)/%	实测	实测	附录 A
脆点/℃	不高于-3	不高于 0	GB 4510
蒸发损失(160℃，5h)/%	不大于 1	不大于 1	SY 2808
蒸发后针入度比①/%	不小于 60	不小于 60	
含蜡量(裂解法)②/%		不大于 5.5	ZB 以 3003

注：①测定蒸发损失后样品的针入度与原针入度之比乘以 100 后所得的百分比称蒸发后针入度比。

②作为出厂保证项目。

(2) 玻璃布选用要求

玻璃布应是中碱或无碱布。

玻璃布的主要性能及规格见表 9-2-3。

表 9-2-3　玻璃布的性能规格

项目	含碱量/%	原纱号数×股数 公制支数股数		单纤维公称直径/μm		厚　度/mm	密度/根/cm		布边	长度/m	组织
		经　纱	纬　纱	经　纱	纬　纱		经　纱	纬　纱			
性能及规格	不大于 12	22×8 (45.4/8)	22×2 (45.5/2)	7.5	7.5	0.01±0.01	8±1 (9±1)	8±1 (12±1)	两边均为独边	200~250 (带轴心) φ40×3 mm	网状平纹布

注：①玻璃布的包装均应有防潮措施。

②试验方法：按 JC 176《玻璃纤维制品试验方法》的规定进行。

玻璃布的参考宽度见表 9-2-4。

表 9-2-4　玻璃布的参考宽度

宽度/mm	适用管径/mm
120	φ60~φ89
150	φ114~φ159
200~250	φ219
350	φ273
400	φ377
500	φ426
600~700	φ720

(3) 聚氯乙烯工业膜选用要求

耐寒聚氯乙烯工业膜为黄色。不要求耐寒的聚氯乙烯工业膜为白色。

聚氯乙烯工业膜性能及规格见表 9-2-5。

表 9-2-5　聚氯乙烯工业膜性能及规格

项　　　目	性 能 及 规 格	试　验　方　法
耐热/℃	>70	SYJ8　附表 7
耐寒/℃	-30	SYJ8　附表 8
拉伸强度(纵、横)/MPa	≥15	GB 1040
断裂伸长率(纵、横)/%	≥200	GB 1040
厚度/mm	0. 2±0. 03	千分表(尺)
长度/m	200~250　带轴芯 ϕ40×3	

(4) 沥青底漆选用要求

① 配制底漆应使用与覆盖层相同牌号的沥青。

② 汽油为工业汽油。

③ 沥青底漆配比(体积比)。沥青底漆相对密度(25℃)0. 77~0. 82；沥青 :汽油 = 1 :(2. 5~3. 5)。

二、聚乙烯覆盖层

聚乙烯覆盖层是近 20 年来迅速发展起来的一种防腐性能好、吸水率低、机械强度高的新型材料。这种材料在埋地输油、输气及输水管道上获得了越来越广泛的应用。

1. *覆盖层等级与结构*

聚乙烯覆盖层的等级与结构如下：原石油工业部标准 5YJ4N013，对聚乙烯覆盖层没做分级，只有一层底胶和一层聚乙烯，按管径大小规定了覆盖层厚度，见表 9-2-6。北京天然气集输公司标准对结构及厚度的分级，见表 9-2-7。设计时可根据任务情况将表 9-2-6 和表 9-2-7 结合起来使用。

表 9-2-6　聚乙烯覆盖层厚度

钢管直径/mm	底胶层/mm		聚乙烯覆盖层/mm		参考用料指标/(kg/m²)	
	厚　度	允许偏差	厚　度	允许偏差	底　胶	聚乙烯
20~40	0. 3	+0. 2	0. 2	+0. 3 0	0. 27	0. 8
50~80			1. 0	+0. 3 0	0. 27	1. 0
100~125			1. 2	+0. 3 -0. 1	0. 27	1. 2
150~200			1. 5	+0. 4 -0. 1	0. 36	1. 5
250~300			1. 6	+0. 4 -0. 1	0. 36	1. 6
350	0. 4	+0. 2	1. 8	+0. 4	0. 36	1. 8

续表

钢管直径/mm	底胶层/mm		聚乙烯覆盖层/mm		参考用料指标/(kg/m^2)	
	厚　度	允许偏差	厚　度	允许偏差	底　胶	聚乙烯
				-0.1		
400			2.0	+0.5	0.36	2.0
				-0.1		
500			2.2	+0.5	0.36	2.2
				-0.1		

表 9-2-7　北京天然气集输公司聚乙烯覆盖层结构与分级

管径/mm	防腐底漆厚度/μm	底胶厚度/mm	聚乙烯覆盖层厚度/mm		
			普通型	加强型	允许偏差
<100		0.2~0.4	1.2	1.5	
100~200	≥50	0.2~0.4	1.6	2.1	
200~500		0.2~0.4	2.0	3.0	+不限
500~1000		0.3~0.5	2.0	3.5	-0
>100		0.3~0.5	2.5	3.5	

2. 材料要求

聚乙烯覆盖层常用的聚乙烯为高密度聚乙烯和低密度聚乙烯，与之配套的还有底胶。当要求聚乙烯覆盖层具有较强的抗老化性能时，需采用在配方中加入一定量炭黑的黑夹克。

(1) 聚乙烯原料的性能要求

对聚乙烯原料的性能要求，各国不完全一致。我国石油行业的要求见表 9-2-8，天然气集输公司对聚乙烯原料的性能要求见表 9-2-9。

表 9-2-8　聚乙烯原料的性能

项　目	高密度聚乙烯	低密度聚乙烯	试验方法
密度/(g/cm^3)	0.935~0.035	0.90~0.935	GB 4472
熔体指数/(g/10min)	<0.500	<0.300	GB 3682
拉伸强度/MPa	>20	>15	GB 1040
断裂伸长度/%	>600	>400	GB 1040
维卡软化点/℃	>120	>90	GB 1033
脆化温度/℃	<-65	<-65	HG 2-888
耐环境应力开裂时间(F50)/h	>1000	>1000	GB 1842
耐击穿电压/(kv/mm)	>30	>30	GB 1408
体积电阻率/(Ω·cm)	1×10^{14}	1×10^{14}	GB 1410

表 9-2-9　天然气集输公司聚乙烯原料的性能指标

序号	项　目	指　标	试验方法
1	拉伸强度/MGa	≥20	GB 1040
2	断裂伸长度/%	≥600	GB 1040
3	维卡软化点/℃	≥110	GB 1633
4	脆化温度/℃	≤-66	GB 5470
5	电气强度/MV/m	≥25	GB 1408
6	体积电阻率/Ω · m/	$\geq 1\times10^{14}$	GB 1410
7	耐环境应力开裂时间(F50)/h	≥1000	GB 1842
8	耐化学介质腐蚀①(浸泡 7d)		SYJ 4015 附录一
	10%HCl/%	≥85	
	10%NaOH/%	≥85	
	10%NCl/%	≥85	
9	耐热老化①(100℃，2400h)/%	≥65	SYJ 4014 附录一
10	耐紫外光老化①(336h)/%	≥80	QUV 型

①指标为试验后，试件拉伸强度和断裂伸长率的保持率。

（2）底胶的性能要求

聚乙烯覆盖层用底胶有橡胶型底胶和树脂型底胶等几种，主要起粘接、密封、防腐三个作用。SYJ 4013 标准对其性能的要求见表 9-2-10。

表 9-2-10　底胶的性能指标

项　目	高密度聚乙烯覆盖层用胶	低密度聚乙烯覆盖层用胶	试验方法
软化点/℃	>85	>65	GB 4507
针入度(100g，25℃)/(1/10mm)	12	16	GB 4509
加热损失(160℃)/%	0.3	0.5	SY 2808
热分解温度/℃	>298	296	
自修复性	良好	良好	
剪切强度/MPa	>10	>6	参照 HG 2-151、SYJ 4013 附录一
剥离强度/(N/cm)	20	20	参照 GB 2783、5YJ 4013 附录二

三、胶粘带覆盖层

胶粘带覆盖层防腐已有几十年的历史，由于它施工方便，所需准备工作简单，能在现场实现机械化施工，所以获得了比较广泛的应用。

常用胶粘带分为两大类：一类是聚氯乙烯胶粘带；另一类是聚乙烯胶粘带。前者主要用于异形构件的防腐；后者主要用于管道的防腐。

1. *覆盖层等级与结构*

（1）一般地段

聚乙烯胶带覆盖层分为普通、加强和特强三个等级，其结构见表 9-2-11。

表 9-2-11 覆盖层等级及结构

防腐等级	覆盖层结构	总厚度/mm
普　通	一层底漆-一层内带(防腐带)-一层外带(保护带)	≥0.7
加　强	一层底漆-一层内带(防腐带)-一层外带(保护带)	≥1.0
特　强	一层底漆-一层内带(防腐带)-一层外带(保护带)	≥1.4

a. 胶带宽≤75mm 时，搭接宽度为 10mm。

b. 胶带宽度=100mm 时，搭接宽度为 15mm。

c. 胶带宽度≥100mm 时，搭接宽度为 19mm。

(2) 特殊地段

对于特殊地段、特殊环境可根据情况设计结构与厚度。

2. 材料性能

(1) 聚乙烯胶带

聚乙烯胶带的厚度和规格可根据不同的防腐要求与施工方法来选择。聚乙烯胶带的性能指标见表 9-2-12。

表 9-2-12 聚乙烯胶带性能

项　　目	防腐胶带(内带)	保护胶带(外带)	测试方法
颜　色	黑	黑或白色	
基　膜 厚度/mm	0.15~0.4	0.25~0.5	
胶　层 厚度/mm	0.1~0.7	0.1	
胶　带 厚度/mm	0.25~1.1	0.25~0.6	
基膜拉伸强度/PMa	≥12	≥12	GB 1040
基膜断裂伸长率/%	≥175	≥175	GB 1040
剥离强度(对有底漆不锈钢)/(N/cm)	≥8	≥8	GB 2792
体积电阻率/(Ω·cm)	$>1\times10^{12}$	$>1\times10^{12}$	GB 1048
击穿电压/(kV/mm)	>30	>30	GB 1048
使用温度/℃	-30~70	-30~70	
耐热老化试验①/%	<35	≥35	SYJ 4014

注：①耐热老化试验是指试件在 100℃条件下，经 2400h 热老化后，测得基膜拉伸强度、基膜断裂伸长率、剥离强度的降低率。

(2) 底胶

为提高胶带与钢管的剥离强度，应在钢管表面上涂刷底胶。底胶用量为 80~100g/m^2，其性能要求见表 9-2-13。

表 9-2-13 底胶的性能

项　　目	指　　标
材料	橡胶合成树脂
总固体组分/%	15~30
表干时间/min	3~5
与胶带相容性	不破坏胶层的黏性、弹性
使用温度/℃	-30~70

四、环氧煤沥青防腐覆盖层

环氧煤沥青涂料是一种将环氧树脂优良的物理化学性能与煤焦油沥青优良的耐水、抗微生物性能结合起来的一种涂料，易于施工，能获得厚涂膜，在石油工业中获得了广泛的应用。

1. 涂层等级与结构

环氧煤沥青用于埋地钢质管道外壁防腐蚀时，应根据土壤腐蚀性选用不同等级与结构的覆盖层，见表 9-2-14。

表 9-2-14　环氧煤沥青覆盖层等级与结构

覆盖层等级	结　　构	干膜厚度/mm	用料量参考指标
普　通	底漆-面漆-面漆	≥0.2	底漆：每道 0.18kg/m^2
加　强	底漆-面漆-玻璃布-面漆-面漆	≥0.4	面漆：每道 0.2kg/m^2
特　级	底漆-面漆-玻璃布-面漆-玻璃布-面漆-面漆	≥0.6	玻璃布：每道 1.2m/m^2

2. 材料要求

(1) 环氧煤沥青涂料质量指标

环氧煤沥青涂料质量指标见表 9-2-15。

表 9-2-15　环氧煤沥青涂料质量指标

序　号	项　　目	指　　标		检验方法
		底　　漆	面　　漆	
1	漆膜外观	红棕色、半光	黑色有光	GB 1723
2	黏度(涂 4 黏度计 25℃±1℃)/s	80~150	80~150	GB 1723
3	细度(刮板)/μm	≤80	≤80	GB 1724
4	干燥时间(25±1℃)/h 表干	≤1	≤6	GB 1728
	实干	≤6	≤24	
5	冲击强度/[J/(kgf·cm)]	≥4.9(50)	≤3.9(40)	GB 1732
6	柔韧性(曲率半径)/mm	≤1.5	≤1.5	GB 1731
7	附着力	1	1	GB 1720
8	坡度	≥0.3	≥0.3	GB 1730
9	固体含量/%(质量)	≥70	≥70	GB 1725
10	耐化学介质浸泡　10%NaOH	-	浸泡 72h，漆膜无变化	GB 1763
	耐化学介质浸泡　30%NaCI	-	浸泡 72h 漆膜无变化	
	耐化学介质浸泡　10%H_2SO_4	-	浸泡 72h，漆膜完整不脱落	

(2) 玻璃布

环氧煤沥青覆盖层所用玻璃布应用中碱、无捻、无脂玻璃布，其性能及规格见表 9-2-16。

表 9-2-16 玻璃布性能及规格[①]

<table>
<tr><td rowspan="2">项 目</td><td rowspan="2">含碱量/%</td><td colspan="2">原纱号数×股数（公制支数股数）</td><td colspan="2">单纤维公称直径</td><td rowspan="2">厚度/mm</td><td colspan="2">密度/（根/cm）</td><td rowspan="2">布边</td><td rowspan="2">长度/m</td><td rowspan="2">组织</td></tr>
<tr><td>经纱</td><td>纬纱</td><td>经纱</td><td>纬纱</td><td>经纱</td><td>纬纱</td></tr>
<tr><td>性能及规格</td><td>≤12</td><td>22×2（45.5/2）</td><td>22±2（45.4/2）</td><td>7</td><td>8</td><td>0.120±9.01</td><td>12±1
12±1</td><td>12±1
12±1</td><td>两边封边</td><td>200~250（带轴芯 φ40×3mm）</td><td>平纹</td></tr>
</table>

注：①试验方法：按 JC 176《玻璃纤维制品试验方法》的规定进行。

以上资料引自石油地面工工程设计手册．中国东营：中国石油大学出版社，1995。

第三节 站用钢罐的防腐

一、钢罐内壁防腐

1. 生漆

生漆俗称大漆，是一种乳白色到灰黄色的黏稠液体，耐油耐水性强，能与钢板很好地结合在一起，起到防腐作用。生漆主要成分是漆酚（51%）、漆酶（3%）、树脂（9%）、水分（35%）。漆酚是一种含有两个 OH 基团的酚类，能溶于酒精、苯、丙酮和汽油等有机溶剂。生漆中含漆酚愈多，质量愈高；含水愈多，生漆愈黏稠，质量愈低。漆酶起促进漆酚氧化使生漆干燥成膜的作用，在 60℃以上或 0℃以下的温度条件下漆酶丧失活性，使生漆不能干燥成膜。当温度在 20~30℃、湿度为 80%~85%的情况下漆酶的活性最大，因此在常温和潮湿的空气条件下涂刷生漆能加速其干燥成膜。在储存中，生漆易氧化结皮，储存越久，颜色越深，质量越差，使用时，最好把新旧漆掺合使用。

生漆可以用于地面和地下油罐，都需涂刷生漆两遍，地面油罐第一遍的配方是生漆 70%、石膏粉（或磁粉）30%配成生漆调和漆，也可用洋干漆作第一遍漆。第二遍刷纯生漆。地下油罐的生漆配方如表 9-3-1。

表 9-3-1 地下油罐生漆配方

名 称	第一遍（质量比）	第二遍（质量比）
生漆熬煮热处理 2 份，未经热处理 1 份	70	90
石膏粉	30	
酒精水溶液（70%浓度）	20	10

引自：于贤福主编．油库技术管理．北京：中国石化出版，1999.12。

生漆越新鲜，质量越好。涂刷最好选择在潮湿的雨季，或人工保持温度 20~30℃，湿度为 80%~85%，要防止温度偏低或烈日曝晒，以防止漆膜不易形成或不易干燥。生漆涂刷施工时，应注意防中毒及劳动保护。

2. 洋干漆

洋干漆又名虫胶漆，可用于油罐内壁浸入油中部分金属体防腐，也可做生漆防腐层的底漆。它易溶于酒精，常与酒精配合使用，其比例为1∶1或洋干漆为0.9，酒精为1。涂刷时，因酒精挥发快，不得来回涂抹，否则厚薄不匀。为了增加漆膜强度，有的在洋干漆酒精中加入25%的石膏粉，调和均匀涂刷后，两天便可装油。

3. 环氧树脂

环氧树脂具有良好的耐水性、耐酸碱性、耐油性和耐溶剂性，收缩率低，与钢表面附着性能好，漆膜弹性和硬性良好，广泛应用于油罐内壁防腐。环氧树脂可根据不同颜料调成不同颜色。环氧树脂白磁漆配方如表9-3-2所示。

表9-3-2　环氧树脂磁漆配方

名　称	质量比	名　称	质量比
601#环氧树脂	60	三聚氰胺甲醛树脂(50%)	3.7
滑石粉	9.9	乙二胺乙醇溶液(50%)	占磁漆总量的3.4%~4%
钛白粉	73.2	溶剂(甲苯：正丁醇为4∶1)	60

注：引自于贤福主编《油库技术管理》中国石化出版，1999.12。

其中，乙二胺乙醇溶液为乳化液，按1∶1比例配制。配制时，将乙二胺加入无水乙醇中，必要时可以在60℃左右水溶液中至完全溶解为止。配好的漆浆应和固化剂分别保存于密闭容器中，使用时再按比例混合，搅拌均匀，用多少，配多少，环氧树脂一般应涂刷2~3层，可用红丹或铁红环氧底漆为底漆，对钢板的表面处理要求与其他油漆相同。施工时，罐壁应干燥，罐内相对湿度应在80%以下。

环氧树脂磁漆导静电性能很差，用于油罐内壁防腐时应注意这个问题。

4. 聚氨酯

聚氨酯涂料有很好的柔性、硬度、光泽、附着力、耐磨性、抗水性、抗油性和电绝缘性，涂膜表面很光滑。用它作为轻油槽车的内壁涂料，有很好的物理机械性能，又不易老化，装油多年后对油料进行分析证明它对油质无影响。由于它粘污能力很小，表面又很光滑，清洗方便，可用作油罐内壁涂料。

聚氨酯涂料是常温干燥型含有氨基键的聚合物。这些聚合物是由多异氰酸酯和带烃基的化合物或聚合物相互作用而得。如已二异氰酸酯、甲苯二异氰酸酯、萘二异氰酸酯等和二元醇、三元醇、蓖麻油、带羟基聚醚、带烃基聚酯、环氧树脂等相互作用。多异氰酸酯组分中的烃基的变化及含烃基组分的变化都将影响到聚氨酯涂料的性能。

用作油罐涂料的是环氧聚酯型单组分聚氨酯树脂涂料，每吨7109涂料的配方如表9-3-3。涂料中如果加入15%~20%的钛白粉作颜料，就可配制成奶白色漆，一般用来作面漆。如果加入30%~35%的氧化铁红为颜料，就可配制成铁红色底漆。聚氨酯涂料一般分成面漆和底漆使用。

表9-3-3　聚氨酯树脂漆7109涂料配方

名　称	用量/kg	名　称	用量/kg
甲苯二异氰酸酯(2，4体)	214	604环氧树脂	96
已二酸	104	环己酮	300
三羟甲基丙烷	48	二甲苯	250
一缩乙二醇	76		

注：引自于贤福主编．油库技术管理．北京：中国石化出版社，1999.12。

5. 弹性聚氨酯

弹性聚氨酯涂料具有很好的耐酸性、耐碱性、耐候性、耐汽油性，与钢体和多物面的附着力强，抗裂防渗性好。当涂层厚度 0.52mm，内装汽油的油罐，加压至动态裂缝宽度达 2.5mm、油压为 245.2kPa 时，恒压 14h，涂层不断裂，油品不渗漏。并且涂膜有较高弹性，相对伸缩率 500%左右，扯断强度在 19.613MPa 以上，能够承受罐底上下起伏变形破坏，广泛应用于钢罐内壁防腐和不动火修补。

弹性聚氨酯涂料配方见表 9-3-4 和表 9-3-5，底层要涂刷两遍。为使底层和面层结合紧密，再涂刷一道过渡层，过渡层涂料是底层和面层涂料各半调制而成。面层一般涂刷3~4道，面层涂料由“7351”和 MOCA 溶液按计算量混合均匀，即可使用，不必加入乙酸乙酯。

表 9-3-4　底层涂料配方

材料名称	聚醚预聚物	601 号环氧铁红浆	乙酸乙酯
质量比	10	15	3~6
备　　注	10∶15		第一道加入 4 第二道加入 3

表 9-3-5　过渡层涂料配方

组　　别	甲　　组		乙　　组	
材料名称	聚醚预聚物	601 号 环氧铁红浆	“7351” 弹性聚氨酯	MOCA 溶液
质量比	5	7.5	10	3.2
备　注	1∶1			

弹性聚氨酯涂料，除锈简便，只需除掉钢板浮锈即可。弹性聚氨酯的施工质量，主要是由配料、涂刷和施工环境所决定的。施工可在温度 10℃以上、相对湿度 90%以下环境中正常进行，但必须保持清洁，严防沙粒、灰尘、雨水等杂物落到涂层上。涂料的质量要求严格，且涂层要完整、致密、均匀。底层要求溶进蚀坑和焊缝；过渡层要求覆盖均匀；表面层分几道涂刷而成，是涂层质量的关键，每道都应力求均匀、完整、致密、不带入杂物。

二、罐底外壁的防腐覆盖层

罐底的外部常用红丹漆作为底漆，然后再涂沥青漆。这种做法的优点是比较简便，沥青漆有良好的耐水防腐性能。底板外壁是先做好防腐层，然后再安装焊接，结果焊缝周围的防腐层在焊接时被烧掉。焊缝处材质不均一，又无防腐层，极易遭到土壤的电化学腐蚀。为了解决这一问题，近年来试验采用环氧富锌漆代替红丹漆作为罐底防腐层的底漆，效果比较好。

环氧富锌涂料是以环氧树脂为基础的高浓度锌粉涂料。它有良好的附着力、强度和抗冲击性能，对水、热、光的作用有较强的抵抗能力，性质稳定。这种涂料最大的优点是对钢材能起到阴极保护作用，可焊性好。这一特点是一般涂料没有的。因此它特别适合用作罐底外壁的底漆涂料。

环氧富锌漆是灰色涂料。用作底漆时锌粉占漆膜重量的 80%~90%。涂膜在受周围介质的化学和电化学作用过程中，由于锌是比铁具有更负电位的金属，锌和铁接触时锌是阳极，铁是阴极，在腐蚀电池的作用下受腐蚀的是锌而不是铁。析出的锌离子与介质生成的腐蚀产物(锌盐)又能牢固地覆盖在涂层表面，且比金属锌有更大的稳定性，起到保护底层金属的作用，因此，这种涂料具有良好的屏蔽效果和阴极保护作用。如果涂层由于某种原因(如碰撞、烧焊)而破坏时，在电化学作用的过程中，会在破坏处生成一层锌块保护层，因此它具有自动防腐作用。实际应用的环氧富锌漆的配方见表9-3-6。

配方组成中，锌粉是主要原料，它对漆膜质显影响大，锌粉的纯度要求大于94%。环氧树脂是胶结剂，常采有6101号低相对分子质量树脂。加入适量的氧化锌可改善涂料的分散性和稳定性，避免在使用过程中产生沉淀现象，但氧化锌过多将降低涂料的电化学保护性能。聚酰胺树脂用作硬化剂性能很好，但价格较高。采用丙酮-乙二胺(1∶1)作为硬化剂时，会增加漆膜的硬脆性，为了克服此缺点，加入聚酯树脂作为增塑剂，并加苯乙烯单体作为催干剂。配方中的甲苯-乙醇是起溶剂作用。

环氧富锌漆常用来作为底漆，很少用作面漆。不仅可用作罐底板外壁的底漆，也可作为油罐其他部位的底漆。也可用作油罐其他部位的底涂，有利于解决烧焊破坏涂层引起的腐蚀。

表9-3-6 环氧富锌漆配方 %

涂料种类 / 原材料	底漆		面漆	
	用聚酰胺作硬化剂	用乙二胺作硬化剂	用聚酰胺作硬化剂	用乙二胺作硬化剂
环氧树脂	8	8	21	22
甲苯∶乙醇(1∶1)	16	16	21	22
锌粉	68	69	45	45
氧化锌	4	4	2.5	3
聚酰胺树脂	4	—	10.5	—
丙酮-乙二胺	—	1	—	2.6
聚酯树脂	—	1	—	2.2
苯乙烯	—	1	—	2.2

注：以上数表引自于贤福主编．油库技术管理．北京：中国石化出版社，1999.12。

环氧富锌漆的价格和一般油漆涂料差不多。它比红丹漆的使用年限长，而且施工方便，干燥快，触干时间仅数分钟，24h后即能初步固化，固化后可以在其上涂刷任何类型的面漆，均有较好的粘结力。

第四节 金属表面处理与涂料用量

一、涂敷前金属表面处理的方法

涂敷前金属表面处理方法见表9-4-1。

表9-4-1 金属表面处理方法表

方法	主要设备及工具	原理及技术数据	适用范围及优缺点
手工方法	刮刀、铲、锤、锉、钢丝刷、铜刷、钢丝束、砂布	靠人工操作，每人每天约除锈1~3m^2	方法简单，适用于边、角处除锈。但劳动量大，功效低，质量较差

续表

方　法		主要设备及工具	原理及技术数据	适用范围及优缺点
机　械 方　法		风动刷、除锈枪、电动刷、电动砂轮、针束除锈器等	利用机械冲击与摩擦的作用去除锈蚀及污物	效率较高，质量较好。但不易去除边、角、凹处锈污
机械喷射处理法	干喷砂处理	喷砂器，分单室喷砂器和双室喷砂器两种；眼罩、呼吸面具、特殊盔罩；空压机	利用 $3.5 \sim 6kg/cm^2$ 的压缩空气将砂由喷嘴喷射至金属表面，可去除表面氧化皮，铁锈，旧漆膜	处理效果好，效率高，但砂尘飞扬，必须劳动保护
	湿喷砂处理	湿喷砂装置，有砂罐、水罐、空压机	除锈原理同上，砂罐工作压力 $5kg/cm^2$，水罐 $1 \sim 3.5kg/cm^2$。需加入 1%～1.5%的防锈剂	减少了砂尘飞扬，处理效果好，效率高，约除锈 $3.5 \sim 4m^2/h$。但在零下温度时不能用
	真空喷射处理	真空喷射除锈装置，空压机	利用压缩空气喷砂除锈，又靠真空吸回砂粒，这样循环喷射	除锈效率高，劳动卫生条件好，但不适于形状不规则的零件、型材，及曲率很大的制件
化学 处理		化学处理习惯称酸洗，其方式有浸渍酸洗，喷射酸洗，酸洗膏等。浸渍酸洗即把金属件浸泡在洗槽内，喷射酸洗即像化学洗油罐法，酸洗膏是涂抹法	利用酸和金属氧化物（锈）起化学反应而达到除锈；再用碱中和来保护金属；再经水冲去除洗液、烘干等工序。为防止钢板再生锈，有时加钝化处理	除锈干净彻底，效率高。但各个步骤掌握要求高，涂液配制要求严，否则反会使金属被腐蚀

二、覆盖层的涂敷方法

涂敷方法比较见表 9-4-2。

表 9-4-2　涂敷方法比较表

方法	主要设备工具	涂敷原理	优缺点比较
人工刷涂	刷子、刮刀、砂纸、搅拌工具、细铜丝筛、棉纱头等	利用人工力量将涂料刷在金属表面	设备工具简单，适用于大部分涂料施工。缺点：工效低；质量取决于操作技术；劳动强度较大
空气喷涂	空压机、油水分离器、橡皮管、喷漆室、喷枪（现有 PQ-1、PQ-2 型吸上式喷枪，压下式喷枪，无雾喷枪）	以压缩空气的气流，将涂料从喷嘴喷出成雾状，涂敷在金属表面	喷涂均匀，膜薄，工效比人工高，可涂在凹凸不平或缝隙等地方。但损耗涂料多；对人有损害，需劳保；雾状涂料易燃易爆；每次涂层薄
高压无空气喷涂	空压机，油水分离器，高压无空气喷漆机	利用 $4 \sim 6kg/cm^2$ 压缩空气驱动高压泵，使涂料增压到 $150kg/cm^2$ 左右，再经特殊喷嘴喷出，遇到大气立即剧烈膨胀雾化成极细小的漆粒喷到金属表面	生产效率高，每分钟喷涂 $3.5 \sim 5.5m^2$ 以上；漆膜质量好；改善了劳动条件；可提高涂料喷涂的黏度。它是涂漆施工的新工艺
静电喷涂	我国目前生产并广泛使用的有 GDD-100 型静电喷漆设备；还有手提式 SJP-67 型静电喷枪	它是借助高压电场的作用，使喷枪喷出的漆雾更细，且由于漆雾带电，通过静电引力使漆沉积在带异电的工件表面上	效率高；节约涂料；改善了劳动条件。但需直流电高达 100kV，必须严格按操作规程工作，以免发生事故；设备与仪器复杂；涂漆均匀度较差

三、地下管道防腐层材料耗量

常用地下管路防腐绝缘材料消耗见表 9-4-3。

表 9-4-3 常用地下管路防腐绝缘材料消耗表

无缝钢管外径/mm	绝缘面积/m²	普通绝缘						加强绝缘						特别加强绝缘					
		5# 沥青/kg	4# 沥青/kg	汽油/kg	高岭土/kg	牛皮纸/m²	玻璃布/m²	5# 沥青/kg	4# 沥青/kg	汽油/kg	高岭土/kg	牛皮纸/m²	玻璃布/m²	5# 沥青/kg	4# 沥青/kg	汽油/kg	高岭土/kg	牛皮纸/m²	玻璃布/m²
48	0. 1508	0. 226	0. 136	0. 078	0. 090	0. 15	0. 15	0. 452	0. 271	0. 157	0. 181	0. 15	0. 18	0. 678	0. 407	0. 241	0. 271	0. 15	0. 36
57	0. 1791	0. 269	0. 161	0. 093	0. 107	0. 18	0. 18	0. 537	0. 322	0. 186	0. 215	0. 18	0. 21	0. 779	0. 483	0. 286	0. 322	0. 18	0. 43
60	0. 1885	0. 283	0. 170	0. 098	0. 113	0. 19	0. 19	0. 565	0. 339	0. 196	0. 226	0. 19	0. 23	0. 848	0. 509	0. 302	0. 339	0. 19	0. 45
76	0. 2388	0. 358	0. 215	0. 124	0. 143	0. 24	0. 24	0. 716	0. 430	0. 248	0. 286	0. 24	0. 29	1. 074	0. 645	0. 382	0. 430	0. 24	0. 57
89	0. 2796	0. 419	0. 252	0. 145	0. 168	0. 28	0. 28	0. 839	0. 503	0. 291	0. 335	0. 28	0. 33	1. 258	0. 755	0. 447	0. 503	0. 28	0. 67
108	0. 3393	0. 509	0. 305	0. 176	0. 200	0. 34	0. 34	1. 018	0. 610	0. 352	0. 408	0. 34	0. 41	1. 509	0. 916	0. 543	0. 611	0. 34	0. 81
114	0. 3581	0. 537	0. 322	0. 186	0. 215	0. 36	0. 36	1. 074	0. 644	0. 372	0. 430	0. 36	0. 43	1. 611	0. 967	0. 573	0. 644	0. 36	0. 86
140	0. 4398	0. 660	0. 396	0. 229	0. 264	0. 44	0. 44	1. 319	0. 792	0. 457	0. 568	0. 44	0. 57	1. 979	1. 187	0. 704	0. 791	0. 44	1. 05
159	0. 4995	0. 749	0. 449	0. 260	0. 299	0. 50	0. 50	1. 498	0. 899	0. 519	0. 599	0. 50	0. 60	2. 248	1. 343	0. 799	0. 899	0. 50	1. 20

四、卧式油罐外壁防腐层材料耗量

卧式油罐绝缘材料消耗见表 9-4-4。

表 9-4-4　卧式油罐绝缘材料消耗参考表

油罐			绝缘面积 /m²	普通绝缘			加强绝缘				极强绝缘			
容量 /m³	直径 /m	长度 /m		土沥青 /kg	石油沥青 /kg	高岭土 /kg	土沥青 /kg	油毡 /m²	石油沥青 /kg	高岭土 /kg	土沥青 /kg	油毡 /m²	石油沥青 /kg	高岭土 /kg
1	0.97	1.50	6.04	1.2	30.8	5.4	1.2	6.7	46.5	8.5	1.2	13.4	63.4	11.5
2	1.10	2.632	11.0	2.2	56.1	9.9	2.2	12.1	84.7	15.4	2.2	24.2	116	20.9
3	1.10	3.763	14.9	3.0	76.0	13.4	3.0	16.4	115	20.9	3.0	32.8	157	28.3
5	1.50	3.132	18.3	3.7	93.4	16.5	3.7	20.1	141	25.6	3.7	40.2	192	34.8
10	1.80	4.244	29.1	5.8	148	26.2	5.8	32.0	224	41.7	5.8	64.0	306	55.3
16	1.80	6.546	42.1	8.4	215	37.9	8.4	46.3	324	59.0	8.4	92.6	442	80.0
24	2.60	4.844	50.1	10.0	256	45.0	10.0	55.1	386	70.1	10.0	110.2	526	95.1
30	2.60	6.246	61.6	12.3	314	55.5	12.3	67.8	475	86.3	12.3	135.6	647	117.0
50	2.60	9.950	91.8	18.4	468	82.6	18.4	101.0	706	129.0	18.4	202.0	964	175.0

注：高岭土可用石棉灰代替，石棉灰的重量可取高岭土的 50%。以上引自马秀让主编．石油库管理与整修手册．金盾出版社，1992.1。

参 考 文 献

1 中石化·职业安全卫生管理制度．北京：中国石化出版社，1995
2 王付林，王书勤．做好加油站油罐的工艺与施工．石油库与加油站，2004，(6)
3 郁永章等编．天然气汽车加气站设备与运行．北京：中国石化出版社，2006
4 范继义主编．油库加油站安全技术与管理．北京：中国石化出版社，2005
5 熊云等编．加油员油品知识．北京：中国石化出版社，2005
6 白世贞编．石油储运与安全管理．北京：化学工业出版社，2004
7 杨槐青等编．加油(气)站安全技术与管理．北京：中国石化出版社，2003
8 上海市石油学会编．车用燃气加气站建设．北京：中国石化出版社，2001
9 石永春，张永国编．油库技术管理(第二版)．北京：中国石化出版社，2007
10 周家祥，赵金立．国外汽车加气、加油站建设情况考察报告，石油商技，2001(1、2、3)
11 詹玉顺．加气站建设．石油库与加油站，2001(2、3、4、5)，2002(1)
12 夏喜林等．LPG 燃气加气站的设计．石油库与加油站，2001(3)
13 陈 红．加油站布局的构思．石油库与加油站，2001(5、6)
14 唐志弘．加油站静电的主要存在方式及防范措施．石油库与加油站，2000(4)
15 陈锡剑．浅淡加油站的设备安装．石油库与加油站，2001(1)
16 胡乃科，俞龙．浅淡车用液化石油气加气站的设计．石油商技，1999(3)
17 于 林．加油站选址与布局．石油商技，1999(4)
18 甘 凌．汽车加油站工艺系统分析．石油商技，1998(3)
19 张清河．加油站设备的安装．石油商技，2000(4)
20 冯 蕾．加气站发展若干问题的探讨．石油商技，2000(5)
21 王燮理．液化石油气灌瓶站设计分析．石油商技，1999(5)
22 梁 雷．谈加油站的电气设计．石油商技，1999(2)
23 许 行，张世峡．汽车加油站灭火器的合理配置．石油商技，1999(2)
24 王立平．加油站电气保护方式的探讨．石油库与加油站，2004(5)
25 欧清礼．汽车加油加气站的雷电与电涌保护．石油库与加油站，2005(1)
26 唐迎春，陈保东等．城市加油站的设计与校核计算．石油库与加油站，2005(1)
27 张清河．关于加油站汽车油罐车卸油油气加收系统工艺安装的探讨．石油库与加油站，2005(1)
28 苏小兵．加油站罩棚结构形式的发展趋势．石油库与加油站，2001(5)
29 雷建平．加油站卧式油罐基础的做法．石油库与加油站，2002(4)
30 庞建平．加油站设计应注意的几个问题．石油库与加油站，2002(5)
31 景仲林．加油站设计应注意的几个问题．石油库与加油站，2002(5)
32 李立明，程旭升．加油站工艺设计与施工技术要求．石油库与加油站，2004(6)
33 胡春来．大型加油站微机总台管理系统安装中的几个问题．石油库与加油站，2002(5)
34 茅新华，袁灿．汽车用液化石油气加气站的设计技术．石油库与加油站，2004(5)
35 唐良桂．密闭装卸加油系统．石油商技，2000(3)
36 阀门产品样本．北京：机械工业出版社，1997(8)
37 中石油．油田地面工程设计手册．东营：石油大学出版社，1995
38 机械产品目录．北京：机械工业出版社，1998
39 中国机电产品目录．北京：机械工业出版社，2000
40 章拥宁等主编．空军油库手册．第一分册、第四分册．济南：黄河出版社，2003、2004
41 周承绪主编．安装工程概算预算手册．北京：中国建筑工业出版社，2002
42 总后物油部．油料装备修理教材．北京：解放军出版社，1998
43 杨艺等．油库电气实用技术．北京：中国电力出版社，2003.8
44 李曰光主编．油库安全设备与设施．北京：解放军出版社，1996.8
45 吴金林．毕港峰．加油站经营与管理．北京：中国石化出版社，2004